기본학습을 위한 길라잡이

파생 상품의 이해

이필상 안동현
손삼호 최영민

홍문사

머리말

경제와 금융의 세계에서 가격은 다양한 요인에 영향 받아 끊임없이 변동한다. 지속적인 가격변화에 기인하는 불확실성은 투자수익을 높이거나 반대로 손실 가능성을 높이게 된다. 파생상품은 이러한 불확실성에 대응하여 확정적 가치와 시간구조를 가지는 계약을 설계하기 위한 도구로 등장하였다. 파생상품은 용어 그대로 기초자산(underlying asset)의 미래가치 움직임에 연동하여 자신의 가치가 달라지는 둘 이상의 당사자 간 금융거래를 총칭한다. 기초자산은 금융자산이나 이자율이 될 수 있으며 주가지수, 날씨 등 사실상 제한은 없다. 파생금융상품의 거래는 1970년대에 본격적으로 시작되어 외환선물거래, 이자율선물, 주가지수선물 등의 순으로 점차 그 유형이 다변화되어 왔으며 현재는 전 세계적인 금융시스템의 중요한 축으로 자리 잡았다. 미국선물협회(FIA)에 따르면 2021년 전 세계(33개국 85개 거래소)에서 거래되는 선물 및 옵션 총거래량은 625억 8000만 계약으로 4년 연속 증가세를 보이고 있다. 우리나라 역시 한국거래소 파생상품의 2021년 일평균 거래대금은 67.3조원, 일평균 거래량은 920만 계약에 달한다. 이러한 거래량 증가는 글로벌 자본의 이동, 전쟁이나 인플레이션과 같은 전 세계 위기상황의 고조에 따라 시장위험, 환위험, 인플레이션 위험 등 전방위적인 위험관리를 위한 수단으로 파생상품의 활용성이 더욱 높아지고 있음을 배경으로 한다. 또한 변화하는 환경에 대응하기 위해 파생상품과 전략들도 빠르게 진화하고 있다. 이러한 시대적 변화는 파생상품의 참여자에게 기존의 파생상품에 대한 이해와 더불어 새로운 파생상품등장에 대비한 적응력을 높여야 함을 요구하고 있다.

일반적으로 파생상품은 모든 금융상품 중에서 가장 이해가 어려운 분야로 알려져 왔다. 기본적인 파생상품은 상당히 단순하지만 그 외의 파생상품들은 매우 복잡하며 이를 완전히 이해하기 위해서는 상당한 수학적 그리고 통계적 지식이 필요하다. 특히 연이은 파생상품으로 인한 대량의 손실 사건들은 파생상품에 대한 이해가 부족할 경우 큰 손실을 유발할 수 있으며 악의적인 도구로도 사용될 수도 있다는 경고이기도 하다. 본서는 이러한 파생상품과 시장에 대해 금융에 대한 일반적인 지식과 수학 지식을 전제로 하여 파생상품을 포괄적으로 이해하고자 기획되었다. 파생상품의 학습에서 수학적 배경은 매우 중요하며 본서에서는 참조되는 수학적 배경의 설명과 수식 전개에 있어 가능한 한 생략 없이 기술함으로써 수리적 배경이 상대적으로 약한 독자들에게도 접근이 용이하도록 노력하였다.

전체적인 학습의 순서는 단순한 파생상품의 지식적 이해보다는 앞서 언급한 파생상품 이해의 확장성을 염두에 두고 보다 본질적인 속성에 학습방향을 설정하였다. 우선 Ⅰ장에서는 파생상품의 학습 방향과 기본적인 정의를 살펴보고 전체적인 분류유형과 기본 속성을 살펴봄으로써 보다 넓은 관점을 가지고 학습을 시작하도록 하였다. Ⅱ장에서는 파생상품의 역사를 통해 어떤 배경에서 파생상품이 태동하였는지를 살펴본다. 또한 파생상품시장의 참가자 유형과 가장 최근의 파생상품 시장현황을 살펴본다. Ⅲ장에서는 파생상품에서 촉발된 다양한 대규모 금융사건들을 살펴봄으로써 파생상품에 대한 정확한 이해의 필요성을 인식한다. Ⅳ장에서는 가장 단순한 선형 형태를 갖는 선물(futures)의 기본 속성 및 청산구조, 국내의 선물상품(주가지수, 개별주식, ETF, 이자율, 환, 상품), 그리고 해외 주요선물상품에 대해 살펴본다. Ⅴ장에서는 앞서 살펴본 선물(futures)에 대해 투자자산 및 소비자산으로서의 선도계약으로부터 선물계약의 가치결정을 사례를 통해 살펴본다. Ⅵ장은 선물 및 선도계약을 통해 위험을 관리하기 위한 다양한 헤징기법을 학습한다. Ⅶ장에서는 Ⅵ장을 심화하여 최적헤지 측면에서 살펴보며 부가적으로 선도금리계약(FRA)을 통한 금리관련 헤징을 학습한다. Ⅷ장에서는 가장 대표적 비선형 상품인 옵션(option)의 기본 구조와 속성을 학습한다. Ⅸ장에서는 옵션을 이용한 다양한 거래전략을 구체적인 예시를 통해 학습한다. Ⅹ장은 이러한 옵션가치를 산출하기 위한 이항옵션 평가모형을 살펴본다. Ⅺ와 Ⅻ장에서는 수학적 기법과 더불어 옵션가치를 평가하기 위한 Black-Scholes 모형을 학습한다. XIII장에서는 옵션가치에 영향을 주는 각 요인들에 대한 민감도인 Greek산출방법을 살펴보고, 마지막으로 XIV장에는 기본형태의 파생상품에 다양한 변이요소를 가미한 다양한 이색옵션(exotic option)에 학습한다.

본서, '파생상품의 이해'는 '주식의 이해'와 '채권의 이해'의 총 3권으로 구성된 시리즈 중 세 번째이다. 본서에서 설명이 미비한 전통적 자산군에 대해서는 해당 주제가 포함된 '주식의 이해'와 '채권의 이해'의 각 권에서 보다 충실히 다루고자 한다. 본서의 출판을 오랜 시간 후원해주신 홍문사의 임권규 사장님과 여러 번의 수정과 저자들의 귀찮은 요구에도 노력을 아끼지 않으신 이경희 편집주간께도 감사의 뜻을 표한다. 책이 작성되는 동안 한때의 고단함과 짜증에도 조용히 지켜봐준 가족에게 깊은 사랑을 전하며, 지속적인 조언과 도움말을 아끼지 않은 동료 여러분에게도 고마움을 전한다.

본서에서 집중적으로 다룬 '파생상품'은 전통적 자산군인 주식과 채권과 달리 고도의 위험성이 내재된 상품이다. 따라서 가장 정확하고 엄격한 지식이 요구되는 분야이며 본서에서 다루지 못한 파생상품, 나아가 더 복잡한 상품의 이해를 위한 수학적 지식도 지속적으로 배양해 나갈 필요가 있다. 끝으로 헬렌 켈러의 어구를 소개하며 독자 여러분의 배움의 길이 멈추지 않기를 소망한다.

I am not afraid of storms for I am learning how to sail my ship.
나는 폭풍이 두렵지 않다. 나의 배로 항해하는 법을 배우고 있으니까.

2022년 6월
공저자 올림

차 례

I. 파생상품 학습의 방향성

II. 파생상품의 역사와 현황

III. 파생상품 이해의 필요성

IV. 선형 파생상품-선물(Futures) 계약

V. 선형 파생상품-선물(Futures)의 가격결정

VIII. 비선형 파생상품(옵션)

IX. 옵션 거래전략

X. 이항옵션 평가모형

XI. Black-Scholes Model-1

XII. Black-Scholes Model-2

XIII. 옵션 Greek

XIV. 이색옵션(Exotic Options)

파생상품의 이해

Ⅰ. 파생상품 학습의 방향성
Ⅱ. 파생상품의 역사와 현황
Ⅲ. 파생상품 이해의 필요성
Ⅳ. 선형 파생상품 - 선물(Futures) 계약
Ⅴ. 선형 파생상품 - 선물(Futures)의 가격결정
Ⅵ. 선물/선도를 이용한 위험관리-1
Ⅶ. 선물/선도를 이용한 위험관리-2
Ⅷ. 비선형 파생상품(옵션)
Ⅸ. 옵션 거래전략
Ⅹ. 이항옵션 평가모형
Ⅺ. Black-Scholes Model-1
Ⅻ. Black-Scholes Model-2
XIII. 옵션 Greek
XIV. 이색옵션(Exotic Options)

I. 파생상품 학습의 방향성

1. 들어가며

본 교재는 파생상품과 관련된 경제학적 직관, 그리고 그와 연계된 수학적 백그라운드를 정립하려는 목적을 갖는다. 우선 파생상품의 기본이 되는 선도(forwards), 선물(futures), 옵션(options)의 기본 구조를 학습한다. 또한 파생상품에 내재된 위험－수익 간 상호관계에 대해서도 살펴본다. 이러한 관계는 자산의 가치평가 모형을 기반으로 한다. 이에 근거하여 통상적인 금융자산은 표준편차를, 포트폴리오의 리스크는 베타를 일반적인 위험측도(risk measure)로 사용하는데 파생상품 역시 그 범주에서 크게 벗어나지는 않는다. 다만 파생상품이 가지는 속성, 즉 수익률의 분포의 차이를 감안할 필요가 있다. 예를 들어 주식 수익률이 정규분포를 따른다면 옵션과 같은 파생상품은 절단된 분포(truncated distribution)를 따르므로 전통적 상품과 다른 측면의 접근이 요구된다. 특히 실무차원에서 리스크의 특성 자체가 달라진다는 점에 초점을 맞출 필요가 있다.

2020년의 코로나 팬데믹(pandemic)과 같이 급작스런 시장하락의 상황을 상정해보자. 이때 옵션 중 풋옵션(put option)을 보유하고 있었을 경우 시장하락에 오히려 이익이 발생하게 된다. 반대로 동일한 풋옵션을 매도한 포지션에 놓여있을 경우 손실이 발생한다. 이러한 포지션 구축에 따른 상반된 속성은 주식과 같은 전통적 자산과 크게 다르다. 예를 들어 주식의 경우는 오늘 손실이 발생했다 하더라도 충분히 기간 하에 손실을 회복할 수 있을 것이라는 기대를 할 수 있다. 반면 옵션은 만기가 존재하며 손실을 회복할 충분한 기간이 부여되지 않을 우려가 있다. 또한 앞서 언급한 분포의 속성으로 인해 매우 큰 레버리지를 내포한다. 앞서와 같은 시장의 하락장세에서 풋옵션을 매도한 경우 그 손실 규모는 매우 크게 증폭될 수 있다는 위험에 노출된다.

이러한 파생상품의 위험－수익 구조와 차별적 분포는 다양한 거래전략을 구축할 수 있다는 점에서 또 하나의 속성이 된다. 파생상품은 용어 그대로 기준으로 삼고 있는 원 자산이 존재하며 이로부터 파생되어 나온 상품이다. 여기서 어떠한 자산을 기초로 하고 있는지, 또 파생되어 설계할 수 있는 다양한 방식이 존재할 수 있기 때문에 단순 방향성 거래를 넘어서서 차익거래와 같은 투기거래 등 파생상품의 투자 역시 다양한 구사가 가능해진다. 본서는 이러한 각 파생상품의 기본정의와 이면적인 의미, 나아가 실질적인 투자기법까지를 포괄적으로 다루고자 기획되었다.

본서를 통해 파생상품을 이해하고자 하는 학생과 연구자들에게 당부하고자 하는 점은 파생상품이 내재하고 있는 위험을 절대로 과소평가하지 말아 달라는 점이다. 물론 파생상품이 자본시장 내 투자 유니버스를 높여주며 헤지를 위한 순기능 등 그 중요성이 높아지고 있는 것은 주지의 사실이다. 그러나 파생상품의 손실 폭이 전통적 금융상품을 크게 넘어서는 만큼 실질적인 투자로 이어지기에는 보다 심도 깊은 이해와 신중한 시장에의 접근이 필요하다는 점을 강조한다.

2. 파생상품(Derivatives)의 정의

파생상품의 구체적인 학습에 앞서 보다 파생상품의 기본적인 개념을 명확히 이해하고 갈 필요가 있다. 우선 파생상품은 전통적인 유가증권과 동등하게 미래 현금흐름에 대한 청구권을 의미하는 증권이다. 다만 파생상품의 가치는 더 근본적인 자산(fundamental asset)으로부터 파생된다는 특징을 갖는다. 즉, 파생상품의 가치는 그 상품이 파생되어 나오는 근본자산의 가치와 연동되어 결정된다는 의미이다. 이 파생상품에 기저가 되는 근본 자산을 기초자산(underlying asset) 내지 현물(spot)이라 하며, '파생'(derive)됨의 의미는 함수관계를 갖는다는 의미로 해석할 수 있다.

또 하나 중요한 개념은 순공급(net supply)이 0이라는 특징을 갖는다. 주식의 예를 들어보자. 주식은 발행물량만큼이 시장에 유통시장에 '공급'된 형태로 이 공급량을 대상으로 매매가 이루어지게 된다. 따라서 오늘의 거래량이 100만주라는 의미는 100만주의 주인이 바뀌었다는 즉, 회전(turnover)하였음을 의미한다. 따라서 주식은 명백히 공급량이 존재하며 채권 또한 그러하다. 물론 주식의 경우에도 교환경제(exchange economy)인지 아니면 생산경제(production wconomy)인지에 따라 다를 수 있다. 부분균형(partial equilibrium)인지 아니면 일반균형(general equilibrium) 개념인지에 따라 주식과 같은 금융자산의 순공급을 0으로 볼 것인지 아니면 양(+)의 공급으로 볼 것인지로도 논의를 확장할 수 있겠으나, 본서의 범주를 넘어선다고 판단하고 일반적으로 알려진 주식이나 채권은 양(+) 순공급을 가지는 것으로 전제한다.

이에 반해 파생상품은 기본적으로 순공급이 0임을 전제한다. 이는 기초자산에 대해 양 방향의 베팅으로 구성됨을 의미한다. 가장 손쉬운 예가 바로 게임이다. 두 사람이 기본 금액을 걸고 게임에서 승리하면 걸린 금액을 승자가 독식하는 게임의 경우를 가정해보자. 게임이 종료되면 판돈은 모두 정산되고 잔존가치가 없는 상태가 된다. 이 논리를 그대로 준용한다면, 파생상품에 대해 매입(long) 포지션을 가진 투자자와 매도(short) 포지션을 갖는 투자자가 상품의 만기 또는 특정 조건 충족으로 인한 종료시 상호 정산 후 0이 된다는 의미로 순공급이 0이라는 논리가 성립한다. 나아가 이익을 본 사람의 이익은 그에 대응되어 있는 손실을 본 사람으로부터 나온 것으로 결국 제로섬(zero-sum) 게임이 됨을 의미한다. 특히 이러한 측면에서 게임과 파생상품은 경제학적으로 매우 유사한 기능을 갖는다고 볼 수 있다. 다만 게임의 경우 게임의 행위가 대상이 된다면, 파생상품의 경우 상호 동의한 규칙 하(contract)에 기초자산이 베팅대상이 된다는 차이만이 있을 뿐이다.

[궁금해요] 파생상품의 매입을 long으로, 매도를 short으로 부르는 어원

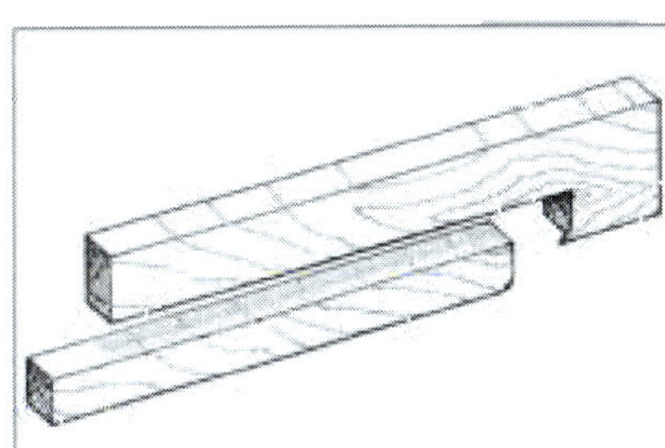

이와 관련하여 여러 가지 설이 존재하나 가장 신빙성있는 이유로는, 대부분 문맹이던 중세유럽시대에 사용되던 'Tally Stick'에서 시작되었다는 설이 가장 유력하다. 특히 split tally stick은 채무관계를 기록하여 하나의 막대기를 둘로 나누어 양쪽에 동일한 금전사항을 기록하여 거래 당사자 간에 나누어 가졌는데, 이 중 stock이라 불리는 긴(long) 부분은 통상 자금을 공여한 자가 가지고, foil이라 불리는 짧은(short) 부분은 이 자금을 제공받거나 상품을 제공받은 자가 받으며 막대기 연결부분의 불규칙한 표면이 일치하는지의 여부로 거래 양자를 확인하였다. 이로부터 파생상품을 매입하고 대금을 지불하는 행위를 long으로, 반대로 매도하여 대금을 수취하는 행위를 short으로 불리우게 되었다.

3. 파생상품을 위한 기본 수학

기본적인 파생상품의 이해를 위해서 고난이도의 수학이 요구되는 것은 아니다. 반면 파생상품 분야에 종사하고자 한다면 보다 파생상품에 특화된 수학에 익숙해질 필요가 있다. 즉, 파생상품 가격결정이나 정교한 트레이더로 활동하기 위해서는 확률과정(stochastic process), 확률측도이론(probability measure theory), 편미분방정식(partial differential equation) 등의 분야에 대한 지식이 사전적으로 요구된다. 또한 이러한 파생상품의 가격결정이나 트레이딩을 위해서는 프로그래밍 능력 역시 매우 높은 수준으로 요구된다. 다만 구체적인 프로그래밍의 구축과 소개는 본 교재의 범주를 벗어나기 때문에 다루지 않으나 분명한 것은 파생상품의 가치산정에 있어 그 복잡성이 높아지고 있으며 이론적 가치의 검증을 위해서도 점차 프로그래밍의 중요도가 더욱 높아지고 있다. 따라서 요구되는 수학을 일괄적으로 별도의 장을 할애하기 보다는 필요시마다 추가적인 설명을 보완하는 방식을 채택하였다. 이는 수학적 배경의 습득은 반복해서 친숙해지는 방식이 학습자의 빠른 이해를 돕는 방식으로 판단하였기 때문이다.

그럼에도 기본적으로 기호적 대수(symbolic algebra)에 익숙해질 필요가 있다. 즉 문자를 사용하여 방정식의 미지수 및 상수 등을 나타내는 일련의 과정을 통해 추상적인 존재로만의 금융상품을 보다 구조적이고 실체가 존재하는 상품으로 전환할 수 있다는 중대한 의미를 갖기 때문이다. 즉, 금융상품의 타당성을 검토하고 실제 거래가 가능한 상품으로 전환하기 위해 요구되는 필수적인 과정이라 할 수 있다. 이외에도 고등학교 과정에서 이미 학습한 바 있겠으나 지수함수와 로그함수(logarithmic function), 그리고 자연상수(e)에 대해서도 재학습할 필요가 있다.

기본적인 지수함수(exponential function)는 어떤 수 a를 x번 거듭제곱하는 함수형, 즉 $y=a^x\,(a>0)$의 형태로 주어지는 함수를 의미한다. 로그함수는 이 지수함수의 역함수(inverse function)로서 $y=\log_a x$로 밑수 $a(>0,\ \neq 1)$와 진수 $X(>0)$로 표기된다. 예를 들어 지수함수 $y=2^x$에 대한 역함수는 $x=2^y$이나 표기를 동일한 y를 기준으로 하기 위해 $y=\log_2 x$로 표현을 규정한 것이 바로 로그함수이다. 즉, 로그함수는 x가 밑수 a의 몇 거듭제곱인지를 나타내는 알리는 함수인 것이다. 예를 들어 $\log_{10}100=2$의 로그함수에서 확인할 수 있는 것은 100이 밑수 10의 2제곱의 관계를 갖는다는 관계를 표현한 것이다. 로그의 밑수는 통상 10과 자연상수 e가 들어간다. 밑수 10을 사용할 경우

(상용)로그로, 밑수 e를 사용할 경우 자연로그(natural log)라 한다. 여기서 자연상수 e는 무리수인 상수로 2.7182818284...이다. 통상 상용로그와 자연로그의 밑수를 생략하면서 상용로그는 log로, 자연로그는 ln으로 표기하여 구분하고 있다. 이 중 자연로그는 금융 및 경제 분야에서 매우 중요한 역할을 한다. 그 이유는 로그함수의 속성 중 로그함수의 미분이 해당 변수의 성장률 또는 백분율의 변화를 제공하기 때문에 시간에 따라 변하는 변수를 다루기에 매우 유용하기 때문이다. 즉, $\ln x$의 도함수는 $\frac{1}{x}$로 지수가 등차적으로 증가할 때 로그함수의 기울기가 등비적으로 감소함을 뜻하며 이러한 등비적 감소추세가 금융 분야의 속성과 매우 근접하기 때문이다. 또한 비선형 곡선을 선형화시켜주는 테일러 근사 적용에 있어 로그함수의 사용시 매우 편리하게 적용할 수 있다.

그림 Ⅰ-1 로그함수($y = \ln x$)의 궤적

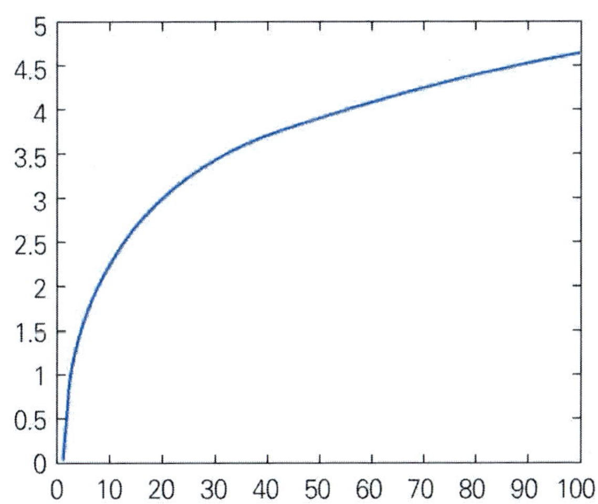

그림 I-2 로그함수 도함수의 궤적

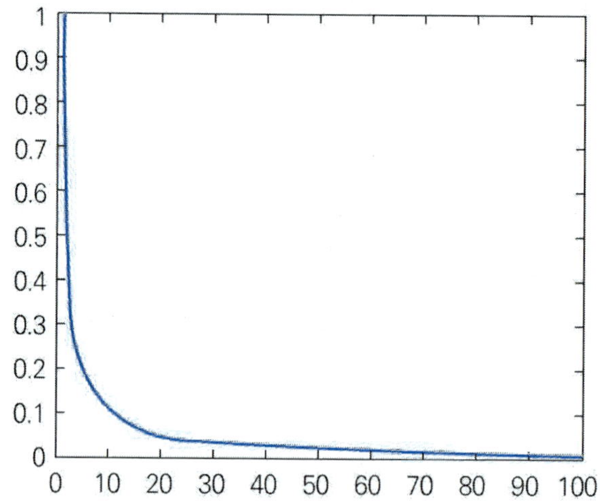

반복적으로 사용되는 지수함수와 로그함수의 5개 성질을 익혀두면 보다 쉽게 수식을 전개할 수 있다.

1. $e^a \times e^b = e^{a \times b}$
2. $\dfrac{e^a}{e^b} = e^{a-b}$
3. $\ln(ab) = \ln(a) + \ln(b)$
4. $\ln\left(\dfrac{a}{b}\right) = \ln(a) - \ln(b)$
5. $\ln(e^a) = a$

이외 요구되는 수학들은 각 단계에서 설명을 부가하여 설명토록 한다.

4. 파생상품 손익구조 결정요인

만기 또는 조기상환일(만기 이전 조건 충족시 발동되어 종료)에 있어 파생상품의 손익구조(payoff)는 계약시에 미리 정한 특정일의 기초자산의 가격 또는 일정 기간 동안의 가격 경로(path)에 따라 결정되는 명시적 함수(explicit function)의 형태로 특정된다. 여기서 손익구조가 명시적 함수로 정의됨은 종속변수와 독립변수가 상호 분리된 함수로 상호 대응된 투자자 포지션별 이익과 손익이 명확히 계산될 수 있어야 함을 뜻한다. 따라서 파생상품은 손익의 발동조건(만기시에 특정주식의 가격이 얼마 이상이면, 만기직전 1개월의 평균 가격이 사전 약정금액 이상이면 등)을 다양화함으로써 각각이 차별적인 스타일의 상품이 된다.

좀 더 극단적으로 말한다면 계약의 룰을 다르게 특정함으로써 무한대의 파생상품이 존재할 수 있다. 이렇게 파생상품의 손익구조를 결정짓는 다양한 요건들을 변경하여 상품을 신규로 디자인하는 행위를 구조화(structure)라는 용어로 정의하며, 총칭하여 금융공학(financial engineering)의 범주에서 이를 다룬다. 지금까지의 논의를 종합하면 종료일, 기초자산, 기초자산에 대한 특정시점의 가격 또는 가격경로, 함수형태, 거래장소 등이 복합적으로 파생상품의 최종손익을 결정짓게 된다.

거래장소는 차익거래의 요건이 된다는 점에서 중요하다. 예를 들어 일본 Nikkei225 지수를 기초자산으로 하는 선물(futures)을 가정하자. 해당 상품은 도쿄증권거래소에서 거래되나 동시에 오사카 증권거래소, 시카고 상품 거래소(CME), 싱가포르 증권거래소(SGX) 등에서도 거래된다. 동일 상품이나 거래장소에 따라 가격에 차이가 발생하며 특히 거래시간이 중첩되는 경우 일물일가의 법칙이 위배되는 차익거래의 생성이 가능해진다.

표 Ⅰ-1 파생상품 payoff $f(x_T)$ 결정요건

종료일(≤ 만기)	T
투입변수: 기초자산의 가격	가격 경로: $\{x_t : 0 \le t \le T\}$ 만기시점의 가격: x_T
함수형: 선형 or 비선형	$f(\{x_t : 0 \le t \le T\},\ x_T)$

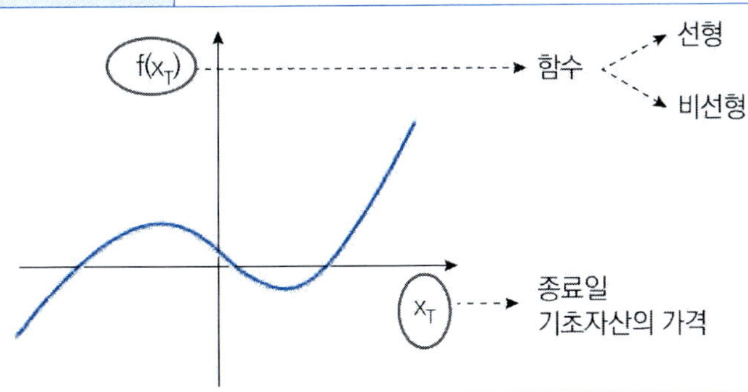

5. 파생상품의 분류

가장 기본적인 파생상품의 분류기준은 거래가 되는 시장에 따라 분류하는 방식이다. 즉, 공식화된 거래소에서 거래되는 장내파생상품인가 아니면 장외시장에서 거래되는 장외파생상품으로 구분하는 방식이다. 장내거래소는 물리적으로 거래가 발생하는 장소가 존재하며 거래의 투명성이 가장 중요한 가치로 간주된다. 이러한 투명성 확보를 담보하기 위해 표준화된 상품, 즉 선물과 옵션이 주거래대상이 된다. 특징적으로 장내거래소는 거래 상대방을 특정할 수 없는 거래가 다자간에 일어나는 구조를 갖는다. 대표적인 장내 파생상품 거래소는 우리나라의 한국거래소(KRX), 미국 시카고상품거래소(CME), 독일유럽파생상품거래소(Eurex), 미국NYSE유로넥스트 등을 들 수 있다. 반면 장외시장(OTC; over-the-counter market)은 물리적 위치가 존재하지 않은 채 딜러 네트워크를 통해 거래가 이루어진다. 즉 공식거래 플랫폼이 없이 양 당사자 간에 비공개 계약으로 거래가 이루어지며 선도와 이자율 스왑과 같이 서로 거래상대방간 상호 동의를 기반으로 한다. 기초자산으로는 이자율(interest rate)이 가장 높은 비중을 차지하며 환, 주식, 상품(원유, 농산물, 면화 등), 날씨, 탄소배출량, 암호화폐 등 대상도 더욱 다양화되고 있다. 또한 장외시장에서는 증권화 과정을 통해 과거에 존재하지 않던 새로운 파생상품이 서로 결합되어 있는 형태의 상품들로 거래된다. 주택담보증권(MBS; Mortgage Backed Securities), 부채담보부증권(CDO; Collateralizes Debt Obligation)[채권담보부증권(CBO; Collateralizes Bond Obligation), 대출채권담보부증권(CLO; Collateralizes Loan Obligation)], 자산담보부기업어음(ABCP; Asset Backed Commercial Paper) 등 자산유동화증권(ABS; Asset Backed Securities)들이 주요하게 거래된다. 이러한 증권화를 거친 상품들은 통상 개인투자자가 아닌 기관 투자자를 대상으로 한 도매형(wholesale) 상품이다. 반면 개인투자자 일명 Mezzanine 상품을 거래대상으로 한다. 이탈리아어인 Mezzanine 상품은 선순위 부채조달(debt financing)과 주식조달(equity financing) 사이의 중간적 성격을 가진 자금조달을 위해 발행된 상품들을 의미한다. 즉, 기업이 선순위 부채차입능력이 한계에 달하였거나 미래의 선순위 부채능력을 보존한 상태에서 성장기회를 추구하는 기업, 주주활동을 위해 추가 자본이 필요한 경우 두 가지의 선택이 가능하다. 우선 외부자본을 늘리는 방안이 있으며, 또 다른 방식이 Mezzanine financing이다. 이 방식은 회사가 은행을 통해 얻을 수 있는 선순위 채무보다 높은 이자율(선순위 채무보다 더 큰 위험을

그림 Ⅰ-3 파생상품 분류

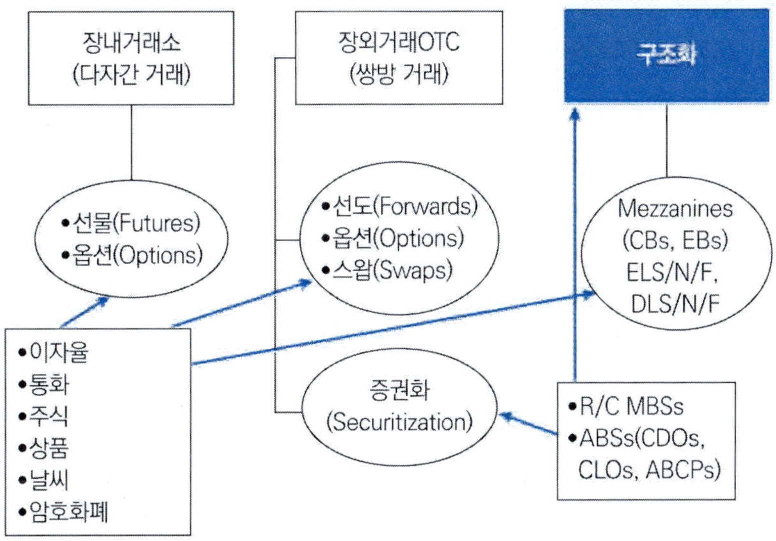

반영)을 가지고 있기 때문에 더 높은 이자율을 부담해야 하는 부채보다 저렴한 자본조달 방식으로 볼 수 있다. 특히 기존 기업 소유자가 통제권을 유지한 채 자금조달이 가능하다는 측면에서 활용되고 있다. 예를 들어 채권으로 발행되지만 일정 조건이 충족되면 보통주로 전환이 가능한 옵션이 부여된 전환사채(CB; convertible bond)나 기업이 보유한 자회사 주식 또는 특정회사 주식으로 교환이 가능한 옵션이 부가된 교환사채(EB; exchangeable bond) 등 주식과 채권의 중간적 성격을 띠는 상품들이 해당된다. 이외에도 주식연계증권(ELS)과 파생연계상품(DLS) 등도 파생상품의 범주로 분류된다.

6. 파생상품의 속성 및 기저 원칙

우선 파생상품의 기본적인 속성을 계약, 신용위험, 참여자의 측면에서 살펴보자. 첫째, 계약적 속성으로, 장외시장상품의 경우 양자 간 거래형태를, 장내시장상품의 경우 다자간 계약형태를 갖는다.

둘째, 신용위험의 측면에서, 장외상품은 거래상대방이 거래를 적절히 이행하지 못할 위험, 즉 거래상대방 위험(counterparty risk)이 존재한다. 이러한 위험에 대해 장내상품의 경우는 거래청산소(clearing house)가 그러한 거래상대방 위험을 대신함으로써 이 위험을 제거해주는 역할을 한다.

셋째, 현물보유 없이 파생상품에 투자하여 이익을 추구하는 투기자(speculator)와 보유한 현물의 변동위험을 제거하기 위해 파생상품을 이용하는 헤저(hedger), 그리고 현 · 선물 간의 가격불일치나 이론가격과의 괴리 상황 등을 이용하여 차익을 추구하는 차익거래자(arbitrager)가 존재한다.

이러한 파생상품의 속성을 담보하는 것은 파생상품의 계약상 원칙이 명확히 유지될 경우에 가능하다. 파생상품의 계약상 원칙은 크게 내생성(exogeneity), 검증가능성(verifiability), 독립성(independency)의 3개 원칙이 반드시 담보될 필요가 있다.

우선 「내생성」 원칙은 파생상품의 계약상 특성으로 인해 기초자산의 가격이 영향을 받아서는 아니됨을 의미한다. 이와 관련되어 2008년 ELS 스캔들을 예시로 들 수 있다. 주가연계증권 ELS는 기초자산의 가격을 조건부로 이익과 손실이 극명하게 변경되는 비선형 payoff 상품이다. 특히 ELS의 발행자는 동적헤지를 통해 위험의 헤지 및 상환재원을 마련하게 된다. 그러나 만기에 근접시 대규모 물량을 처분하는 행위를 통해 기초자산의 가격을 상환조건에 미치지 못하도록 하여 종가하락을 야기한 사실이 확인되었다. 이는 파생상품이 현물가격에 의도적으로 영향이 가해진 사건의 예시로 볼 수 있다.

둘째, 「검증가능성」 원칙은 파생상품의 계약 종료시 기초자산의 가격 또는 그 경로는 모든 참여자가 명확하게 볼 수 있고 확인할 수 있어야 함을 의미한다.

셋째, 「독립성」 원칙은 특정한 파생계약은 다른 계약이나 행동과 독립적이어야 함을 뜻한다. 예를 들어 파생상품 트레이더가 부의 이전이 가능하도록 의도적인 거래를 통해 하나의 계약이 다른 계약에 영향을 미쳐서는 안 된다. 따라서 각 계약 간에 이익과 손실의 교환 등의 행위가 가해져서는 안 된다.

Ⅱ. 파생상품의 역사와 현황

1. 파생상품의 역사

파생상품의 역사를 논하면, 성서의 창세기로 거슬러 올라간다. 창세기 29장의 야곱과 라반과의 대화를 살펴보면, 야곱은 라반의 둘째 딸 라헬과 결혼할 권리를 부여한 7년의 노동 비용이 드는 최초의 옵션 계약을 체결한 것으로 볼 수 있다. 또한 라반이 애초 야곱과 결혼을 시키기로 약속한 라헬이 아닌 첫째 딸 레아를 보냄에 따라 사실상 최초의 파생상품의 계약불이행 경우로도 볼 수 있다.[1]

표 Ⅱ-1 창세기 29장 야곱과 라반과의 대화

(창 29:15) 라반이 야곱에게 이르되 … 어찌 그저 내 일을 하겠느냐 네 품삯을 어떻게 할지 내게 말하라
(창 29:18) 야곱이 … 내가 외삼촌의 작은 딸 라헬을 위하여 외삼촌에게 7년을 섬기리이다
(창 29:21) 야곱이 라반에게 이르되 내 기한이 찼으니 내 아내를 내게 주소서
(창 29:25) 야곱이 아침에 보니 레아라 라반에게 이르되 외삼촌이 어찌하여 내게 이같이 행하셨나이까 내가 라헬을 위하여 외삼촌을 섬기지 아니하였나이까 외삼촌이 나를 속이심은 어찌됨이니이까

그러나 보다 현실적인 파생상품의 시작은 1637년 런던거래소의 튤립에 대한 선도거래를 최초의 파생상품으로 볼 수 있다. 1636년 스코틀랜드 작가 Charles MacKay의 『Memoirs of Extraordinary Popular Delusions and the Madness of Crowds』에 따르면 동인도 무역의 절정기에 네덜란드 사회 전체가 강렬한 꽃잎색을 가진 이국적인 튤립에 열광했다고 쓰고 있다. 일명 'Tulip mania'로 불린 튤립에 대한 지나친 수요는 투기꾼까지 가세하면서 더욱 심해졌다. 특히 네덜란드는 튤립 시즌(9월부터 이듬해 6월까지) 동안 튤립이 매매되는 일종의 공식적인 선물 시장을 만들었다. 상인들은 선술집에서 모여 거래 상대방과 개별거래를 협상하였으며 구매자는 거래 당 최대 3길더(Guilder)까지 2.5%의 수수료를 지불하도록 하였다. 1637년 2월 튤립가격의 폭락 직전까지 실물이 없

1 전적으로 계약적 관점.

는 선물거래가 폭증하였고 결국 4월에 계약불이행 등의 발생으로 인해 네덜란드 당국은 모든 튤립거래를 중지하였다. 이는 비시즌기의 계약물량이 튤립의 생산 능력을 초과했기 때문에 발생한 것으로 추정되는데 공급 과잉과 1637년 들어서 첫 5주 동안 크게 상승했던 가격이 지속 불가능할 것이라는 두려움 때문으로 추정되고 있다.[2]

일본 오사카의 도지마[3] 쌀 시장은 최초의 현대적인 표준화 선물이 거래된 시장으로 알려져 있다. 일본증권거래소(JPX)에 따르면, 에도시대(1603－1867)에는 세금으로 모은 쌀의 대부분이 오사카와 같은 주요 도시로 운송되었다. 봉건 영주는 보관된 쌀을 경매를 통해 쌀 중개인에게 판매하고 낙찰자에게 쌀 지폐(쌀로 교환할 것을 약속하는 지폐)를 발행하였다. 1730년 도쿠가와 막부는 이러한 쌀 지폐를 거래할 수 있는 현물 시장과 선물시장을 승인하였는데, 이 도지마 쌀 거래소는 현대의 거래소와 유사한 회원제 및

그림 Ⅱ-1 도지마 쌀거래소

자료: 일본거래소(jpx.co.jp).

2 네덜란드의 튤립매니아는 아직까지도 다양한 논의가 진행 중이다. 익히 알려진바 대로 버블이라는 측면과, 폭증했다는 튤립가격의 수준이 예상보다 낮으며 네덜란드 경제에 미친 충격이 크지 않아 적극적인 규제도 없었다는 점에서 다소의 과장이 섞인 허구로 보는 주장도 존재한다.

3 애초 요코다 지역에서 쌀 시장이 시작되었으나 도지마 지역으로 이전하였으며 JPX는 공식적으로 도지마 쌀 시장을 본격적인 거래가 이루어진 곳으로 언급하고 있다.

청산 기능을 갖춘 실질적인 선물 거래소의 형태를 마련하였다. 이후 1811년까지 거래소의 거래가 절정에 이르렀다.

이후 1848년 시카고에 기반을 둔 세계최초의 선물거래소 CBOT(Chicago Board of Trade)가 설립되었다. 이후 최초의 선도계약(1851년), 표준화 곡물거래 개시와 마진(이행보증금) 체계를 마련(1865)하여 사실상 현재 운영되고 있는 선물체계를 구축하였다. 또한 1900년대에 현재 거래되고 있는 대부분의 주요 선물상품을 최초로 거래하기 시작한 곳이 바로 CBOT이다. 2007년 시카고상업거래소(CME: Chicago Mercantile Exchange)와 공식적으로 합병하였다. CME는 세계 최대의 농산물 및 금융상품 선물거래소로 1898년 버터와 계란을 거래하던 상인들이 세운 비영리단체 'The Chicago Butter and Egg Board'가 전신이다. 1919년 소, 돼지 등의 농축산물을 상장 거래하면서 현재의 CME로 개명하였다. 이자율, 주가지수, 외환, 그리고 농산물 선물뿐 아니라 날씨와 부동산 파생상품과 같은 대체투자자산도 거래한다.

표 II-2 CME(CBOT 합병 전 포함)의 성과

년 도	내 용
1848	CBOT 개설
1851	최초 선도계약
1865	선물계약 표준화, 이행 보증금 체계 구축으로 곡물거래 개시
1936	CBOT 대두 계약 개시
1919	Chicago Butter and Egg Board 개설, CME 청산소 설립
1961	CME 냉동 저장 육류 선물
1964	CME 생우 선물
1968	CBOT 닭 선물
1972	CME 7개 통화선물
1975	CBOT 최초 이자율 선물
1981	CME 유로달러 선물
1982	CME 주가지수 선물
1999	CME 날씨 선물
2007	CBOT와 CME 합병

자료: CMEgroup.com 참조.

2. 파생상품시장 참가자 유형

모든 시장에는 참가자가 필요하다. 파생상품 계약은 다양한 요구를 가진 소매 및 기관 플레이어가 구매하므로 시장 참여자는 파생 상품 거래를 선택하는 목적에 따라 정의된다. 이들의 특정 요구에 따라 파생 시장에서 중요한 플레이어는 크게 투기(speculation), 차익거래(arbitrage), 그리고 헤지(hedge)를 추구하는 세 범주로 분류할 수 있다. 투기자는 기초자산의 등락에 대한 방향성 예측에 따라 파생상품 포지션을 취하고 이로부터 이득을 추구한다. 차익거래자는 기초자산과 파생상품의 payoff 간에 서로 가지는 수학적 방향성에 위배되는 상황을 이용하여 차익을 획득하려 시도한다. 헤저는 실물의 변동성으로 인한 손실이 우려되어 이를 회피하고자 할 때, 즉 실물의 손실발생시 파생상품으로부터의 이익으로 이를 커버하도록 파생상품을 이용한다. 파생상품시장은 이러한 3개 범주의 거래자가 각자의 목적과 용도에 따라 파생상품을 활용한다. 각 유형의 거래자를 좀 더 면밀히 살펴보자.

그림 Ⅱ-2 파생상품시장 내 참가자 유형

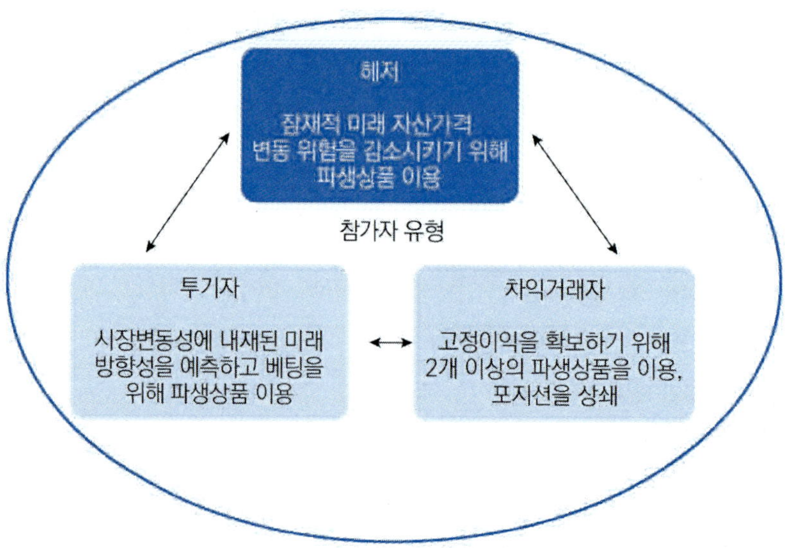

1) 투기자(speculator)

투기자는 자산의 가격 변동을 예측하고, 이 예측을 기반으로 파생 상품에 포지션을 취함으로써 이익을 극대화하는 전략을 구사한다. 기초자산의 방향성과 일치하는 혹은 반대되는 전략 등 매우 다양한 전략을 구사한다. 예를 들어 가격상승이 기대될 경우, 콜옵션 매수, 선물 매입, 또는 풋옵션을 매도하는 전략이 있을 수 있는데 각 전략의 차이는 위험-수익 속성이 모두 다르다는 점에 있다. 그럼에도 공통적인 투기자의 특징은 이익을 위해 파생시장에 내재된 높은 위험을 감수한다는 점이다. 이러한 측면에서 파생상품시장에서 투기자의 존재는 반드시 필요하다. 왜냐하면 시장참여자가 모두 위험을 제거하거나 회피하기 위한 수요만 존재한다면 그 반대편에 위험을 감내하는 자가 존재하지 않게 되어 종국에는 거래가 형성될 수 없기 때문이다.

또한 파생상품의 속성 중 하나는 현물 매입과 달리 레버리지(leverage), 즉 소액으로 대량의 거래가 가능하다는 점이다. 이는 파생상품 활용의 가장 강력한 이유이기도 하다. 이러한 레버리지를 적극적으로 이용하는 투기자는 파생 상품 포지션과 기초 자산의 관계를 그 누구보다도 정확히 이해할 필요가 있다. 특히 단순히 기초자산의 가격 방향성뿐만 아니라 변동성에 대한 방향성까지도 같이 이해를 해야 한다는 점에서 고도의 지식과 경험이 요구된다.

[궁금해요] 마크트웨인 효과 (Mark Twain Effect)

"10월은 주식을 투기(speculate)하기에 매우 위험한 달 중 하나이다. 그 외 위험한 달은 7월, 1월, 9월, 4월, 11월, 5월, 3월, 6월, 12월, 8월, 2월이다."

마크트웨인의 저서 『Pudd'nheadWilson』에서 인용된 유명한 주식투기의 위험성에 대한 경고를 나타냄과 더불어 주식시장의 "마크트웨인 효과" 또는 "10월 효과"라 불리는 현상의 어원이기도 하다. 물론 마크트웨인의 어구는 항시 주식투기를 하지 말라는 멘트임에도 불구하고 10월에 일반적인 저수익률을 나타내는 용어로 언급되곤 한다. 이와 관련된 주식시장의 현상을 살펴보면 10월경에 핵심적인 주식시장의 변곡점이 나타나는 경향이 있다.

위기	일시
대공황 : 월스트리트 붕괴	1929년 10월 24~29일
블랙먼데이 : 주식시장 붕괴	1987년 10월 19일

2008년 주식시장 붕괴	2008년 9월 29일

이외에도 달력의 일부 시기(○월)에 대해 나타나는 추세를 통상 달력효과(Calendar effect)라 하며 다양한 연구들이 진행된 바 있다. 주식 성과 및 일반적인 시장 성과와 관련하여 달력 효과의 기본 아이디어는 특정 조건에 기반하여 발현되는 특정시기가 있다는 것이다.
이러한 현상이 반복적으로 나타나는지에 대해서 요일, 월, 분기 등 다양한 달력기반 주기의 주장들이 존재한다. 몇 가지를 살펴보면, i) 주말 효과－월요일 수익률이 다른 요일보다 낮은 경향이 있으며 때로는 금요일 수익률 더 높다 ii) 1월 효과－일일 수익률이 1월에 더 높은 경향이 있다 iii) 휴일 효과－거래가 없던 휴일 이후 수익률이 더 높다 등 시장 효율성 및 합리적 가설과 상충된다는 면에서 여전히 다양한 논란이 있다.

2) 차익거래자(Arbitrager)

어떤 파생상품이 동일 물건임에도 불구하고 각 지역별 수요와 공급의 수준에 따라 각각의 가격이 달라지는 상황이 벌어질 수 있다. 이렇게 일물일가의 법칙이 위배되는 상황이 발생할 때 차익거래자는 이러한 불완전성과 비효율성을 유리하게 활용한다. 차익거래가 발생할 수 있는 조건이 충족되면 '컨버전스 거래' 또는 '상대가치 거래'가 수행될 수 있다.

우선 동일한 자산이 다른 가격으로 거래될 경우 상대적으로 저평가된 자산은 매입함과 동시에 고평가된 자산은 매도함으로서 일시적으로 잘못된 가격 책정을 이용하는 거래를 컨버전스 거래(convergence trade)라고 한다. 또한 현금흐름이 유사한 자산이 서로 다른 가격으로 거래될 경우 상대가치 거래(relative value trade)라고 한다. 상대가치거래의 가장 대표적인 예가 채권을 대상으로 한 신규 발행물(on－the－run)과 기발행경과물(off－the－run) 간의 차이를 이용하는 예이다. 신규 발행된 3년 만기 채권과 2년이 경과된 5년 만기 기발행채권의 경우 이 두 채권의 쿠폰이율을 비롯한 다른 조건이 모두 동일하다면 두 채권은 동일한 가격이 형성되어야 한다. 그러나 신규발행채권이 유동성이 더 높기 때문에 기발행 채권에 비해 유동성 프리미엄이 부가되어 거래된다. 물론 뒤를 이어 새로운 신규물량이 발행되면 이 유동성 프리미엄은 감소한다. 그럼에도 유동성 프리미엄이 존재하는 한에 있어서 더 높은 가격의 신규 발행채를 매도하고 더 저렴한 기발행채권을 매입하면 차익거래 이익을 얻을 수 있다. 결국 동일한 미래 현금 흐름을 제공하는 자산의 가격은 만기에는 결국 상호수렴(converge)한다는 기본적인 일물일가의 법칙으로의 회귀를 전제한 전략이다.

물론 이러한 차익거래전략이 완전히 무위험한 거래전략은 아니다. 만기까지 남은 기간이 과다한 상태에서 on-the-run과 off-the-run과의 가격격차가 해소되는 시점이 예상보다 지연되어 나타나는 경우가 있을 수 있다. 차익거래자가 그 기간을 감내할 수 없는 내외부적 상황이 존재한다면 가격격차 해소의 지연현상이 실질적인 위험으로 발현될 가능성이 있다. 따라서 차익거래는 엄밀히 말해 무위험이 아닌 확률적 차익(statistical arbitrage)의 발생을 의미한다고 보아야 한다.

차익거래자는 기본적으로 포트폴리오를 구성하고 주로 매우 빠른 속도의 환경에서 이익을 추구한다. 이를 위해 사람의 개입 없이 시장에서 효과적이고 효율적으로 거래하기 위해 설정된 전략에 따라 프로그램 또는 알고리즘을 사용하는 기계에 의해 수행되는 시스템 거래 또는 프로그램 매매가 주로 이용된다. 이러한 프로그램 매매방식은 일반적으로 대규모 투자자, 펀드 하우스 및 헤지펀드에서 사용된다. 프로그램 거래는 상상할 수 없을 정도로 빠르며 다양한 거래가 단 수개의 마이크로 초 안에 이루어질 수 있다. 차익 거래 상황에서는 동시에 매수 및 매도 주문이 필요하며, 약간의 지연만으로도 이익 마진이 사라질 수 있다. 따라서 이러한 상황에서 알고리즘 거래가 사용된다. 대규모 또는 기관 투자자는 일반적으로 이 거래를 사용하여 시장 내 mis-pricing의 기회를 활용하고 있다. 프로그램 매매는 자동화 프로세스이므로 투자과정에 개입될 인간의 감정, 무질서, 두려움, 탐욕 등이 일체 배제된다는 장점을 갖는다.

반면 프로그램 매매는 대규모 자동진입과 퇴출이 대량으로 또 자동적으로 이루어지기 때문에 시장가격의 변동성을 증폭시키고 있다는 비난을 받기도 한다. 또한 프로그램 거래는 데이터 피드와 운영을 유지하는 인력 측면에서 상당히 많은 비용을 요구한다. 따라서 모든 거래자자 이러한 옵션을 이용할 수 있는 것은 아니다. 또한 기계적 · 기술적 · 기계적 오류로 인한 잘못된 주문 등의 가능성도 존재한다.

3) 헤저(Hedger)

헤저는 현물 포지션을 가진 상태에서 해당 자산의 가격 변동과 관련된 위험을 제거하거나 최소화하기를 원하는 거래자이다. 이들은 이들과 반대의 입장, 즉 충분한 보상 하에 위험을 기꺼이 감수하고자하는 사람들, 즉 투기자나 차익거래자에게 파생상품이라는 수단을 통해 해당 위험을 이전할 기회를 찾는다. 대량의 원유거래와 관련된 이해관계자들을 예를 들어보자. 공급자 입장에서는 현물보유에 따른 가격 하락으로 인한 미래 손실가능성을 줄이기 원한다. 중간 가공을 위한 원유 매입자 측면에서는 가격 상승으로 인한 미래 손실가능성을 줄이기 원한다. 이 두 경우를 종합하면 결국 어떤 포지션에 대한 가격 변동성을 줄이기 원하는 것이며 두 이해관계자 모두 파생상품을 통해 가격 변동성을 줄일 수 있다. 주식 보유자의 경우도 어떤 하한 이하로는 손실을 보지 않겠다는 식의 하방위험을 통제하고자 한다면 풋옵션을 매입함으로써 주식의 손실을 커버하여 최종적으로 이익과 손실을 상쇄시키는 전략으로 통제가능하다. 이 전략을 포트폴리오 보험(portfolio insurance)라 한다.

현실에서 가장 많이 사용되는 헤지방식은 선도(forward) 계약을 통해 가격변동을 고정하는 방식이다. 이 방식이 거래상대방과 상호 선도계약을 체결하는 방식인 스왑(swap)으로 발전하였다.

[궁금해요] 왜 헤지펀드(hedge fund)는 '헤지'펀드라 불리는걸까?

헤지펀드는 공인 투자자(accredited investor) 또는 기관 투자자(institutional investor)가 함께 자금을 모으고 펀드 매니저가 정교한 투자 기술을 사용하여 다양한 자산에 자금을 배분하는 파트너십을 말한다. 그런데 헤지펀드는 일반적으로 탐욕스러운 투자자로 알려져 있으며 이익의 최대화를 위해 파생상품의 위험을 적극적으로 감내함으로 인해 여러 사건사고 및 스캔들에 연루되고 있다. 일찍이 워렌 버펫은 고객들에게 보낸 2002년도 연례서한(Chairman's Letter)에서 1998년 LTCM 사태를 인용하여 헤지펀드의 문제점을 지적하였고, 나아가 파생상품은 대량 살상을 위한 금융무기(financial weapons of mass destruction)이며 잠재적으로 치명적일 수 있는 위험을 가지고 있다고 공식적으로 언급한 바 있다.[4]

이렇듯 헤지펀드의 높은 위험성향에도 불구하고 '헤지'펀드라는 명칭을 사용하고 있는 것은 매우 아이러니하게 느껴진다. 애초 hedge의 사전적 의미는 길을 따라 심어져 있는 나무군집 또는 늘어서 있는 관목을 일컫는다. 그 용도는 외부로부터의 침입을 막는 일종의 울타리로 사용되었다. 그런데 반대로 내부의 측면에서 바라보면 안에서 hedge를 넘어가지 못하도록 하는 일종의 내부한계선의 성격으로도 볼 수 있다. 즉, hedge 안에서는 움직임이 자유로우나 그 선을 넘지 못하도록 하는 저항선이며 현재 의미인 자산의 가치하락 방어라는 의미로 준용되어 사용되고 있다. 이러한 맥락에서 1940년 등장한 Alfred Winslow Jones의 최초의 헤지펀드 전략이 시장중립포트폴리오(market－neutral portfolio)를 지향했기 때문이다. 그의 전략은 시장위험과 개별위험을 분리하여 시장의 전반적 성과에 의해 가치가 상승할 것이라 생각하는 자산을 매입하고, 가격이 하락할 것이 예상되는 자산을 매도함으로서 시장중립을 달성하고자 하였다. Jones는 1952년 이러한 시장중립 헤지전략과 레버리지, 그리고 수수료를 결합하여 구체화한 최초의 헤지펀드 상품을 개시하였다. 이렇듯 헤지펀드의 애초 출발이 시장중립을 지향하여 자산의 변동성 위험 최소화를 지향한다는 면에서 이러한 이름으로 불리게 되었다.

3. 파생상품시장 운용현황

전 세계 파생상품 연간 거래량은 2010년 203.7억 건에서 2019년 328.9억 건(옵션 146억건, 선물 183억건)의 기록적 증가 추세를 보였다. 이는 지난 10년 동안 61.5%의 증가세를 나타내며 연평균 7.6%의 성장률을 보인다. 지역을 비교하면 유럽, 중동, 아프리카의 거래량은 4.9% 감소한 반면 아시아 태평양 지역은 주가 지수 옵션, 상품 선물 및 통화 옵션으로 인해 26.4%의 상당한 증가를 경험하였다. 2019년 기준으로 각 지역별 세부 내용을 살펴보면, 아메리카 지역에서 거래되는 거래량은 전 세계 거래량의 40.5%를 차지한다. 이는 주식, 이자율, 통화 파생상품이 각각 9.3%, 3.6%, 15.5% 상승한 결과였으며, ETF, 상품 및 기타 파생 상품은 각각 8.9%, 16.3%, 12.1% 감소하였다.

아시아－태평양 지역의 거래량은 거래된 총 계약수의 42.5%를 차지하며, 이는 주식(37.6%), ETF(21.4%) 등 모든 유형에서 거래되는 거래량이 증가한 결과이다.

전체 거래량의 17%를 차지하는 유럽 · 중동 · 아프리카 지역의 거래량은 ETF, 이자율, 통화 및 기타 파생 상품의 하락으로 인해 4.9% 감소하였고, 주식 및 상품 파생 상품은 증가세를 보였다. 글로벌 파생 상품 거래량의 44.9%와 55.1%를 차지하는 옵션과 선물은 2018년 대비 각각 12%와 7.4% 증가하였다.

이러한 파생상품시장의 전반적인 계약거수 증가 추세는 최근 주식관련 파생상품

4 그럼에도 워렌버핏의 Berkshire Hathaway사 역시 일부 투자전략을 실행하기 위해 파생상품을 사용하고 있다.

그림 Ⅱ-3 세계 파생상품 현황

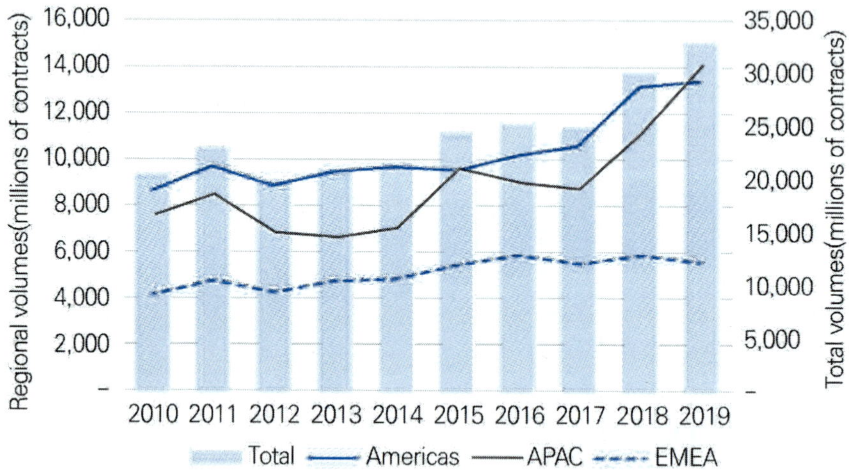

자료: The WFE's Derivatives Report 2019.

(equity derivative) 거래가 크게 증가했기 때문이다. 또한 장기 계약 증가와 더불어 상품(commodity) 관련 파생상품 및 환 관련 파생상품 모두 크게 증가하였다. 특히 주식 관련 파생상품이 글로벌 지역 전체에서 모두 증가세를 보이고 있다. 이러한 계약건수의 급증은 시장참여자수의 증가를 뜻하는 것으로 그만큼 투자자들의 파생상품시장으로의 참여가 더욱 활발해지고 있음을 뜻한다. 세계거래소협회(WFE; World Federation of Exchange)에서 제시한 2019년 기준의 세부 상품별 통계를 살펴보면 다음과 같다.

우선 주식관련 파생상품 계약량은 미주 및 아시아 태평양 지역에서 단일 주식 선물, 주가지수옵션, 주가지수선물 거래량이 증가함에 따라 2018년 대비 18.4% 증가하였다. 이 주식관련 파생상품은 2019년에 거래된 전체 파생상품 계약의 48.5%를 차지한다. 과거 10년 중 2019년이 161억 건으로 가장 높은 주식 파생상품 계약 수를 보였다.

ETF 파생 상품은 2019년 17억 개의 계약이 거래되었다. 거래량은 거래량의 99.7%가 이루어지는 미주지역의 감소로 인해 전년 대비 감소하였다.

이자율 파생상품 계약량은 2019년에 1.3% 감소하여 45억 2천만 달러에 달했다. 특징적인 사항은 유럽지역의 계약량이 24.1%에서 13.9%로 급격히 하락하였다.

그림 Ⅱ-4 파생상품 유형별 계약 규모(단위:억 건)

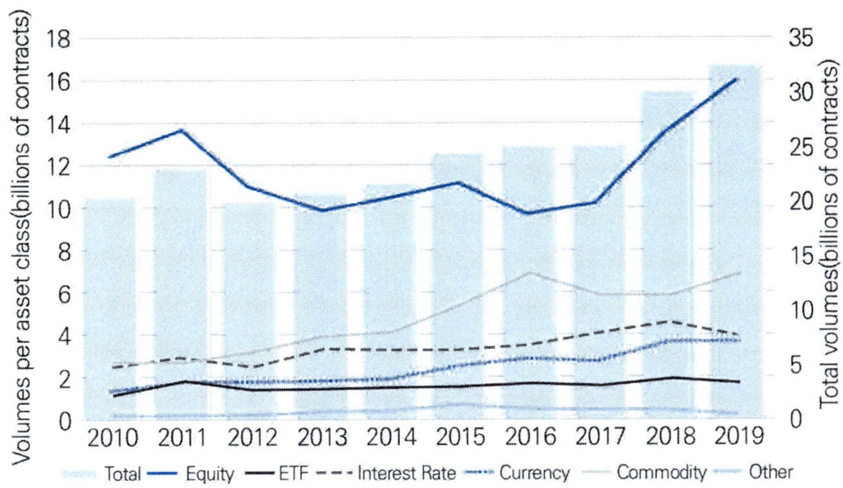

자료: The WFE's Derivatives Report 2019.

통화 파생상품 계약량은 2019년 37억 계약을 초과했다. 미주 및 아시아 태평양 지역에서 각각 19.5% 및 63.2%의 계약이 거래되었으며 거래량도 증가하였다. 반면 유럽 지역에서는 거래량이 감소하였다.

상품 파생상품 계약량은 전체 파생상품 거래량의 20%를 차지할 정도로 가장 활발하게 거래되었다. 미주 지역에서는 감소하였으나 아시아 태평양 지역은 증가하였다.

이외 지수 변동성 옵션 및 선물, 부동산 투자신탁(REIT) 파생 상품, 배당 지수 파생상품, 차액 계약(CFD; Contracts For Difference[5]), 인플레이션 지수 선물 및 옵션 등의 계약량은 전체적으로 감소추세를 보이고 있다.

반면 계약의 절대규모에서는 이자율 파생상품의 규모가 절대적으로 높다. 특히 이자율 파생상품 내에서 이자율 스왑의 규모가 대부분을 차지한다. 또한 환관련 파생상품에서도 환스왑이 가장 높은 비중을 차지한다. 반면 주식관련 파생상품의 규모자체는 상대적으로 미약하다.[6]

5 계약 종료시 계약 당사자 간에 외환, 주식 및 상품을 포함하는 특정 금융상품의 시가와 종가 사이의 차이를 교환하는 레버리지 상품.

그림 Ⅱ-5 글로벌 OTC 파생상품상품 유형별 거래규모(단위:$십억)

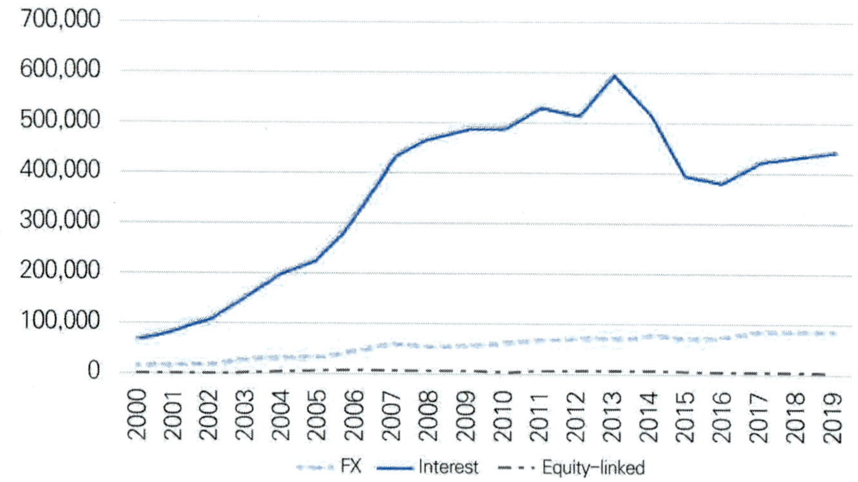

자료: 세계결재은행(BIS) 통계사이트 stas.bis.org 데이터 재구성, Notional amount.

이렇듯 글로벌 파생상품 시장의 증가는 우선, 금융시장의 세계화(Globalization) 그리고 금융거래의 다양화에 기인한다. 즉, 시장의 다양성 증가는 다국적 운영에 따른 관계 통화의 다양성을 유발하게 되었으며 결국 다양한 유형의 위험의 노출가능성과 회피의 필요성을 높이고 있다. 이러한 환경변화는 당연하게도 금융시장에서 파생상품의 중요성을 더욱 높이고 있다. 특히 2000년대의 파생상품시장 증가세는 Glass－Steagall Act와 연관된다. 1933년 채택되었던 Glass－Steagall Act는 대공황을 겪으면서 은행이 더 이상 위험한 거래에 관여하지 않도록 하기 위해 브로커리지 하우스와 은행을 분리하였다. 이로 인해 파생상품의 투자 또는 레버리지의 이용 등이 허용되지 않다가 1999년 이후 Glass－Steagall Act가 폐지되면서 은행이 브로커리지 하우스로 운영될 수 있게 되면서 파생상품수요가 폭발하였다.

두 번째, 파생상품 시장의 증가원인으로는 기술의 발전을 들 수 있다. 이는 금융시

6 대부분의 파생관련 교재는 운용규모가 작은 주식관련 파생상품 설명에 치우쳐 있으며 이는 상대적으로 설명이 용이하기 때문이다. 반면 이자율 파생상품은 그 이해와 응용에 있어 고난이도의 학습을 요구한다. 따라서 이자율 파생상품의 심화학습을 위해서는 추가 학습이 요구된다.

그림 II-6 1차 유가파동 & 원유가격 추이(1946-1976)

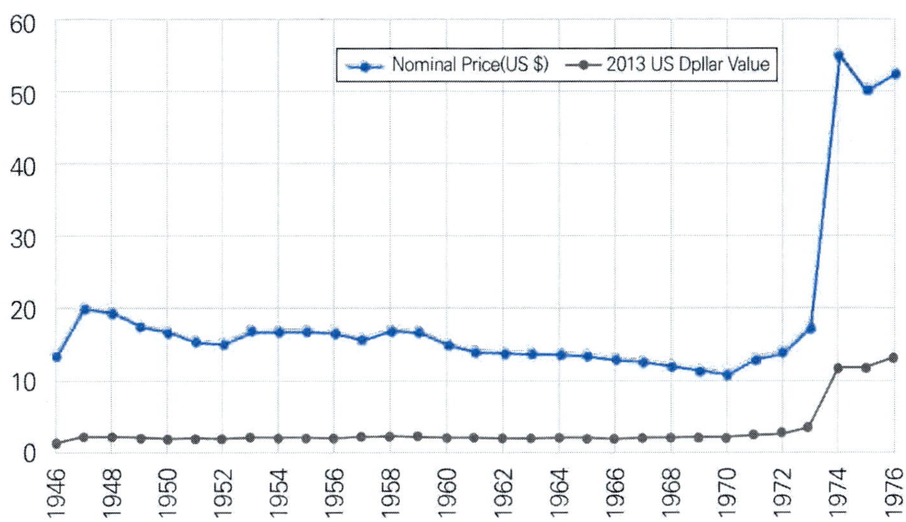

자료: US Energy Information Administration.

장 내 컴퓨터 도입의 확대 및 CPU 능력의 향상으로 인한 모델링 능력이 높아져 가격설정이 어렵던 복잡한 파생상품의 출시가 가능하게 되었다. 이는 시장에서 요구하는 다양한 상품설계를 가능하게 함으로써 수요증가를 이끌었다.

세 번째, 서브프라임 사태 직전까지 금융시장은 탈규제의 방향으로 진행되어왔다. 통상 금융시장의 규제는 위험의 통제와 근접하는 개념인만큼 탈규제는 위험투자를 용인해주는 투기자의 등장을 용이하게 해주었다. 즉, 위험을 적극적으로 감내하면서 그에 대한 보상을 원하는 투기자의 등장은 파생시장의 긍정적인 순환을 촉발하는 계기가 되었다.

애초 파생상품 시장을 도입했던 이유는 미래의 불확실성을 줄이기 위한 위험관리를 위해서였다. 이러한 금융시장 내 변동성 확대는 1971년대 브레튼우즈 체계(금거래소기준)가 무너지면서 고정환율제에서 변동환율제로 넘어가게 되었고 1973년의 1차 유가파동[7]과 1978년 2차 유가파동[8]의 발생으로 인플레이션이 급속히 확대되었다. 특히 두 번째 유가파동이 발생한 1978년은 유가급증과 더불어 마이너스 성장이 중첩된 스태그

그림 Ⅱ-7 2차 유가파동 & 원유가격 추이(1969-1992)

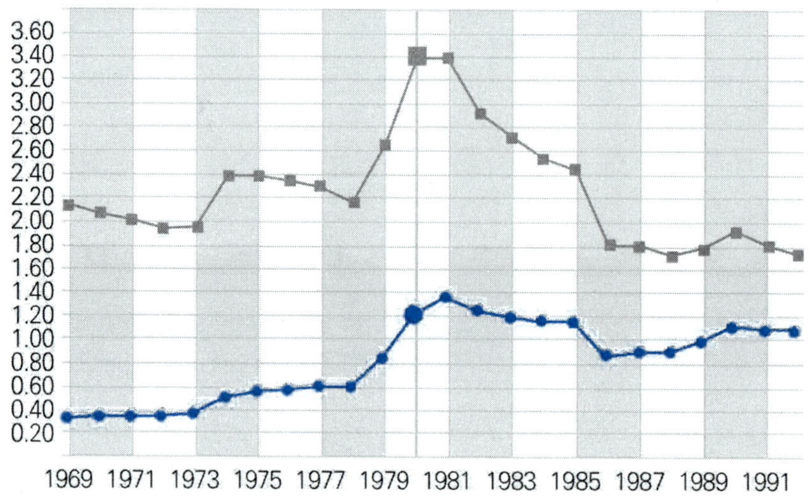

자료: US Energy Information Administration.

플레이션이 일어나면서 금리의 변동성이 급격히 높아지는 계기가 되었다.

최근까지도 원유는 금융시장 변동성 확대의 주요 원인이 되고 있다. 그 예가 2014년의 사우디아라비아와 미국 간의 유가전쟁이다. 사우디아라비아 주도 하의 OPEC는 미국 셰일생산자들에게 압력을 가하기 위해 단기적으로 유가하락을 주도하였다. 그러나 미국 생산자들의 활동을 둔화시키지 못했고 결국 사우디가 감산에 합의하면서 유가는 \$20에서 \$70으로 급등하였다. 2017년에는 사실상 미국이 사우디아라비아를 제치고 최대원유생산국으로 올라섰다. 2020년에는 다시 사우디아라비아와 러시아는 석유감산을 둘러싸고 유가하락을 통한 생산국 제거 경쟁에 돌입하였다. 또한 과거와 달리 미국이 중재에 나서면서 영향력 확대를 노리고 있다. 이렇듯 현물시장의 변동성 확대가 경제

7 1973년 이집트 및 시리아와 이스라엘 간의 중동전쟁 이후 걸프식스(이란, 이라크, 쿠웨이트, 카타르 사우디아라비아, UAE)는 일방적으로 석유가격을 배럴당 \$3.01에서 \$5.12로 인상하고 이스라엘을 지지하는 국가들에 '석유무기'로 사용하기로 결정한 사건으로 직접적인 금수조치를 당한 국가 외에 석유소비가 많은 다른 국가에게 큰 불확실성과 투기, 공포감을 유발함.

8 1차 유가파동 이후 이란으로 유입된 대규모의 자금은 인플레이션, 부패, 낭비 등을 유발하였고, 이에 대한 반동으로 보수주의자 호메이니의 이슬람 혁명이 일어난 후, 이란의 석유수출 중단으로 배럴당 \$13에서 \$20 이상으로 폭증하였으며 1981년 \$39까지 급증하였음.

그림 Ⅱ-8 Crude Oil 유가 추이(1984-2020)

전반으로 영향을 미치면서 금융시장의 변동성 역시 크게 출렁이고 있다. 결국 파생상품의 도입은 이러한 금융시장 변동성을 제거 내지 축소하기 위한 목적을 가지며 그러한 기대를 충족하려는 수요자의 확대로 파생상품시장 역시 크게 증가하였다.

그렇다면 파생상품의 도입이 과연 시장, 구체적으로 기초자산의 가격변동성을 줄였는가에 대한 진단이 필요하다. [그림 Ⅱ-9]에서와 같이 통화(currency)에 대한 최초의 파생상품인 선물(futures)이 1973년 도입된 이래 지속적으로 다양한 형태의 파생상품이 도입되어 왔다. 그럼에도 변동성이 축소되었다고 보기는 어렵다.

그림 Ⅱ-9 환위험 관리수단의 발전과 변동성 추이 매칭

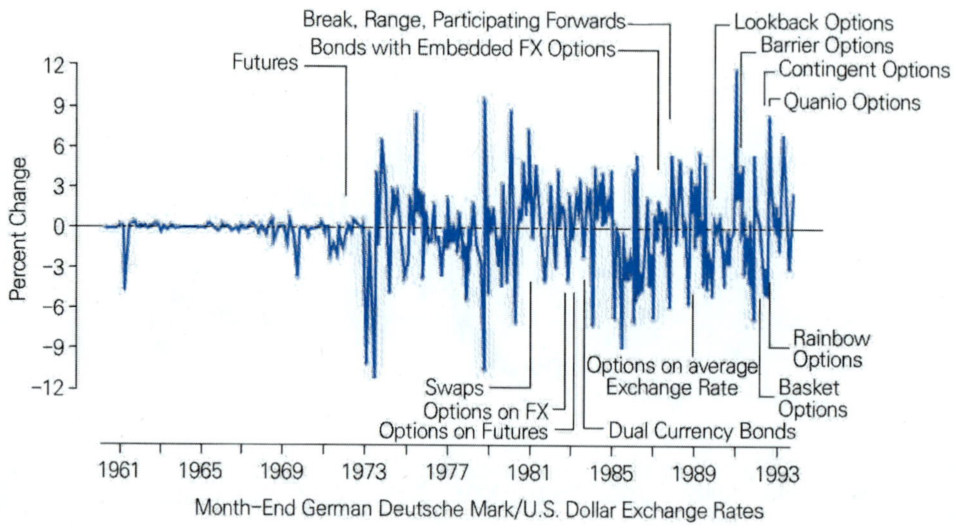

[그림 Ⅱ-10]은 앞서 기간 이후의 파생상품 성숙기 기간인 1980년부터 2010년까지 자료로 구성한 환율변동성이다. 파생상품의 도입기를 지나 좀 더 거래가 더 활발하게 이루어지는 시기에도 여전히 변동성의 양상은 크게 변화하고 있지 않다. 가운데 원화(WON)의 큰 변동성은 1997년 말과 1998년 초의 우리나라의 외환위기 당시에 나타났다. 2008년 아시아 금융위기 당시에도 높은 변동성을 보여 시장에 미친 큰 충격이 필터되고 있지 않음을 알 수 있다.

기초자산을 이자율로 하는 파생상품의 경우도 큰 차이를 보이지 않는다. 이 경우에도 다양한 형태의 파생상품들이 도입이 됐음에도 불구하고 이자율 변동성이 줄어들지는 않았다.

그림 Ⅱ-10 주요국 환율 변동성(1980-2010)

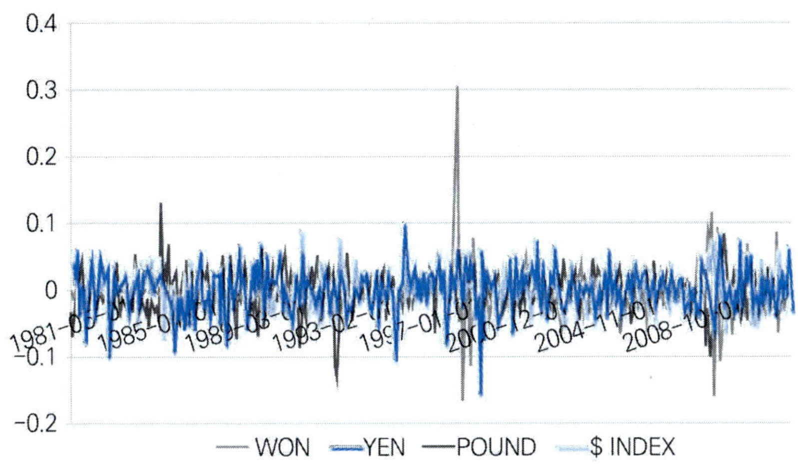

자료: 블룸버그.

그림 Ⅱ-11 이자율 위험관리수단과 이자율 변동성 추이

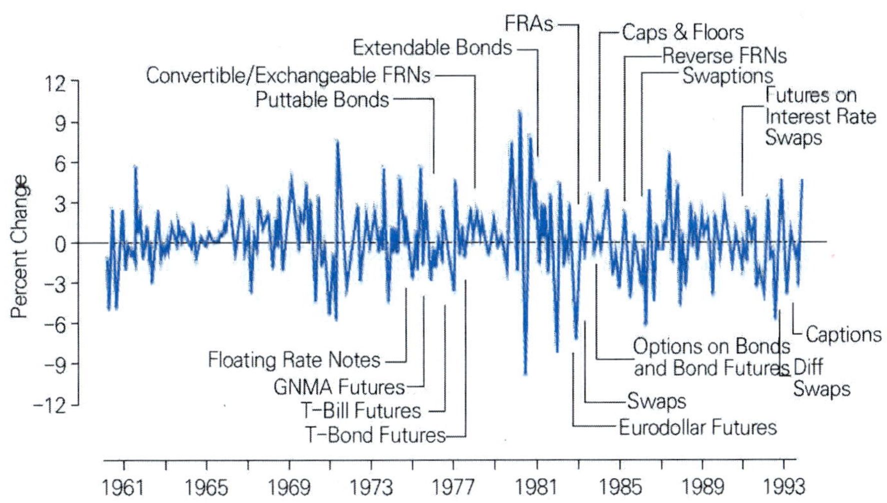

그림 Ⅱ-12 미국 10년 국채 수익률(1962-2010)

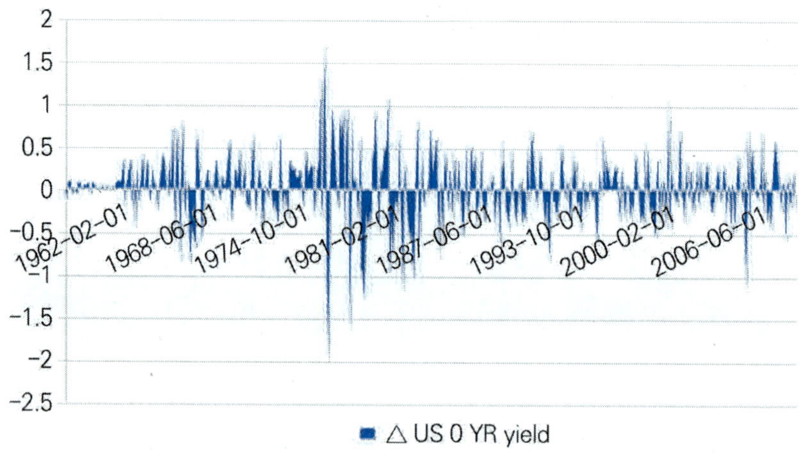

자료: 블룸버그.

그림 Ⅱ-13 원유가격 위험관리 방안의 발전과 유가변동성 추이

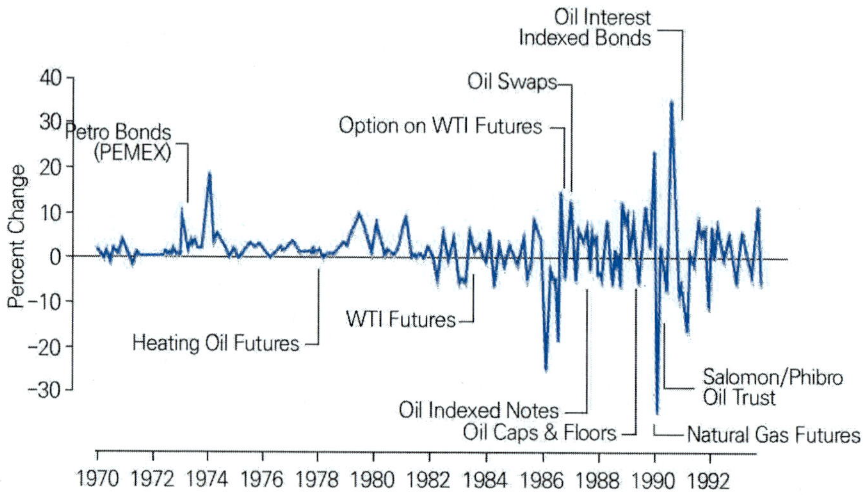

원자재 상품(commodity), 특히 원유가격의 경우에도 가격 변동성은 감소하지 않았다. 앞서 살펴본 1차 및 2차 유가파동을 겪으면서 가격변동성을 통제해야 할 필요성이 증가하였으며, 이후 이를 위한 파생상품이 다수 등장해왔으나 가격변동성을 통제하게 되었다고 판단하기는 어렵다. 금가격의 경우는 2008년 금융위기 당시 안전자산 선호현상으로 인해 가격이 급증하였다.

그림 Ⅱ-14 Crude Oil 및 금가격 변동성 추이(1983-2010)

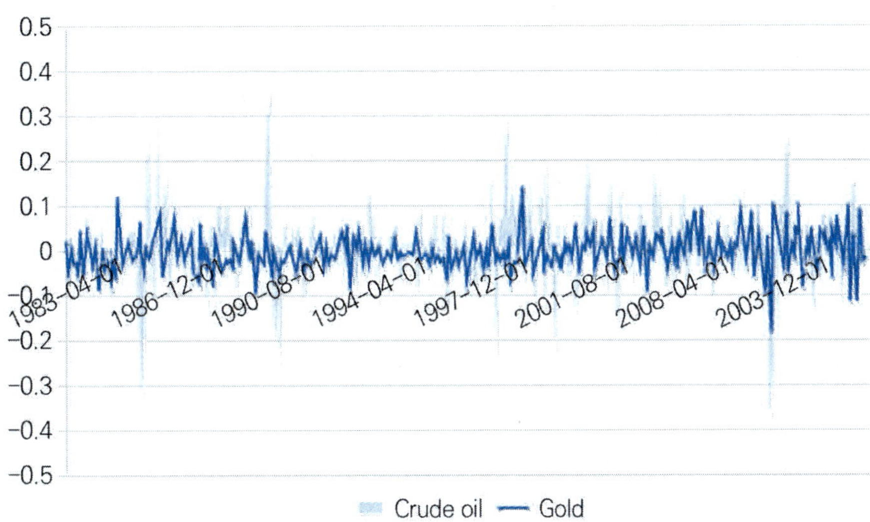

자료: 블룸버그.

Ⅲ. 파생상품 이해의 필요성

1. 콘탱고? 백워데이션?

파생상품을 살펴보기에 앞서 주식시장을 선행적으로 이해할 필요가 있다. 우리나라의 주식시장 움직임을 보여주는 대표적 지수로 KOSPI와 KOSPI200을 들 수 있다. KOSPI가 우리나라 전체 주식의 총합이라 한다면 KOSPI200의 경우 시가총액 순위 기준으로 200위까지의 종목들만을 포함한다. KOSPI 중 KOSPI200에 해당하는 종목들이 시가총액의 대부분을 차지하기 때문에 두 지수의 움직임은 매우 유사하다. 특히 KOSPI200은 대형 기관투자자의 벤치마크로 주로 활용된다는 점에서 중요도가 높다.

예시적으로 현물(S: spot)인 KOSPI200이 동 시점의 선물(F: futures)보다 낮은 어떤 날을 상정해보자. 일반적인 경우는 선물(F)의 가격이 현물(S)가격보다 높다. 물론 옥수수, 구리와 같은 상품(commodity)의 경우는 현물인도가 되기 때문에 현물이 선물보다 높은 경우도 있다. 그럼에도 금융자산을 현물로 하는 경우에 있어서 아주 특별한 경우가 아니라면 선물가격이 더 높은 경우가 일반적이다. 예를 들어서 KOSPI200에 속해 있는 기업들이 배당을 극히 많이 지불하는 경우가 특별한 경우가 될 수 있다. 선물가격이 현물가격보다 높은 일반적 상황을 콘탱고(Contango)라 한다.

$$F > S\text{: contango}$$

↓ ↓

Futures Spot

이와 반대로 현물가격이 선물가격보다 더 높은 상황은 백워데이션(backwardation)이라 한다.

$$F < S\text{: backwardation}$$

콘탱고 현상은 앞으로 돌아올 만기의 선물가격이 점차 우상향하는 경우를 의미한

그림 Ⅲ-1 콘탱고와 백워데이션

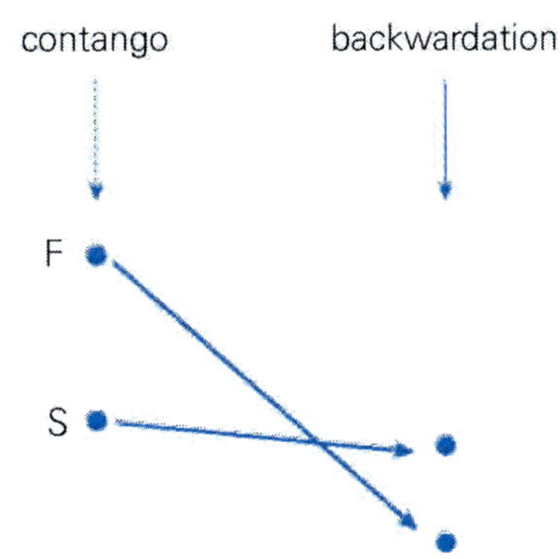

다. 반면 우하향하는 경우, 즉 앞서 상정한 예시가 백워데이션의 상황을 나타내게 된다. 이론적으로는 콘탱고가 나타내야 하나 백워데이션 현상이 발생하고 있음은 선물이 현물을 끌어내리고 있음을 의미하게 된다. 이는 전형적으로 위기 상황에서 나타나는 현상이다. 특히 우리나라에서는 이러한 백워데이션 상황이 빈번하게 발생하고 있다.

이러한 현상은 투기세력 등에 의한 선물의 과다한 매도로 선물가격이 현물가격 이하로 하향하는 상황이 초래되기 때문이다. 이러한 상황이 발생하면 차익거래자가 개입하게 된다. 즉 차익거래자는 더 낮은 선물을 매입하고 더 높은 가격의 현물을 매도함으로써 차익거래 이익을 얻게 된다. 물론 정상적일 경우 선물 매입수요의 증가로 인해 선물가격이 상승하여 콘탱고 상태(A)로 회귀하나 재차 선물 매도를 지속하는 투기 행태가 지속될 경우 [그림 Ⅲ-2]에서와 같이 또 다시 백워데이션(B)이 이어지는 순환이 반복될 수 있다.

이러한 투기적 행태는 결국 현물시장의 하락을 이끄는 주요 동인으로 작용하게 된다. 우리나라의 선물시장은 전 세계적으로도 유동성이 극히 높다. 이후 장에서 본격적으로 학습하겠지만 선물은 증거금으로 개시되는 금융상품으로 기본적으로 레버리지가 극히 높다. 이러한 속성은 매우 소규모의 자금으로도 지수를 끌어내리는 것이 가능해진다는 문제점을 갖게 되며 시장위기가 도래할 때마다 반복되는 양상을 보이고 있다. 이는 우리나라에서 콘탱고에서 백워데이션으로 이동해가고 있는지의 여부가 시장의 위기

그림 Ⅲ-2 백워데이션 재순환

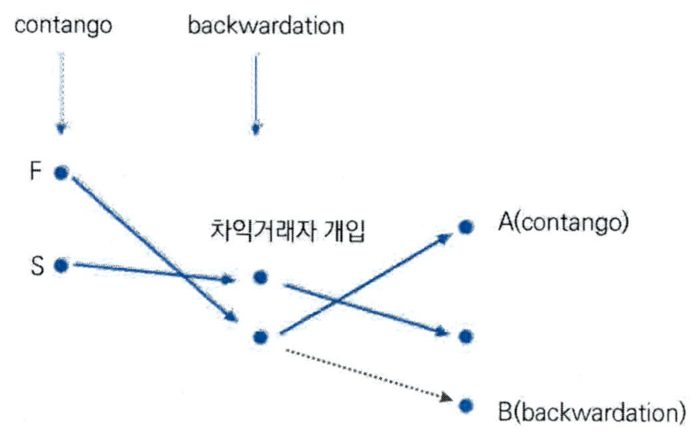

상황을 나타내는 지표의 일종으로 사용될 수 있음을 의미한다.

추가로 미국시장과 관련하여 CBOE의 변동성지수인 VIX의 경우를 살펴보자. VIX는 옵션가격에 내재된 변동성으로 산출된다. 후에 학습할 가장 대표적인 옵션가격모형인 블랙–숄즈의 모형의 표준편차(σ)에 주목해보자.

콜옵션 가격: $c = SN(d_1) - Ke^{-rT}N(d_2)$

풋옵션 가격: $p = Ke^{-rT}N(-d_2) - SN(-d_1)$

이때, $d_1 = \dfrac{\ln(S/K) + (r + \sigma^2/2)T}{\sigma\sqrt{T}}$, $d_2 = \dfrac{\ln(S/K) + (r - \sigma^2/2)T}{\sigma\sqrt{T}} = d_1 - \sigma\sqrt{T}$

VIX는 전 행사가격 중 풋 가격과 콜 가격을 전부 조합하여 가중평균한 대표 내재변동성을 의미한다. 따라서 VIX가 높아졌다는 의미는 옵션가격 내 변동성 역시 커졌음을 뜻한다. 이는 시장이 변동성을 높게 평가한다는 의미이며 동시에 옵션의 가치가 매우 높아짐을 의미한다. 특히 풋옵션의 가격이 높아짐을 의미하며 주가하락기에 높은 수요를 가지게 된다. 따라서 VIX의 증가는 주가하락의 신호로 보게 된다. 통상 업계에서는 VIX값 30을 기준으로 시장의 위험여부를 판단한다. 예를 들어 2021년의 코로나 사태를 전후한 VIX의 움직임을 살펴보자. 2021년 3월 1일부터 감염자수가 크게 증가하면

그림 Ⅲ-3 VIX 추이

자료: https://www.cboe.com/tradable_products/.

서 팬데믹(pandemic)으로 발전할 징조를 보였으며, 3월 5일에는 의심의 여지가 없는 팬데믹 양상을 보였다. 이후 3월 11일 세계보건기구는 공식적인 팬데믹을 선언하기에 이른다. 3월 16일의 최정점에서 VIX는 82.69에 달하며 이는 1σ가 82.69%라는 엄청난 수준을 의미하였다.

다시 말해 VIX는 옵션 참여자들이 미래의 시장위험을 어떻게 전망하는가를 반영하는 공포지수(fear index)로 정의할 수 있다. 이후 정점을 지나 VIX 지수는 하락하게 되는데 이는 시장의 반등을 의미힌다.

결국 현물시장에 대한 이해와 파생상품에 대한 이해는 서로 그 깊이를 더해주는 상승작용을 하고 있으며, 양 시징에시 발생하는 활용 가능한 정보에 주의를 기울일 필요가 있다. 이후 장에서 이러한 파생상품에 대해 본격적으로 살펴보도록 하자.

2. 파생상품 관련 대규모 손실가능성의 원인

파생상품은 아주 극단적인 예로 '러시안 룰렛(Russian roulette)'에 비유되곤 한다. 러시안 룰렛은 재정 러시아 시절 죄수들을 상대로 총알이 하나 장전된 리볼버를 이용한 목숨을 건 내기로 그만큼 파생상품이 위험하다는 비유로 볼 수 있다. 또한 아래와 같이 파생상품이 금융위기 때마다 주범으로 언급되기도 한다.

> • 나쁜 일이 발생할 때마다 파생상품이 비난을 받는다. 아마도 세계를 정복하기 위한 수단으로 사용되었음이 틀림없다.
>
> – 익명
>
> • 최근 언론 보도에 따르면 '파생 상품 거래는 많은 돈을 잃는 금융 거래'로 정의되곤 한다.
>
> – Mary Shapiro, 전 미국상품거래위원회(CFTC) 회장
>
> • 최근에는 시장 참여자가 대규모 큰 손실을 입을 때마다 '파생 상품'이라는 용어가 주된 설명으로 사용되고 있다. 사실 장기 투자를 위한 숏 차입과 같은 리스크 시장 전략은 오랫동안 존재해 왔지만 '파생 상품' 또는 '스왑'이라는 용어가 더 많이 사용되고 있다. 오렌지 카운티 사건의 경우 통상 파생상품으로 간주되는 장외(OTC)계약로 인한 손실이 아님에도 파생상품 거래가 원인인 것처럼 알려지고 있다.
>
> – Frank Newman, 미 재무성

이외에도 Baring 사태나 LTCM(Long-term Capital Management) 사건 등을 이미 많이 언급되어 익숙하나 구체적인 사건 배경을 이해할 필요가 있다.

표 Ⅲ-1 1990년대 대규모 금융관련 사건 및 관련 파생상품

Time	Institution	Loss	Derivatives
1988	Hammersmith and Fulham	BP500 million	swaps
March 1991	Allied Lyons	BP150 million	currency options
November 1992	Dell Computer	$8 million	currency options and forwards
February 1993	Showa Shell Shekiyu	y165 billion	currency options and forwards
December 1993	Metallgesellschaft	$1.3 billion	energy futures
January 1994	Codelco	$207 million	copper futures

March 1994	Cargill(Minnetonka Fund)	$100 million	mortgage derivatives
March 1994	Gibson Greetings	$20 million	leveraged interest rate seaps
April 1994	Kashima Oil	$1.5 billion	currency derivatives
April 1994	Mead	$12.1 million	leveraged interest rate swap
April 1994	Procter & Gamble	$157 million	leveraged interest rate and currency swaps
April 1994	Askin Capital Management	$600 million	repurchase agreements and mortgage derivatives
May 1994	Air Products and Chemicals	$113 million	leveraged interest rate and currency swaps
May 1994	Sandoz	$78.5 million	misc. derivatives
May 1994	Dell Computer	$34.6 million	options and leveraged swaps
May 1994	Arco Money Market Plus Fund	$22 million	misc. derivatives
June 1994	International Family Entertainment	$2 million	misc. derivatives
June 1994	Paine Webber Bond Mutual Fund	$33 million	mortgage derivatives
June 1994	Investors Equity Life Insurance Co. of Hawaii	$90 million	bond futures
June 1994	Bank of Montreal's Harris Trust and Savings Bank	$51.3 million	mortgage derivatives
July 1994	CS First Boston Investment Management	$40 million	misc. derivatives
July 1994	Glaxo	DM115 million	mortgage derivatives
July 1994	Federal Paper	$19 million	currency derivatives
August 1994	Caterpillar Financial	$13.2 million	interest rate caps and swaptions
August 1994	Piper Jaffray Cos.	$700 million	mortgage derivatives
September 1994	Odessa College	$11 million	mortgage derivatives
September 1994	Shoshone Indian Tribe	$5 million	mortgage derivatives
September	Investors Equity Life	$90 million	futures

1994			
September 1994	Sears	$237 million	swaps
October 1994	Portage County, Ohio	$8 million	mortgage derivatives and structured notes
October 1994	Community A management	$44 million	structured notes
November 1994	Three Farm Credit System Banks	$23 million	structured notes
December 1994	Chemical Bank	$70 million	currency derivatives
December 1994	Orange County, California	$1.6 billion	leveraged repurchase agreements
February 1995	Capital Corporate Federal Credit Union	$126 million	mortgage derivatives
February 1995	Barings PLC	BP900 million	stock index futures and options
March 1995	Connecticut Pension Fund	$25 million	misc. derivatives
March 1995	Escambia County, Florida	$19 million	mortgage derivatives
March 1995	MCN Corppration	$10 million	forwards
March 1995	State of Wisconsin Investment Board	$95 million	currency and interest rate swaps
May 1995	Five clients of Morgan Stanley	$28 million	forwards, options, repurchase agreements
June 1995	Sumitomo Bank	$1.8 billion	copper futures
July 1995	The Common Fund	$137.6 billion	stock index futures
July 1995	Westchester Jewish Center	$630,000	mortgage derivatives
July 1995	First Capital Strategists	$128 million	stock index futures
August 1995	Postipankki	$110 million	mortgage derivatives and structured notes
July 1996	BZW	DM11.5 million	currency derivatives
August 1996	Seita	$29.8 million	currency swaps

February 1997	NatWest	BP90 million	interest rate options
August 1998	Long Term Capital Management	$4.5 billion	Leveraged investment in illiquid assets

그림 III-4 미국 T-Note(5년) 금리추이 (1990-1999)

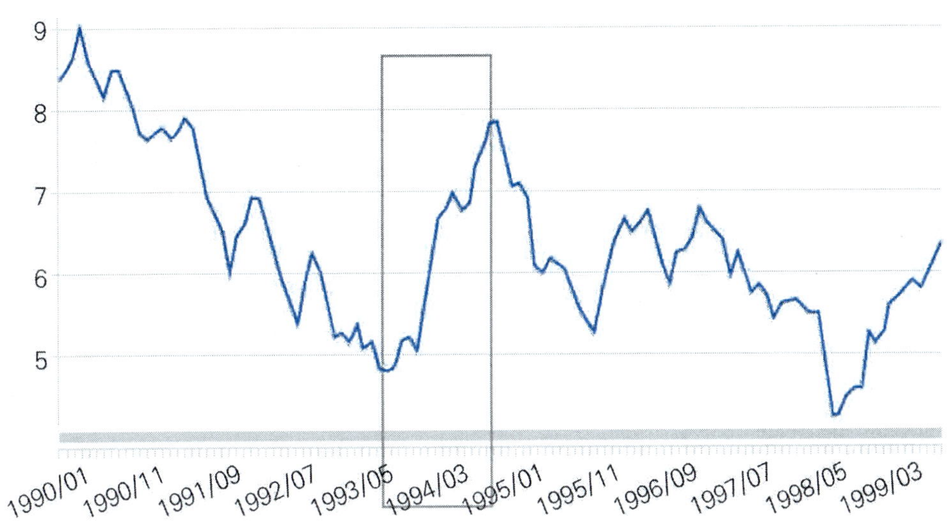

특이점으로 금융사건이 1994년에 집중된 양상을 확인할 수 있다. 이는 1994년 직전까지 지속적인 하락의 방향성을 보이던 금리가 급격하게 인상되면서 이때 이사율 상품에 투자를 했던 기업들이 엄청난 손실을 보았기 때문이다.

이러한 1990년대 자료만으로도 상당한 손실 경우를 확인할 수 있다. 우리나라의 경우도 직접적인 파생상품투자는 아니더라도 해당 상품이 결합되어 있는 파생결합상품에 투자하여 손실이 나는 경우가 존재한다. 예를 들어 ELS 상품의 경우 −30% 이하로 주가 하락시 손실가능성이 촉발되기 시작한다.

그렇다면 구체적으로 왜 파생상품과 관련하여 이렇듯 많은 문제점이 유발되고 있는 것인지 그 원인을 밝혀볼 필요가 있다. 우선 기본적인 상품구조를 잘못 이해하여 손실이 발생한 경우가 있을 수 있다. 앞서 언급한 바와 같이 장내 파생상품의 경우 향후 지급을 보증하기 위한 소액의 증거금만이 요구되는데 이는 레버리지 리스크를 발생시키는 원인이 된다. 이에 따라 본질적으로는 매우 큰 거래규모임에도 불구하고 최종 손익정산시 거래 상대방 상호 간에 차액만을 정산하는 형태로 거래가 이루어진다. 일반적으로 파생상품의 경우에는 레버리지의 구축이 기본적으로 내재되어 있다. 만일 지속적으로 시장방향성이 투자방향과 달라 모두 손실을 본 경우 재진입 내지 거래를 지속적으로 유지하기 위해서는 역시 거래지급을 담보하기 위한 추가 증거금, 즉, 마진콜(margin call)을 요청받게 되는데 이는 단기자금조달위험(short-term funding risk)으로 가장 큰 위험요소로 작용하게 된다. 다시 말해 funding liquidity와 market liquidity가 대결하는 경우 필요시까지 마진콜에 대응하여 funding으로 유지할 수 있는지가 관건이 된다. 해당 마진콜에 대응이 자기 소유의 자본 이내의 경우라면 문제가 발생하지 않는다. 그 이상을 초과한 요구 발생시는 자금의 차입이 발생할 수밖에 없으며 이로 인한 기관부실 위험이 급격히 증가하게 된다.

두 번째 관련 위험은 앞서 살펴본 콘탱고/백워데이션 관련 위험에 기인한다. 주식과 관련된 인덱스의 경우 콘탱고에서 백워데이션으로의 전환은 사실상 시장의 큰 충격을 의미한다.

세 번째, 옵션 Greek로 명명되는 민감도 위험을 들 수 있다. 이는 옵션 가격이 어떤 변수에 어떻게 반응하느냐에 따른 위험으로 앞서 살펴본 VIX의 경우와 같이 시그마가 변동하면 옵션가격도 변동하게 된다. 이러한 민감도는 위험을 중화시키기 위한 헤지(hedge)과정에서 중요하게 작용하는데, 민감도를 잘못 계산할 경우 헤지 비율이 잘못 산정되어 잘못된 방향성의 포지션을 설정하게 되는 큰 오류를 갖기 때문이다.

네 번째, 파생상품의 구조의 복잡성으로 인해 내재된 위험을 올바르게 감지해내지 못하거나 내부 컴플라이언스가 부적절하게 작동하여 손실이 발생할 수 있다.

마지막으로 의도적으로 상품을 악용하는 경우를 들 수 있다. 해당 파생상품으로 인한 자신의 이익 또는 구매자의 손실가능성에 대한 정보를 명확히 알리지 않는 경우가 이에 해당할 것이다. 또한 정보의 차이 및 지식의 차이로 인한 불완전 판매(mis-selling)의 요소도 존재할 수 있다.

3. 파생상품 관련 사고사례

1) Metallgesellschaft

파생상품과 관련된 대표적 사고사례로 Metallgesellschaft 사의 사례가 흔히 언급된다. 해당 사건은 석유 제품을 취급하는 에너지 그룹 자회사(MG Refining and Marketing (MGRM－이하 회사라고 함))는 1993년 12월 약 15억 달러의 손실을 보고하였다. 그 결과 MG 이사회는 MGRM의 경영진을 해고하고 파생상품 포지션을 해소할 것을 지시하였으며 120개 은행의 컨소시엄과 19억 달러 수준의 회생절차가 진행되었다.

해당 회사는 10년 동안 매달 일정량의 원유 매도 포지션에 노출되어 있었다. 당시 이 포지션은 선도 가격이 현물보다 프리미엄이기 때문에 이익을 낼 예정이었다. 이 거래에는 NYMEX 원유 선물 계약과 관련된 "옵션"조항이 존재하였다. 옵션 조항은 전월 NYMEX 선물가격이 당월 선물가격을 초과하면 거래 상대방이 계약을 조기에 종료 할 수 있다는 것이다. 즉, 거래상대방이 조기종료를 원할 경우 회사는 선물가격과 고정 가격의 차액에 계약이 인도될 총수량을 곱한 금액의 절반(50%)을 현금으로 지불하는 것이었다. 이는 고객이 재정적으로 어려움을 겪고 더 이상 석유가 필요하지 않은 경우 유용

그림 Ⅲ-5 콘탱고 vs. 백워데이션

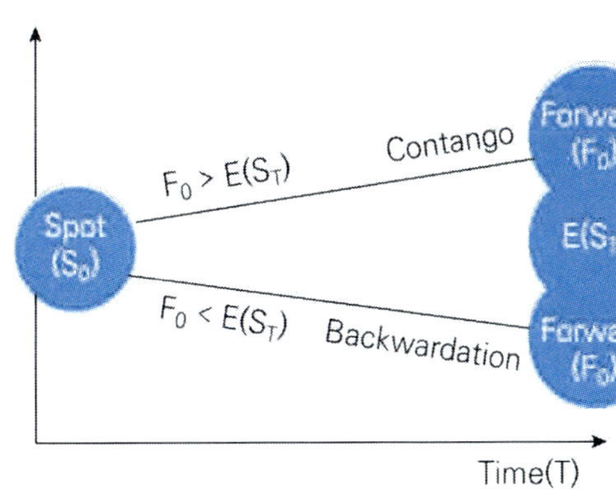

한 조항이 될 수 있었다.

원유 시장가격의 변동성을 감안해서 회사는 NYMEX 장기 선물 계약을 사용하여 "stack and roll"헤지 전략을 사용하였다. 즉, 1/3(5,500만 배럴)은 장기 선물을 매입하고, 2/3(1억1천만 배럴)는 OTC 에너지 스왑 계약을 체결하여 변동을 수취하고 고정을 지급하는 구조를 구성한 것이다. 이러한 헤지 포지션은 일반적으로 시장이 백워데이션($F < S$)에 있을 것이라는 관점에서 생성되었다. 즉 기초자산의 가격이 백워데이션에 있는 한 선물에서의 이익이 선도 매도 포지션을 상쇄하고도 남는 양의 payoff를 기대할 수 있었을 것이다.

그러나 급격한 현물 유가의 하락(1993년 6월 배럴당 $19 => 12월 $15)과 더불어 시장이 콘탱고($F > S$)로 이동하여 헤지 비용을 크게 증가시켰다. 선물 포지션으로 인한 손실이 선도 매도 포지션으로 인한 이익을 초과한 것이다. 이 상황은 다음의 상황을 유발하였다.

첫째, 헤지를 위한 포지션을 유지하는 데 필요한 자금(마진콜)을 조달하는 위험, 즉 펀딩 리스크에 심각하게 노출되었다.

둘째, 헤지는 시장 위험을 완전히 제거하도록 구축되어야 했으나 회사는 콘탱고 효과로 인한 펀딩 문제로 인해 헤지가 아닌 투기 포지션이 되어버렸다. 공식 기록에 따르면 그들의 포지션 총량은 쿠웨이트 전체 생산량의 85일치에 해당하는 수준이었다.

셋째, 유가 하락시 MGRM은 헤지 포지션에서 손해를 보고 선물 포지션에서 마진콜을 받도록 구축되었다. 이는 선도 계약 포지션의 이익이 헤지 손실을 상쇄할 것이지만, 기름이 실제 매각될 때까지 선도 계약 가치의 이익에 대해 현금을 받지 못하기 때문에 단기적으로 마이너스 현금 흐름이 발생한다. 결국 헤지 전략 자체에서 경제적 손실이 발생하지는 않지만 과다한 포지션 규모 자체가 자금조달 위험을 초래하였다.

넷째, stack-and-roll 전략은 콘탱고 시장상황($F > S$), 즉 선물가격 이상의 현물가격 하락은 손실을 더욱 악화시켰다. 독일 표준 회계 방법론도 MG의 문제를 더욱 악화시켰다. 독일에서는 저가법 회계(LCM: Low of Cost or Market)[1]가 요구된다. MGRM은 미국에서 헤지 요건을 충족하고 헤지 회계를 적용받았다. 따라서 미국에서는 MGRM이

1 저가법은 보수주의 기준으로 재고자산의 기말 평가금액이 대체원가(동일 재고자산을 시장에서 매입하고자할 때 지불하여야 하는 금액) 이하로 하락시 이를 손실로 인식하고 재고자산의 가치를 감소시키는 방법. 이는 재고자산을 통상 기준 이상으로 과다하게 인식하지 않도록 하기 위한 목적을 가짐.

실제로 이익을 보았다. 그들의 헤지 손실은 선도 고정 금리 포지션으로부터의 이익으로 커버가 된 것이다. 그러나 저가법 회계 하에서 MGRM사는 고정 금리 포워드 포지션의 이익을 실제 실현될 때까지 인식하지 못하고 현재 손실만을 기록해야 했다. 즉, 독일 회계 기준은 포지션의 상계를 허용하지 않았기 때문에 MGRM의 손익계산서에 심각한 문제가 발생하였다. 이로 인해 MGRM의 스왑 거래 상대방은 스왑 포지션을 유지하기 위한 추가 자본을 요구했으며 NYMEX는 MGRM에 대한 이행 보증 요건을 두 배 이상으로 부과하였다. 결국 본사가 개입하여 포지션을 모두 종료해버렸다. 추가적으로 포지션 청산이후 하락하던 유가는 상승하여 현물 인도 과정에서 더 큰 손실을 부담하게 되었다. 지금까지 MGRM의 사례는 크게 두 가지의 시사점을 준다.

첫째, 베이시스 리스크, 즉 기초자산의 기대가치 $E(S_T)$가 현 시점의 예상과 다르게 움직일 위험이 매우 큰 손실을 유발할 수 있다는 점이다. 특히 MGRM의 경우와 같이 장기 계약에 단기상품을 대응시켜 헤지하는 전략은 실질적으로 베이시스 리스크를 근본적으로 회피하지 못한다는 한계를 갖는다.

둘째, 파생상품은 일일정산제도에 기인한 마진콜, 즉 펀딩리스크의 부담에 노출되며 펀딩능력이 부족할 경우 보유포지션의 강제청산으로 이어져 종국에서 큰 손실로 귀결될 수 있다는 점이다.

그림 Ⅲ-6 Gibson사의 체결 계약구조

	t=0	1/2	1	3/2	2
장기부채 payoff		$-\frac{9.33}{2}$	$-\frac{9.33}{2}$	$-\frac{9.33}{2}$	$-\frac{9.33}{2}$
고정금리 수취		+5.5	+5.5	+5.5	+5.5
변동금리 지불		$-\frac{LIBOR^2}{6\%}$	$-\frac{LIBOR^2}{6\%}$	$-\frac{LIBOR^2}{6\%}$	$-\frac{LIBOR^2}{6\%}$

2) Gibson Greetings

Gibson Greetings사는 1895년 창립된 미국의 대표적인 카드와 포장지 제조업체이다. 회사는 1991년 5월 단기부채 및 자금조달비용을 줄이기 위해 선순위채 5,000만 달러를 9.33%의 이율로 발행하였다. 이로 인해 1991년 장기부채가 급증하였다. 또한 주요 고객사가 파산을 경험하면서 미수금 160만 달러를 회수하지 못하는 등 1992년 순이익이 전년대비 84% 가까이 감소하는 등 재정상황이 악화되었다. 이에 Gibson사는 이자 발생에 부담을 느껴 향후 이자율 하락을 예상하고 고정채무를 변동채무로 변경해 이자 비용의 절감을 시도하였다.

이를 위해 Gibson사는 Bankers Trust사와 변동금리를 주고받는 구조화 스왑을 체결하였다. 즉, Gibson사가 5.5%의 고정금리를 지불하고 LIBOR(London Interbank Offering Rate)와 연계된 변동금리를 지불하는 스왑계약이었다. 통상 이러한 형태의 스왑을 Turbo Swap 또는 LIBOR−squared swap이라 하는데 이는 금리가 하락하거나 적어도 안정적으로 유지될 것이라는 가정 하에 유효하다. 1992년 10월 Gibson사는 "ratio swap"과 "basis swap"으로 알려진 2개의 추가 스왑을 체결하였다. 스왑계약 조건은 액면가 3천만 달러, 5년 만기, 이자율 5.5%와 액면가 3천만 달러, 4.5년 만기 이자율 5.5%였다. 이 스왑을 통해 Gibson사는 부채의 고정금리부담을 변동금리 부채로 변경하게 되었다.

보다 구체적인 파생상품 구조를 살펴보면 다음과 같다. Gibson이 체결한 스왑 계약은 일반 형태와 달리 적용되는 변동 금리가 [LIBOR2 / 6.0%]에 의해 결정된다. 계약 직후인 1992년 10월부터 1993년 4월 사이의 첫 스왑 기간 동안 LIBOR는 3.08%로, 고정 이자율 5.50%를 받은 후 Gibson은 1.58%(=3.082/6)의 변동 이율을 지불하여 순 이자율 3.92%(=+5.5%−1.58%)를 획득하였다. 1991년 5월에 Gibson이 발행 한 선순위 5천만 달러 부채에 대해서는 이자율 9.33%를 지불하였다. 따라서 스왑을 통해 획득한 고정 이자율 3.92%를 차감하면 Gibson사는 자금 조달 비용의 5.41%(=−9.33%+3.92%)만 지불한 결과가 나타났다. 두 번째 스왑기간인 1993년 4월부터 1993년 10월까지 LIBOR 이자율은 3.37%가 되었고, Gibson사는 역시 5.50 %의 고정 이자율을 받은 후 1.89%(=3.372/6)의 변동 이자율을 지불하여 3.61%(=+5.5%−1.89%)의 순 이자율을 획득하였다. 이렇듯 이자율이 적정선으로 유지되는 한 유효한 스왑계약으로 나타났다.

그러나 이 계약의 문제는 예측된 방향성과 달리 금리가 일정 수준 이상으로 상승하면 손실이 기하급수적으로 증가할 가능성이 있다는 점이다. 실제로 1994년 2월 FRB가 긴축재정으로 전환된 이후 금리가 상승하기 시작하였다. 그 결과 Gibson은 이자율 스왑으로 인한 3백만 달러의 손실을 발표하였으며 한 달 후인 4월에는 1,670만 달러의 추가 손실을 입었다고 발표하였다.

해당 계약은 평가 및 정산과정에서의 부정확성 등 애초 Gibson사가 아닌 Bankers Trust에 유리하게 설정된 결과에 기인한다. 이외에도 Bankers Trust는 이와 유사한 스왑계약으로 인해 다수의 소송과 페널티 등이 부과되었다.

3) Orange County 사례

1994년 캘리포니아의 오렌지 카운티는 장외 파생상품에 대한 투자 실패로 17억 9천만 달러의 손실을 입고 파산 신청을 하였다. 오렌지 카운티가 1994년 12월에 제출한 'Chaper 9'[2] 청원은 미국 역사상 가장 큰 재정적 실패로 기록되었다. 당시 오렌지 카운티의 펀드규모는 75억 달러였으며 타 지방자치단체, 교육청, 연기금 등 총 187개 공공기관의 자금이 이에 해당하였다. 1991년부터 1993년 불황기간 동안 평균 투자수익률은 5~6% 수준이었으나 오렌지 카운티의 경우 8~9%에 달하는 우수한 운용성과를 보였다. 이는 추가적인 세금 부담 없이 지자체를 관리할 수 있는 재정적 기반을 제공한다는 측면에시 매우 높게 평가되었으며 펀드에 대한 감독기관의 개입이 거의 없었다.

당시 캘리포니아의 경제 상황을 살펴보면 1992~1993년까지 계속되는 불황 기간 동안 자산 가치는 감소했고 전체 Orange Country 예산에서 재산세의 상대적 비중이 60%에서 25%로 빠르게 하락하였다. 반면 채권 투자로부터의 수익률 비중은 3%에서 35%로 증가하였다. 이는 카운티 재정에서 펀드 수익이 점차 중요한 재원이 됨을 의미하였다. 1994년 오렌지 카운티의 관리자는 단순 증권이 아닌 환매 계약(REPO) 및 역 변동금리 어음(FRN)에 투자하였다. 이러한 투자 전략은 이자율 하락을 예상하여 이루어지기 때문에 금리가 상승하면 투자자는 큰 위험에 직면하게 된다. 실제로 예상과 달리 앞서 살펴본 Gibson사의 경우와 동 시점으로 1994년 2월 금리가 상승하였으며 오렌지 카

2 'Chapter 9'은 도시, 카운티, 과세 지구, 지방 자치 단체 및 학군을 포함하는 지방 자치 단체의 회생절차를 규정한 지방 파산법을 의미함. 통상 부채만기연장, 원금 또는 이자금액의 감소, 신규대출을 통한 부채의 재융자 형태를 가짐.

운티의 대부분 투자풀이 이자율 변동성 상품에 투자된 상황에서 막대한 손실을 입었다.

당시 오렌지 카운티의 투자전략을 세부적으로 살펴보면 다음과 같다. 오렌지 카운티의 자산관리자는 이자율이 계속 하락하거나 적어도 안정적으로 유지 될 것이라는 가정을 바탕으로 투자 전략을 설정하였다. 즉, reverse REPO를 통해 자금을 조달하고, Inverse FRN과 같은 구조화 채권에 투자하여 재무 레버리지를 확보하고 평균 만기 4년을 유지하도록 설정하였다. 이 전략은 이자율이 하락하면 높은 수익을 얻을 수 있지만 금리가 상승하면 높은 손실이 발생할 수 있는 투기 거래에 해당한다. 듀레이션 측면에서는 단기 채권을 통해 자금 조달이 이루어 졌으나 장기 고위험 채권에 투자되어 듀레이션이 불일치하였다. 또한 자금조달 및 투자 대상 관점에서 레버리지가 높은 투자 전략이었다. 즉, 자금 조달과 관련하여 reverse REPO뿐만 아니라 구조화 채권을 추가하여 레버리지를 높였다. 투자 측면에서는 채권을 매수하고 만기 동안 전략도 사용되었다. 이 특정 전략이 성공하려면 마진콜을 충족할 수 있는 충분한 준비금이 있어야 하며 투자자가 채권 만기 전에 환매 요청을 하지 않을 것을 가정해야 한다.

1992년 10월 Merrill Lynch는 오렌지 카운티의 부채의 유효 듀레이션이 7년임에도 불구하고 투자자산의 평균 만기가 1.4년에 불과하다는 점을 경고하고 시장위험을 축소할 것을 권고하였으나 이를 거절하였다. 일반적으로 듀레이션과 만기는 동일하거나 듀레이션이 만기보다 짧다. 반면 오렌지 카운티의 경우 평균 만기가 듀레이션보다 길어질 수 있었는가에 대해서는 reverse REPO의 사용에 기인한다. REPO는 특정 채권을 특정 가격으로 환매하거나 재판매하는 조건으로 특정 채권을 매각하는 금융 계약을 의미한다. 일반적으로 REPO는 보유 채권을 금융기관에 판매하는 것을 의미하고 reverse REPO는 현금을 지불하여 채권을 조달하는 것을 의미한다. 요컨대 채권 딜러 입장에서 REPO는 현금을 조달할 때, reverse REPO는 채권을 조달할 때 사용된다. 오렌지 카운티가 사용한 REPO는 만기가 3~6개월의 'open REPO', 또는 'term REPO'였다. 특히 reverse REPO는 파산에 결정적인 역할을 한다. 1993년 12월, 오렌지 카운티는 1998년에 만기되는 연방 모기지 협회(FNMA) 채권을 약 1억 달러를 매입하였다. 동시에 해당 채권을 Credit Suisse First Boston(CSFB)에 30일 동안 고정 이자율로 증권화하여 1억 달러의 자금 조달을 위한 reverse REPO를 제시하였다. 따라서 Repo의 이자율이 3%이고 채권 규모가 1억 달러인 경우 Orange 카운티는 25만 달러(=1억 달러×3%×30/360)의 이자를 포함하여 총 1억 25만 달러를 CSFB에 지불해야 했다. 오렌지 카운티가 reverse

REPO를 사용하여 자금을 조달한 이유는 금리가 하락하거나 적어도 안정적으로 유지될 것으로 예상했기 때문이다. 이 경우 높은 수익을 얻을 수 있는 FNMA 채권에 대한 투자를 확대하고자 했다. FNMA 채권은 inverse FRN이므로 표준 이자율이 하락하면 이자 소득이 높아지는 구조를 가지고 있다. 또한 reverse REPO로 추가 조달한 자금을 inverse FRN에 재투자하여 투자 규모를 더욱 늘렸다.

reverse REPO는 레버리지 비율만큼 포트폴리오의 유효 듀레이션을 늘리는 기능을 가졌다. reverse REPO를 통해 다음 3 단계를 거쳐 레버리지를 구축하였다.

첫째, inverse FRN [15.5%－2×LIBOR] 에 1억 달러를 투자
(동일 만기의 고정금리채 대비 위험이 3배 이상)
둘째, reverse REPO를 통해 조달한 자금을 추가 투자(총 2억 달러)
셋째, reverse REPO를 통해 추가 자금을 조달하여 추가 투자(총 3억 달러)

문제는 1993년 12월부터 1994년 11월까지 이자율이 지속적으로 상승함에 따라 채권 수익률은 5.24%에서 7.88%로 상승한 반면 채권 가격은 $100.44에서 $92.34로 하락하였다. 두 번의 reverse REPO로 인해 3배로 증폭된 레버리지 효과는 채권 듀레이션을 증가시켰으며 결국 손실 규모가 더욱 확대되어 CSFB의 마진콜이 발생하였다. 채권 가격의 하락은 담보가치의 하락을 의미하므로 채권을 보유한 reverse REPO 계약의 상대인 CSFB는 오렌지 카운티에 추가담보를 요청하였으나 오렌지 카운티는 이에 응하지 않았으며 CSFB는 담보로 보유한 채권을 청산하고 오렌지 카운티를 파산으로 이끌게 되었다.

오렌지 카운티의 실패 사례에서 inverse FRN은 중요한 역할을 수행하였다. FRN은 시장 이자율을 반영하는 이자율에 의해 정기적으로 재조정되므로 단기 할인 채권 기간 동안 "roll－over"수행을 약속하는 것과 동일하다. 특히 inverse FRN은 이자율이 기준 금리의 변동성과 반비례하는 채권을 의미한다. 예를 들어, inverse FRN의 이자율은 MAX[10%－LIBOR, 0]로 표현할 수 있다. 이 경우 LIBOR가 상승하면 쿠폰 이자율이 낮아진다. LIBOR가 10%를 초과하는 극단적인 경우가 발생할 시에는 쿠폰 이자율은 0이 되어 투자자에게 최악의 경우가 초래된다. 즉, inverse REPO는 금리변화에 매우 민감한 극히 위험한 투자대상인 것이다.

특히 오렌지 카운티의 사례는 매니저가 단독으로 프런트오피스와 백오피스를 모두 관리한 결과로, 그 과정에 감독당국의 역할이나 내부통제가 극히 미흡한 결과라는 점도

중대한 이유 중 하나로 꼽히고 있다.

4) 스미토모(Sumitomo) 은행 사례

1895년 설립된 스미토모 은행은 스미토모 재벌의 국제화와 맞물려 제1차 세계대전 시기에 적극적으로 해외로 진출하였으며 전후 초기 NEC, 파나소닉 등 일본의 주요 제조업체들의 주은행으로서 입지를 다져 온 은행이었다. 그러나 이 은행은 1995년 금속거래 스캔들로 불리는 구리 선물(Copper Futures)에서 1억 8천만 달러의 손실을 입었다. 이는 금융 역사상 상위 10위의 거래손실로 기록될 정도로 높은 금액이다.

이 사건에는 세계 구리 시장의 큰손(Mr. 5%)으로 불리운 하마나카(Hamanaka)라는 인물이 중심에 있다. 스미토모 은행의 금속 거래 부서장인 하마나카는 세계 구리 공급의 5%를 통제했다. 적은 양처럼 보이나 구리는 부족을 해결하기 위해 쉽게 이동할 수없는 비유동성 상품이다. 예를 들어, 미국의 부족으로 인한 구리 가격 상승은 구리가 초과된 국가의 선적으로 인해 즉시 상쇄되지 않는다. 저장소에서 배달로 이동하는 데는 비용이 들며 이러한 비용으로 인해 가격 차이가 소멸되기 때문이다. 이러한 구리의 비유동성은 하마나카의 5%가 매우 중요하게 부각되는 원인이 되었다.

스미토모 은행은 창고 및 공장에 있는 다량의 실제 구리를 소유하고 있으며 수많은 선물 계약을 체결하였다. 하마나카는 스미토모 은행의 규모와 큰 현금 보유량을 사용하여 런던 금속 거래소(LME; London Metal Exchange)를 통해 시장을 압도하였다. 세계 최대의 금속 거래소인 LME 구리 가격은 세계 구리 가격을 선도하였으며 하마나카는 1995년까지 거의 10년 동안 이 가격을 인위적으로 높게 유지하여 스미토모 은행의 물리적 자산 매각시 프리미엄 수익을 얻었다. 구리 판매 외에도 스미토모 은행은 가공된 형태의 구리에 대해서도 판매 및 인도되는 상품가치에 대한 백분율로 계산되는 커미션을 받아 인위적으로 높은 구리가격은 높은 이익을 안겨주었다.

이러한 구리의 실물 보유와 선물 모두에서 매입(long)포지션을 취함으로서 하마나카가 구리가격을 조작한다는 사실은 많은 투기자들과 헤지펀드들 사이에서 널리 알려져 있었다. 누군가가 그에게 매도(short) 포지션을 취하게 만들려면 본인 포지션에 지속적인 현금을 투입하여 유지해야 하나 하마나카의 장기로 유지가능한 현금 가용력은 그에게 가장 유리하게 종료될 수 있도록 해주었다. 이것이 가능했던 이유는 미국과 달리

LME가 의무적인 포지션 보고가 없었으며 오픈 포지션을 나타내는 통계가 없었기 때문에 거래자들은 가격이 너무 높다는 것을 알고 있었지만 하마나카가 얼마나 통제하고 있으며 얼마나 많은 돈을 보유하고 있는지에 대한 정확한 수치를 알 수 없어 결국 대부분은 하마나카의 이익으로 종료되었다.

그러나 1995년 중국 광산업의 부활로 시장 상황이 크게 바뀌게 된다. 구리 가격은 공급이 증가함에 따라 조정 압력이 가중되었다. 그럼에도 스미토모는 취하고 있던 롱포지션으로 인해 가격하락에 대한 대응이 뒤처지기 시작하였다. 더구나 숏 헤지 포지션을 취하는 것은 그 자체로 롱 포지션의 손실을 증가시킬 수 있었다. 이와 동시에 LME와 상품 선물 거래위원회(CFTC; Commodity Futures Trading Commission)는 전 세계 구리 시장의 가격 조작을 조사하기 시작하였다. 스미토모 은행은 하마나카를 거래에서 배제하여 해당 혐의를 피하고자 하였으나 미스터 코퍼의 몰락은 시장에 본격적으로 short 포지션이 취해지는 신호가 되었다. 구리가격은 30% 이상 폭락하였으며 스미토모 은행은 18억 달러 이상의 손실을 냈으며, 그들의 매수 포지션으로 인해 손실이 50억 달러까지 예상된다고 발표하였다. 또한 하마나카는 상사의 서명을 위조한 혐의로 기소되어 유죄 판결(8년 형)을 받았다. 이 경우 역시 프런트 오피스와 백오피스가 분리되지 않은 운영 상 위험이 현실화된 사례로 볼 수 있다.

5) 베어링(Baring) 은행 사례

영국 왕실의 거래 은행이던 베어링 은행은 자회사인 Baring Banks Futures Singaporc(이히 BFS)를 설립하여 아시아 선물 시장으로 진출하였다. 1992년 3월 런던 지점의 Nicholas Leeson은 선물 거래 부서의 선임 트레이더로 싱가포르의 BFS로 파견되었다. Leeson은 오사카 증권 거래소(OSE)와 싱가포르 국제 통화 거래소(SIMEX)에 상장된 Nikkei225 선물의 가격 차이를 사용한 차익 거래를 담당했다. 이 거래는 낮은 위험으로 인해 거래소 간의 차익이 그다지 높지 않았다. 그럼에도 Leeson은 베어링의 총 수익에서 매우 큰 비율을 차지하는 매우 높은 수익을 보고하였으며 베어링 경영진은 매우 높은 보너스를 제공받았다.

이후 Leeson은 내부 통제 시스템의 맹점을 활용하여 대규모 Nikkei225 주가지수를 기초로 한 스트래들 매도 포지션을 취하였으나 Leeson의 예상과 달리 1995년 1월 일본 고베의 지진 발생으로 주가 지수가 폭락하였다. 그 결과 막대한 손실이 예상되었고 손실을 보상하기 위해 포지션이 악순환을 유발하였으며 결국 Leeson의 손실은 베어링 그룹의 전체 자기 자본을 완전히 잠식하였으며 최종적으로 파산으로 이어졌다. 보다 구체적인 Leeson의 사기 행위를 살펴보면 다음과 같다.

Leeson은 BFS에 파견된 후 선임 트레이더인 동시에 회계정산부서까지 담당함으로써 차익거래의 수익조작이 가능하였다. 특히 'switching activities'라는 베어링사의 일본 트레이더 간 선물 헤징포지션을 향상시키기 위한 상호 차익 교환을 시행하였다. 이는 다른 선물 거래소에서 동일한 선물 계약을 동시에 구매 및 판매하는 특수한 차익 거래 활동을 의미한다. 차익 거래에서는 단위당 이익이 매우 낮기 때문에 이익을 창출하기 위해 포지션을 확장하는 것이 일반적이다. OSE와 SIMEX 모두에서 Leeson의 선물 포지션은 거의 70억 달러에 달했다.

1992년 7월 거래 오류를 기록하기 위해 가공 계정인 '88888 계정'이 개설되었다. 1992년 말에 계정에 추가된 오류는 총 30건의 계약을 포함되었으나 발생 손실은 수수료에서 공제함으로써 은폐되었다. 이후 1993년부터 거래 오류가 점차 증가하여 3월 중순까지 손실은 15만 파운드에 달했다.

1994년 Leeson은 더미 계좌의 정산 및 선물 포지션 구축을 위해 본사에 자금을 요청하기 시작하였다. 이와 더불어 Nikkei225 선물에 대해 "스트래들"을 매도하기 시작했다. 즉, 옵션 매도자는 규정된 행사가로 기초 항목을 매수 또는 매도할 의무를 수락한 대가로 프리미엄을 받는다. 옵션이 "out－of－the－money"로 만료되면 옵션 프리미엄은 판매자의 이익이 된다. 반면 가격이 예상보다 변동성이 크다면 옵션 매도자의 잠재적 손실은 사실상 무제한에 노출된다. 보다 구체적으로 스트래들 매도는 행사가가 동일한 콜옵션과 풋옵션을 모두 매도하는 전략으로 기초 자산의 가격이 안정적일 것으로 예상될 때 사용된다.

스트래들 매도자는 기초 자산의 가격에 큰 변화가 없을 때 풋옵션과 콜옵션의 프리미엄을 모두 확보할 수 있다. 즉, Leeson은 스트래들을 매도하여 확보된 프리미엄으로 거래 손실을 보전하려고 시도했다. 이 전략은 일본 주식시장의 변동성이 엄청나게 증가하는 일이 발생하지 않는 한 큰 손실은 발생치 않을 것이었다. 그러나 불행하게도 1995년 1월 17일 일본 고베에서 발생한 지진으로 일본 주식 시장이 1,500 포인트 이상 폭락하면서 Leeson의 스트래들 포지션은 6,800만 파운드의 손실을 입는다. 이를 커버하

그림 Ⅲ-7 Leeson의 straddle

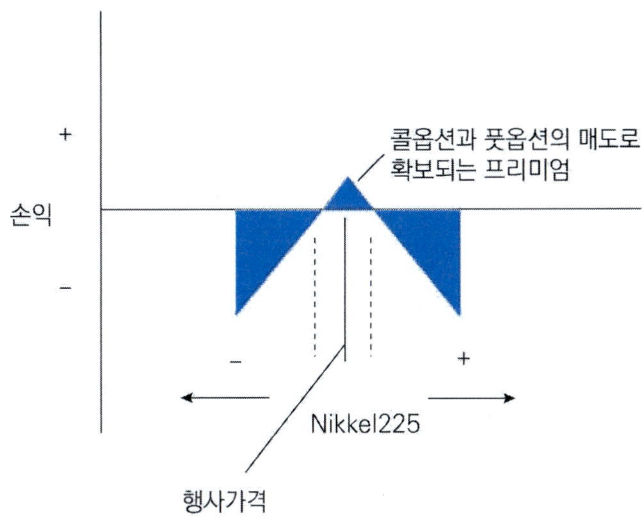

기 위해 Leeson은 일본의 금리 상승을 예상하여 일본 국채(JGB) 선물 매도와 동시에 Nikkei225 선물을 매입하였다. 이후 Leeson은 주식 시장의 하락에도 불구하고 손실을 메우기 위해 포지션 규모를 계속 늘려나갔다. 2월 23일 기준으로 약 61,000개의 Nikkei225 선물 매수 포지션과 26,000개의 일본 국채에 대한 매도 포지션을 보유하고 있었다.

이후 지속적인 주가 지수의 하락으로 인해 대규모 선물포지션에 대해 추가적인 마진 콜이 발생하기 시작하였으며 Leeson은 이를 해결하기 위해 베어링 본사에 대규모 자금을 요청하였다. 결국 OSE와 SIMEX는 베어링사가 마진콜을 충족할 수 없음을 인식하고 포지션을 청산하면서 최종적으로 베어링의 자기자본금 2배에 달하는 손실이 산정되었으며 파산에 이르렀다.

6) LTCM(Long Term Capital Management) 사례

LTCM의 사례는 금융시장의 실패 사례로 가장 많이 회자되는 사건이기도 하다.

LTCM은 초기에 12억 5천만 달러를 모금한 사상 최대 규모의 헤지펀드로 출범하였다. LTCM이 설립된 1990년대는 헤지펀드 산업의 급속한 성장의 시기로 전 세계적으로 전통적인 자산에 비해 낮은 상관 관계를 가진 헤지펀드에 매료된 기관 투자자들의 관심 증가에 기인한다.

LTCM은 1993년 Salomon Brothers의 스타 채권 거래자인 John Meriwether와 노벨상을 수상한 두 명의 금융학자인 Robert Merton과 Myron Scholes, 그리고 전 연방준비제도이사회의 전 부회장 David Mullins를 포함하여 다양한 배경을 가진 전문가들이 함께 하였다. 이들은 오픈 포지션이 리스크를 생성하면 반대 리스크가 있는 포지션을 생성함으로써 이 리스크를 상쇄 하여 무효화하는 시장중립 차익(market neutral arbi-trage) 전략을 구사하였다. 또한 이 전략을 사용하기 위해 나노초 내에 해당 속성을 가지는 증권을 식별할 수 있는 알고리즘을 개발하였다.

보다 구체적으로 살펴보면, LTCM의 투자 전략은 채권이나 스왑과 같은 금리 상품의 시장 이상을 식별하거나 시장 가격의 비정형 변동성을 해명하는 데 기반을 두고 있다. 즉, 고평가 증권의 매도 포지션을 가정하고 동시에 저평가된 것으로 간주되는 해당 증권의 매수를 가정함으로써 두 증권 간의 차이에 대한 시장 조정을 통해 이익을 생성하는 전략을 사용하였다. 예를 들어 덴마크 모기지 담보 증권, 신흥 시장 국가에서 발행한 채권, 정크 회사채와 같은 고수익·유동성이 적은 채권을 매입(또는 매수하는 파생 상품 계약 체결)하고 공매도(또는 미국 국채와 같은 저수익·유동성 채권을 복제)하는 파생 상품 계약을 이용하는 전략이다. LTCM은 1997년 아시아 위기의 결과로 고수익(비유동성) 및 저수익(높은 유동성) 채권 간의 수익률 차이가 지나치게 넓고 시장이 위험을 재평가할 때 그 차이가 좁혀질 것이라고 믿었다. 이러한 재정 거래 기회는 복잡한 수학적 모델, 방대한 데이터베이스 및 방대한 컴퓨팅 성능을 기반으로 한 정량적 전략을 기반으로 한다. 투기 목적의 헤지펀드에 비해 덜 위험하도록 설계되었지만 LTCM의 이러한 전략 역시 투기적 베팅을 포함한다. 왜냐하면 이러한 스프레드의 감소는 일반적으로 미미하기 때문에 충분한 수익률을 생성하기 위해서는 포지션을 크게 잡아야 했으며 이를 위해 과다한 레버리지를 이용하였다. 그럼에도 불구하고 LTCM의 경영진은 펀드의 위험 노출이 S&P500과 같은 주식시장지수와 비슷하다고 주장하였다.

개별 팀원의 높은 평판, 설득력 있는 전략 및 규제 기관과의 우호적인 접촉으로 LTCM의 초기 수익률은 상당하였다. 설립직후 초기 3년 동안 LTCM의 수익률은 1994년

20%, 1995년 47%, 1996년 45%로 당시 상승세였던 미국 주식 시장과 우량 회사채를 능가했다. 이러한 성과는 당시 시장이 극히 효율적인 시장으로 통계 분석을 이용할 경우 상대적으로 쉽게 추세를 식별할 수 있었기 때문이다. 이러한 당시 시장 환경을 배경으로 LTCM의 투자전략은 외화 및 채권을 대상으로 변동성의 범위가 예측가능하다는 전제하에 이에 대응한 헤징전략으로 종합할 수 있다. 이러한 초기 성과에 힘입어 펀드의 자기자본은 1994년 12억 5천만 달러에서 1997년 말 70억 달러로 증가하였다. 그러나 다른 투자자들이 LTCM의 전략을 모방하기 시작하면서 점차 이익폭이 감소하기 시작하였다. 이는 LTCM이 글로벌 시장으로 포지션을 확대해 나가는 계기가 되었다.

LTCM의 놀라운 성공과 비즈니스 모델은 시장이 비합리적으로 움직이기 시작했을 때 실패에 직면했다. 1997년 태국의 재정 불이행에서 시작된 위기는 아시아 전역에서 일본과 한국과 같은 선진국으로 확산되기 시작했고 시장에서 혼란이 이어졌다. 그럼에도 LTCM은 오히려 이러한 상황을 엄청난 기회로 간주, 1,000억 달러의 레버리지 베팅을 시작하였다. 그러나 이들이 상상하지 못했던 일이 발생하였다. 1998년 8월 17일 러시아가 통화 평가 절하를 선언하였으며 그로인해 채권 역시 디폴트(모라토리움)가 선언되었다. 이 사건은 LTCM이 추정한 정상 범위를 벗어난 사건이었다. 8월 31일에는 다우존스 산업 평균 지수가 13% 하락하였으며 투자자들은 국채로 피난처를 찾아 1998년 9월 30일까지 장기금리가 1포인트 이상 하락하였다. 결국 LTCM의 투자전략인 스프레드가 수렴하지 않고 발산하기 시작하였으며 특히 높은 레버리지에 기반한 투자방식은 급격한 손실을 발생시키기 시작하였다. 1998년 8월 말까지 투자 가치의 50%가 감소하였으며 LTCM에 투자한 많은 은행과 연기금들 역시 파산 상황에 직면하였다. 마지막으로 LTCM의 청산거래를 담당하던 Bear Stearns는 거래 청산을 중단한다. LTCM은 위기극복을 위해 Warren Buffet, George Soros 및 여러 은행에 접근하여 더 많은 자금을 모으려고 했으나 성공하지 못하였다. 결국 연방준비은행은 LTCM이 흔들릴 경우 월스트리트 전체에 파급될 영향력을 우려하여 주요 채권자들을 모아 구제금융을 조직하여 펀드의 90% 지분을 확보하여 안정화시킨 후 이듬해 모두 청산함으로써 종료되었다.

LTCM의 사례는 전형적인 모델 리스크로 볼 수 있다. 즉 VAR 모형과 스트레스 테스트 등이 수행되었음에도 불구하고 극단적인 시장상황을 극복할 수 없었다. 이러한 LTCM의 사례는 단순히 이론적인 재무모형이 내리는 결정은 시장의 움직임이 통상적이지 않을 때 재앙적인 결과가 초래될 수 있음을 보여준다.

7) Societe Generale 사례

Jerome Kerviel은 유럽 최대 은행 중 하나인 소시에테 제너럴에서 연간 66,000 달러의 수익을 올리는 주니어급 파생상품 거래자였다. 2008년 Kerviel은 2008년 1월 9일까지 730억 달러의 주가지수 선물 포지션을 구축하였으며 그 결과 소시에테 제너럴에 앞서 살펴본 Nick Leeson의 손실액의 6배에 달하는 손실을 입혔다. 그 결과 2010년 불법 거래와 관련하여 신뢰 위반, 위조 및 허위 데이터 입력 혐의로 유죄 판결을 받았으며 3년의 징역형과 49억 유로의 벌금형을 선고받았다. 구체적인 사건 개요를 살펴보면 다음과 같다.

Kerviel은 300억 유로 상당의 Eurostoxx 유럽 주가 지수 선물 계약, 180억 유로의 독일 DAX 선물 및 20억 유로의 런던 FTSE 선물을 매수하였다. 이 계약은 1~3개월에 걸쳐 만료되었다. Kerviel은 각 시장이 다음 달에 걸쳐 올라갈 것이라는 전망 하에 해당 선물들을 매입한 것이다. 특히 동일 가격을 가지는 두 증권이 일시적으로 가격에 격차가 발생할 때 더 저렴한 유가증권은 매입하고, 더 높은 가격의 유가증권을 매도한 후 두 가격이 수렴될 때까지 기다려 이익을 얻는 차익 거래를 기반으로 하였다. Kerviel은 주가지수가 상승하기를 바라면서 유로 주식 시장 선물을 매수했다. 일반적으로는 미국 주가 지수 선물을 매도하여 (시장이 하락하면 이익을 얻기 위해) 이러한 베팅을 상쇄되도록 구성하였을 것이다. 즉, 유럽 주식이 갑자기 하락하면 유럽 주식 선물과 같은 방향으로 움직이는 경향이 있는 미국 주식 선물 매도가 수익을 창출하여 손실을 상쇄하도록 구성할 수 있다. 이외에도 유사 증권 간에 가격차이가 극히 미미할 수 있기 때문에 차익거래자는 그 이익을 확대하기 위해 레버리지를 확대하는 것이 일반적이다.

2008년 1월 9일까지 Kerviel은 소시에테 제너럴의 위험 모니터링 시스템을 해킹하는 방법을 배웠고 차익 거래의 절반에 대해서만 손실을 커버하도록 하였다. 즉, Kerviel은 선물의 매입 포지션을 취하고 가공의 매도 포지션을 구축하여 마치 손실을 커버해놓은 것처럼 위장하였다. 이렇듯 소프트웨어를 조작함으로써 그는 자신이 저위험 차익거래를 하는 것으로 위장한 채 위험한 단방향 베팅을 한 것이다. Kerviel은 이러한 무단 거래를 통해 2007년에 거의 20억 달러의 수익을 올렸다. 그러나 놀랍게도 2008년 1월 초 Kerviel이 입력한 대규모 거래는 실제로 Kerviel이 손실을 만들기 위한 시도라는 것 나중에 밝혀졌다. 즉, 승인되지 않은 20억 달러의 수익이 곧 발견될 것이라고 믿고

이 사기행각을 감추기 위해 의도적인 손실을 일으킨 것이다. 이는 서브 프라임 모기지 위기가 막 시작되었음에도 불구하고 Kerviel이 시장이 상승하는 방향으로 베팅한 이유를 설명해준다. 글로벌 시장의 위기에 따라 모든 거래자들이 시장 하락에 대비한 반면 Kerviel은 시장 상승을 전제한 것이다.

SocGen에서 무언가 잘못되었다는 첫 번째 징후는 1월 18일 금요일 오후, 준법 감시인이 은행의 위험 임계값을 초과했음을 발견했을 때이다. 상쇄 거래를 한 것으로 추정되는 중개 회사에 확인했을 때 그는 그러한 거래가 존재하지 않는다는 것이 확인된 것이다. 1월 18일 거래 마지막 한 시간 동안 소시에테 제너럴의 주가는 8% 가까이 폭락했다. 이미 시장에 Kerviel의 엄청난 베팅에 대한 소문이 유출된 결과이다. 사기의 가능성이 점차 명확해지자 은행 관계자들은 Kerviel은 해고하였다. 그러나 소시에테 제너럴은 여전히 미화 730억 달러 상당의 선물 매수포지션을 처리해야했으며, 당시 손실은 이미 14억 달러를 넘어서고 있었다. 1월 21일 은행 측은 가능한 한 빠르게 반대매매, 즉 선물 매도 포지션으로 위험을 중화하고자 했으나 시장의 대규모 매도충격으로 인해 선물가격이 더욱 낮아져 은행의 손실은 더욱 악화되었다. 최종적인 손실은 72억 달러로 집계되었다. 소시에테 제너럴의 사례는 위험 모니터링 시스템을 악용하여 승인되지 않은 거래가 이루어질 수 있었다는 점이 핵심이다. Kerviel은 회사의 전산화된 사기 탐지 시스템을 우회하고 가짜 거래계정을 만들 수 있었다. 확인 결과 Kerviel은 1,000개 이상의 사기 거래를 수행한 것으로 나타났다.

8) 2011년 도이치뱅크 옵션쇼크

우리나라의 주가지수 옵션만기일이던 2010년 11월 11일 단일가 주문시간에 도이치증권의 프로그램 순매도 물량(코스피200 구성종목 2.4조 원 어치)이 쏟아져 나오면서 주가지수가 50포인트 이상 하락하여 시장에 큰 혼란이 유발되었다. 당시 팔 권리인 풋옵션은 500배의 수익이, 살 권리인 콜옵션은 권리행사 포기 등 혼란으로 인한 피해액이 1,400억 원에 달했다. 이에 대해 감독당국과 거래소가 조사를 진행한 결과, 도이치증권. 도이치은행 홍콩지점이 도이치 증권창구를 통해 몇 개월 동안 쌓아둔 주식을 한꺼번에 팔아치워 지수를 하락시키고 보유했던 풋옵션(put option)에서 400억 원 이상의 이득을 본 것으로 확인되었다. 풋옵션은 뒤에 학습하겠지만 일단 주가가 하락할 때 이익을 보는 상품이다. 나아가 보유원화를 미국 달러로 전환하면서 1,000억 원에 달하는 환차익까지 확보하였다. 반면 국내 기관 투자자와 개인은 엄청난 피해를 입었다.

이들이 물량을 쏟아낸 단일가 매매시간은 일명 동시호가로 매매가 이루어지는 시기인데 장중매매와 달리 장이 시작하는 시점(08:30－09:00)과 장이 마감하는 시기(15:20－15:30)에는 주식거래자가 몰리면서 매수 및 매도물량이 급증하기 때문에 동시호가 시간 동안 주문을 모아서 시작시에는 30분간 누적된 매수 및 매도 주문을 분석하여 적정가격(동시호가)를 계산하여 한꺼번에 일괄거래하도록 하였다. 즉, 동시호가 시간 동안의 완충시간을 통해 가격이 급변동하여 왜곡되는 현상을 막는 제도이다. 도이치증권은 이 동시호가 시간에 인위적인 대량매도주문을 함으로써 주가를 조작한 혐의로 기소되었다. 이에 도이치뱅크 및 증권 소속 외국인 피고인 3명은 수사 · 재판에 모두 불응해 재판은 두 건으로 분리됐다. 재판은 기소 후 4년 넘게 미뤄지다가 2016년 1월 1심 판단이 나왔고 2018년 12월 항소심 선고가 내려졌다. 그러나 여전히 외국인 피고인들의 재판은 전혀 진행되지 않고 있다. 국내진출 외국계 증권사 중 수위를 다투던 도이치증권은 2019년 국내주식관련 철수까지 논의되고 있다.

특히 도이치뱅크 옵션 쇼크가 문제가 되는 점은 의도적 부당행위라는 점이다. 우리나라에는 프로그램매매에 대해서는 시장충격을 완화하고 다른 거래자들이 대응할 수 있도록 예정된 프로그램 매매를 당일 14시 45분까지 공시하도록 하는 '프로그램매매 사전신고제도(sunshine policy)'가 존재하였으나 도이치증권은 이를 1분 지연하여 14시 46분에 신고하였다. 이는 정해진 준칙을 위배하여 다른 투자자들의 적절한 의사결정이 이루어지지 못하도록 하였다.

결국 도이치뱅크 사태는 차익거래시장[3]에서 외국인의 영향력이 얼마나 큰지를 시장 참가자들이 모두 인식하는 계기가 됐다. 특히 부당한 이익을 얻기 위한 목적으로 기초자산의 시세를 변동 또는 고정시키는 자본시장법상 연계시세조종행위[4]가 현실적으로 일어날 수 있다는 점을 보여주었다. 이 사례는 일부의 탐욕이 파생상품의 왜곡된 사용을 통해 얼마나 큰 피해로 이어질 수 있는지를 극명하게 보여준다.

3 [선물가격>이론가격] 경우 고평가 선물을 매도하고 저평가 지수편입주식들을 매입, [선물가격<이론가격] 경우 반대 전략을 통해 차익을 실현하는 전략-선물 학습장에서 세부 내용을 다룸.

4 자본시장법 제176조(시세조종행위 등의 금지) 제4항.

그림 Ⅲ-8 도이치옵션쇼크 당시 KOSPI 추이

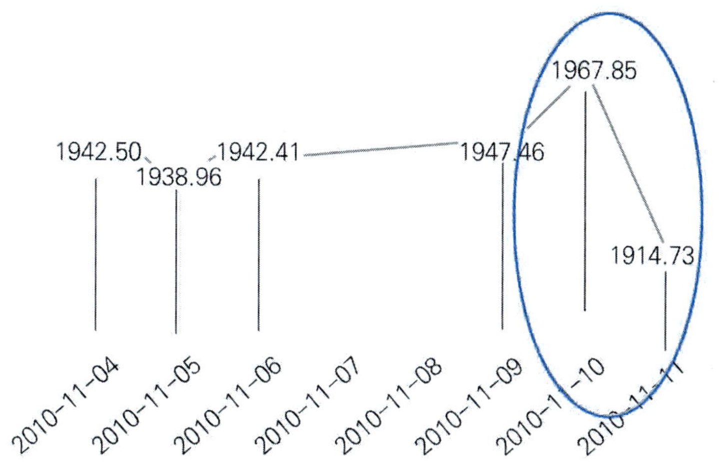

그림 Ⅲ-9 도이치옵션쇼크 개괄

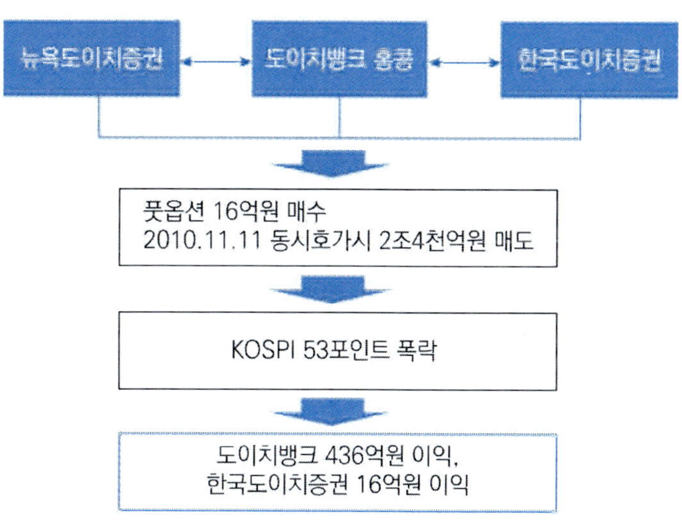

9) ELS(Equity Linked Securities)

주식연계증권(ELS)는 주식시장 벤치마크 또는 특정 개별주가 등과 연계된 가변 지불 방식의 채권상품을 의미한다. 구조화 증권은 시장을 더욱 완전하게 만들어주는 보완적 상품으로 출발하였다. 즉, 투자자의 다양한 요구에 맞추어 설계될 수 있으며, 투자자의 투자가능집합을 확대시킴으로서 전체 welfare의 증대를 지향하려는 목적을 갖는다. 그러나 금융지식이 부족한 일반적인 소매투자자들이 이해하기에는 상품구조가 너무 복잡하여 올바른 투자판단이 이루어지지 못할 가능성이 매우 높다는 우려가 제기되었다. 즉, 이러한 상품구조의 복잡성이 welfare를 오히려 저해하고 있다는 논란이 발생한 것이다. 세부적인 상품구조를 살펴보면 다음과 같다.

구조화증권은 일반 바닐라옵션 내지 이색옵션(exotic option)을 기반으로 하여 주식 및 지수를 결합하여 설계된다. 그 결과 기초자산의 상태(state)에 조건부로 payoff가 급변하는 높은 위험에 대한 보상으로 통상적인 금융상품보다 높은 약정이율을 보유한다.

만일 (B+C)>A일 경우, 구조화 증권이 실질 가치보다 훨씬 더 over-priced되었음을 의미한다. 이미 대부분의 기존 연구들에서 구조화 증권은 평균 보험료가 2~8%로 크게 과대평가된 것으로 나타나고 있다. 초과 프리미엄을 설명하기 위해 발행자와 개인

그림 Ⅲ-10 ELS payoff 구조

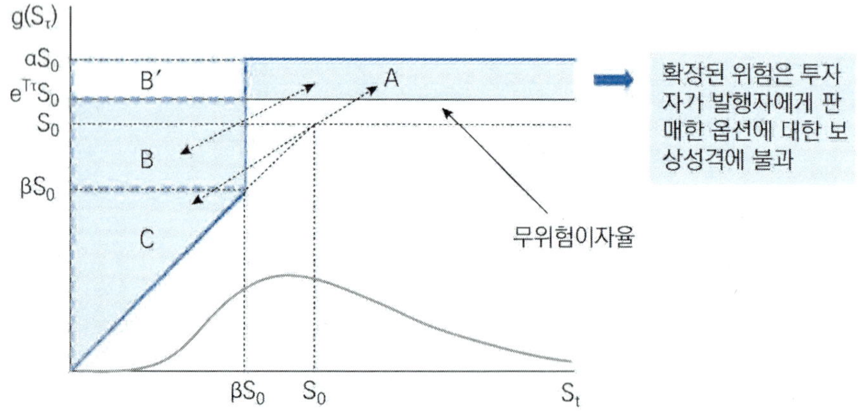

투자자 간의 지식 비대칭성이 자주 제기된다. 대부분의 개인 투자자는 파생상품의 가치를 이해하거나 투자의 내재된 위험을 측정할만큼 정교하지 않다. 예를 들어 Henderson과 Pearson(2011)[5]은 일부 투자자가 금융 시장을 오해하거나 사건에 잘못된 확률 가중치를 부여하는 경우, 금융기관은 투자자의 실수를 악용할 가능성이 있음을 지적하였다. 또한 Carlin(2009)[6]은 금융기관 간 경쟁이 심화될수록 이론적으로 복잡성을 추가하는 것이 가격을 과대책정할 수 있는 금융기관의 선택이라는 주장을 펴기도 하였다.

ELS는 기초자산인 특정 종목의 주가(또는 지수)가 일정 범위에서 움직이면 고수익을 보장하되 범위를 벗어날 때는 손실을 보는 구조로 설계된다. 즉 일정 기간 특정 주식의 주가가 정해진 범위에 있으면 투자자가 수익을 얻지만 그렇지 않으면 손실이 발생한다. 특징적인 것은 행사기준값을 기준으로 payoff가 극명하게 바뀌므로 기초자산의 가격이 행사가격 대비 어느 정도에 위치에 있는지가 매우 중요하다. ELS의 발행자는 ELS 발행당시 구축한 기초자산의 헤지 물량을 만기일에 대량 매각해야 하는데 이때 기초자산의 가격이 수익 범위를 벗어날 수 있다. 이 경우 투자자가 손실을 그대로 떠안는 문제가 발생한다. 이외에도 기초자산 가격이 행사가격에 근접해있을 경우 발행자는 기초자산 가격이 하락할수록 유리하기 때문에 투자자에게 지급할 부담을 최소화하기 위해 의도적인 주가하락의 인센티브가 존재한다. 이러한 속성과 연관되어 2011년 6월 검찰이 주가를 조작해 주식연계증권(ELS) 투자자에게 손실을 끼친 혐의로 국내외 증권사 4곳의 트레이더들을 기소하였다. 이들은 2005년과 2009년 ELS의 만기상환일 직전에 보유 주식을 대량으로 팔아 주가를 폭락시켜 투자자들에게 손해를 끼친 혐의를 받았다.

이러한 ELS를 둘러싼 논란은 발행자의 '델타헤지'[7]행위를 어떻게 바라볼 것인가의 문제이기도 하다. 예를 들어 2015년 대우증권에 대해 대법원은 투자자의 승소를 선언하였다. 대우증권은 2005년 삼성SDI 주가를 중간평가일(4개월 단위)에 삼성SDI 주가의 평가가격이 기준보다 높거나 같으면 정해진 수익금을 중도상환금으로 투자자에게 주는 ELS를 발행하였다. 문제는 대우증권이 고의적으로 중간 평가일이 임박해 해당 주식을

5 Henderson, B. J., & Pearson, N. D. (2011). "The dark side of financial innovation: A case study of the pricing of a retail financial product", Journal of Financial Economics, 100(2), 227-247.

6 Carlin, B. I. (2009). "Strategic price complexity in retail financial markets", Journal of financial Economics, 91(3), 278-287.

7 투자자 포지션의 델타(Δ), 즉 기초자산이 변화할 때 영향받는 민감도를 0으로 만드는 행위를 델타헤지로 정의할 수 있다. 델타와 같은 옵션 Greek에 대해서는 'XⅢ. 옵션 Greek'에서 상세히 다룬다.

대량 매도하여 주가를 의도적으로 하락시킴으로써 중도상환금을 받지 못했다는 소송이 제기되었다. ELS를 발행한 증권사가 ELS 발행시 기초자산의 가격변화, 즉 델타값을 근거로 가격변동 위험(발행자 입장에서 ELS 중도상환 요건발생 경우의 재원이 요구될 위험)을 헤지하기 위해 적정한 수량의 기초자산을 보유하는 것을 델타헤지라 한다. 1, 2심은 이러한 ELS 상품에 내재된 '델타헤지' 속성으로 인해 주가의 대량매도가 있을 수 있으며 단지 거래수량이 많다거나 매매시기가 집중돼 있다는 이유로 델타헤지로 인한 주식매매가 인위적인 시장조작에 해당한다고 단정하기는 어렵다고 판단하였다. 반면 대법원은 "증권사는 투자자와 이해상충이 불가피한 경우 투자자가 공정한 대우를 받을 수 있도록 적절한 조치를 취함으로써 투자자 이익을 보호해야 한다"며 판결을 뒤집었다. 대법원은 "대량 매도 주문을 내 조건 성취를 무산시킨 것은 투자자 보호 의무를 게을리 한 것으로 신의성실에 반한 것"이라며, "1,2심이 신의성실의 원칙에 대한 법리를 오해했다"고 지적했다. 결국 대법원의 판결은 델타헤지가 불가피하고 상환에 즈음하여 기초자산의 대량 매각이 불필요하였다 하더라도 투자자 이익을 보호하기 위해 시차를 둔 분할 매각 등 가능한 한 노력을 기울였어야 한다는 투자자 보호를 우선한 것으로 볼 수 있다.

ELS와 같은 구조화 증권의 가장 중요한 가정은 기초자산의 가격이 외생적으로 결정되어야 한다는 점이다. 가격이 의도적이든 아니면 헤지든 내생적으로 판매자에 의해 영향을 받게 되면 공정한 게임의 법칙이 성립되지 않는다. 카지노의 winner's fortune 게임(숫자가 쓰여 있는 둥그런 판을 돌려서 어느 숫자에 멈추느냐에 따라 수익이 결정되는 게임)에서 숫자판을 돌리는 카지노 직원이 베팅한 고객의 숫자가 나오지 않도록 판을 조작하는 의도적 부의 이전 행위가 지탄받는 것과 동일한 논리이다.

[ELS 주가조작 의혹]

"고객 돈 안주려…" ELS 주가조작 전직 트레이더 4명 기소, MBN, 2011.6.29.

어떤 조건만 만족하면 높은 수익을 보장한다며 선전하는 주가연계증권, ELS에 대한 투자자 인기는 상당합니다. 하지만, 약속된 수익을 주지 않으려고 주가 조작을 했던 전직 증권사 직원들이 무더기로 기소됐습니다.
2008년 캐나다계 은행 RBC는 포스코와 SK를 기초자산으로 한 ELS 상품을 발행했습니다. 상환일에 포스코와 SK 주가가 1년 동안 25% 이상 하락하지 않으면 연 22%의 수익을 주고, 만일

25% 이상 하락하면 그 손실을 모두 떠안는 조건이었습니다.
1년 뒤인 2009년 만기 평가일. 장 마감 직전, SK 주가는 매물이 쏟아지며 기준가에 단 0.4% 모자란 74.6%로 마감했고, 투자자들은 기존 조건대로 25.4%의 손실을 봤습니다. 배후에는 증권사 직원이 있었습니다. 이 증권사 소속 외국인 트레이더 J 씨는 회사가 손실을 볼 것으로 예상되자 SK 주식 7만 주를 무더기로 팔아 주가를 떨어뜨렸습니다. 주가 조작이 없었더라면 투자자들에게 줬어야 할 수익 31억 원을 증권사는 아꼈지만, 투자자들은 오히려 큰 손실을 본 것입니다. 서울중앙지검 금융조세조사2부는 이 같은 혐의로 대우증권과 미래에셋, BNP파리바, RBC에 각각 소속된 전 · 현직 트레이더 4명을 불구속 기소했습니다. 검찰 관계자는 "ELS는 증권사가 주가를 조작해 수익금 지급을 피할 수 있는 구조"라며 "투자자 보호를 강화해야 한다" 고 밝혔습니다. 그러나 BNP파리바와 RBC의 외국인 직원 2명은 피의자가 출석하지 않은 채 재판이 진행될 예정이어서, 처벌에 대한 실효성 논란은 이어질 전망입니다. ELS 주가 조작에 대해 증권사 직원에 책임을 묻는 검찰의 첫 판단이 나온 만큼, 피해 보상을 요구하는 ELS 투자자의 소송이 잇따를 것으로 보입니다.

10) DLS(Derivative Linked Security)와 DLF(Derivative Linked Fund)

DLS는 파생상품연계증권으로 증권의 형태로 매매가 가능하다. 해당 증권에 결합되어 있는 대상은 금리, 환율(원달러종가), 원자재(원유 등), 신용 등 다양할 수 있으며 사실상 투자원금의 100% 손실위험이 있는 고위험 상품이다. DLF는 파생상품연계펀드로 본질적으로 DLS와 동일하며 은행을 통해 사모펀드 형태로 판매된 유형을 말한다. 이러한 사모펀드 형식은 공모펀드에 적용되는 투자자보호규제를 피할 수 있다는 점에서 사용되었다. 따라서 DLF는 판매단위 규모도 상대적으로 높으며(최소단위 억 원) 사모펀드의 성격을 그대로 지닌다.

해당 상품과 관련하여 우리나라에서는 2019년 소위 'DLS · DLF 사태'가 발생하였다. 투자 최대손실률 −98.1%라는 대규모 투자실패, 그리고 은행의 불완전 판매가 결합된 금융사고가 발생하였다. 문제가 된 DLS와 DLF는 그 기초자산을 해외금리로 한 상품들로 주요 경제권의 금리가 일정 수준 이상으로 유지될 때 수익이 발생토록 설계되어 있었다. 예를 들어 '독일국채 10년물 금리'를 기초자산으로 할 경우 독일 금리가 기준보다 높으면 '원금+약정금리%'를 지급하고, 반대로 기준보다 낮으면 '원금×[(기준금리−하락금리)×200]%'손실로 설계되는 방식이다.

그림 Ⅲ-11 독일국채10년물 금리연계 DLF 손익구조

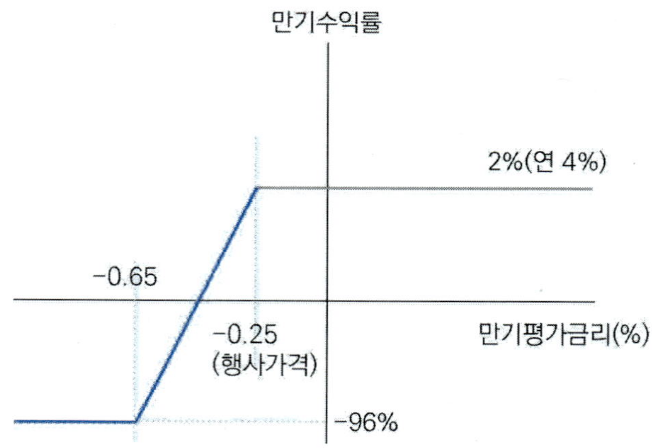

그림 Ⅲ-12 영/미 금리연계 DLF 손익구조

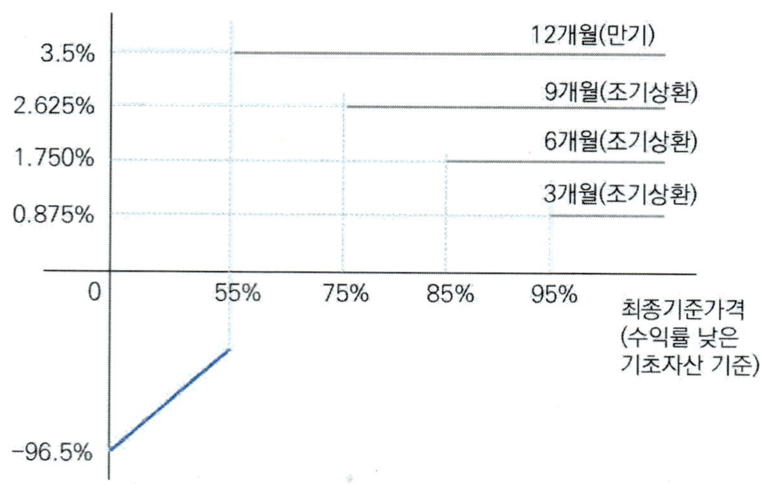

2018년까지 시장금리에 대해 상승곡선을 예상하였으나 금리가 거꾸로 하락하기 시작하면서 DLS 및 DLF 상품 대부분이 손실구간에 진입하게 되면서 문제가 발생하였

그림 Ⅲ-13 독일국채10년물 2019년 추이

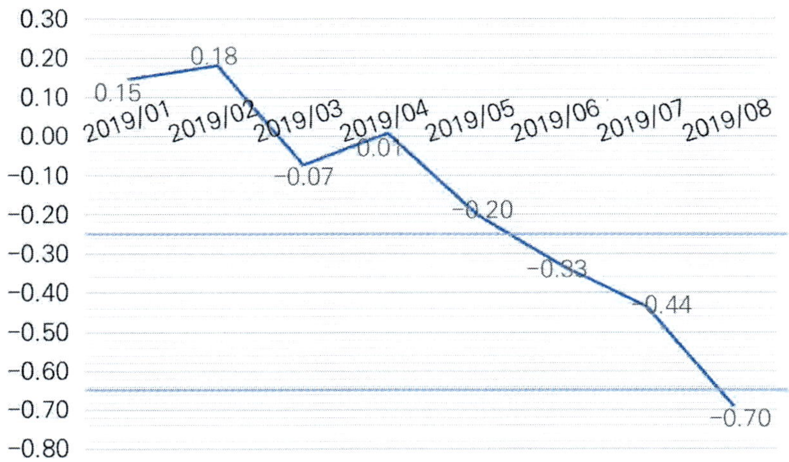

자료: 한국은행경제통계시스템, 18.1.6.1 주요국제금리.

그림 Ⅲ-14 독일국채10년물 장기 추이

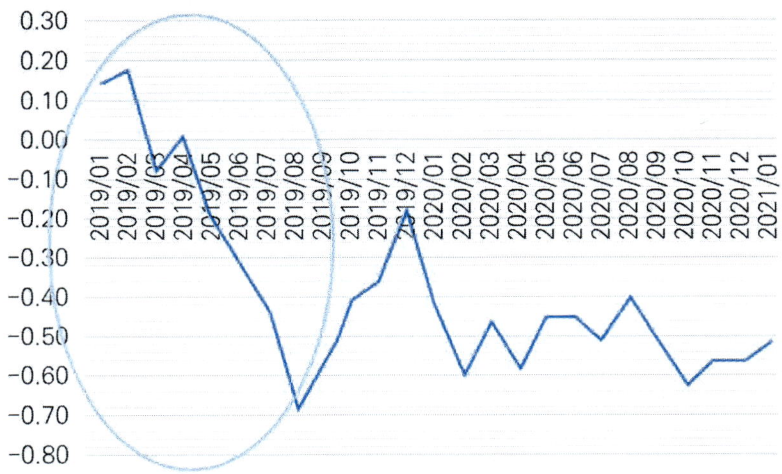

자료: 한국은행경제통계시스템, 18.1.6.1 주요국제금리.

다. 애초 독일국채금리를 기초자산으로 설계할 당시 미국의 금리상승시기와 더불어 글로벌 금리가 전반적으로 상승할 것이라는 분위기가 팽배하던 시기였다. 그러나 미연방준비은행이 갑자기 금리를 내리고 유럽 역시 유동성 확대 분위기로 돌아서면서 금리가 하락하게 되었다. 게다가 미국과 중국 간 무역분쟁의 여파는 안전자산으로의 자금유입이 크게 몰리면서 독일 국채금리가 급락하는 상황이 도래한 것이다.

영국/미국 이자율 스와프(CMS, Constant Maturity Swap) 금리를 기초자산으로 하는 상품의 경우는 더욱 복잡하다. 이 상품은 영국 파운드화 CMS 7년 금리, 미국 달러화 CMS 5년 금리를 기초자산으로 하여 두 금리 중 어느 하나가 원금 손실 기준점(배리어) 밑으로 내려갈 때부터 손실이 발생한다. 미국 CMS 금리는 3개월 만기로 변하는 미국 달러 LIBOR 금리를 5년 만기 고정금리로 바꿀 때의 예상금리를 나타낸다. 즉, 금리변동 위험 등을 회피하기 위해 고정금리를 변동금리로 스왑한다는 의미에서 swap 금리로 명명되었다. 일반적으로 채권 개별종목은 시간경과에 따라 만기가 줄어드나 CMS는 항상 만기가 일정한 가상의 스왑금리가 된다. 이 CMS의 추이 역시 설계 당시와 달리 상품 개시 이후 과거추이와 크게 다른 금리의 방향성이 나타나면서 투자자에게 큰 손실을 발

그림 Ⅲ-15 미국 5년 CMS 금리 추이

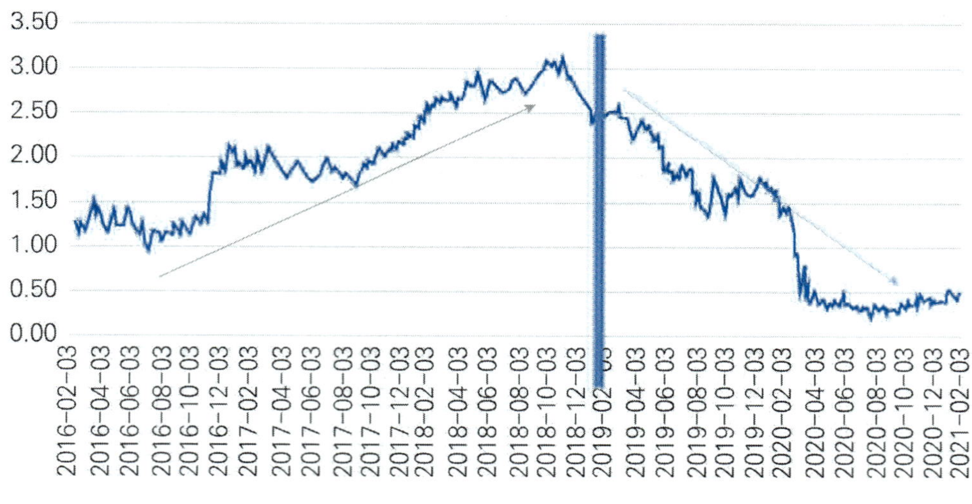

자료: FRED Economic Research.

생시켰다.

이 상품들은 크게 상품구조 자체의 문제와 불완전 판매라는 두 가지 문제점이 존재하였다.

첫째, 투자자에게 우호적인 금리 상승시는 통상 4~5% 수준의 약정금리가 지급되는, 상방이 고정되어 있는 payoff를 제공한다. 반면 금리가 하락시에는 기준금리 대비 0.1%가 하락할 때마다 원금의 20%가 손실이 발생하는 매우 극단적인 payoff, 즉, 초고위험 상품이다. 또한 payoff도 구조도 문제이거니와 만기가 4개월 또는 6개월 등으로 투자자에게 금리가 비우호적으로 변동하였다 하더라도 우호적인 방향으로 회귀하기에는 만기가 너무 단기(3월~9월)라는 문제도 내포하고 있다. [그림 Ⅲ－14]에 나타난 독일국채금리의 장기 추이를 보면 만기가 더 장기였다면 금리가 다시 상승하여 손실구간에서 회피할 가능성이 있었다. 즉, 손실을 회복하기에는 지나치게 해당 상품의 만기가 짧았다는 문제가 있었다.

둘째, 해당 상품을 고객에게 판매하면서 만기상환확률 100%, 손실가능성이 0%라는 설명과 더불어 당시 정기예금금리 2% 대비 4.2%라는 높은 수익으로 포장하여 고령층에게 집중적으로 판매하였다는 점이다. [표 Ⅲ－2] 및 [표 Ⅲ－3]에서 확인할 수 있듯이 하나은행과 우리은행의 DLF 상품 보유자를 연령별로 확인해보면, 만 90세 이상이 13명, 80－90세 연령대 고객은 202명, 70－80세 고객은 440명으로 나타나 70세 이상 고령자가 총 655명으로 전체 가입자의 20%에 달한다. 금액기준으로도 70세 이상 고령자 보유 잔액이 개인고객 잔액의 30%에 근접하며 1인당 가입금액도 약 3억 원에 달한다. 이러한 판매 행태는 고령자가 DLF와 같은 초고위험 상품을 과연 올바르게 이해하고 가입하였는지에 대한 합리적인 의구심을 갖게 한다.

결국 파생상품 자체의 고위험성 그리고 판매과정에서의 불완전성 등이 주요 원인이 되었다. 또한 감독기관이 적절히 모니터링하지 못하고 대응하지 못했다는 지적도 존재한다. 이러한 DLS 및 DLF 사태와 관련하여 금융감독원은 2019년 12월 업계 등의 의견을 수렴하여 <고위험 금융상품 투자자 보호 강화를 위한 종합 개선방안 최종안>을 확정 · 발표하였다. 그 내용을 살펴보면 다음과 같다.

표 Ⅲ-2 하나은행 DLF 연령별 잔액현황

(단위:명, 억원, %, %)

구분	고객수	금액		
		잔액	비율	누적
90세 이상	11	24	0.65	0.65
80 - 90	144	661	17.85	18.5
70 - 80	260	578	15.61	34.11
60 - 70	405	871	23.52	57.63
50 - 60	379	756	20.42	75.05
40 - 50	190	335	9.05	87.1
30 - 40	71	162	4.37	81.47
20 - 30	16	50	1.35	92.82
10 - 20	-	-	-	-
10세 미만	-	-	-	-
기타(법인)	42	266	7.18	100
합계	1,518	3,703	100	

* 기준일: 2019.8.20., 연령: 2019년 7월말 기준 만 나이, 금액: 선취수수료 차감전 투자금액

표 Ⅲ-3 우리은행 DLF 연령별 잔액현황

(단위:명, 억원, %, %)

구분	고객수	금액		
		잔액	비율	누적
90세 이상	2	2	0.05	0.05
80 - 90	58	154	3.96	4.01
70 - 80	180	342	8.82	12.83
60 - 70	401	811	20.92	33.75
50 - 60	468	880	22.7	56.45
40 - 50	238	470	12.11	68.56
30 - 40	56	857	2.21	70.77
20 - 30	14	222	0.57	71.34
10 - 20	-	-	-	-
10세 미만	-	-	-	-
기타(법인)	188	1,111	28.66	100
합계	1,605	3,876	100	

* 기준일: 2019.8.23.

첫째, 투자자 보호강화 측면이다. 이와 관련하여 총 7개 방안이 제시되었으며 내용은 다음과 같다. ① DLF의 경우와 같이 공모규제 회피사례 발생을 차단하기 위해 판단기준을 강화하였다. ② 불완전 판매의 가능성이 높은 고위험 금융상품에 대한 규율체계를 강화하였다. ③ 은행은 원장보장 중심 성격에 더 가중치를 두어 고난도 사모펀드 판매를 제한한다. ④ 전문투자형 사모펀드에 투자하기 위한 투자자의 요건도 강화하였다(최소투자금액 1억→3억, 레버리지 200%이상 펀드는 3억→5억). ⑤ 녹취 및 숙려제도 대상을 대폭 확대하고 고령투자자 요건을 하향(70세→65세), ⑥ 설명의무 등 판매절차 강화(자필 또는 육성 진술과 관련자료 10년 보관), ⑦ 개인전문투자자 보호를 위해 투자경험이나 손실 감내 능력까지 포괄적으로 판단하도록 하였다.

둘째, 금융회사의 책임성 확보 및 감독의 강화이다. 이를 위해 ① 금융회사 경영진 책임을 구체적으로 명시 및 내부통제기준 마련, ② 고난도 금융상품에 대해 영업단계별로 준수해야 할 행위준칙을 마련, ③ 자산운용사 외에 판매사에게도 OEM 펀드에 대한 책임 및 규제적용기준 강화, ④ '금융소비자보호법' 마련을 통한 불완전판매 관련 제제 강화, ⑤ 금융당국의 상시감시 및 현장점검 강화 등을 제시하였다.

Ⅳ. 선형 파생상품 – 선물(Futures) 계약

앞서 Ⅰ장에서 파생상품 payoff의 결정요건 중 선형(linear) 또는 비선형(non−linear)의 함수형이 중요함을 언급하였다. 물론 어떠한 함수형도 가능하기 때문에 이론적으로는 무한대의 파생상품 설계가 가능하다. 우선 가장 대표적인 함수형으로 선형함수를 들 수 있다. 선형함수 하에서 매입자(long position)의 경우는 우상향하는 payoff 구조를, 매도자(short position)는 우하향하는 payoff를 가진다. 또한 매입자의 포지션과 매도자의 포지션을 모두 합한 순공급량(net supply)은 0이 되며 제로섬 게임이 된다. 특정 파생상품이 제로섬 게임이 되기 위해서는 그 결정함수가 반드시 선형이어야 하는 것은 아니다. 비선형 payoff 구조 하에서도 매입에 대응된 매도가 존재하기만 하면 제로섬 게임의 전제는 달성된다.

선형함수형을 갖는 대표적 파생상품에는 선도, 선물, 그리고 이자율 스왑(양방향 선도) 등이 있다. 본 장에서는 구조가 간단하며 장외시장에서 거래 양자 간에 거래되는 선도 상품과 장내시장에서 표준화되어 다자간에 거래되는 선물에 초점을 맞추어 학습한

그림 Ⅳ-1 선형함수 하의 payoff

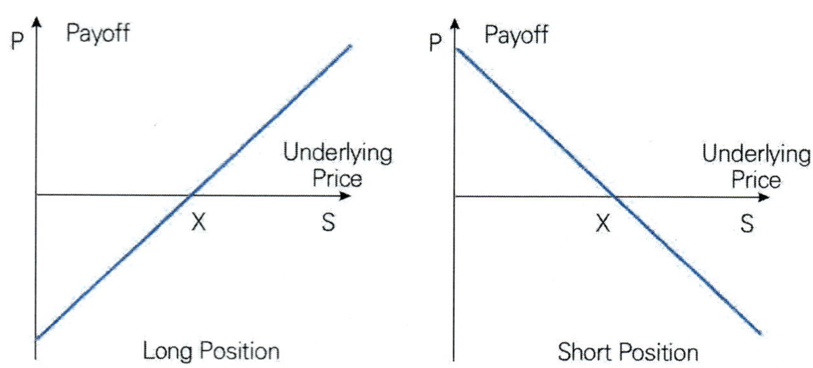

다. 선물과 선도는 거의 동일한 구조를 갖기 때문에 선물의 이해가 선행되면 선도의 이해가 매우 용이하다. 따라서 선물의 기본구조를 먼저 살펴본다.

1. 계약 측면

선물을 가장 쉽게 이해하기 위해서 이른바 '밭떼기'라 불리는 포전매매(布廛買賣)가 흔히 언급되곤 한다. 포전매매는 채소류 등 저장성이 없는 농산물을 대상으로 생산자가 수확하기 이전의 경작상태에서 면적단위 또는 수량단위로 매매하는 것을 말한다. 매입자 입장에서는 태풍이나 냉해 등으로 미래 농산물의 가격이 폭등할 것으로 예상하고, 이에 앞서 사전적으로 매입함으로써 미래 시점이 도래했을 때 매각을 통해 차익을 얻고자 시도한다. 반대로 생산자는 미래 풍년이 들어 농작물 생산량이 과다해져 가격이 하락할 것이 우려될 경우 미리 현시점의 우월한 가격으로 매도하여 미래 손실을 회피하고자 시도할 것이다. 결국 이러한 매입자와 생산자간에 미래 작황에 대한 전망과 정보에 따라 포전매매의 최종 가격이 결정되고 계약이 이루어진다. 단, 이 시점에는 미래가 도래했을 때 정해진 가격에 정해진 양을 제공하는 계약을 이행하겠다는 계약서만이 확정될 뿐이다. 그렇지만 계약이 수립되는 순간 매입자는 미래 매입의 의무를, 생산자는 인도의 의무가 부과된다. 또한 시간경과에 따라 계약이행 시점이 도래한 경우 한 쪽의 이익은 다른 쪽의 손실이 되므로 두 합은 정확히 0이 되는 제로섬이 성립한다. 이러한 속성은 payoff의 구조가 선형(linear) 구조를 갖기 때문에 기인한다.

선물계약도 이와 정확히 동일한 논리로 구성된다. 다만 포전매매와 달리 이러한 계약이 보다 표준화되어 거래된다는 차이가 있을 뿐이다. 특히 의무가 수반된다는 측면에서 의무 불이행시 법적 책임을 부여받는다. 선물계약과 관련된 구체적인 특성은 다음과 같다.

첫째, 기초자산의 정의이다. 선물은 기초자산을 어떻게 정의하느냐에 따라 매우 광범위하게 사용된다. 사용되는 기초자산으로는 금융자산(주식, 이자율, 채권, 환 등), 상품(금, 은, 원유, 농수산물 등), 암호화폐(비트코인) 등 다양하다.

둘째, 장내시장에서 거래되는 상품으로, 지나치게 다양화된 상품을 모두 커버하기 어려우므로 거래가 용이하도록 표준화(specification)가 이루어져 있다. 특히 금융자산의

표 Ⅳ-1 CBOT 옥수수 선물계약 주요사항

계약단위	5,000 부셸(bushels)[1]
가격표시	부셸당 미국 센트
최저가격변동	부셸당 1센트의 1/4 =$12.50
정산방법	인도
거래종료	계약월의 15일전 영업일
등급 및 품질[2]	2018년 12월까지: #1 Yellow - 부셸당 1.5센트 프리미엄 #2 Yellow - 계약가격 #3 Yellow - 부셸당 1.5센트 디스카운트 2019년 3월 현재: #1 Yellow - 부셸당 1.5센트 프리미엄 #2 Yellow - 계약가격 #3 Yellow - 부서진 옥수수와 이물질/손상등급 요인을 고려하여 부셸당 2~4센트 디스카운트

경우보다 상품(commodities)의 경우 그 다양성으로 인한 혼란을 방지하기 위해 매우 구체적인 표준화가 이루어져 있다. 특히 이렇게 구체화된 계약조건은 만기시점에 현물(spot) 인도를 할 경우 인도대상물에 대한 명확한 지침을 제공해준다. 물론 상품의 품질차가 존재할 수 있으므로 프리미엄 또는 디스카운트와 같이 일부 가격의 조정이 행해질 수도 있다. 예를 들어 [표 Ⅳ-1]에 미국에서 가장 널리 재배되는 작물의 가격 변동으로부터 이익을 얻거나 헤지하기 위해 사용되는 시카고상품거래소(CBOT; Chicago Board of Trade)에서 거래되는 옥수수 선물(Corn Futures)의 예를 살펴보면 등급 및 품질에 따라 프리미엄 또는 디스카운트 조항이 존재함을 알 수 있다. 이외에도 어디서 어떤 방식으로 인도할 것인지, 언제 인도할 것인지까지도 구체적으로 명시된다.

2. 시장의 구조

선도거래는 양자 간 거래이므로 거래의 상대방이 계약을 지키지 못할 파산위험

1 곡물, 과실류의 무게를 나타내는 단위로 미국의 경우 60파운드(27.216kg)을 1부셸이라 한다.

2 미국 옥수수의 품질규격은 US #1~#5까지 존재하는데, 용적중(test weight), 파쇄립/이물질(BCFM; Broken corn/foreign material), 총손상립(total damate), 수분(moisture) 등을 기준으로 등급을 정한다.

그림 Ⅳ-2 선물계약 시장구조

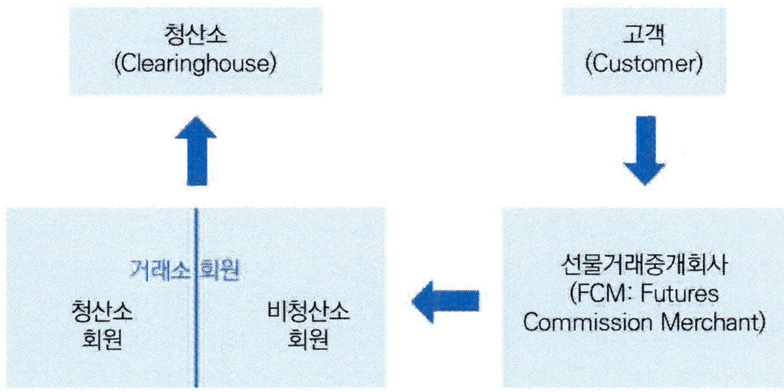

(default risk)에 노출된다. 선물계약은 다자간 거래 하에 이러한 위험을 회피하기 위해, 즉 거래참가자들의 다자산 손익을 명확하게 매칭하여 그 이행을 담보할 수 있도록 청산소(clearinghouse)에서 정산이 이루어지도록 규정하고 있다. 선물계약의 파산위험이 발생할 경우 1차적으로 선물거래중개회사(FCM)에서, 2차적으로 청산소에서 그 이행을 담보하도록 하고 있다.

예를 들어, 고객이 선물 10계약을 매입하고 증거금을 낸 경우를 가정해보자. 이 이행과정은 우선 선물거래중개회사(FCM)가 고객으로부터 주문요청을 받아, 이후 중개회사가 거래소회원에게 다시 주문을 위탁한다. 우리나라의 경우 선물거래중개회사가 거래소회원이기 때문에 해당 단계가 생략될 수도 있다. 반면 해외의 경우 선물거래중개회사가 거래소회원이 되기에 부족한 소규모 업체일 경우 해당 프로세스가 요구된다. 마지막으로 해당 주문이 청산소에 모두 집결됨으로써 고객의 주문이 최종 완료된다.

[궁금해요] Fat Finger - 한맥증권 파산사건

한맥투자증권(이하 한맥증권)은 2013년 12월 12일 코스피200 12월물 콜옵션, 풋옵션의 42개 종목에서 증시개장과 동시에 3만7000여건을 거래를 체결했는데 대부분 시장가격보다 현저히 낮거나 높은 가격의 잘못된 주문이 입력된 것이다. 이는 당시 한맥증권은 외주업체인 트레이딩사로부터 파생상품 자동거래프로그램 사용권을 구매해 이 회사 직원으로 하여금 이자율 등의 변수를 입력토록 주문했지만, 트레이딩사 직원이 이자율 계산 설정값을 '잔존일수/365'가 아닌 '잔존일수/0'으로 잘못 입력하면서 시장가보다 현저히 낮은 가격으로 주문이 들어가자 순식간에 3만7000여건의 계약이 체결됐다. 잘못된 주문을 확인한 직원이 143초 만에 시스템의 전원을 뽑았지만 이미 460억 원이 넘는 손해가 발생하였다. 해당 피해 중 대부분이 해외 헤지펀드 투자자에게 집중됐으며 특히 미국계 헤지펀드인 캐시아 캐피탈이 350억 원 가량의 이익을 취하였다.

사고 직후 한맥증권은 착오거래라며 한국거래소에 이를 다시 바로 잡을 때까지 착오거래금액의 결제 보류를 요청하였다. 그러나 거래소는 결제대금을 주문 상대방에 지급했으며 이 자금은 회원사들이 충당해 둔 손해배상공동기금에서 지출됐다. 거래소의 구상권 청구로 손해가 확정되면서 한맥투자증권은 결국 부채가 자산을 311억 초과한 사실상의 '파산'상태가 발생하였다. 이후 2014년 1월 금융위원회로부터 부실금융기관으로 지정돼 영업정지와 경영개선 명령을 받았다. 한맥증권은 2014년 4월 경영개선계획을 제출하고 회생을 시도하였으나 경영개선가능성이 희박하다는 판단에 따라 금융위는 2014년 12월 금융투자업 인가를 취소하고, 2015년 2월 16일 파산이 선고되었다. 이후 거래소는 유사사고 방지를 위해 실시간 호가제한, 착오거래 구제제도, 사후증거금 요건 인상 등 제도보완을 시행하였다. 그럼에도 여전히 인간의 오류(human error)로 인한 금융손실, 즉 'fat finger' 사고는 계속해서 발생하고 있다.

그림 IV-3 청산소의 기능

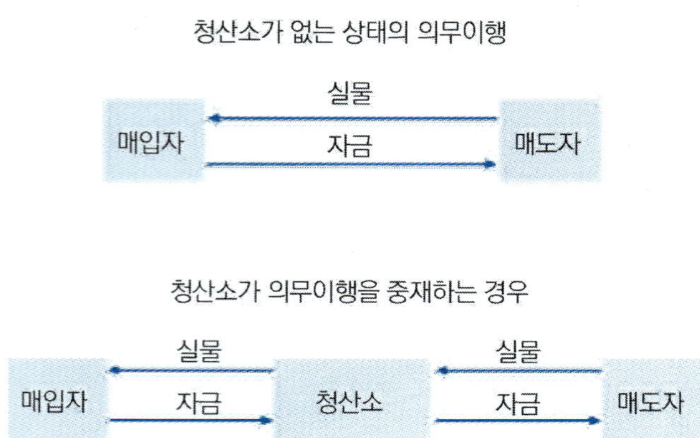

이렇듯 청산소는 매입자와 매도자 사이에서 실물과 자금을 매칭하여 중재하는 역할을 수행하며 이와 동시에 매입자 또는 매도자가 의무이행을 다하지 못할 경우 대신하여 이행을 보증해줌으로써 시장 자체의 신뢰도를 높이게 된다. 우리나라를 비롯하여 대부분의 거래소가 청산소를 자체 보유하고 있다. 실제로 청산소가 물리적 장소를 가지고 존재한다기보다는 거래소 산하의 자회사의 컴퓨팅 시스템 형태로 존재한다.

3. 주문체결 흐름

[그림 Ⅳ−4]와 같이 청산소 회원인 중개회사 FCM(A), (B)와 비회원 중개회사 (C)를 가정해보자. FCM(A)의 고객 1이 100계약의 long을, 고객 2가 90계약의 short 계약을 주문하면, FCM(A)의 총주문은 long과 short 순서대로 'FCM(A) 100 90'이 될 것이다. FCM(B)는 고객 3으로부터 20계약 short의 주문을 받았다. 즉 'FCM(B) 0 20'의 상태이다. 이어서 FCM(C)는 고객 4로부터 150계약 long과 고객 5로부터 140계약 short을

그림 Ⅳ-4 선물계약의 흐름(flow)

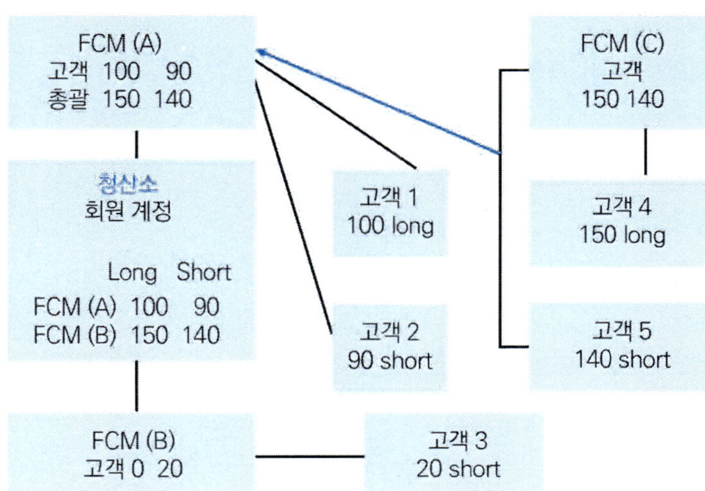

받아 'FCM(C) 150 140'의 상태가 되었다. 단, FCM(C)는 청산소 비회원이므로 회원사인 FCM(A)에게 다시 주문을 재위탁한다. 따라서 FCM(A)의 주문은 자체주문과 비청산소 회원의 위탁이 합쳐져 청산소로 'FCM(A) 250 230'으로 넘어간다. 최종적으로 청산소에 집계된 long 250과 short (230+20)이 정확히 매칭되어(순공급=0) 주문이 완료된다.

여기서 미청산계약 또는 미결재약정(OI; open interest) 개념을 이해할 필요가 있다. 미결재약정은 현재 시장에서 선물의 매도 또는 매수 포지션이 유지된 상태로 거래가 체결되지 않고 남아있는 계약의 수를 나타내며 선물 시장에 대한 총 활동 수준을 측정한다. 당연하게도 미결재약정수는 선물의 만기일로 근접할수록 0으로 수렴한다.

[표 Ⅳ-2]를 통해 가상의 미결재약정을 산출하고 그 의미를 살펴보자. 최초 1일차에 투자자 A가 long 1계약을, 투자자 P가 short 1계약을 체결하였다. 즉, 거래의 양 당사자가 새로운 포지션(새로운 구매자 1명과 새로운 판매자 1명)을 시작하면 미결제 약정이 1계약씩 증가하므로 1일차의 OI는 1이다. 2일차에는 투자자 D와 H의 2계약 진입으로 인해 OI는 3으로 증가한다. 3일차에는 투자자 A와 H가 기존 또는 이전 포지션을 닫는 경우 미결제 약정은 하나의 계약만큼 감소하므로 OI는 2로 감소한다. 마지막 4일차에는 투자자 D가 long 2계약을 모두 청산하며 이에 대응하여 투자자 P와 H도 각자의 포지션을 청산하여 최종 OI는 0이 된다.

앞서 예의 1일차와 2일차와 같이 미결제 약정이 증가한다는 것은 신규 거래가 생

표 Ⅳ-2 미결재약정(OI) 계산 예

		long	short		OI
1일	A	1		A 진입	
	P		1	P 진입	1
2일	D	2		D 진입	
	H		2	H 진입	3
3일	A		1	A 청산	
	H	1		H 1개 청산	2
4일	P	1		P 청산	
	H	1		H 청산	
	D		2	D 청산	0

성되어 새로운 자금이 시장으로 유입된다는 것을 의미하므로 현재 추세(상승, 하락 또는 횡보)가 계속될 것을 예측할 수 있다. 반대로 3일차 및 4일차와 같이 미결제 약정이 하락한다는 것은 기존 계약들이 청산되고 있음을 의미하며 동시에 이를 끌어올릴 신규 거래도 발생하지 않아 사실상 우세한 가격 추세가 끝나고 있음을 의미한다. 따라서 미결제 약정은 추세의 임박한 변화를 나타내는 선도적인 지표로 궁극적으로 선물가격의 결정 요인으로 해석할 수 있다. 그러나 OI가 시장의 방향성을 모두 설명한다기보다는 [표 Ⅳ－3]에서와 같이 가격의 움직임과 OI를 결합하여 해석할 필요가 있다.

표 Ⅳ-3 가격과 거래량 방향성에 따른 시장인식

가격	거래량	시장의 인식
증가(+)	증가(+)	강세
감소(−)	감소(−)	약세 추세가 곧 끝나고 반전될 예정
감소(−)	증가(+)	약세
증가(+)	감소(−)	강세 추세가 곧 끝나고 반전될 예정

표 Ⅳ-4 가격과 OI 방향성에 따른 시장인식

가격	OI	시장의 인식
증가(+)	증가(+)	long 구축 중
감소(−)	감소(−)	long 포지션 청산 중(long liquidation)
감소(−)	증가(+)	short 구축 중
증가(+)	감소(−)	short 포지션 청산 중(short covering)

4. 선물시장의 참여자

선물시장의 참여자는 다양한 범주로 구분될 수 있는데, 크게 거래소 회원, 선물중개회사(FCM), 선물투자자문사(CTA: Commodity Trading Advisor), 선물신탁운용사(CPO: Commodity Pool Operator)로 분류될 수 있다.

우선 거래소 회원 중 고객의 주문 이행에 따른 수수료를 받는 장내 중개인(Floor Broker 또는 Commission broker)이 가장 많은 비중을 차지한다. 이어서 장내 거래인(Floor dealer)는 자기계좌를 가지고 자기거래를 한다는 점에서 고객의 주문만을 단순 이행하는 장기 중개인과는 차이가 있다. 이러한 장내 거래인은 가격변화 추이를 통해 당일거래를 위주로 거래하므로 당일의 포지션을 익일까지 이어가지 않는 당일 거래자(Day trader), 아주 작은 가격움직임에서 이익을 포착하는 초단타 거래 위주의 스캘퍼(Scalpers), 그리고 몇 주에서 몇 년까지 장기간 포지션을 유지하는 포지션 거래자(Position traders)가 해당된다. 당일 거래자, 일명 데이트레이더들은 하루 중 일시적 수요－공급의 불일치를 적극적으로 이용하여 거래하고 거래일 마감 전에 모든 거래를 청산함으로써 오버나잇(over－night; 익일까지 보유 포지션을 유지하는 행위)을 가져가지 않는다. 이들의 주요 전략은 뉴스보도에 따른 시장기대치를 기반으로 하거나 거래일 마감 직전거래(end－of－day trading), 단기 기술적 추세분석 등에 근거하여 거래한다. 스캘퍼의 경우 작은 차이를 극대화하기 위해 통상 대량의 거래를 시도하며 지속시간이 몇 초 내지 길어야 몇 분 정도에 불과하기 때문에 그만큼 시장에 대한 파급력도 높다. 이는 지속시간이 짧을수록 시장 움직임에 대한 노출이 줄어들며 스캘퍼가 위험에 노출될 가능성을 최소화하기 때문이다. 가격이 미리 정의한 틱(tick) 단위의 범위를 벗어나거나 변동성 수준이 설정한 저항선 수준을 넘는 경우에 진입하고 거래 로봇 등을 사용하여 조건에 따른 자동 손절매를 구사하여 가능한 감정적 판단을 개입시키지 않은 거래로 볼 수 있다.

이외에 선물투자자문사(CTA)는 선물과 선물옵션 등의 거래 및 가격에 대해 상담, 미디어, 출판물을 통하여 다른 투자자를 위해 조언한다. 각 CTA들은 거래전략과 거래대상시장 등에서 차별적이며 거래를 유지하는 보유기간(단/중/장기)에 따라서도 차별적이다. CTA는 계정의 이익을 기준으로 성과 수수료를 부과하고, 유지 보수 수수료는 일반적으로 적지만 손익에 관계없이 부과된다.

선물신탁운용사(CPO)는 선물, 선물옵션 또는 환계약을 거래하는 헤지펀드를 포함하여 상품풀을 위한 자금을 운영하고 모집하는 개인 또는 조직을 일컫는다. 여기서 상품풀은 선물을 위한 뮤추얼 펀드와 매우 유사하다. 일반적으로 CTA에 필요한 것보다 상품 풀에 투자하는 데 훨씬 적은 금액으로도 투자가 가능하다. 따라서 소액으로도 선물에 투자 할 수 있으며 전문가가 투자 결정을 내려준다는 장점이 있다. 또한 소규모 투자자 능력 이상의 다각화가 용이해진다. CPO는 CTA를 겸하며 집합자금을 직접운용한다는 점에서 CTA의 상위 개념으로 볼 수 있다.

5. 선물 거래의 기본 요건

선물 거래에 있어 증거금(margin)은 가장 중요한 개념이다. 증거금은 단순한 계약금이 아니라 거래자가 재정적 의무를 다할 수 있도록 설계된 이행 보증금의 개념으로 이해할 필요가 있다. 크게 두 종류의 증거금이 존재하는데, 개시증거금(=위탁증거금, initial margin)과 유지증거금(maintenance margin)이 그것이다. 개시증거금은 신규로 선물의 매수 또는 매도 포지션을 개설하는데 필요한 금액을 뜻한다. 우리나라 KOSPI200 지수선물 1계약의 개시증거금은 KOSPI200주가지수 선물가격에 거래승수 25만원과 증거금률(매달 거래소 공시)을 곱하여 산출한다.

KOSPI200지수 × 거래승수 × 증거금률 × 계약수

통상 개시증거금율은 매달 첫 거래일에 공시하며 시장상황 변경 등에 따라 수시로 공시하기도 한다. 유지증거금은 포지션 유지를 위해 최소한으로 유지하기 위해 요구되는 금액으로 위탁증거금보다 작다. KOSPI200선물의 개시증거금은 유지증거금의 1.5배로 설정되어 있다. 2021년 1월 기준의 개시증거금율은 10.5%이고 유지증거금율은 7.0%이다. 예를 들어 KOSPI200이 430일 경우 KOSPI200선물 1계약을 체결하기 위한 개시증거금은 약 1,129만 원이 산출된다.

430 × 25만원 × 10.5% × 1계약 = 1,128.75만 원

유지증거금은 선물의 일일정산(daily marking to market) 속성과 연계된다. 일일정산의 의미는 매 거래일이 종료될 때 선물계약에 포함된 자산을 평가하고 손익을 매수 / 매도 사이에 정산하는 일련의 과정을 의미한다. 즉, 1차적으로 시장에서 제공하는 가치를 기반으로 '정산가격'을 선정하고, 2차로 관련 당사자의 계정에서 실제 손익으로 변환하는 '손익실현'의 두 단계를 거친다.

선물과 같은 파생상품의 경우 가격상하한 폭이 전통적인 주식에 비해 매우 넓다. 이는 파생상품의 레버리지 효과를 고려할 때 가격의 움직임 폭이 훨씬 넓을 수밖에 없기 때문이다. 다만 가격제한폭은 고정값이라기보다는 상황의 변경에 따라 조정되어 나

갈 수 있다. 한국거래소의 경우 매월 초 공시를 통해 증거금률을 조정해나가고 있다. 특징적으로 우리나라의 KOSPI200 선물의 경우 과거 ±10%에서 2015년 6월 이후 시간차를 두어 1단계 ±8%, 2단계 ±15%, 3단계 ±20%로 구분 및 확대하였다. 이외 변동성지수선물과 주식선물의 경우도 단계별 가격제한폭을 도입하고 확대하였다. 각 단계별로 상하한가에 도달한 경우 5분간의 쿨타임, 즉 거래중지시간을 가졌다가 가격제한폭이 다음 레벨로 올라간다. 특히 파생시장의 변동성 확대를 반영하여 기초자산가격의 변동에 따라 장중에도 유지증거금의 80% 이상 변동시 추가 증거금을 요구한다. 이러한 장중 추가 위탁증거금을 입증하지 않거나 못할 경우 회원사는 위탁증거금을 증가시키는 반대거래의 수탁을 모두 거부하게 된다.

가격제한폭과 더불어 포지션 한도(position limits)가 존재하는데 이는 시장 참여자가 초과해서는 안 되는 최대 포지션(순매도 또는 순매수)에 대한 한도를 의미한다. 이는 과도한 투기를 '감소, 제거, 방지'할 목적으로 필요하다고 간주되는 범위까지 설정하고 있다.

지금까지 선물거래를 위한 기본 요건을 보다 명확히 이해하기 위해 다음의 예를 살펴보자. 어떤 투자자가 5월 4일에 만기되는 옥수수 선물을 1월 8일에 매입(long position)하였다고 가정하자. 옥수수 1계약의 크기는 20,000 부셸이고, 선물가격은 부셸 당 $2.21이므로 총매입가격은 $44,200이다. 이 계약을 위한 최초 증거금은 총 $1,892이고 유지증거금은 $1,400이라 하자. 이때 $44,200은 만기시점에 지불하는 금액으로, 현재 계약 진입 시점에서는 $1,892만 지급하면 된다. 여기서 총약정금액에 상대적으로 증거금이 어느 정도 수준인지를 나타내는 것이 개시증거금율(initial margin weight)이다. 계약 이후 선물가격의 경로에 따라 매일 정산(daily settlement)해나가면서 손익을 산정한다. 일일정산의 실질적 의미는 매일매일 해당 선물계약의 이행능력을 재평가하는 절차로 해석할 수 있다. 만일 선물가격이 유지증거금의 수준 이상인 경우에는 문제가 발생하지 않으나 문제는 선물가격이 하락하여 손실 가능성이 발생한 경우 유지증거금 이하로 하락할 시 투자자의 이행능력을 재평가하기 위해 개시증거금 수준으로 증거금을 다시 증액함으로써 계약이행을 위한 여력(buffer)을 마련하라는 의미가 된다. [표 Ⅳ-5]에 제시된 사례를 통해 구체적인 증거금 수준을 따라가 보자.

1월 8일 계약 개시 이후 9일에는 선물가격이 하락하면서 일손실 -$400이 발생하고 이를 개시증거금에서 차감하므로 $1,492가 된다. 단 유지증거금($1,400) 이상이므로 추가납입은 발생하지 않는다. 1월 10일 선물가격이 또 하락하면서 일손실 -$200가 발

표 Ⅳ-5 선물계약의 증거금 및 마진콜

	선물가격	가격변화	일일손익	누적손익	개시증거금 상태	마진콜	증거금 수준
01월08일	2.21				1,892	0	1,892
01월09일	2.19	-0.02	-400	-400	1,492	0	1,492
01월10일	2.18	-0.01	-200	-600	1,292	600	1,892
01월11일	2.17	-0.01	-200	-800	1,692	0	1,692
01월12일	2.17	0	0	-800	1,692	0	1,692
01월15일	2.15	-0.02	-400	-1,200	1,292	600	1,892
01월16일	2.13	-0.02	-400	-1,600	1,492	0	1,492
01월17일	1.93	-0.20	-4,000	-5,600	2,508	4,400	1,892
01월18일	1.90	-0.03	-600	-6,200	1,292	600	1,892
01월19일	1.88	-0.02	-400	-6,600	1,492	0	1,492

생하여 개시증거금이 $1,292으로 하락하며, 특히 유지증거금 $1,400 이하로 하락하여 추가납입을 요청하는 마진콜(margin call)[3]이 발생한다. 이 때 추가납입해야 하는 금액은

그림 Ⅳ-5 선물가격 및 증거금 추이

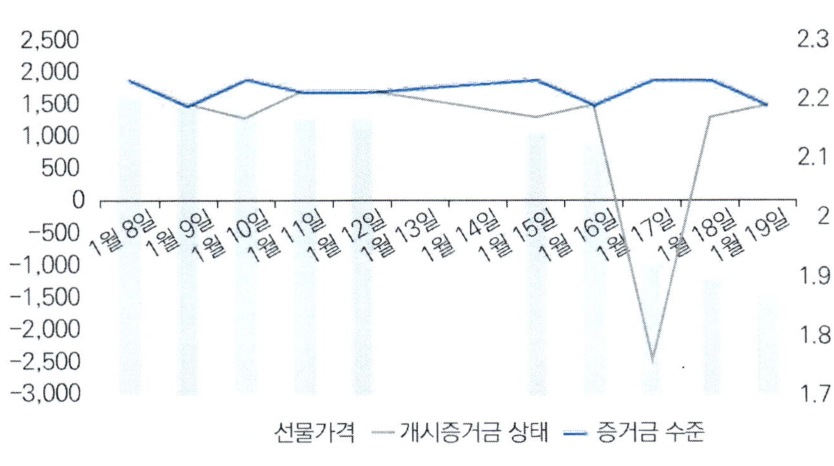

3 계약유지를 위한 증거금의 추가 납부요청을 장내시장의 경우 margin call, 장외시장의 경우 collateral call이라 한다. 일반적으로 두 경우 margin call로 부르고 있다.

하락한 증거금 수준($1,292)을 유지증거금 수준인 $1,400로 올리기 위해 그 차이인 $108을 추가 납부하는 것이 아니라 개시증거금 수준까지 재차 상향해야 한다는 점이다. 즉 $600(=1,892−1,292)의 납부가 요구된다. [그림 Ⅳ−5]의 그래프에서도 확인할 수 있듯이 거래소에서는 증거금 수준을 가능한 한 유지 증거금 이상의 '유지'를 지향하며, 특히 1월 17일과 같은 가격하락세가 큰 경우 요구되는 마진콜의 규모 역시 높아진다. 즉, 해당 마진콜에 대응하는 것이 선물을 매입한 투자자의 가장 큰 부담으로 작용한다. 이러한 증거금 제도는 다자간 거래에 있어 거래소가 선물시장의 신뢰성, 즉 체결계약이 반드시 이행될 것이라는 확신을 시장참여자 모두에게 제고하기 위한 필요성에 의해 마련되었다고 할 수 있다.

[궁금해요] 사후증거금 제도

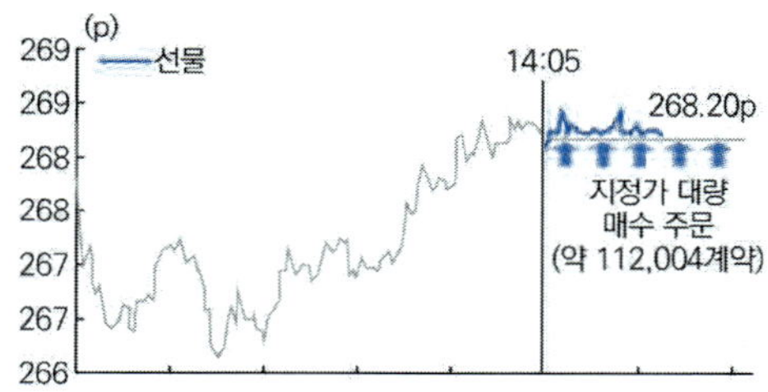

우리나라의 주가지수연계 파생상품이 1996년 도입되었으나 초기에는 거래가 매우 부진하였다. 이를 타개하기 위해 2003년 적격기관투자자들에게는 사후증거금제도를 도입하였다. 이는 KOSPI200 선물 및 옵션시장에 적격기관투자자(결재능력이 충분하다고 인정되는 자)들의 시장 참여를 촉진하기 위해 차익 및 헤지거래 위탁증거금을 사후(익일 12시 이내)에 징수할 수 있도록 하였다. 그런데 도입당시 증권사들은 파생상품의 레버리지 특성상 결재불이행의 위험 및 투기 조장 가능성이 크게 우려된다는 점에서 사후증거금제도를 반대하였다. 즉, 사전증거금이 사후증거금으로 전환되면 사실상 해당 기관의 무한정 거래가 가능해지면서 결재의무를 갖고 있는 증권사들의 위험부담이 가중되는 점이 지적되었다. 실례로 2013년 홍콩계 헤지펀드의 직접주문전용계좌(DMA)에서 KB투자증권을 통한 시스템 트레이딩 과정에서 알고리즘 로직 오류로 대량(약 12만건, 16조원)의 지수선물 매수주문이 발생하였다. 이중 5만 계약만 취소되었고 나머지 계약은 체결 및 잔류하여 익일까지 사후증거금(1~2조원)의 납부요구가 발생하였다. KB투자증권은 선물대량주문에 대한 증거금 3,100억 원을 대납해야만 했다. 이후, 위탁증거금과 관련하여 2011년 재무건전성과 신용상태가 낮은 금융회사의 경우 사후가 아닌 사전에 위탁증거금을 부과하는 것으로 조정하였으며 2013년 알고리즘 사고에 대비해 장중 위험노출액 한도를 축소해 추가 주문접수는 거부되도록 개선하였다.

6. 선물 포지션의 청산

선물의 청산은 크게 현물 인도(physical delivery)와 현금 정산(cash settlement)의 두 범주로 나눌 수 있다.

우선 현물 인도는 계약의 결제일에 기초자산을 문자 그대로 물리적으로 인도하는 것을 포함한다. 실제 배송 결제 프로세스는 청산 브로커 또는 청산 대리인을 통해 조정 및 정산된다. 계약 보유자가 매도(short)포지션인 경우 상품을 실제 배송해야 하는 책임이 있다. 반대로 매입(long) 포지션인 경우는 상품을 실제로 배송받음으로써 선물계약이 종료된다. 이러한 중대한 책임이 존재하므로 청산 브로커가 청산소에 현물인도 여부에 대한 의향을 알려야 한다. 청산소 역시 청산 브로커의 현물 인도의향을 확인하고 상호 동의하는 것도 필요하다.

[표 Ⅳ–6]에 현물 인도와 관련된 지정일들의 개념을 정리하였다. 앞서 선물의 기초 학습과정에서 등장하는 날은 'trade date'와 'settlement date'가 될 것이다. 이후 청산소가 현물 인도의 의향을 받아들이기 일종의 접수기간인 'holding date', 현물인도의 의향을 확인 후 배송을 할당하는 'position date', 현물인도행위가 개시되었음을 알리는 'notice date', 마지막으로 현물인도배송과 관련된 'delivery date'로 구성된다. 추가로 아래 [표 Ⅳ–7]에 CME 옥수수 선물의 실제 이행관련일 예시를 확인할 수 있다.

현금 정산은 기초자산의 물리적 인도를 포함하지 않는다. 현물 인도할 대상물이 존재하지 않는 금융자산의 경우는 당연하게도 현금 정산만이 가능하다. 현금 정산은 구매자 또는 계약자가 결제일에 순 현금(net cash)을 지불하고 상품 결제를 실행한다. 즉, 순

표 Ⅳ-6 현물 인도 관련 지정일 개념(시작일(F; first), 종료일(L; last))

구분	내 용
trade date	계약상 거래 F & L
settlement date	정산일
holding date	청산소가 현물 인도 의향을 수락 F & L
position date	청산소가 현물 인도 의도를 수락하고 배송 할당을 실행 F & L
notice date	사용자에게 현물인도가 개시되었음을 알리는 F & L
delivery date	사용자가 배송을 완료하는 F & L

표 IV-7 CME 옥수수 선물관련 일정 예

CONTRACT MONTH	FIRST TRADE	SETTLEMENT	FIRST HOLDING	FIRST POSITION	FIRST NOTICE	FIRST DELIVERY
	LAST TRADE		LAST HOLDING	LAST POSITION	LAST NOTICE	LAST DELIVERY
2021-03-01	2018-12-17	2021-03-12	2021-02-23	2021-02-25	2021-02-26	2021-03-01
	2021-03-12		2021-03-15	2021-03-15	2021-03-15	2021-03-16

자료: CME Group, Corn Futures Calendar.

현금은 기초자산의 현물가격(sale price)과 선물가격(future price or contract price)의 차이로 매입자가 매도자에게 지불해야 할 금액과 현 시점의 현물가격의 차이만큼을 순액으로 산정하여 주고받음으로서 계약을 종료하게 된다. 이러한 현금 정산 방식은 현물 인도 과정에서 발생하는 복잡성을 대체하기 위해 등장하였다. 금융자산이 아닌 인도가능 물품이라 하더라도 앞서 살펴본 현물 인도방식은 보관 문제, 양도 및 소멸에 대한 추가 규정, 지속적인 현물 인도 일정의 준수, 현물 인도 과정에서의 부패/훼손 등 다양한 부차적인 문제에 노출될 가능성이 있다. 결국 이러한 여러 요인들은 현금 정산에의 필요

그림 IV-6 현물인도 vs 현금정산

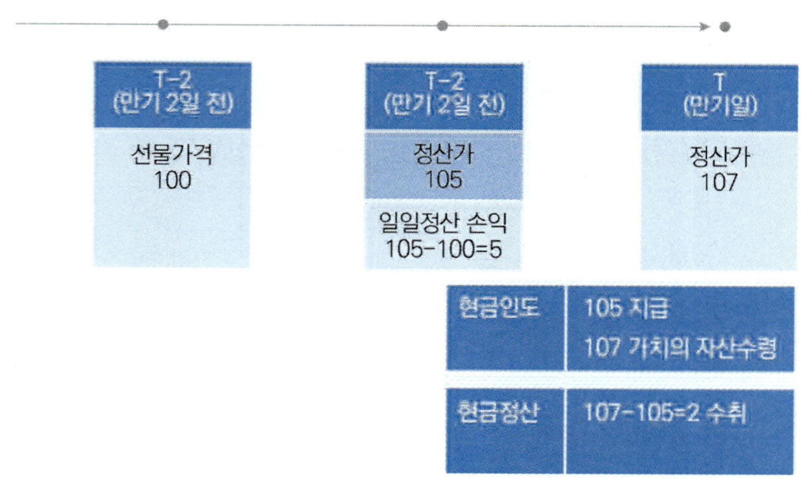

성을 낳았다. 상품을 기초자산으로 하면서도 현금정산을 전제로 한 최초의 계약은 1972년 시카고 선물거래소의 냉동육을 대상으로 한 상품이었다. 냉동육은 거래소에서 거래되는 모든 상품 중 가장 부패하기 쉽다. 당시 냉동육 거래의 감소에 따라 이후 상품을 처분해야 하는 구매자가 불이익을 받고 있다는 주장에 대응하여 현금 정산 옵션이 부가되기 시작하였다. 현재 현금 정산이 요청된 미국 내 모든 선물 계약은 현물 인도 자체를 허용하지 않고 있다. [그림 Ⅳ－6]에 현물 인도시와 현금 정산시의 차이 예시를 나타내었다. 내용적으로 현물 인도와 현금 정산이 차이가 존재하면서도 실질적인 손익관계는 현물 관련 부대비용이 없음을 가정한다면 사실상 대동소이하다 할 수 있다.

7. 국내 파생상품 사례

우리나라에서 거래되는 주요 선물상품의 기초자산은 주가지수, 개별주식, ETF, 이자율, 환, 그리고 상품의 총 6가지 유형으로 구분할 수 있다. 이에 대해 세분화하여 살펴보자.

1) 주가지수상품(stock index product)

주가지수선물 또는 단순히 지수선물이라고도 하며 주가지수를 기반으로 한 선물계약이다. 주가지수선물은 물리적으로 지수를 제공할 수 없기 때문에 순전히 현금 결제이며, 정산은 시장 기준으로 매일 이루어진다. 주가 지수 선물은 여러 가지 이유로 사용되는데, 첫째, 시장이 미래에 움직일 방향성에 기반한 투기거래가 있을 수 있다. 둘째, 투자자가 지수와 유사한 포트폴리오를 보유한 경우 반대방향의 지수선물을 보유함으로써 포트폴리오가 직면할 수 있는 잠재적 손실을 상쇄할 수 있다.

우리나라의 주가지수선물은 사실상 국내 파생상품시장의 역사와 궤를 같이 한다. 우리나라는 1987년 OECD 가입 후 국제화와 개방화가 급속히 이루어지면서 금융자산가격변동위험의 관리를 위한 파생상품 시장의 필요성이 제기되었으며 1993년 김영삼 정권의 '신경제 5개년계획(1992－1997)'에서 금융선진화 및 국제화 중점과제로 주가지수선물이 1996년 가장 먼저 도입되었다. 현재 우리나라에서 주가지수를 기반으로 운용되고 있는 선물상품은 코스피200선물, 코스피200섹터지수선물, 배당지수선물, 미니코스피200선물, 코스닥150선물, KRX300선물, 유로스톡스50선물이 있다. 이들은 모두 기초자산이 되는 주가지수를 어떤 것으로 선택하고 있느냐에 차이가 있을 뿐 기본구조는 대동소이하다.

가장 대표적으로 사용되는 코스피200 선물은 유가증권시장에 상장된 코스피의 구성종목 중 대형주 위주의 200 종목의 시가총액 기준으로 산출된 코스피200 지수(산출기준시점 1990년 1월 3일)를 기초자산으로 하는 선물계약으로 1996년 5월 3일부터 개시되었다. 거래단위(거래승수)는 25만원으로 일일 현금결재된다. 3, 6, 9, 12월의 두 번째 목요일을 만기로 하여 각 월물 거래가 종료되면 익일에 차년도 해당월물이 상장된다. 가격의 급변동을 막기 위해 가격제한폭이 설정되어 있는데 단계별(±8%, ±15%, ±20%)로 약정가격이 상한가 또는 하한가에 도달시 5분 후 다음 단계로 확대한다.

표 IV-8 코스피200 선물 세부사항

기초자산	코스피200지수
거래단위	코스피200선물가격X25만(거래승수)
결제월	3, 6, 9, 12월
상장결제월	3년 이내 7개 결제월(3,9월: 각 1개, 6월: 2개, 12월: 3개)
가격의 표시	코스피200선물 수치(포인트)
호가가격단위	0.05 포인트
최소가격변동금액	12,500원(25만원X0.05)
거래시간	09:00 ~ 15:45(최종거래일 09:00 ~ 15:20)
최종거래일	각 결제월의 두 번째 목요일(공휴일인 경우 순차적으로 앞당김)
최종결제일	최종거래일의 다음 거래일
결제방법	현금결제
가격제한폭	기준가격 대비 각 단계별로 확대 적용: ① ±8% ② ±15% ③ ±20%
정산가격	최종 약정가격(최종 약정가격이 없는 경우, 선물이론정산가격)
기준가격	전일의 정산가격
단일가격경쟁거래	개장시(08:30~09:00) 및 거래종료시 (15:35~15:45)
필요적 거래중단	현물가격 급변으로 매매거래 중단시 선물거래 일시중단 및 단일가로 재개

자료: 한국거래소 KRX 시장안내-파생상품시장.

그림 Ⅳ-7 KOSPI200 선물 거래현황 추이

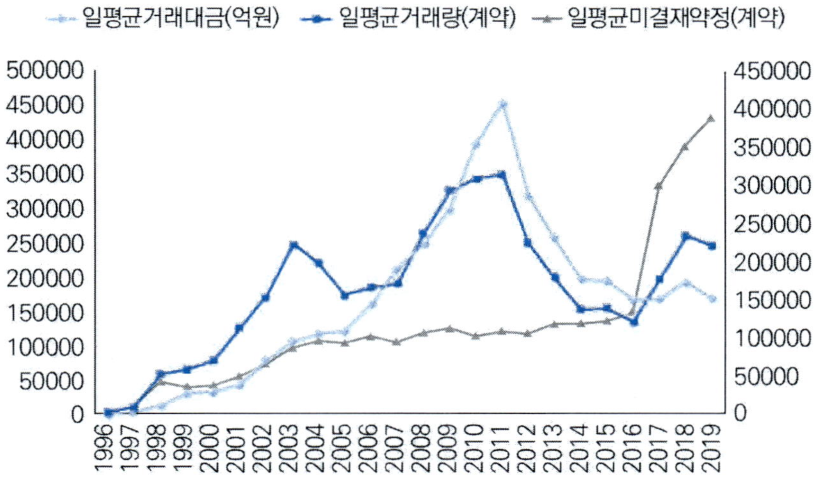

자료: 한국거래소, '2019년 파생상품시장 동향'(2020.1), 주요통계치로 산출.

2) 개별주식선물

개별주식선물은 주식시장에 상장되어 있고 유통주식수가 200만주 이상, 소액주주수가 2,000명 이상, 1년 간 총거래대금이 5,000억 원 이상인 보통주식 중에서 시가총액과 재무상태 등을 감안하여 선정한 기업이 발행한 주식을 기초자산으로 하는 선물상품이다. 예를 들어 2020년 9월 기준으로 146개 종목이 해당하며, 이 중 유가증권 124개, 코스닥 종목 22개가 해당된다.

그림 IV-8 개별주식선물 거래 동향

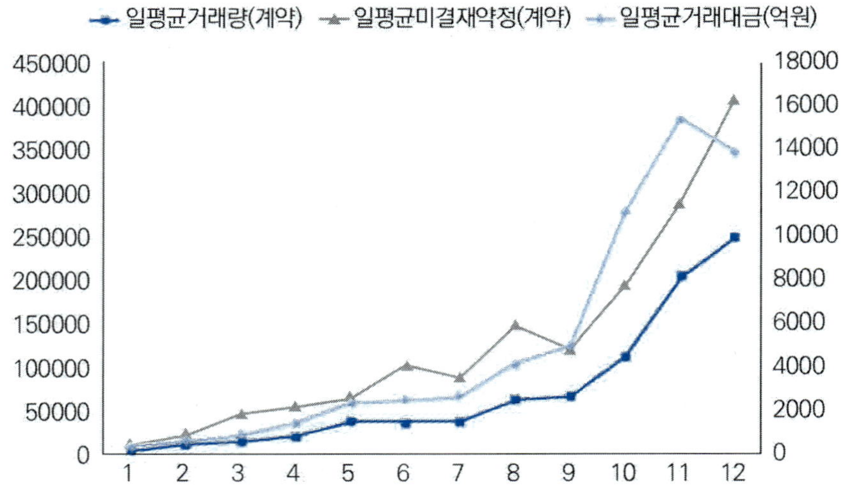

자료: 한국거래소, '2019년 파생상품시장 동향'(2020.1), 주요통계치로 산출.

표 IV-9 **주식선물 세부사항**

<table>
<tr><td>기초자산</td><td colspan="3">주식선물 기초자산</td></tr>
<tr><td>1계약금액</td><td colspan="3">주식선물가격×10(거래승수)</td></tr>
<tr><td>결제월</td><td colspan="3">기타월(1,2,4,5,7,8,10,11) 2개, 분기월(3,9) 2개, 반기월(6) 2개, 연월(12) 3개</td></tr>
<tr><td>상장결제월</td><td colspan="3">3년 이내의 9개 결제월</td></tr>
<tr><td>가격의 표시</td><td colspan="3">주식선물가격(원)</td></tr>
<tr><td rowspan="8">호가가격단위</td><td rowspan="2">선물가격</td><td colspan="2">호가단위</td></tr>
<tr><td colspan="2">유가증권시장</td></tr>
<tr><td>① 1,000원 미만</td><td rowspan="3">10원</td><td>1원</td></tr>
<tr><td>② 1,000원 이상 - 5,000원 미만</td><td>5원</td></tr>
<tr><td>③ 5,000원 이상 - 10,000원 미만</td><td>10원</td></tr>
<tr><td>④ 10,000원 이상 - 50,000원 미만</td><td>50원</td><td>50원</td></tr>
<tr><td>⑤ 50,000원 이상 - 100,000원 미만</td><td>100원</td><td rowspan="2">100원</td></tr>
<tr><td>⑥ 100,000원 이상 - 500,000원 미만</td><td>500원</td></tr>
</table>

	⑦ 500,000원 이상	1,000원
거래시간	09:00~15:45(최종거래일 09:00~15:20)	
최종거래일	각 결제월의 두 번째 목요일(휴장일인 경우 순차적으로 앞당김)	
최종결제일	최종거래일의 다음 거래일	
가격제한폭	기준가격 대비 각 단계별로 확대 적용 ① ±10% ② ±20% ③ ±30%	
단일가격경쟁거래	개장시(08:30~09:00) 및 최종거래일 이외의 거래종료시(15:35~15:45)	
필요적 거래중단 (Circuit Breakers)	현물가격 급변시 주식선물 거래 일시 중단	

자료: 한국거래소 KRX 시장안내–파생상품시장.

3) ETF 선물

2017년부터 개시된 ETF 선물은 주식시장에 상장되어 있는 ETF를 기초자산으로 한다. ETF는 코스피200 및 코스피50 등 특정지수의 수익률을 얻도록 설계된 지수연동형 펀드를 의미한다. 따라서 ETF 선물은 기초자산으로 하는 ETF가 미래 일정시점에 특정 가격으로 매매될 것을 예상하고 이를 현재 시점에 매매한다. ETF 선물은 거래의 용이성 다양화 투명성 및 비용 효율성과 같은 일반적인 ETF의 주요 이점을 동일하게 갖는다. 그러나 ETF와 ETF 선물은 동일한 상품이 아니다. 즉, ETF에 비해 ETF 선물은 롤오버(roll–over)의 위험이 존재하기 때문이다. 여기서 롤오버는 기존 선물 계약이 만료된 후 동일한 기초자산이지만 만기가 더 늦은 다른 선물 계약으로 대체될 때 발생한다. 장기 선물계약의 가격이 만기가 도래한 당월 선물계약의 가격보다 높은 상황에서 선물 계약을 롤링(단기 선물 계약을 매도 한 다음 장기 선물 계약을 매수)시 손실발생의 위험이 존재한다. 이는 롤오버할 때 발생하는 수수료 외에도 교체시점에 현물시장의 급등 또는 급락이 발생하면 선물가격에까지 영향을 미치기 때문이다.

현재 국내에서 거래되는 ETF 기반 선물은 투자자 수요 및 ETF 현물거래량을 고려하여 2020년 기준의 기초자산은 ARIRANG 고배당주, KODEX 삼성그룹, TIGER 헬스케어, TIGER 차이나 CSI300(2018년 추가), KODEX Top5PlusTR(2020년 추가)의 총 5개 범주로 분류된다. 물론 가장 거래량이 높은 대부분의 ETF는 코스피200 추종형이다. 그러나 이 경우 이미 코스피200 선물이나 미니코스피200 등 기존 활용가능한 상품이 존재한다는 점을 고려하여 추가 ETF 선물이 존재하지 않는다.

표 IV-10 ETF 선물 유형

대상 ETF	기초지수	지수구성종목수
ARIRANG 고배당주	FnGuide 고배당주	유동시가총액 200종목 중 예상배당률 상위 30종목
KODEX 삼성그룹주	FnGuide 삼성그룹	삼성그룹의 시가총액 1조원 이상 핵심 계열종목
TIGER 헬스케어	KRX Health Care를 추적대상지수로 함	코스피 및 코스닥의 헬스캐어, 제약, 바이오 관련 80여개 종목
TIGER 차이나 CSI300	중증지수유한공사(China Securities Index Company)가 발표하는 CSI300지수	중국본토A주 개별종목 (상해와 심천거래소에 상장주식 중 대표 300종목)
KODEX Top5PlusTR		코스피와 코스닥 전 종목 중 시가총액 상위5개, 배당수익률 상위 5개

표 IV-11 ETF 선물 세부사항

기초자산	ARIRANG 고배당주, KODEX 삼성그룹, TIGER 헬스케어, TIGER 차이나CSI300, KODEX Top5PlusTR
1계약 금액	ETF선물가격×100(거래승수)
결제월	분기월(3, 6, 9, 12월)
상장결제월	1년 이내의 4개 분기월(3, 6, 9, 12월)
가격의 표시	ETF선물가격(원)
호가가격단위	5원
거래시간	09:00~15:45(최종거래일 09:00~15:20)
최종거래일	각 결제월의 두 번째 목요일(휴장일인 경우 순차적으로 앞당김)
최종결제일	최종거래일의 다음 거래일
결제방법	현금결제
가격제한폭	기준가격 대비 각 단계별로 확대적용
	①±10%, ②±20%, ③±30%
단일가격경쟁거래	개장시(08:30~09:00) 및 최종거래일 이외의 거래종료시(15:35~15:45)
필요적 거래중단	현물가격 급변시 ETF선물 거래 일시 중단
미결제약정 제한수량	ARIRANG 고배당주: 10,000계약

	KODEX 삼성그룹: 20,000계약
	TIGER 헬스케어: 5,000계약
	TIGER 차이나CSI300: 20,000계약
	KODEX Top5PlusTR: 10,000계약

자료: 한국거래소 KRX 시장안내–파생상품시장.

4) 국채선물 및 국채선물 상품간 스프레드

이자율 관련 선물은 3년, 5년, 10년 국채선물, 그리고 국채선물 상품 간 스프레드가 존재한다. 국채선물은 만기일 기준으로 각각의 잔존기간을 갖는 표면금리 5%, 6개월 단위 이자지급의 가상의 국채를 대상으로 한 선물계약을 말한다. 여기서 실질적으로 만기 등이 고려된 복수의 국고채 조합(바스켓)이 가장 이상적이나 우리나라의 경우 바스켓을 구성할 정도의 다양성이 부족하여 가상의 국채를 기초자산으로 상정하고 있다. 이러한 가상채권의 현물가격 움직임을 생성하기 위해 대상 만기 근처에 도달한 만기수익률(YTM)을 가중평균하여 가격으로 전환하여 적용한다.

우리나라의 국채선물시장은 1999년에 개설되어 빠르게 성장해왔다. 3년 국채선물의 일평균 거래대금으로만 보더라도 2019년 기준 약 12조원에 달한다. 국채선물의 발전과정을 살펴보면, 우선 2000년 채권시가평가제도 도입과 더불어 채권 투자자에게 가격변동위험을 관리할 수 있는 수단의 제공 및 국채거래활성화를 목적으로 3년 만기 국채선물이 가장 먼저 개설되었다. 3년짜리가 먼저 개설된 이유는 애초 우리나라의 재정이 크게 문제가 있지 않았으며 만기를 길게 가져갈 필요성이 낮았기 때문이다. 이후 국채채권시장 발전을 위한 중장기 국채시장의 발전과 더불어 2003년 5년 만기, 2008년 10년 만기 국채선물이 이어서 개설되었다.

국채선물 상품 간 스프레드는 국채선물 3년물과 10년물을 각각 매수·매도 또는 매도·매수함으로써 국채 장·단기 금리차의 변화에 투자 또는 헤지할 수 있는 스프레드 상품으로 2019년 신규 상장되었다. 이 상품은 이미 상당수 거래자가 가격상관성이 높은 3년 국채선물과 10년 국채선물을 동시에 한 상품은 매수, 다른 상품은 매도하는 방식으로 연계하여 거래하고 있어 수수료 절감 등 거래편의를 제공한다.

그림 IV-9 3년 국채선물 거래추이

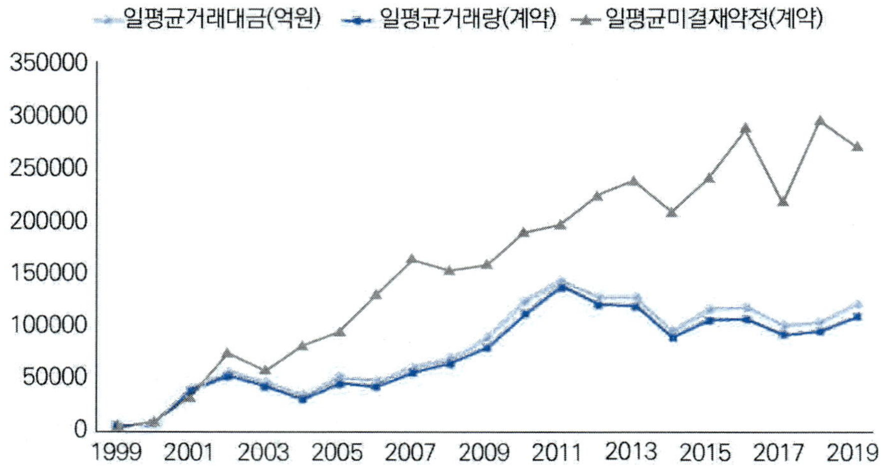

자료: 한국거래소, '2019년 파생상품시장 동향'(2020.1), 주요 통계치로 산출.

표 IV-12 **국채선물**

거래대상	표면금리 5%, 6개월 단위 이자지급방식의 3년, 5년, 10년 만기 국채
거래단위	액면 1억원
결제월	3, 6, 9, 12월
상장결제월	6월 이내의 2개 결제월
가격의 표시	액면 100원당 원화(백분율방식)
호가가격단위	0.01 포인트
최소가격변동금액	10,000원(1억원X0.01X1/100)
거래시간	09:00~15:45(최종거래일 09:00~11:30)
최종거래일	결제월의 세 번째 화요일(공휴일인 경우 순차적으로 앞당김)
최종결제일	최종거래일의 다음거래일
결제방법	현금결제
가격제한폭	기준가격대비(3년국채) ±1.5%,(5년국채) ±1.8%, (10년국채) ±2.7%
단일가격경쟁거래	개장시(08:30~09:00) 및 최종거래일 이외의 거래 종료시(15:35~15:45)
미결제약정한도	(10년국채) 미적용('15.6.24일 규정 변경)

자료: 한국거래소 KRX 시장안내-파생상품시장.

표 Ⅳ-13 국채선물 상품 간 스프레드

거래대상	3년국채선물 10년국채선물 각 최근월물간 및 각 차근월물간(2개 종목)
스프레드계약 구성	3년국채선물: 10년국채선물 = 3계약 : 1계약
매수(도)의 정의	3년국채선물 3계약 매수(도), 10년국채선물 1계약 매도(수)
호가가격단위(Tick)	0.01p
최소가격변동금액	10,000원(1억원 ×1/100×0.01p)
가격의 표시	(3년국채선물의 가격 – 3년국채선물의 당일 기준가격)×3 – (10년국채선물의 가격 – 10년국채선물의 당일 기준가격)
의제약정가격	3년국채선물: 해당종목의 당일 기준가격
	10년국채선물: 해당종목의 당일 기준가격 – 스프레드 약정가격
의제약정수량	3년국채선물 종목 3계약, 10년국채선물 종목 1계약
거래시간	09:00~15:35(최종거래일 09:00~11:30)
단일가격경쟁거래	없음
최종거래일	각 결제월의 세번째 화요일(공휴일인 경우 순차적으로 앞당김)
최종결제일	최종거래일의 다음 거래일
결제방법	현금결제

자료: 한국거래소 KRX 시장안내–파생상품시장.

5) 통화선물

우리나라에서 거래되는 통화관련 선물상품으로는 미국달러, 엔, 유로, 그리고 위안화를 대상으로 하는 외환선물이 존재한다. 해외통화를 기초자산으로 하므로 FX(foreign exchange)선물로도 불리는 외환선물은 미래의 특정 날짜에 고정 환율로 통화를 다른 통화로 교환하는 계약이다. 통화선물의 특징으로는 현금정산이 아닌 인수도 결재, 즉 현물결재방식을 채택하고 있다. 다만 일반적으로 반대매매를 통해 만기 이전에 포지션을 청산하는 형태가 일반적이다.

다른 선물과 마찬가지로 외환선물은 헤지 또는 투기 목적으로 사용될 수 있다. 헤지포지션 구축은 미래 시점에 외화가 필요하나 현 시점에서 외화 구매를 원하지 않는 경우, 외환선물을 구매함으로써 통화를 구매해야하는 만기일에 FX 선물 계약의 환율이 보장된다. 이는 환율의 변동성에 대한 헤지 포지션을 구축하게 해주는 것이다. 마찬가지로, 미래에 외환 유입이 예정되어 있는 경우 선물을 사용하여 해당 포지션을 헤지할 수 있다. 예를 들어 국내 회사가 미국에 있는 한 회사와 거래를 하고 있고 그들이 1년 후 달러로 지불하기로 한 품목을 판매하는 경우, 국내 회사는 환율의 마이너스 변동을 방지하기 위해 통화 선물을 구매하여 활용할 수 있다. 이러한 헤지 목적 외에도 환율의 변동성을 이용하기 위해 통화선물에 투자하는 투기거래도 존재한다.

표 IV-14 통화선물

거래대상, 단위	미국달러화(USD), $10,000
결제월	분기월 중 12개, 그 밖의 월 중 8개
상장결제월	총 20개(1년이내 매월, 1년 초과 매분기월 상장)
가격의 표시	US $1 당 원화
가격제한폭	기준가격 대비 상하 ±4.5%
거래대상	일본엔(JPY), ¥1,000,000
결제월	분기월 중 4개와 그 밖의 월 중 4개
상장결제월	1년 이내의 8개 결제월
가격의 표시	JP ¥100당 원화
가격제한폭	기준가격 대비 상하 ±5.25%
거래대상	유로화(EUR), €10,000
결제월	분기월 중 4개와 그 밖의 월 중 4개
상장결제월	1년 이내의 8개 결제월
가격의 표시	EU €1당 원화
가격제한폭	기준가격 대비 상하 ± 5.25%
거래대상	중국위안화(CNH), ¥100,000
결제월	분기월 중 4개와 그 밖의 월 중 4개
상장결제월	1년 이내의 8개 결제월[6개 연속 결제월(1개월~6개월), 2개 분기월(9개월, 12개월)]
가격의 표시	CNH ¥1당 원화
가격제한폭	기준가격 대비 상하 ± 4.5% (미국달러선물과 변동성 수준 유사)

공통사항	
거래시간	09:00~15:45(최종거래일 09:00~11:30)
최종거래일	결제월의 세 번째 월요일(공휴일인 경우 순차적으로 앞당김)

결제방법	인수도결제
단일가격경쟁거래	개장시(08:30~09:00) 및 거래종료시(15:35~15:45), 최종거래일 거래종료시(11:20~11:30)
최종결제일	최종거래일로부터 기산하여 3일째 거래일(T+2)
최소가격변동폭	0.10원
최소가격변동금액	1,000원

자료: 한국거래소 KRX 시장안내–파생상품시장.

그림 Ⅳ-10 미국달러선물 거래추이

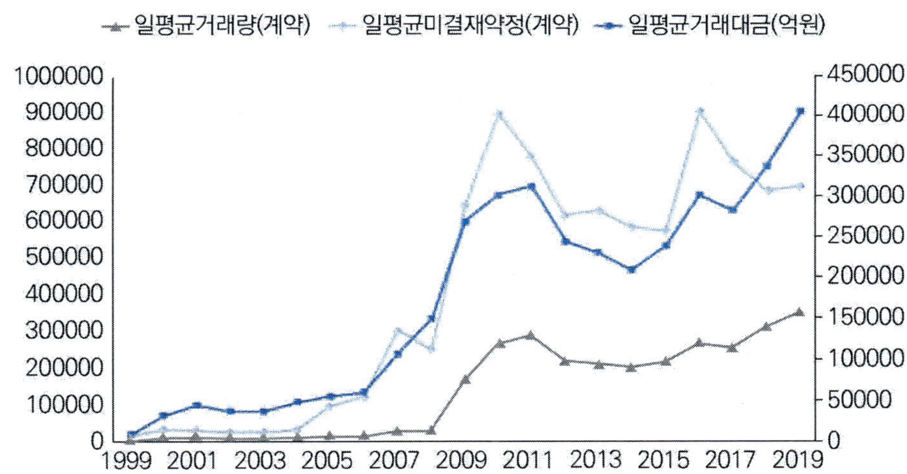

자료: 한국거래소, '2019년 파생상품시장 동향'(2020.1), 주요통계치로 산출.

6) 상품선물(commodity futures)

상품을 기초자산으로 하는 상품선물은 돈육선물(lean hog futures)과 금 선물(gold futures)이 있다. 돈육선물은 2008년 국내 양돈농가를 보호하고 돼지고기 산업에 내재된 가격변동성 위험을 관리하기 위한 수단으로 개설되었다. 특히 돼지고기 시장은 연간 7조 원에 달하는 반면, 반복적으로 발생하는 돼지관련 가축전염병 등은 공급과 수요를 불안정하게 만드는 요인이 되고 있기 때문이다. 이러한 불안정성을 극복하기 위해 돈육

그림 IV-11 국내 돈육선물 거래추이

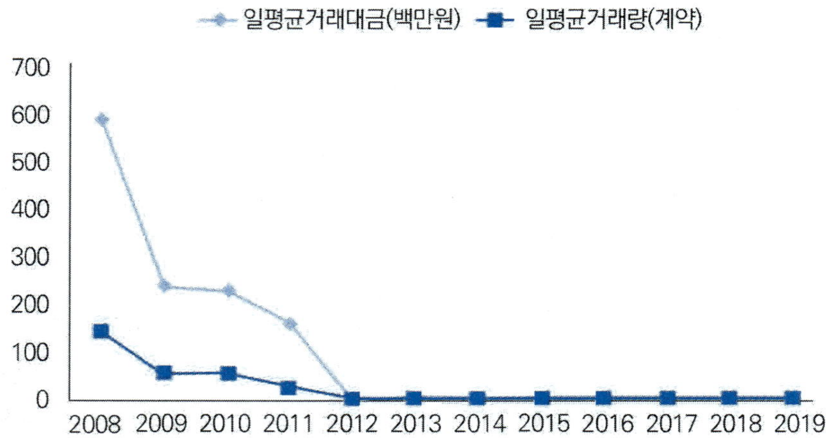

선물이 사용될 수 있다. 예를 들어 미래 돼지고기가 필요한 업체가 돈육선물을 매입하면 기간경과 후 돼지고기 가격 변동과 관계없이 선물 매수했던 가격으로 상품을 받는다. 이와 동일하게 미래 돼지고기를 출하해야 하는 양돈 농가의 경우 선물계약을 통해 미래 가격과 무관하게 계약시점에 확정지을 수 있다는 장점을 갖는다. 그럼에도 문제는 그 실효성이 점차 사라지고 있다는 점이다. 돈육선물은 도입 첫해인 2008년 1만6천258건의 계약이 이뤄졌고 거래대금도 하루 평균 6억 원에 달했다. 뒤이은 2009년과 2010년에도 연 1만4천여 건에 달하는 계약이 이루어졌다. 그러나 이후 2011년 연간 거래량이 5천981건으로 급감했고 사실상 2012년 이래 신규계약이 이루어지지 않는 극히 부진한 상태이다. 이러한 돈육선물의 거래부진에 대해 여러 원인이 지적되고 있다. 주요 원인으로는, 양돈농가 및 육가공업체의 가격위험관리에 대한 인식 부족과, 우리나라 양돈농가가 워낙 영세하여 가격변동을 회피해야 할 정도의 필요성이 있는 대규모 물량의 출하가 사실상 전무하기 때문이다. 또한 2011년 구제역 파동 이후 해외 수입산 돼지고기의 관세 인하로 육가공업체 측에서는 원하는 물량을 큰 가격불안 없이 구매할 수 있게 되면서 굳이 돈육선물의 매입 필요성이 사라졌다는 점을 들 수 있다. 돈육선물의 거래 활성화를 예탁금을 인하하는 등 여러 조치가 이루어졌으나 결국 2021년 1월부터 신규 상

표 IV-15 금선물 주요사항

대상자산	순도 99.99%이상 1kg 벽돌모양 직육면체 금지금		
계약크기	100g		
호가가격단위	10원/g		
결제월	2, 4, 6, 8, 10, 12월 중 6개와 짝수월이 아닌 월 중 1개의 총 7개		
최장거래기간	2, 4, 6, 8, 10, 12 결제월 거래: 1년		
	그 밖의 결제월 거래: 2개월		
최종거래일	각 결제월의 세 번째 수요일		
거래시간	구분	호가접수시간	거래시간
호가접수시간	최종거래일 미도래종목	08:30~15:45	09:00~15:45
	최종거래일 도래종목	08:30~15:20	09:00~15:20
가격표시방법	원/g		
가격제한폭	기준가격+/-(기준가격×10%)		
결제시한	최종거래일 T+1일 16:00시		
최종결제가격	최종거래일 KRX 금시장 1천그램(g) 종목의 종가		
최종결제방법	현금결제		

장이 중지된 '휴면지정'이 이루어진 상태이다.[4]

금선물은 금의 가격변동위험에 노출된 기업이 위험을 헤지하거나 그 외 목적으로 사용될 수 있다. 특히 금은 불확실성이 높은 시기에 안전자산 성격의 투자로 활용되고 있으며 인플레이션 헤지 등의 수단으로도 사용되고 있다. 이는 금의 가치가 전 세계적으로 동일한 가치를 인정받고 있기 때문으로 볼 수 있다. 우리나라의 경우 1999년에 상장된 금선물과 2010년의 미니금선물(런던금시장협회(LBMA)) 가격기준이 존재해왔으며, 2015년부터는 신규 미니금선물(KRX 금현물가 기준)만이 거래된다. 즉 기존 금선물의 경우 거래단위가 1kg인 실물인수도 방식을 전제하였다면, 미니금선물은 거래단위를 10배 축소한 100g으로 하향시켜 현금결재방식을 채택하였다.

그럼에도 한국거래소의 금선물은 돈육선물과 마찬가지로 계약이 극히 부진하다. 2015년 11월 상장이후 계약이 전무하다가 2019년 1회 거래된 것이 전부이다. 이에 대

4 이는 '파생상품시장 업무규정 시행세칙' 160조 5항에 따른 것으로 돈육선물 외에 미국달러옵션도 신규상장을 중지하도록 휴먼지정 되었다.

해 전세계적으로 널리 이용되는 미국 CME 금선물의 존재로 인해 국내 금선물 시장의 용도에 한계가 있다는 지적이 있다. 또한 금선물은 성격상 화폐의 연동이 중요하다. 즉, 달러화 가치가 하락하면서 금가격이 상승할 때 원달러 환율이 함께 하락해 국내 금가격 상승폭이 제한되어 투자자 유입이 제약된다는 지적도 존재한다. 이러한 국내 금선물의 부진과 달리 미국 CME 금선물은 일일거래량이 2천7백만 온스에 달하는 등 높은 유동성을 보인다. 특히 포트폴리오 분산투자 및 안전자산, 인플레이션 헤지 등 다양한 용도로 사용되고 있다. 이는 거의 24시간 거래되므로 금가격에 영향을 주는 글로벌 이벤트에 즉각 대응이 용이하며 초기 증거금도 전체 계약의 3%에 불과하여 거래진입이 용이한 것 등이 높은 유동성의 배경이 되고 있다.

지금까지 살펴본 국내에서 거래되는 선물 유형을 종합하면 [표 Ⅳ-16]과 같다.

표 Ⅳ-16 국내 선물계약 유형

주가지수관련	주식 관련	ETF 관련	이자율 관련	통화 관련	상품 관련
• KOSPI200선물 • 미니KOSPI200선물 • KOSPI200섹터지수선물 • KOSDAQ150선물 • KRX300선물 • EuroSTOXX50선물	• 개별주식선물	• ETF 선물	• 3년국채 선물 • 5년국채 선물 • 10년국채 선물 • 국채선물상품간 스프레드	• USD 선물 • JPY 선물 • EUR 선물 • CNY 선물	• 돈육선물 • 금선물

7) 해외 주요 선물

가. E-mini S&P500 선물

해외 파생상품 중 가장 대표적인 선물상품은 미국의 대표주가지수인 S&P500을 기초자산으로 하는 E-mini S&P500 선물이다. S&P500지수는 미국의 신용평가회사 Standard & Poor's에서 개발한 주가지수로 다우존스 산업평균지수, 나스닥 지수와 더불어 미국의 3대 주가지수로 불리운다. 뉴욕증권거래소와 나스닥에 상장된 주식 중 미국 500대 대기업을 대상으로 산정한다. S&P500 선물은 1982년에 처음 거래가 개시되었으며 1997년 9월에 E-mini 옵션을 추가하였다. 기본 S&P500 선물거래는 S&P500의 지수에 $250을 곱하여 가격이 책정된다. 예를 들어 S&P500이 2,500 수준이면 선물 계약의

표 Ⅳ-17 E-mini S&P500 선물 세부사항

CONTRACT SIZE	$50×S&P 500 Index
MINIMUM TICK	0.25 index points
DOLLAR VALUE OF ONE TICK	$12.50 U.S. Dollars
PRODUCT SYMBOL	ES
TRADING HOURS	Sunday – Friday 5:00p.m. – 4:00p.m. CT with a trading halt from 3:15p.m. – 3:30p.m. CT; Daily Maintenance period Monday – Thursday 4:00p.m. – 5:00p.m.
CONTRACT MONTHS	Nearest five months in the quarterly cycle (Mar, Jun, Sep, Dec)
OPTIONS AVAILABLE	Quarterly, Monthly, Weekly (Monday, Wednesday, Friday)

자료: CMEGroup.

시장 가치는 $625,000(=2,500×$250)이다. 반면 E–mini S&P500 선물은 소규모 투자를 허용하기 위해 앞선 기본 계약 가치의 5분의 1 수준으로 축소해놓은 것이다. 따라서 동일 S&P500 수준 하에서 E–mini S&P500의 가치는 $125,000(=2,500×$50)이 된다.

이러한 E–mini 옵션의 추가는 1997년 당시 S&P500지수가 1,000대를 넘어서는 강세장이 이어지면서 계약 명목가치가 $500,000를 초과(당시 S&P500 선물의 승수는 500)하는 상황이 나타났으며, 요구마진 역시 과다한 수준이라는 지적이 제기되었다. 그 결과 소매 친화성을 높이기 위해 더 소규모로 축소된 E–mini S&P500이 등장하였다. 특히 'E'의 의미는 전자거래 시스템을 이용할 것을 전제하고 있음을 나타낸다. 2019년 5월에는 더욱 승수를 축소한($25) Micro E–mini 선물이 추가 개설되었다. 해당 상품 역시 주가지수 상승으로 인한 부담을 줄임으로써 투자에의 용이성을 높이기 위한 목적을 갖는다.

나. 10년 US Treasury Note 선물

이어서 대표적인 이자율 관련 선물상품으로 10년 US Treasury Note 선물이 있다. 미 국채는 고정만기(2, 3, 5, 7, 10, 30년)의 국채[5]를 발행하여 자금을 조달하고 있는데,

5 엄밀히 정의하면, 만기 1년 이하의 초단기 채권은 Treasury Bill, 만기 1~10년의 단기 및 중기채권은 Treasury Note로, 만기 10~30년의 장기채권은 Treasury Bond로 나누어진다. 2, 3, 5, 7년, 그리고 30년 국채는 매월 발행되며, 10년 국채는 2, 5, 8, 11월에 신규 발행, 나머지 월에는 기발행물을 추가 발행하는 방식을 채택한다.

10년 만기 채권은 최초 발행시 만기가 10년이며 6개월마다 한 번 고정 금리이자를 지급하고 만기에 액면가액을 지급하는 채권을 뜻한다. 이러한 중장기 채권 중 2, 5, 10, 30년 물이 선물의 대상이 되고 있으며 5년 만기와 10년 만기 국채선물이 가장 활발하게 거래되고 있다. 미 국채선물이 우리나라 국채선물과 다른 점은 국내 국채선물이 가상채권을 기초자산으로 설정했던 것과 달리 매도자가 매수자에게 인도할 수 있는 다양한 만기를 갖는 국채들로 바스켓을 구성하여 지정하고 있다는 점이다. 예를 들어 5년물 국채선물은 원래 만기가 5년 3개월 이하이면서 인도월에 잔존만기가 4년 2개월을 초과하는 미 국채들로, 10년물 국채선물은 원 만기가 10년 이하이면서 잔존만기가 최소 6.5년 이상인 국채들을 인도하면 된다. 여기서 국내 채권선물과의 차이점을 알 수 있다. 즉 국내 채권선물은 현금청산을 기본으로 설정한 반면, 미 국채선물은 현물인도를 기본으로 하고 있다. 물론 대부분 거래는 반대매매를 통해 청산되거나 더 긴 만기물로 이월되며 실제 인도는 7% 정도에 불과하다. 그럼에도 기본이 현물인도이므로 short 매매자는 반대매매를 취하지 않는 한 현물 채권을 시장에서 매입하여 인도해야 하는 의무가 있다. 문제는 기초자산이 바스켓으로 구성되어 있어 채권을 인도해야 하는 시점에 동일 성격에 가장 저렴한 채권들로 집중될 수밖에 없다. 이를 최저가인도증권(CTD; Cheapest to Deliver)이라 한다. 즉, 현물을 인도해 주어야 하는 측면에서 인도비용이 가장 저렴한 채권집합이 가장 효율적이기 때문이다. 당연하게도 이 CTD의 가격에 따라 채권선물의 가격 역시 연동되어 변동되므로 실질적으로 선물계약의 시세는 CTD에 구조적으로 연계되는 메커니즘이 존재한다. 실질적으로 CTD에 수요가 집중될 경우 가격이 올라 YTM이 정상보다 더 급하게 하락하는 현상이 발생하기도 한다.[6]

인도가격(invoice price)은 현물채권 인도시 선물매수자로부터 수령할 금액으로 선물가격에 전환계수를 곱한 가치에 경과이자를 더하여 산출된다. 이때 경과이자는 이자지급일부터 결재일까지 발생한 이자를 의미한다. 이는 정확히 이자지급일에 채권을 매입하거나 매도하지 않을 경우 거래 시점의 경과이자(accrued interest)의 고려가 필요하기 때문에 발생한다. 이렇게 원 가치와 경과이자가 포함된 dirty price[7]가 아닌 'clean price + 경과이자'를 별도로 다루는 이유는 dirty price로 거래할 경우 이자지급일을 전후

6 안전자산이 안전자산으로서의 역할을 하지 못하는 현상이 발생하는 원인이 되고 있다.

7 최근 이자지급 이후에 발생한 모든 경과이자를 반영한 채권가격을 'Dirty price', 경과이자 부분을 제외한 채권가격을 'Clean price'라 한다. 데이터를 다루는 대부분의 채권플랫폼들은 clean price를 기준으로 하고 있다.

하여 이자가 더해지기 전까지 가격에 반영되다 이자지급 후 다시 가치가 내려가는 가격 급등이 발생하는 등 거래에 있어 혼란 가능성을 방지하고 채권 간 비교가능성을 높이기 위함이다.

다. 연방기금선물(federal fund rate futures)

또 다른 이자율 관련 선물로 연방기금선물을 들 수 있다. 우선 연방기금(federal fund)은 상업은행들이 고객 자금 중 일부를 예치금으로 12개 지역 연방준비은행 중 하나에 예치해야 하는데 이를 뜻한다. 이 예금은 해당 상업은행들의 준비금 부족 등을 충족시켜주기 위해 은행 간 상호 초단기 대출(overnight loan) 등에 사용되며 이때 적용되는 이자율이 연방기금금리(federal fund rate)이다. 이 금리는 우대금리(prime rate)나 LIBOR[8] 등 다른 이자율에 영향을 미치며 장기금리에도 간접적인 영향을 미칠 정도로 파급력이 매우 높다. 사실상 연금기금금리를 발표하는 연방공개시장위원회(FOMC)는 금리인하를 통해 확장통화정책을, 금리인상을 통해 긴축통화정책을 구사한다. 2008년 금융위기 당시 FOMC는 연방기금금리 목표를 2007년부터 2008년까지 16개월 동안 1/10 수준으로 인하한 바 있으며, 2020년의 Covid－19 전염병 사태의 경우 긴급대응을 위해 2020년 3월 연방기금금리 목표를 사실상 0에 가깝게 내린 바 있다.

연방기금선물은 계약 만기에 이러한 연방기금금리가 어느 수준에 도달할 것인지를 기초자산으로 한 선물계약이다. 따라서 해당 상품은 은행과 채권 포트폴리오 관리자가 단기금리시장의 변동을 선제적으로 헤지하기 위해 사용될 수 있다. 금리가 아닌 가격으로 거래되며 100에서 내재된 금리를 차감하여 산출한다. 예를 들어 인도월의 연방기금금리가 7.25%인 경우 선물가격은 92.75(＝100－7.25)가 된다. 결국 연방금리선물가격은 역으로 미래 목표 연방기금금리에 대한 시장의 컨센서스를 내포한다고 해석할 수 있다.

실제 CME의 홈페이지에서 30일 연방기금선물에 공시되는 가격정보를 예시로 살펴보자. 연방금리선물 가격이 낮을수록 현재 연방금리가 높은 상태로 연방준비은행이 금리를 하향시킬 것이, 연방금리선물 가격이 높을수록 현재의 연방금리가 낮은 상태로 향후 금리를 상향시킬 것이 합리적으로 추정된다. 그러나 Covid－19와 같은 특수상황이 도래할 경우 반드시 그러할 것으로 확정할 수는 없다. [표 Ⅳ－18]은 2021년 1월 중

8 LIBOR 패널을 감독하는 영국 규제당국은 2021년 말 이후 LIBOR의 신뢰성(조작시도 적발) 등에 대한 우려로 금리고시여부를 강요하지 않겠다는 발표로 사실상 대체금리로 전환될 것이 예상된다.

표 IV-18 CME의 연방기금선물 가격 공시(2021.1.)

MONTH	OPTIONS	CHARTS	LAST	CHANGE	PRIOR SEETLE	OPEN	HIGH	LOW	VOLUME	UPDATED
Apr-21	Apr-21	Show Price Chart	99.935	0.005	99.93	99.935	99.935	99.935	703	20:51:49 CT 27-Jan-21
May-21	May-21	Show Price Chart	99.935	0.005	99.93	99.935	99.935	99.935	4	20:41:20 CT 27-Jan-21
Jun-21	Jun-21	Show Price Chart	99.9.5	0.005	99.93	99.935	99.935	99.935	5	20:41:21 CT 27-Jan-21

자료: CME Group –30day Federal Funds Futures–Quotes.

공시가격표이다. 21년 4월물(Apr−21)의 Last Price가 99.935의 의미는 연방금리가 0.065%(=100−99.935)로 6.5bp임을 뜻한다. 극히 낮게 설정되어 있으며 2022년 7월물도 동일가격이 나타나고 있으며 그 이후는 실질적으로 거래가 이루어지지 않고 있다. 이러한 공시가격의 상태는 계속해서 연방준비은행이 사실상 제로금리를 유지하거나 미래에 대한 불확실성이 아직까지 해소되지 않은 상태임을 짐작케 한다. 이렇듯 연방기금선물가격은 단순히 금융상품의 의미를 넘어서서 미래의 정책방향에 대한 시장의 움직

그림 IV-12 30일 연방기금선물 가격추이(2021년 4월물, 2021년 1월 기준)

자료: CME Group –30day Federal Funds Futures–Quotes–Chart.

임을 반영한다 하겠다.

[그림 Ⅳ−12]의 연방기금선물의 가격변화추이를 살펴보면, Covid−19 사태가 본격화된 2020년 초부터 가격이 급상승하고 있음이 확인된다. 다시 언급하면 연방기금선물 가격이 높을수록 현재의 연방금리가 낮은 상태, 즉 Covid−19 사태, 즉 팬데믹 선언을 전후하여 가격이 급등하였으며 이후 실질적인 제로금리가 계속되고 있음을 알 수 있다. 시장이 미 연방준비은행의 연방금리에 대한 시장의 예측을 선물가격이 보여주고 있다. 나아가 이러한 정보는 미래 위기의 예측과 관련하여서도 의미를 갖는다.

8) 선도계약(Forwards) vs. 선물계약(Futures)

앞서 살펴본 선물계약이 선도계약과 다른 속성 중 하나는 대부분의 거래가 반대매매를 통해 만기 전 청산된다는 점을 들 수 있다. 이는 만기로 다가감에 따라 앞서 살펴본 미결재약정(OI)이 점차 줄어들어가는 것으로도 확인할 수 있다. 특히 많은 선물계약이 금융자산을 기초자산으로 함에 따라 현물 인도가 불가능하다는 속성도 주요 원인이라 하겠다. 물론 현물을 기초자산으로 하는 현물계약에서도 많은 경우 반대매매를 통한 청산으로 종료된다. 실제로 만기 전에 포지션을 청산하지 않고 끝내 보유하여 현금 내지 현물을 인도하는 비율은 1% 이하에 불과하다. 반면 선도시장의 경우 애초 목적자체가 현물 인수도의 필요성에 의해 진입하는 상품인만큼 계약의 유사함에도 불구하고 실질적인 결과는 다르다 하겠다. 이러한 속성차이를 포함하여 선도계약과 선물계약의 차이를 보다 명확히 이해할 필요가 있다.

선도계약은 미래의 특정 날짜와 특정 가격에 기초자산을 현금으로 교환하기 위해 구매자와 판매자 간의 비공개 계약으로 정의할 수 있다. 결제일에 현금을 고려한 자산의 물리적 인도로 완료된다. 정산일, 품질, 수량, 요율 및 자산은 선도 계약 상 확정되며 중앙집중된 시장이 아닌 개별 계약의 형태를 갖는다. 계약 조건을 관련 당사자의 요구에 따라 맞춤화 할 수 있는 특성을 갖는다. 선도계약의 매수자는 기초자산의 가격이 상승하고 합의된 가격보다 높으면 계약 매수자는 이익을 얻는다. 반대로 기초자산의 가격이 하락하여 계약 가격보다 낮으면 매도자가 이익을 얻는다. 다음 예를 살펴보자. 한 회사가 옥수수를 부셀당 $2.20에 총 $1,000,000의 선도계약을 체결하였다. 만기일에 옥수수 현물 가격이 $2.10으로 하락하였다. 그럼에도 이 회사는 선도계약에 따라 부셀당

$2.10이 아닌 $2.20을 지불해야 하므로 이 회사가 $1,000,000을 지불하고 받는 옥수수의 총량은 454,545.5부셸(=1,000,000/2.20)이 된다. 이 회사는 이를 시장에 매각하더라도 $954,545.45만을 수령하기 때문에 $45,454.55(=1,000,000−954.545.45)의 손실이 발생한다. 이렇듯 선도계약의 손익관계는 만기일의 현물가격에 따라 명확하게 제로섬으로 발생한다.

선물계약은 미래에 실행되는 구속력 있는 계약이다. 즉, 두 당사자가 합의된 가격으로 자산을 교환하기로 결정하고 미래에 인도 및 지불 날짜를 지정하는 표준화된 성격의 거래소 거래 계약인 것이다. 계약은 품목의 수량, 날짜, 배송 방법 등이 표준화된다. 공식 거래소는 거래되는 장소인 동시에 구매자와 판매자 사이의 중재자이자 촉진자 역할을 수행한다. 거래소는 양 당사자가 마진을 계약시점에 선불 개념으로 지불토록 하여 거래의 안전성과 신뢰성을 보장한다. 선물계약의 주요 속성은 계약가격의 차이가 매일 정산되는 일일정산제도이다.

지금까지의 내용을 포함하여 두 계약 간 차이를 속성별로 정리하면 다음과 같다.

표 IV-19 선도계약 vs. 선물계약

	선도(Forward)	선물(Futures)
계약속성	미래 특정일에 특정 가격으로 기초자산을 사고파는 당사자 간 합의(agreement)	당사자들이 고정 가격과 미래 특정일에 자산을 사고 팔기를 동의하는 구속력있는 계약
계약형태	매수자와 매도자 간 협상으로 비정형적으로(customizable) 정함	수량, 날짜 및 인도와 관련된 조건 표준화
거래시장	OTC	조직화된 유가증권거래소
청산일	만기	일별 손익 정산
위험 수준	높은 거래상대방 위험(counterparty risk)	청산소 거래보장으로 낮은 거래상대방 위험
계약 크기	계약별 차이	규격화
계약 만기	계약조건	사전 설정
요구 담보	-	개시증거금
감독 기관	자체	증권거래소
유동성	낮음	높음

V. 선형 파생상품 – 선물(Futures)의 가격결정

앞서 대표적인 선형(linear) 파생상품인 선물과 선도의 속성 및 특성, 그리고 두 파생상품 간의 차이점에 대해 살펴보았다. 이번에는 선도계약을 중심으로 가격결정(pricing) 이슈에 대해 살펴본다. 선물의 경우 기본적인 가격결정 프로세스는 선도와 동일하나 선물계약의 특징이었던 일일정산 속성으로 인해 차이가 발생할 수 있다. 그러나 만기가 길지 않고 기초자산이 이자율과의 상관성이 그렇게 높지 않다는 전제 하에 선도와 선물 간 가격은 서로 대동소이하다. 후반부에 선도가격과 선물가격 간에 어떤 차이가 있을 수 있는지를 살펴본다. 구체적인 선도 가격 결정에 앞서 연속복리수익률에 대한 이해를 명확히 할 필요가 있다.

1. 연속복리 수익률(compounded returns)

기초부(wealth) W_0을 n년 동안 연이자율 r로 투자한다고 가정하자. 만일 이자율은 연간 복리, 즉, 원금으로부터 발생한 이자에도 원금에 적용되는 동일한 이자율로 부가됨을 가정하면, n차년 말의 부 W_n은 다음과 같다.

$$W_n = W_0(1+r)^n$$

나아가 만일 이자가 년 m회 지급되어 복리됨을 적용하면 n차년 말의 부 W_n은 다음과 같다.

$$W_n = W_0\left[1+\frac{r}{m}\right]^{mn}$$

예를 들어 기초부 $W_0 = 1,000$, $r = 10\%$일 때

이자가 년 1회 지급시	$W_0 = 1,000(1+0.10)^5$	=1,610.5
이자가 년 2회(반기) 지급시	$W_0 = 1,000\left(1+\dfrac{0.10}{2}\right)^{2\times 5}$	=1,628.9
이자가 년 12회(월별) 지급시	$W_0 = 1,000\left(1+\dfrac{0.10}{12}\right)^{12\times 5}$	=1,645.3

따라서 이자지급횟수 m을 무한대로 늘려 연속복리될 경우 다음으로 확장된다.

$$\lim_{m\to\infty}\left[1+\frac{r}{m}\right]^{mn} = e^{rn}$$

이자가 연속지급시	$W_0 = 1,000e^{0.1\times 5}$	=1,648.7

[궁금해요] 연속복리 공식의 도출

연속복리는 이자지급횟수 m이 무한으로 가는 정의이므로, $(\lim_{m\to\infty})$

$$\lim_{m\to\infty}\left[1+\frac{r}{m}\right]^{mn} = \lim_{m\to\infty}\left[1+\frac{r}{m}\right]^{mn(\frac{r}{r})} = \lim_{m\to\infty}\left[1+\frac{r}{m}\right]^{\frac{m}{r}rn}$$, 이때, $x=\dfrac{m}{r}$이라 하면

$$= \lim_{x\to\infty}\left[\left(1+\frac{1}{x}\right)^{x}\right]^{rn} = e^{rn}$$

따라서 일반적인 기초부와 기말부의 관계를 다음과 같이 정립할 수 있다.

$$W_n = W_0 e^{rn}$$

이를 r에 대해 정리하면 연속복리수익률이 정의된다.

$$r = \frac{\ln\left(\dfrac{W_n}{W_0}\right)}{n}$$

이제 논의할 선도계약 가격결정 수식 도출을 위한 기호를 정의하면 다음과 같다.

T = 인도일까지의 잔존만기(연수)
S = 기초자산의 현재가
f = 선도계약 1개의 가치(value)
F = 오늘의 선도가격
r = 만기일까지 연속복리로 투자됨을 가정한 무위험 연이자율

2. 선도계약 가격결정(Cost of Carry Model)

일반적으로 파생상품의 가격결정을 위해 사용되는 전략은 복제전략(replication strategy)이다. 즉, 해당 파생상품이 가지는 payoff를 그대로 복제하는 거래전략 수립을 통해 가격결정 모형을 도출할 수 있다. 물론 기초자산이 지속적으로 변동하므로 복제전략 역시 매번 변경되는 이상적 복제전략은 거래비용의 존재로 인해 현실적으로 구축이 불가능하다. 따라서 파생상품의 가격 도출은 각각의 상황에 따라 복제전략을 이산적(discrete)으로 적용하여 풀어낼 수밖에 없다. 이러한 복제전략 차원에서 '투자자산'과 '소비자산'이라는 두 가지 유형의 자산으로 범주를 나눌 필요가 있다.

우선 '투자자산'은 다수의 투자자가 투자 목적으로 보유한 자산을 의미한다. 주식 및 채권과 같은 유가증권이 가장 대표적이며, 금과 은[1] 등의 귀금속 등도 가치를 보유하고 소멸되지 않는 자산으로 정의할 수 있다. 이러한 투자자산은 완벽하게 복제가 가능하며 일물일가의 법칙(law of one price)이 준수되어야 한다는 무차익조건(no arbi-trage)을 통해 가격을 산출한다. 이는 동일 물건이 가격차가 존재할 경우 높은 가격의 물건을 매도하고 낮은 가격의 물건을 매입하여 차익(arbitrage)의 구축이 가능하며, 이러한 차익거래 시도가 높아질수록 낮은 가격의 물건의 수요 증가로 인한 가격 상승으로, 높은 가격 물건의 매도로 인한 수요하락은 가격 하락으로 이어져 결국 더 이상의 차익이 발생하지 않는 무차익(no arbitrage)상태에 다다르게 되기 때문이다. 이러한 차익거래는 실질적인 가격오차(pricing error)를 수정해주는 중요한 역할을 한다.

소비 자산(consumption asset)은 투자가 아닌 주로 (생산을 위한 원자재 개념까지 포괄

1 은(silver)과 같은 귀금속 광물의 경우 투자자산인지 아니면 소비자산인지에 대해 다소 자의적 해석이 있을 수 있다. 본 서에서는 투자자산으로 분류한다.

그림 V-1 선도계약 매입 vs. 현물계약 매입

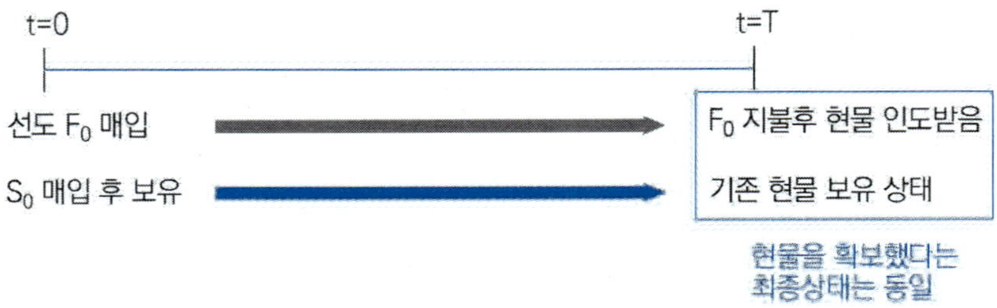

하는) 소비를 위해 보유하는 자산을 뜻한다. 구리, 기름, 돼지고기 등 상품(commodity)류가 해당되며 투자자산과 달리 가격 책정시 복제가 완벽하게 가능하지 않아 가격결정을 위한 무차익조건 사용에 제약이 존재한다. 이는 투자자산과 달리 특정 소비목적 등으로 인해 일물일가의 법칙이 붕괴되더라도 가격오차를 조정하려는 시도가 상대적으로 낮기 때문으로 볼 수 있다.

투자자산의 가격산출을 위해 [그림 V－1]에서 확인할 수 있듯이 0시점에 선도계약을 매입하고 만기에 대금 지급을 통해 현물을 확보하는 경우와, 0시점에 현물을 확보하여 보유하는 경우는 현물을 확보하게 된다는 만기시점의 최종 상태 측면에서는 동일하다. 물론 일부 차이는 존재할 수 있겠으나 이를 조정한 후에는 경제적 실체면에서 동일해야 한다.

여기서 0시점에 선도계약은 비용이 발생하지 않으나 현물매입은 실질적인 자금의 유출(cash out), 즉, 자금조달 비용(funding cost)이 발생하며, 실체가 존재하는 현물자산을 대상으로 할 경우 보관비용의 발생으로 인해 선도가격이 상승한다. 특히 단순히 자금을 외부로부터 차입하는 경우만을 예시하는 것이 아니라 외부 차입이 없는 보유 자금이라 하더라도 기회비용의 발생 역시 자금조달비용으로 간주하는 것이 경제학적으로 타당하다.

반대로 보유기간 동안 중간에 이득이 발생하는 경우도 차이를 유발한다. 즉, 자산 소유에 따른 혜택이 있을 경우에는 역으로 선도가격이 하락한다. 보유자산의 성격 상 배당이나 쿠폰 등 만기까지의 기간 중 지속적 현금 유입 등이 존재할 경우 보유시의 이

익만큼이 오히려 차감되어야 하기 때문이다.

이러한 선도계약과 현물계약 간 차이의 조정이라는 의미는 현물을 보유함으로 인한 현금입출(cash flow)을 고려한 0시점의 현물가격이 선물가격을 책정하기 위한 기준선이 되어야 함을 의미하며, 결론적으로 0시점에 차이를 조정한 후의 현물가격과 선도가격은 이론적으로 동일해진다는 점이 최종적인 선도계약의 가격설정을 위한 기본 논리가 된다. 지금까지 살펴본 선도계약에 미치는 현금입출의 효과를 정리하면 다음과 같다.

자금조달비용(차입)	비용	선도가격 F ↑
보관비용	비용	선도가격 F ↑
배당 또는 쿠폰	이익	선도가격 F ↓

이러한 관계 하에, 미래의 선도가격 F는 우선 오늘의 현물매입가치(S)에 만기까지 여정에 발생하는 비용(COF)의 현재가치(PV; present value)를 더하고(소요된 비용을 차후 보상받아야 하므로), 만기까지 여정에 발생하는 이익(CIF)의 현재가치를 차감(소요비용의 경우와 반대)하여 현 시점의 가치를 산정한다.

이 가치는 각 구성요인을 연속복리를 적용하여 선도계약이 실제로 구현되는 만기시점(T)의 미래가치로 재전환한다. 이를 위한 각각의 전환을 위한 이자율은 현물에 대해서는 r, 비용에 대해서는 S, 이익에 대해서는 C가 반영된다. 물론 이때의 부호는 선도계약을 높이는가(비용관련 항목은 + 적용) 아니면 낮추는가(이익관련 항목은 − 적용)라

그림 V-2 선도계약 가치 F의 산정

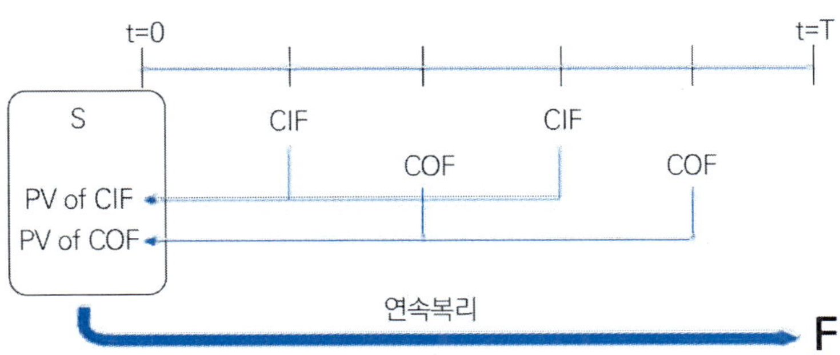

는 방향성에 따라 반영된다.

이러한 현물, 비용, 이익과 선도가격 간의 관계를 수식으로 정리하면 다음과 같다.

$$F = [S + PV(COF) - PV(CIF)] \times e^{(r+S-C)T}$$

이때, CIF = 유입(Cash InFlow)
COF = 유출(Cash OutFlow)
S = 연속복리 비용(보관비용)
C = 연속복리 이익(배당/쿠폰소득)

앞서 선도가격 산출식이 사실상 0시점에 확정가치 산출을 위한 것이라면, 이번에는 0시점과 만기 T시점의 중간인 t시점의 선도계약 가치를 산정해보자. 이러한 중간지점 t는 시간경과에 따른 가치가 조정되어야 한다. 확정가치가 산출된 이후 시간이 경과하면서 선도계약을 구성하기 위한 차익거래의 손익 역시 달라진다. 이를 반영한 가격(price)이 아닌 손익가치(value) f측면의 접근이 필요하다.

우선 현재 계약일 시점($time = 0$), 중간 현시점($time = t$), 그리고 만기시점($time = T$)에서 선도계약의 가격은 각각 F_0, F_t, $F_T(= S_T)$이다. 손익가치 측면에서 0시점의 손익은 발생치 않은 상태 $f_0 = 0$, 그리고 만기시점의 손익가치 f_T는 만기의 현물가격과 애초 계약했던 선도계약의 가격차이이므로 $S_T - F_0$가 된다. 반면 중간지점의

그림 V-3 t시점의 선도계약 가치 f_t의 산출 로직

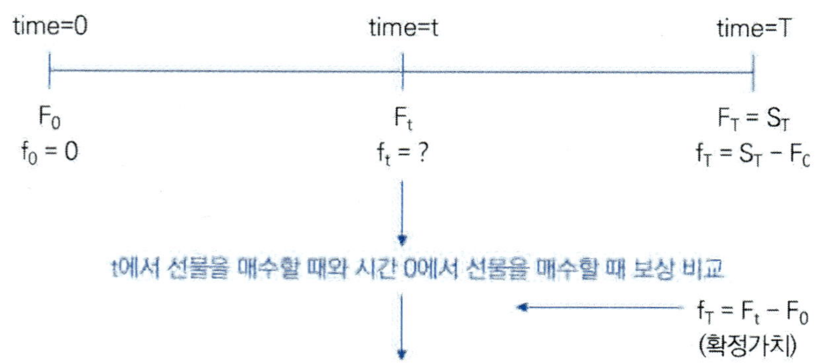

선도계약가치 f_t는 보다 단순하게 산출되지 않고 2단계의 사고가 필요하다. 즉, 중간지점의 선도계약가치 f_t는 0시점에 체결했던 애초 계약과 동일 물건을 t시점에 매입한 계약이 만기가 도래했을 때의 발생하는 보상 차이를 t시점으로 전환하여 산출한다. 이때, 0시점의 가격 F_0과 t시점의 체결가격 F_t는 알려진 값으로 두 값의 차이 $F_t - F_0$가 확정가치(certain value)이므로 t시점의 가치로 전환은 이자율 적용으로 가능하다. [그림 V −3]에 지금까지의 논의를 도식적으로 제시하고 이하에 산출식을 도출하였다.

$$
\begin{aligned}
f_t &= (F_t - F_0)e^{-r(T-t)} \\
&= [S_t + PV_t(COF) - PV_t(CIF)] \times e^{(r+S-C)(T-t)} \times e^{-r(T-t)} - F_0 e^{-r(T-t)} \\
&= [S_t + PV_t(COF) - PV_t(CIF)] \times e^{(S-C)(T-t)} - F_0 e^{-r(T-t)}
\end{aligned}
$$

3. 투자자산(investment asset)으로서의 선도계약 가치산정

1) 기초자산으로부터 중간 소득이 발생하지 않는 경우

우선 주식(무배당)을 기초자산으로 하는 만기 90일 선도계약의 예를 들어보자. 주가는 $20이고, 90일 채권수익률($r$)은 년 4%이다. 선도 가격($F$)이 $21일 때, 차익 거래 기회가 존재하는지 확인해보자. 나아가 차익 거래 이익을 제거하는 선도 가격(F)을 산출해보자. 기본적인 투자전략은 다음과 같다.

투자전략		결과
■ $20을 차입하여 주식 1주 매입	➡	만기에 차입원금과 이자상환 의무
■ 선도가격 F로 90일 후 주식 1주를 넘기는 선도계약 매도 (계약 시점의 선도계약 가치 f는 0)	➡	선도계약 대금을 받을 권리 만기에 주식을 인도해주어야 하는 의무

이러한 투자전략의 payoff에는 거래상대방의 신용위험을 제외하고는 사실상 불확실성이 존재하지 않는다. 이러한 측면에서 순위험이 없고(no net risk), 순투자도 없는(no net investment) 상태의 차익거래 전략이 된다. 이제 구체적인 수치로 전개해보자.

거래	$t=0$	$t=T=1/4$(90일)
$20 차입	20	-20.20($=e^{0.04 \cdot 1/4}$)
주식 1주 매입	-20	S_T
선도계약 매도	0	$F-S_T$
	0	$F-20.20$

따라서 선도가격(F)가 $21일 경우, 해당 전략사용시 $0.8($=21-20.20$)의 차익을 얻을 수 있다. 결국 이러한 차익을 발생시키지 않는 선도가격은 앞서 선물가격 산식 상 보유비용(COF)과 보유이익(CIF)가 동일하여 이득도, 손실도 발생하지 않는 상황의 가격으로 볼 수 있다.

$$
\begin{aligned}
F &= [S+PV(COF)-PV(CIF)) \times e^{(r+S-C)T}] \\
&= S \times e^{rT} \\
&= 20 \times e^{0.04 \times 0.25} = 20.20
\end{aligned}
$$

2) 기초자산으로부터 중간 현금유출입이 발생하는 경우

이번에는 앞서 경우와 달리 만기 전 중간에 기초자산에 근거한 현금유출입이 발생하는 경우를 상정해보자. 1년 만기 채권선도계약의 가격이 $1,230이다. 기초자산인 채권은 5년 만기, 매 6개월마다 이자로 $50을 지급하며, 현 시점의 가격은 $1,200이다. 무이표채권(zero coupon bond)의 이자율은 6개월 8%, 1년 10%로 형성되어 있다. 이제 선도계약을 매도하고 자금을 차입하여 채권을 매입해놓은 전략의 payoff 상황을 전개해보자.

이 채권선도계약에서 특징적으로 고려해야 할 점은 채권을 매입하기 위해 필요한 자금인 채권가격 $1,200 전액을 1년 내내 차입할 필요가 없다는 점이다. 즉, 6개월 시점에 채권으로부터 이자유입이 발생하므로 6개월 시점에 차입금액을 상환하고, 나머지 잔액만이 1년 간의 차입이 필요하다. 구체적으로 ① $t=\frac{1}{2}$ 시점에 $50의 상환이 이루어지기 위해 현 시점의 차입요구 금액은 $48.04($=50e^{-0.08/2}$)이다. 이어 ② 이 금액을 제외한 금액이 1년 간 차입 후 만기에 상환해야 하는 금액 $1,151.96($=1,200-50 \cdot e^{-0.08/2}$)이 된다. 해당 금액은 1년 후 10%의 이자율로 $1,273.11($=1,151.96 \cdot e^{0.10 \times 1}$)을 상환하면 된다.

표 V-1 채권선도계약 payoff

거래		$t=0$	$t=\frac{1}{2}$	$t=1$
① 채권 매입시 이자유입으로 중도상환 가능액	$50e^{-0.08/2}$	48.04	-50.00	
② ①을 제외한 채권매입용 자금 차입	$1{,}200-50\cdot e^{-0.08/2}$	1,151.96		-1,273.11
③ 채권 매입		-1,200.00	50.00	$50+S_t$
④ 선도계약 매도		0.00		$F-S_T$
총 payoff		0.00	0.00	$F-1{,}273.11+50$

① 차입액과 ② 차입액의 합계인 $1,200으로 ③ 채권을 매입하고 반기별 이자를 확보하고 만기에 채권매각을 통해 현물가치(S_T)를 확보한다. 끝으로 ④ 선도계약 매도에 대해 만기에 선도계약 이행에 따른 대금수령(F)과 채권인도 의무를 수행한다. 이 결과 현재 채권선도가격이 $1,230로 상태에서 해당 차익거래전략의 총이익은 6.89($=F-1{,}273.11+50=1{,}230-1{,}273.11+50$)가 된다. 이러한 결과를 [표 V－1]에 순차적으로 정리하였다.

또한 차익발생을 막는 선도가격 F는 차익 payoff($F-1{,}273.11+50$)를 0으로 하는 값이므로 $1,223.11가 산출된다. 이를 앞서 제시한 선도가격 기본공식으로부터 산출해 보면, 상기 예의 경우 기간 중간에 2번의 이자 현금유입(반기마다 $50)이 존재하므로 $PV(CIF)$가 계산되어야 한다. 그 외 연속복리비용(S)나 연속복리이익(C)이 없으므로 아래와 같이 선도가격을 산출할 수 있다.

$$
\begin{aligned}
F &= [S+PV(COF)-PV(CIF)\times e^{(r+S-C)T}] \\
&= (1{,}200-50\cdot e^{0.08/2}-50.\ e^{-0.10})\cdot e^{0.10} \\
&= 1{,}223.11
\end{aligned}
$$

3) 기초자산으로부터 연속적 현금흐름이 발생하는 경우

연속적 현금흐름이 발생하는 경우의 예를 살펴보자. 중간에 연속적 현금흐름의 존재를 가정하더라도 기본적인 선물가격 산출의 논리는 크게 달라지지 않는다. 이 경우에도 선물을 매도하고, 자금차입을 통해 달러를 현 시점에 매입하여 보유(단순히 쌓아놓는 의미가 아닌 은행 예치와 같은 수익활동을 통해 수익확보) 후, 만기에 대금수령과 더불어 현물을 인도하는 방식, 즉 순위험이 없고(no net risk), 순투자도 없는(no net investment) 상태의 차익거래 전략 적용을 통해 가격을 산정할 수 있다. 또한 채권선도계약의 경우와 마찬가지로 달러인도를 위해 계약시점에 소요자금 전액을 차입할 필요가 없다. 이는 은행 예치활동 등을 통해 창출가능한 연속적 현금흐름을 제외한 만큼이 실질적으로 소요되는 비용이 된다.

예를 위해, 미 달러(USD)에 대한 60일 선도계약을 상정해보자. 현재 선도환율(F)은 ₩1,119.9/USD이고, 현물환율(S)은 ₩1,121.5/USD이다. 60일 한국 이자율(r)은 2%, 60일 미국 이자율(r_f)은 3%이다. 차익거래전략은 나)의 경우와 동일하게 자금을 차입하여 현물을 매입하고 그 현물을 선도계약매도에 따른 만기인도에 사용한다. 역시 인도시 요구되는 전량이 아닌 중간에 연속적으로 현금흐름이 발생할 경우 0시점의 차입액이 조정(현금유입은 차입액의 감소방향, 현금유출은 차입액의 증가방향)될 필요가 있다.

우선 ① 시장에서 만기에 인도의무가 있는 $1의 현재가치만큼이 오늘 차입이 요구되는 금액이다. 이는 현재가치로 전환된 현물 환율기준으로 ₩1,115.91($=1{,}121.50 \cdot$ \$1 $\cdot\, e^{-0.03/6}$)이 소요된다. ② 차입으로 확보된 ₩1,115.91을 은행에 예치하고, 만기에 국내이자율로 복리된 금액 ₩1,119.63($=1{,}115.91 \cdot e^{0.02/6}$)을 수령한다. ③ 선도계약 의무이행을 위해 예치상환된 금액으로 $1를 전환하여 인도하고 선도계약 대금은 수령($+F$)하고 차입금은 상환($-S_T$)한다. 이를 전체적으로 정리하면 다음과 같다.

이 계약으로부터의 최종 payoff는 $F-1{,}119.63$이므로 0.2676(=1,119.90−1,119.63)이 된다. 차익을 발생시키지 않는 선도가격 F는 차익이 0인 경우이므로 ₩1,119.63이 된다. 앞서 제시한 선도가격 기본공식으로부터 산출해보면, 상기 예의 경우 기간 중간

표 V-2 달러선도계약 payoff

거래	$t=0$	$t=T=1/6$ (60일)
자금을 차입하여 $\$e^{-0.03/6}$ 매입하여 원화환산,	₩1,115.91	−₩1,119.63
이를 은행 예치(국내 예치이자율 적용), 만기에 예치금 인출	−₩1,115.9 = 0.9950	\$1 = ₩S_T
선도계약 매도(차입금 상환)		$+F-S_T$
총 payoff	0	F−1,119.63

현금의 유출(COF)이나 유입(CIF)은 없다. 또한 연속복리비용(S)은 없으나 연속복리이익(C)이 은행예치를 통해 발생하므로 아래와 같이 선도가격을 산출할 수 있다.

$$
\begin{aligned}
F &= [S + PV(COF) - PV(CIF)] \times e^{(r+S-C)T}] \\
&= 1{,}121.50 \cdot e^{0.02-0.03/6} \\
&= 1{,}119.63
\end{aligned}
$$

또 다른 예로 (연속복리) 배당 q를 받는 주식을 가정해보자. 무차익 조건을 성립시키는 가격을 산출하기 위한 전략은 다음과 같다. 이 경우 역시 중간에 연속적으로 이자와 같은 현금유입이 발생하는 경우와 동일하다. 즉, 자금을 차입함에 있어 만기시점에 약정금액 총액이 모두 필요한 것이 아니다. 배당 역시 복리로 증액될 수 있는 원천인만큼 배당가치를 조정함으로써 실질적인 차입금액이 된다. 이를 반영한 차익거래를 구축하면 다음과 같다.

표 V-3 배당 존재시의 무차익거래

거래	$t=0$	$t=T$
자금 차입 Se^{-qT}	Se^{-qT}	$-Se^{(r-q)T}$
주식 매입 e^{-qT}	$-Se^{-qT}$	S^T
선도계약 매도		$F-S_T$
총 payoff	0	$F-Se^{(r-q)T}$

이에 따라 다음과 같이 무차익 조건 하의 선도가격 산출식을 도출할 수 있다.[2]

$$F = Se^{(r-q)T}$$

2 만일 선도계약기간 동안 배당지급률이 변경될 경우 평균치를 사용한다.

4. 소비자산(consumption asset)으로서의 선도계약 가치산정

투자자산의 경우는 무차익 조건으로 선도계약의 가격을 도출할 수 있었지만 소비자산의 경우는 무차익 조건의 사용에 제약이 존재한다. 그러나 여전히 투자자산의 경우와 마찬가지로 소비자산의 경우에도 자산을 보유하는 데서 발생하는 비용은 선도가격을 높이는 원인이 된다. 여기서 '소비(consumption)'의 의미에는 단순히 협의의 소모성 소비 외에 다른 생산품을 생산하기 위해 중간재로 소요되는 경우도 소비로 간주하는 광의의 의미를 갖는다. 이렇게 소비가 전제된 자산을 확보하기 위한 자금 차입(현금 사용을 포기함으로 인한 기회비용)시 비용 및 소비(사용) 전까지의 보관비용(storage cost) 등 중간에 계속적인 현금유출은 투자자산과의 차이를 만드는 중요한 요소가 된다. 예를 들어 투자자산으로 분류되는 기초자산이 금융자산인 경우 보관비용이 존재하지 않는다. 투자자산에서 살펴본 선도계약 가치의 공식을 준용해보자. 다만 소비자산의 경우 연속발생하는 이익, 즉 이자나 배당과 같은 연속 이익인 C를 고려하지 않는다. 즉, 현물의 보유는 전적으로 소비를 위한 것으로 보유상태에서 얻어지는 추가적인 이익은 없음을 전제한다. 따라서 기본적인 선도계약공식은 다음과 같다.

$$F_{\text{copy}} = [S + PV(COF) - PV(CIF)] \times e^{(r+S)T}$$

여기서 시장에서 거래되는 선도가격 F와 복제전략으로 생성하는 F_{copy}를 비교하여, 더 높은 가격의 물건은 매도, 낮은 가격의 물건은 매입하면 이 역시 일물일가의 법칙 위배에 따른 차익의 생성이 가능해진다. 예를 들어 ①과 같이 선도시장가격이 복제전략 가격보다 높을 경우 현재 시장에서 선도계약을 매도하고, 복제전략을 매입구축한다. 반면 ②같이 선도시장가격이 복제전략 가격보다 낮을 경우 현재 시장에서 선도계약을 매입하고, 복제전략을 매도 구축한다.

① $F > F_{copy}$ ⇒ 선도 매도 & 현물 매입
② $F < F_{copy}$ ⇒ 선도 매입 & 현물 매도

결국 이러한 각각의 상황에 따른 선도시장 및 현물시장에의 수요 증감은 결국 시장가격 F와 복제전략 F_{copy}가 동일해져 더 이상 차익이 발생하지 않는 균형이 이루어진다. 그러나 '현물 매도' 부분에서 이 균형으로의 회귀를 저해하는 요인이 발생한다. 현물

매도가 즉각적으로 가능하지 않음으로 인해 앞서 투자자산의 결정을 위한 차익의 해소라는 요건이 충족되지 못하는 상황이 발생하는 것이다. 따라서 소비자산의 경우 대부분 ①의 상황 인지와 함께 선도 매도 및 현물 매입의 행위는 용이하게 발생하나, ②의 상황은 인지되더라도 상대적으로 실행에 옮겨지기 어려우며, 그 결과 시장선도가격이 복제전략가격보다 낮은 상황이 쉽게 해소되지 않는다.

이렇게 소비자산에 대해 현물매도가 쉽게 일어나지 않는 원인을 편의수익(convenience yield)의 측면으로 설명할 수 있다. 예를 들어 어떤 상품은 현 시점에 대량 매입하여 저장함으로써 향후 구매시 비용의 절감이 가능하다. 다른 한편으로, 편의수익은 재고 실사가 쉽지 않은 제품의 경우에도 높을 수 있다. 또한 반대로 또한 선택적인 일시적 재고 부족을 회사 상황에 따라 용인할 수도 있다. 정리하면 자산을 보유함으로 인해 발생하는 비용은 선도가격에 반영되어 높이는 효과를, 자산을 보유함으로 인해 받는 혜택–편의수익의 발생 경우 선도가격을 낮추는 효과를 갖는다.

		선도가격
자금조달 비용	자산보유자의 비용	상승 ⬆
보관비용	자산보유자의 비용	상승 ⬆
편의수익	자산보유자의 이익	하락 ⬇

수식적으로 편의수익(CY)는 시장선도가격이 이론가 이상의 불균형 상태를 동등하게 해주는 값으로 실질적으로 식에 내재된 편의수익(implied convenience yield)이 된다.

$$F \geq [S + PV(COF) - PV(CIF)] \times e^{(r+S)T}$$
$$F = [S + PV(COF) - PV(CIF)] \times e^{(r+S-CY)T}$$

5. 선물의 사용: 차익(arbitrage) 거래

선물을 대상으로 가격모형을 적용하여 이론가를 결정하고 이를 시장가격과 비교함으로써 각 상태에 따라 차익을 생성하기 위한 다음과 같은 전략을 구축할 수 있다.

이론가 > 시장가: 선물의 저평가	선물 매입 현물 매도(만기까지 매각대금을 투자)
이론가 < 시장가: 선물의 고평가	선물 매도 현물 매입(매입을 위해 자금을 차입)

다음의 주가지수선물의 예를 살펴보자. 현재 지수는 8,300이고 만기(T)는 6개월이다. 6개월 무위험이자율(r)은 8%, 배당수익률(q)은 5%이다. 모든 배당은 만기까지 재투자됨을 가정한다. 선물가격이 8,494일 때 선물의 이론가격을 구하고 시장가격과 비교해보자. 이 경우는 선물가격이 현재 지수보다 높은 선물이 고평가되어 있으므로 선물은 매도, 현물은 매입하는 전략을 구축한다. 우선 ① 0시점에 선물계약을 체결하고, 만기에 청산(8,494를 수령하고 지수를 인도하는 상품선물처럼 계산해보자) ② 0시점에 만기에 인도를 위한 지수를 e^{-qT}단위 매입한다. 0시점에서 지수는 현재 8,300이므로 8,095.07만큼을 매입하게 된다. ② 지수매입을 위한 자금을 차입했다가 만기에 8%로 상환하게 된다. 이로서 이 거래의 만기에서 총 payoff는 선물계약으로 수령되는 8,494에서 차입금 상환액 8,425.44를 상환함으로써 총 68.65의 이익이 발생한다.

표 V-4 주가지수선물 payoff

거래		$t=0$	$t=T$
①	선물계약 매도		8,494.00
②	지수매입을 위한 자금조달 (만기까지 r%로 차입)	8,095.07	−8,425.44 (=8,095.07×$e^{0.08\times0.5}$)
③	지수 e^{-qT}단위 매입 (0.9753(=$e^{-0.05\cdot0.5}$))	−8,095.07 (=8,300×0.9753)	
총 payoff			68.56

6. 콘탱고(Contango) vs. 백워데이션(Backwardation)

해당 개념은 학계와 산업에서 별도의 의미로 해석되는만큼 주의가 필요하다.

첫 번째 개념은 선물가격과 기대현물가격을 비교하는 과거 방식의 콘탱고와 백워데이션 개념이다. 그러나 '기대'되는 현물가격이 관찰이 불가한만큼 현 상태를 콘탱고인

그림 V-4 베이시스

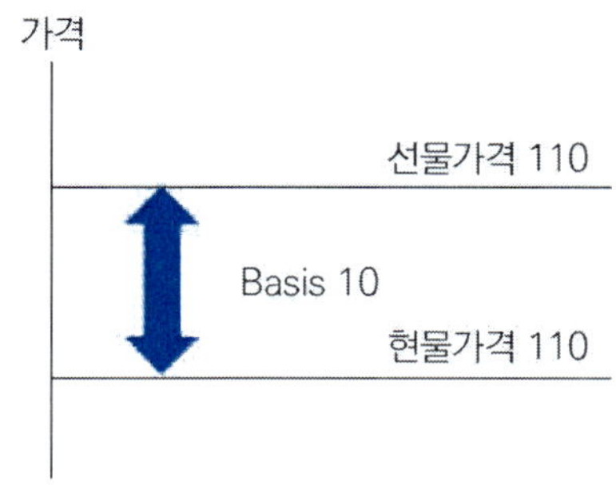

지 아니면 백워데이션 상태인지 판단내리기 불가하므로 사실상 사용되지 않는 개념이 되었다.

$$\text{(일반)백워데이션} : F < E(S_T)$$
$$\text{콘탱고} : F > E(S_T)$$

두 번째 개념은 정의하기 전에 '베이시스(Basis)'를 이해할 필요가 있다. 베이시스는 선물 거래에 있어 수익성에 영향을 미칠 수 있는 몇 가지 가격 행동을 발생시키기 때문에 명확한 이해가 필요하다.

기본적으로 베이시스는 선물가격과 현물가격 간 차이를 뜻한다. 선물가격은 항상 현물가격보다 높거나 낮으며, 이 가격 차이는 만기 월이 다른 선물 계약에 따라 달라진다. 통상 선물가격에서 현물가격의 차이로 산출하나, 상품선물의 경우는 역으로 현물가격에서 선물가격을 차감하여 산출한다.

베이시스는 만기 전 언제라도 선물가격은 수요와 공급에 따른 기초자산의 가격 변동, 불완전 상관관계 등에 따라 변동한다. 이러한 차이와 가격 변동은 선물가격이 현물가격의 움직임을 완벽하게 따르지 않을 베이시스 위험을 생성한다. 우선 선물을 이용하여 기초자산에 대한 노출을 헤지하려는 거래자와 기초자산의 작은 가격변동으로부터 이익을 얻으려는 투기거래자 모두에게 위험의 원천, 즉 베이시스 위험(basis risk) 또는 스프레드 위험(spread risk)이 내재되어 있다. 헤저의 베이시스 위험은 베이시스가 항상 변하기 때문에 실제로 기초 자산의 가격보다 더 많거나 적게 움직여 불완전한 헤지를 만들 위험이 있다. 따라서 베이시스 변동이 클수록 선물 계약을 사용하는 헤저의 원래 목표를 달성하기 어려워지는 베이시스 위험이 높아진다.

주식을 보유하고 있으며 선물을 통해 방향성 위험을 헤지하고자 시도하는 헤저가 있다. 이때 선물가격이 보유주식의 가격보다 더 빠르거나 느리게 움직일 때 현 시점의 베이시스는 증가하거나 감소할 수 있다. 여기서 선물가격은 만기일까지 항상 현물가격과 수렴하므로 주가가 애초 수준이 유지되면 만기로 다가감에 따라 선물가격이 점진적으로 하락하여 베이시스 금액만큼의 이익이 발생한다. 이러한 측면의 선물가격 변동을 '콘탱고'라 한다.

그러나 동일 선물계약을 매수하여 보유주식 매도 포지션을 헤지하는 경우 선물가격이 주식가격으로 수렴되므로 포지션은 전체적인 손실이 발생한다. 즉, 베이시스 위험은 헤지의 의도가 아닐 수 있는 새로운 손익 요소가 포지션에 개입되면서 발생하는 위험의 형태로 볼 수 있다.

선물로 차익거래를 시도하는 투기자 역시 베이시스 위험에 노출된다. 즉, 차익거래의 가치가 실현되기 이전에는 언제고 베이시스가 변경되어 차익거래 포지션에 일시적으로 미실현 손실이 발생할 수 있다. 이때 차익거래자가 계획대로 차익거래 이익이 실현될 때까지 포지션을 유지하면 문제가 발생하지 않는다. 그러나 마진콜 등 단기 유동성 요구에 대응하지 못해 포지션 유지가 어려울 경우 포지션 청산을 강요받을 수 있다. 헤저와 같이 구체적인 예를 살펴보자.

앞서 예와 동일하게 A주식의 주가는 4,000원이고, 개별주식 선물가격이 4,100원이다. A주식 10주를 보유하고 있을 때, 선물 10계약을 매도하여 '베이시스 매입'을 통한 차익거래를 시도하고자 한다. 베이시스 100(=4,100−4,000)인 상태에서 4일 후 선물 매도 포지션을 A주식 매각을 통해 청산해야 하는 유동성 문제가 발생하였다고 가정하자. 현재 A주식은 4,050에 거래되고 있고 선물가격은 4,200원이라 할 때, 베이시스는 일시적으로 150(=4,200−4,050)으로 확대된다. 150의 포지션을 커버해야 하므로 50 (=150−100)의 손실이 발생한다.

추가로 베이시스는 선물거래 자체에도 큰 영향을 미친다. 베이시스 위험은 투기 포지션에서 선물 계약을 직접 매도 또는 매도하는 선물 거래에 두 가지 방식으로 영향을 미친다. 첫째, 불확실성 요인들로 인해 현물 가격과 현물가격 간 베이시스는 불안정하다. 사실 현물 가격이 예상대로 상승하더라도 베이시스 축소로 인해 선물가격이 실제로 하락하는 경우도 있다. 둘째, 현물 가격이 정체된 상태에서 시간 경과에 따라 베이시스가 좁아질 때 콘탱고 또는 백워데이션이 발생하여 포지션에 예상치 못한 손익이 발생할 수도 있다. 이러한 베이시스의 변동성으로 인해 생성된 불확실성은 선물계약의 가장 핵심적인 불확실성 요소가 된다.

[그림 V−5]의 우리나라 KOSPI200 선물과 현물의 베이시스 추이를 살펴보면, 양(+)의 값과 음(−)의 값이 상당히 높은 빈도로 교차되고 있음을 알 수 있다. 특히 금융위기 등의 시장격변기에 베이시스가 음의 값이 나타나는 현상이 두드러지고 있다.

수식적으로 베이시스를 정의하고 콘탱고와 백워데이션을 규정할 수 있다.

그림 V-5 KOSPI200과 베이시스 과거 추이

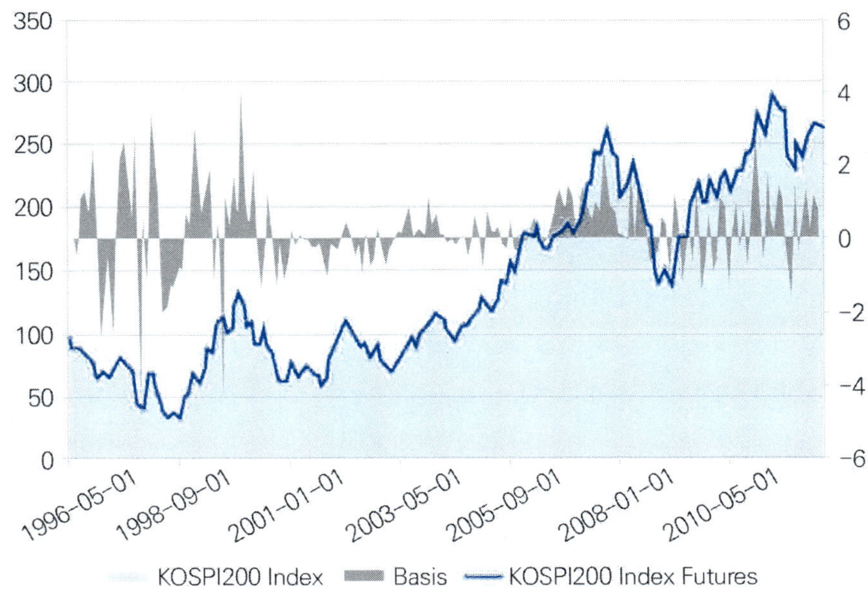

$$
\begin{aligned}
\text{베이시스} &= \text{선물가격}(F) - \text{현물가격}(S) \\
&= [S + PV(COF) - PV(CIF)] \times e^{(r+S-C)T} - S \\
&= Se^{(r-C)T} - S \\
&= S[e^{(r-C)T} - 1] \quad > 0 : \text{contango} \\
&\qquad\qquad\qquad\quad < 0 : \text{backwardation}
\end{aligned}
$$

수식에서, 콘탱고인지 아니면 백워데이션인지의 상태를 결정짓는 것은 베이시스의 부호이며, 나아가 베이시스의 부호는 $[e^{(r-C)T} - 1]$이 결정짓는다. 만일 배당(C)이 없다면 베이시스 $S[e^{rT} - 1]$의 부호는 항상 양(+)의 값을 갖는다. 배당이 존재할 경우에는 이자율과의 상대적 크기에 따라 베이시스는 양(+)의 값 또는 음(−)의 값을 가질 수 있다.

contango	$e^{(r-C)T} > 1$	➡ $r - C > 0$	➡ $r > C$	이자율은 높고, 배당이 낮은 상황
backwardation	$e^{(r-C)T} < 1$	➡ $r - C < 0$	➡ $r < C$	이자율이 낮고, 배당은 높은 상황

통상적으로 배당이 없거나 있더라도 이자율보다 낮은 배당이 주어지는 것이 일반적이므로 콘탱고 상황이 일반적으로 나타난다. 이는 선물가격이 현물가격보다 높은 양(+)의 베이시스가 일반적임을 뜻한다. 그러나 저금리 상황과 같이 이자율이 극히 낮아지는 상황 하에서 콘탱고에서 백워데이션으로 전환되는 경우가 많이 발생하고 있다. 선물가격이 현물가격 이하로 낮아지는 경우 저평가된 선물을 매입하고 현물을 매도함으로써 차익거래가 발생한다. 이후 차익이 해소됨에 따라 다시 콘탱고 상황으로 전환되어야 한다. 그러나 다시 선물가격이 하락하여 백워데이션이 지속되는 상황이 전개되면 다시 선물을 매입하고 현물을 매도하는 차익거래가 재차 반복되게 된다. 이러한 상황이 반복될 경우 선물이 현물을 끌어내리는 'Wag the Dog'현상이 발생하였음을 뜻한다. 이 현상은 선물의 과다한 레버리지, 즉, 일부의 증거금만이 요구되는 속성에 사실상 기인하는 것으로 볼 수 있다.

[궁금해요] Wag the Dog

'Wag the dog'은 "중요하거나 강력한 사람, 조직 등이 훨씬 덜 중요하거나 강력한 사람이나 무언가에 의해 통제되는 상황"을 설명하는 데 사용된다. 메리암–웹스터 사전에 따르면 이 문구는 1858년 Tom Taylor의 연극 'Our American Cousin'에서 허구의 귀족인 Dundreary경의 농담에서 나온 것으로 알려져 있다.

[Now I've got another. Why does a dog waggle his tail?
Because the tail can't waggle the dog. Ha! Ha!]

그러나 선물시장에서는 농담이 아닌 꼬리가 몸통을 흔드는 현상이 나타나고 있다. 애초 선물(futures)은 원래의 기초자산 현물시장을 베이스로 파생되어 나온 상품으로 현물이 몸통, 선물이 꼬리로서 간주되는 것이 마땅하다. 주식선물의 경우 현물 주식의 가격에 따라 미래의 가치인 선물가격이 영향을 받을 것이다. 그러나 기초자산의 펀더멘탈과 상관없이 과도하게 선물가격이 상승하게 되면 베이시스가 커지게 된다. 이러한 격차가 커질수록 고평가된 선물은 매도, 현물은 매수하는 차익거래를 위한 프로그램 매매가 급증하게 된다. 이는 현물시장의 급등세를 초래한다. 반대의 상황이 도래하면 정확히 반대의 프로그램 매매로 현물시장의 급락을 초래한다. 이렇듯 꼬리에 해당하는 선물시장이 몸통인 현물시장에 영향을 주는 현상을 'Wag the Dog'이라 한다.

7. 선도가격결정 vs. 선물가격결정

앞서 선도상품을 중심으로 가격결정을 살펴보았다. 이러한 선도가격결정과 선물가격결정은 기본적으로 동일하다. 차이나는 부분은 선물의 일일정산제도(Daily settlement)에서 발생한다. 이론적으로 선도계약과 선물계약은 이자율이 일정하고 모든 만기에 대해 동일한 경우(이자율이 flat한 경우)에 동일한 가치를 갖는다. 그러나 이렇게 이자율에 대한 엄격한 가정이 아닌 보다 현실적인 관계로 완화하면 현물가격과 이자율 간의 상관관계가 선도가격과 선물가격 간의 차이를 만든다. 즉, 현물 가격(spot price)과 이자율 간의 상관관계가 양(+)의 관계를 가질 경우 선물가격이 선도가격보다 높아진다. 반대로 현물 가격과 이자율의 상관관계가 음(−)의 관계를 가질 경우는 선도가격이 선물가격보다 높아진다. 이러한 관계를 이해하기 위해서 [그림 V−6]의 예를 살펴보자. 오늘 $t=0$ 시점의 선물가격 F_0이 \$50이다. $t=1$ 시점이 도래했을 때 선물가격은 (A) 상승하거나($F_0 = \$60$), (B) 하락하는($F_0 = \$40$) 두 상황을 가정해보자.

우선 (A)의 경우 일일정산을 통해 \$10이 유입된다. 이렇게 유입된 \$10은 은행예치 등을 통해 이자율(r)만큼의 이자수익을 추가로 발생시킬 수 있다. 이 경우 이자율의 상승은 (A)상황에 노출된 투자자에게 유리하게 작용한다. 즉, 선물가격이 상승할 때 이자율도 상승하면 포지션 보유자에게 포지티브한 영향을 미친다.

반대로 (B)의 상황이 도래하면 일일정산을 통해 −\$10만큼의 유출이 발생한다. 자금인출을 위해 이자율(r)로 차입하는 경우 이자비용이 발생하게 된다. 이 경우 이자율의 하락은 (B) 상황에 노출된 투자자에게 이자부담을 줄여주게 된다. 즉, 선물가격이 하락할 때 이자율도 하락하면 포지션 보유자에게 포지티브한 영향을 미친다.

그림 V-6 선물가격(F)과 이자율(r) 간 영향관계

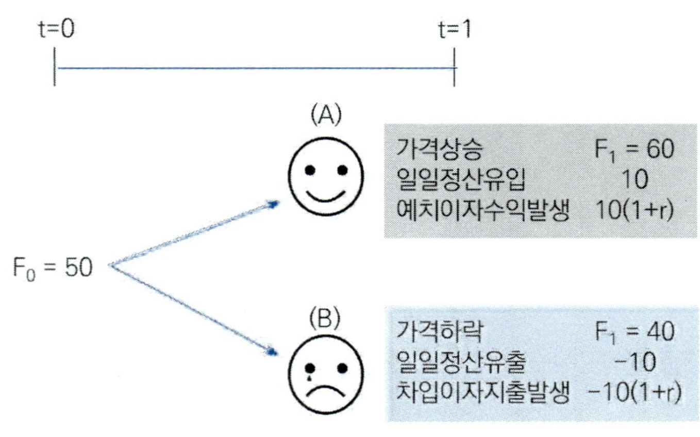

종합하면 현물가격을 기초로 하는 선물가격과 이자율이 같은 방향의 움직임(양의 상관관계)을 보이는 것이 투자자에게 유리하며 그만큼의 가치를 반영하여 선도가격 대비 선물가격이 더 높게 형성된다. 선물가격과 이자율이 음의 상관관계를 가질 경우 반대논리로 성립한다.

다만 대부분의 경우 선도가격과 선물가격 간에는 큰 차이를 보이지 않는다. 그 이유는 대부분의 상품들이 단기간에 선물가격이 이자율과 연동되어 명확한 상관성을 보이는 경우가 거의 없기 때문이다. 대부분의 선도계약 및 선물계약은 만기가 3개월에서 1년 정도로, 선도계약의 경우 거래양자 간 거래이므로 거래당사자 간의 협상에 따라 장기도 가능하나 실제 1년물도 거의 거래량이 없으며 거래되고 있는 상품들의 대부분은 통상 3개월 정도의 만기에 불과하다. 특히 일일정산제도에 따른 일일 수준의 상관성을 비교한다면 사실상 거의 0에 가까워 선도가격과 선물가격 간에 큰 차이를 보이지 않는다.

그 외 영향요인들은 세금이나 거래비용, 마진(margin) 등에 대한 차이로 인해 선물가격과 선도가격 간 차이가 유발될 수 있다. 그렇다 하더라도 일반적으로 선도가격과 선물가격은 통상 동일한 것으로 간주한다. 이는 앞서 설명한 바와 같이 선물의 실질적인 만기 자체가 짧기 때문에 두 상품 간 가격차이가 없다고 간주하여 사용한다.

VI. 선물/선도를 이용한 위험관리-1

앞서 선도(forward)와 선물(futures)의 정의, 시장의 구조 및 선도계약과 선물계약 간 차이와 가격결정 등에 대해 학습하였다. 이번 장에서는 선물계약을 헤지(hedge)에 활용하는 방법에 대해 보다 구체적으로 살펴본다.

특히 선도계약은 상품(commodity)이 주력상품으로 실수요자나 실공급자들이 진입하는 시장이다. 따라서 가격변동의 위험에 대한 회피를 최우선으로 두는 참여자들에게 헤지는 매우 중요하다. 본 장에서는 선물 및 선도계약을 통한 헤지전략 구축을 통해 위험을 관리하는 구체적인 방안을 학습하고자 한다.

우선 헤징(hedging)에 대한 정의부터 출발해보자. 헤지(hedge)의 사전적 의미는 길을 따라 심어져 있는 나무군집 또는 늘어서 있는 관목을 일컫는다. 그 용도는 외부로부터의 침입을 막는 일종의 울타리로 사용되었다. 그런데 반대로 내부의 측면에서 바라보면 안에서 hedge를 넘어가지 못하도록 하는 일종의 내부한계선의 성격으로도 볼 수 있다. 따라서 hedge를 수행한다는 헤징(hedging)의 의미는 포지션의 가격 리스크를 정해진 기준 내에서 통제함을 의미한다. 이를 구체화하는 수단으로 파생 상품을 기초자산과 결합하여 구축한다. 가격의 변동을 최소화하기 위해서 기초자산의 포지션과 반대되도록 파생상품의 포지션을 구축함으로써 변동성을 상쇄시키는 방식을 채택한다. 즉, 기초자산과 선물의 움직임이 거의 근사하기 때문에 반대포지션의 구축은 기초자산으로부터 발생하는 payoff와 파생상품으로부터 발생하는 payoff를 상쇄시키게 된다. 단, 파생상품 레버리지 효과의 존재로 인해 기초자산 대비 어느 정도로 비례하여 파생상품을 대응해야 하는지가 결정되어야 한다. 이렇게 기초자산에 대한 파생상품의 단위 수를 '헤지비율'이라 한다. 이러한 헤징의 과정을 전체적으로 살펴보자.

1. 헤징을 위한 파생상품 포지션 구축

파생상품(선물 또는 선도)계약에 대해 매입(long) 포지션을 취할 것인지, 아니면 매도(short) 포지션을 취할 것인지의 판단은 만기에 있어서 최종 payoff 구조에 달려있다. [그림 Ⅵ-1]에 원달러 선물의 long 포지션과 short 포지션의 payofff를 비교하여 살펴보자. 우선 y축은 만기에 있어서 원달러 환율 파생상품의 payoff를, x축은 만기에 있어서 현물(원달러 환율)의 수준이다. 각 기울기 선은 파생상품의 매입 또는 매도 상황에서 만기 환율의 변경에 따른 payoff 궤적을 의미한다.

파생상품 매입시에는 매입하기로 약정한 환율 대비 만기 환율이 상승할수록 확보되는 이익이 증가하므로 45도 각도로 우상향하는 궤적이, 반대로 매도한 경우 약정한 환율 대비 만기 환율이 상승할수록 더 저렴한 가격에 매도함에 따른 손실이 발생하므로 45도 각도로 우하향하는 궤적이 나타난다.

이제 원화 ₩1,026으로 현물($1)을 매입하여 보유하고 있다고 가정하자. 또한 시간가치는 매우 짧은 기간가정으로 고려하지 않도록 하자. 아무런 추가 조치를 취하지 않은 해당 포지션은 매입가격 대비 만기시 원달러 환율의 수준에 따라 45도 각도의

그림 VI-1 파생상품 포지션별 payoff

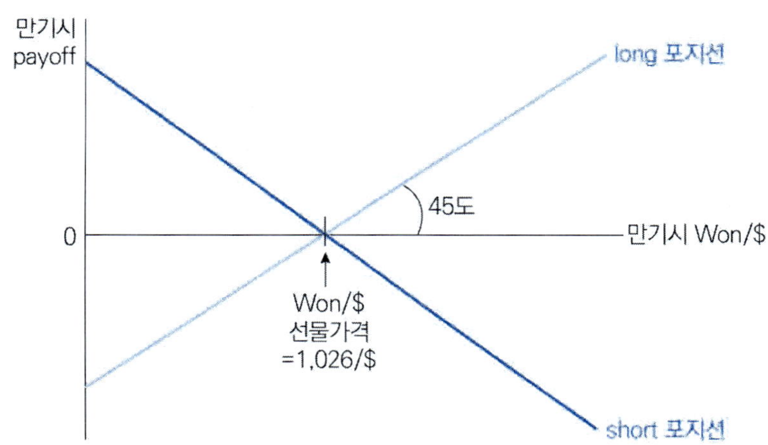

payoff 궤적을 따르게 된다. 다시 말해 만기시 원달러 환율이 매입가격인 ₩1,026보다 높으면 이익을, ₩1,026보다 낮으면 손실을 보게 된다. 이제 payoff가 변동하지 않도록 ₩1,026에 고정을 원할 경우(100% 헤지를 원하는 경우) 반대 포지션의 선도(또는 선물)을 매도할 경우 payoff가 상쇄된다. 즉, 만기에 현물이 ₩1,026 이상이 될 경우 현물에서는 이득이 발생하나 파생상품의 포지션에서는 동일액의 손실이 발생하여 이득도 손실도 없는 ₩1,026 그대로가 확정된다. 반대로 만기에 현물이 ₩1,026 이하가 될 경우 현물에서는 손실이 발생하나 파생상품의 포지션에서는 동일액의 이득이 발생하여 역시 이득도 손실도 없는 ₩1,026 그대로가 확정된다. 이와 달리 완전히 변동성을 제거하는 것이 아닌 50% 또는 75% 헤지를 수행할 경우 payoff의 변동을 일부 용인함을 뜻한다. 즉, 만기시 환율이 ₩1,026 이상으로 상승시 상방변동에 따른 이익(angel part)을 누릴 수 있다. 반대로 만기 환율이 ₩1,026 이하로 하락시 50%의 하방변동에 따른 손실(devil part)도 발생할 수 있다. 결국 헤지의 의미와 수준은 얼마나 payoff의 변동을 회피하고자 하는가, 또는 역으로 payoff의 변동을 얼마나 용인하고자 하는가에 따라 결정된다. 결국 헤지는 얼마만큼 하방변동에 대응하여 헤지를 강화할 것인지, 또는 헤지강화에 대한 상승 가능성의 포기비용을 얼마나 납득할 것인지가 핵심이 된다.

그림 VI-2 만기 환율 수준 및 헤지 수준에 따른 payoff

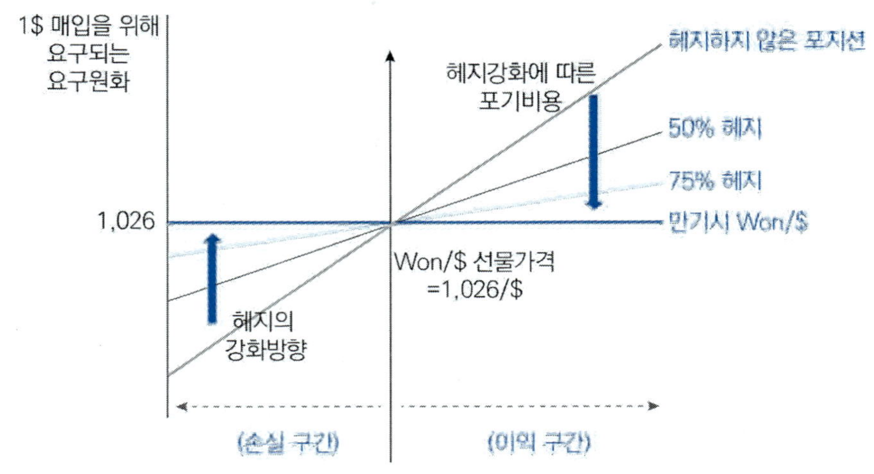

그림 VI-3 payoff 분포

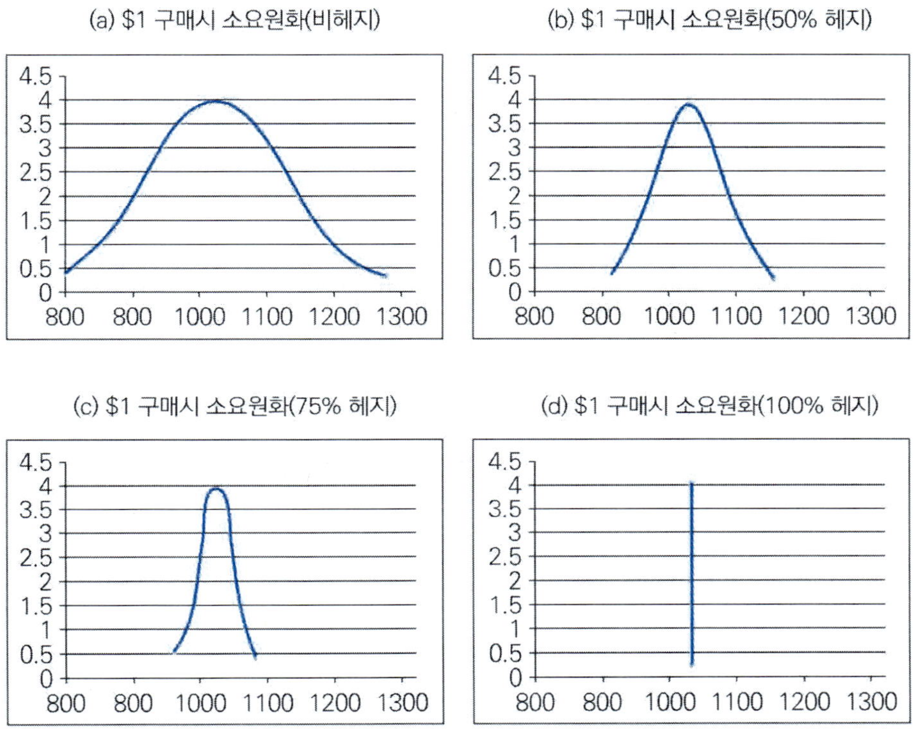

지금까지 헤지의 논의를 보다 명확히 하기 위해 [그림 Ⅵ-3]에 도식된 payoff 분포(distribution) 측면에서 살펴보자. 각 헤지의 수준(0%, 50%, 75%, 100%)를 상정한 경우 모두 분포의 중심축은 기댓값 ₩1,026에 위치하고 있다. (a)는 헤지를 전혀 하지 않은 $1을 그냥 보유만 하고 있는 상태이다. 이제 (b)의 50%의 헤지를 수행할 경우 분포가 (a)와 비교하여 더 좁아진다. 이는 (a)와 비교하여 상방과 하방의 변동가능성이 헤징으로 인해 더 억제되었기 때문이다. 헤징 수준을 높여갈수록 분포는 더 좁게 분포하며 (d)의 100% 완전헤지를 수행할 경우 애초의 기댓값에 확정되어버리므로 (d)와 같은 직선 형태의 분포가 형성된다. 역시 분포 상으로도 하방의 변동폭(devil part)을 줄이고자 할수록 상방 변동폭(angel part)의 감소, 즉, 내재적 비용(implicit cost)이 수반됨을 알 수 있다.

2. 헤징전략 예시 – 선형 케이스(linear case)

1) 수치적(Numerical) CFaR 도출

미래에 고정가격으로 GBP를 다른 통화인 USD로 교환하는 통화선도(currency forward) 계약을 살펴보자. 1월 1일에 A사는 B은행과 1개월(30일) 선물 거래를 시작하여 £1 당 $1.5(USD/GBP)의 선도 금리로 1,000만 GBP를 매입하였다. 즉, 1월 31일 선물 계약 만기가 도래하면 A사는 GBP를 매입하였으므로 이후 1,000만 GBP를 받게 된다. 또한 A사는 구매 대가로 B은행에 만기종료 2일 후(T+2)[1] 미리 약정한대로 1,500만 달러를 지불함으로써 종료된다. 이렇듯 이해관계자 양자가 단순히 통화를 주고받는 선도 계약은 그 계약의 형태가 단순하며 이해가 용이하다. 이 통화선도 계약에 대해 각 사항을 정리하면 [표 Ⅵ-1]과 같다.

이번에는 좀 더 복잡한 상황 하의 헤징 전략을 살펴보자. 일본 소재의 C사는 매출의 약 절반이 일본에서 발생한다. 일반적으로 미국 매출은 연간 약 $3억, 일본 매출은 약 ¥520억이다. 회사가 경쟁력을 유지하려면 R&D 예산 $2억 2천만이 필요하며 이외 비용은 약 $4억5천만이 소요된다. 이제 두 가지의 질문을 던져보자.

표 VI-1 통화 선도계약 세부사항

선도가격	$F_{0,T}$	기저통화의 매입/매도 가격	$F_{0,T} = 1.5$USD/GBP
만기	T	선도계약기간	T=30일
계약크기	Q	계약총량	GBP 1천만
청산	$T+2$	계약만기후 2영업일	$T+2$
이해관계자별 포지션	long, short	선도 매입 / 선도 매도	A사 GBP 선도 long B은행 GBP 선도 short

1 표기관행상 T는 청산일(settlement day)를 의미하므로 $T+2$는 청산 후 2일 시점을 뜻한다.

그림 VI-4 영국파운드(GBP)/미국달러(USD) 추이

자료: 블룸버그.

◦ C사가 필요한 R&D 예산을 충족하지 못할 위험을 정량적으로 어떻게 측정할 수 있을까?
◦ 외환 위험을 헤지하기 위해 통화선물을 어떻게 사용할 수 있을까?

C사의 상황을 정리해보자. C사는 일본에서 JPY로 표시된 고정 가격을 제시하는 현지 기업과 경쟁하며 일본에서의 수입은 JPY로 확정된다. 또한 미국에서는 JPY 가격을 기반으로 하여 미국 고객에게 가격을 제시하는 일본 기업과 경쟁한다. C사는 USD/JPY 환율에 따라 가격을 변경하므로 미국 수익은 미확정된 USD/JPY 환율(S)에 따라 영향받는다. 즉, C사의 이익은 현물 환율(S)이 현 시점의 기대환율($E(S)$)보다 낮아지면 $[S-E(S)]$가 음($-$)의 값이 되어 이익이 감소하고, 반대로 현물환율이 높아지면 이익이 높아지는 구조를 갖는다. 따라서 C사의 이익은 다음과 같이 정리될 수 있다.

$$\begin{aligned}\text{C사의 사후적 이익(\$)} &= \text{미국매출} + \text{환율방향성에 따른 민감도조정} + \text{일본매출}\\ &= 300 + 40{,}000[S-E(S)] + 52{,}000S\end{aligned}$$

이제 이익에서 비용을 차감하여 C사의 현금흐름을 계산하면 다음과 같다. 단, R&D 비용을 고려하지 않은 상태이다.

$$\begin{aligned} \text{C사의 현금흐름} &= \text{이익} - \text{비용} \\ &= [300 + 40,000[S - E(S)] + 52,000S] - 450 \\ &= 92,000S - 40,000E(S) - 150 \end{aligned}$$

따라서 엔화가 강세를 보이면(현물환율 S가 클수록) C사의 현금흐름은 증가하게 된다.

이제 과거 역사적 자료를 분석한 결과, C사가 추정한 JPY의 연속복리 수익률에 대한 분포는 다음과 같이 정규분포하는 것으로 추정되었다.

$$\ln\frac{S_T}{S_0} \sim N(0.011153, 0.05^2)$$

그 외 현재 현물환율 S_0와 선도가격 $F_{0,T}$는 다음과 같다. 표기는 ¥1당 $의 가치로 표기한다. 만기에 기대되는 환율 $E(S_T)$는 로그노말분포의 기댓값으로 산출할 수 있다.

$$S_0 = 0.007692, \ \ F_{0,T} = 0.007720,$$

$$E(S_T) = S_0 e^{\mu + \frac{\sigma^2}{2}} = 0.007692e^{0.011153 + \frac{0.05^2}{2}} = 0.007788$$

[궁금해요] 로그노말(log-normal) 분포의 평균(mean)과 분산(Variance)

연속랜덤변수 X가 로그노말분포를 따름은 다음의 확률밀도함수(pdf)가 주어짐을 의미한다.

$$f_X(x) = \frac{1}{x\sqrt{2\pi\sigma^2}} \exp\left(\frac{(\ln x - \mu)^2}{2\sigma^2}\right)$$

기댓값 산출을 위해서는 다음 두 가지 사항이 주어졌다.

$$\frac{1}{\sqrt{2\pi b}} \int_{-\infty}^{\infty} \exp\left(-\frac{(x-\mu)^2}{2b}\right) dx = 1, \ \ ax^2 + bx + c = a\left(\left(x + \frac{b}{2a}\right)^2 + \frac{c}{a} - \frac{b^2}{4a^2}\right)$$

1. 기댓값의 실질 표현인 적분형에 주어진 확률밀도함수를 결합하면 다음과 같다.

$$E(X)=\int_0^{\infty} x f_X(x)dx=\int_0^{\infty}\frac{1}{\sqrt{2\pi\sigma^2}}\exp\left(-\frac{(\ln x-\mu)^2}{2\sigma^2}\right)dx$$

> 전개를 용이하게 하기 위해 $y=\ln x-\mu$로 재정의하면,
> $y+\mu=\ln x \Rightarrow x=e^{y+\mu}$이며,
> $\frac{dy}{dx}=\frac{1}{x} \Rightarrow dx=xdy=e^{y+\mu}dy$

이제 기댓값을 다시 전개하면,

$$E(X)=\int_{-\infty}^{\infty}\frac{1}{\sqrt{2\pi\sigma^2}}e^{-y^2/2\sigma^2}e^{y+\mu}dy \;=e^{\mu}\frac{1}{\sqrt{2\pi\sigma^2}}\int_{-\infty}^{\infty}e^{-y^2/2\sigma^2+y}dy$$

> 이때 e에 대해 주어진 규칙을 적용하면,
> $$(-\frac{1}{2\sigma^2})y^2+(1)y+0=-\frac{1}{2\sigma^2}\left\{\left(y+\frac{1}{2(-1/2\sigma^2)}\right)^2+0-\frac{1}{4(-1/2\sigma^2)^2}\right\}=-\frac{1}{2\sigma^2}\{(y-\sigma^2)^2-\sigma^4\}$$

$$=e^{\mu}\frac{1}{\sqrt{2\pi\sigma^2}}\int_{-\infty}^{\infty}e^{-\frac{1}{2\sigma^2}(y-\sigma^2)^2}e^{\frac{\sigma^2}{2}}dy \;=e^{\mu+\frac{\sigma^2}{2}}\left[\frac{1}{\sqrt{2\pi\sigma^2}}\int_{-\infty}^{\infty}e^{-\frac{1}{2\sigma^2}(y-\sigma^2)^2}dy\right]=e^{\mu+\frac{\sigma^2}{2}}\cdot 1$$

$$=e^{\mu+\frac{\sigma^2}{2}}$$

최종적으로 다음의 기대값을 도출할 수 있다.

$$E(X)=e^{\mu+\frac{\sigma^2}{2}}$$ (평균 측면에서는 $\mu=\ln[E(X)]-0.5\sigma^2$)

2. 분산의 도출을 위해 기본 개념인 $Var(X)=E(X^2)-[E(X)]^2$에서 출발하면 다음을 도출할 수 있다.

$$Var(X)=(e^{\sigma^2}-1)e^{2\mu+\sigma^2}$$ (세부 증명은 학습해봅시다)

이제 주어진 질문 중 첫 번째인 정량적 위험을 측정하기 위해 위험현금흐름 CFaR (Cash Flow at Risk)를 산출한다. 이 측도는 시장변수의 변화로 인해 손익계산서에 영향을 미치는 현금흐름이 기대치에 미치지 못할 정도로 정의할 수 있다. CFaR은 가격변화, 신제품, 지역진입, 신규 프로젝트 발주 등에 대한 현금흐름에의 충격을 측정하기 때문에 기업의 위험을 측정하기에 유용하다. 단, 시장위험에 초점을 맞추고 있으며 그 외 정

치, 운용, 환경, 법적 위험 등은 고려하지 않는다. 예를 들어 향후 1년 동안 예상 현금흐름이 1억 원이고 95번째 백분위 수($\alpha = 0.05$)에서 예상현금흐름이 8천만 원이라면 CFaR은 2천만 원이다. 이는 향후 1년 동안 현금흐름이 2천만 원 미만으로 감소할 확률이 95%, 또는 2천만 원 이상 감소할 확률이 5%임을 의미한다. 이러한 위험량의 측정은 최악의 경우(발생확률이 5%인 이벤트)에도 R&D 예산을 확보하는 데 필요한 헤지 금액이 얼마가 요구되는지를 답할 수 있다. 시뮬레이션을 이용한 CFaR 산출은 다음 5단계의 프로세스를 거친다.

1단계) JPY의 역사적 자료에서 추정된 평균과 분산을 기초로 하여 정규누적분포의 역함수값($\mu + \sigma^2/2$)을 산출하여 발생가능한 복수(본 예시의 경우 1,000개)의 $E(S_T)$를 생성한다. 예를 들어 엑셀을 사용할 경우 norminv 명령을 통해 주어진 평균과 표준편차의 분포하의 변수를 생성할 수 있다. 본 예의 경우 norminv(rand(),0.011533,0.5)를 적용하여 역함수값으로 −0.05599이 생성되었다.[2]

2단계) 이로부터 시뮬레이션 환율 S를 생성한다. 첫 번째 생성값은 $S_0 = 0.007692$이므로 $0.007273(= 0.007692 \cdot e^{-0.05599})$가 산출된다.

3단계) 시뮬레이션 환율 하에 이익과 비용을 계산하고 이에 추가적으로 헤지 수행여부에 따른 손익을 반영하기 위해 [(이익−비용)+선도계약손익]의 현금흐름을 산출한다. 헤지를 위한 선도계약(long) 포지션(Q)이 반영된 손익은 Q에 시뮬레이션 환율에서 선도환율을 차감하여 곱하여 산출된다.

$$\begin{aligned} \text{C사의 현금흐름} &= [92{,}000S - 40{,}000E(S) - 150] + \text{헤지손익} \\ &= [92{,}000S - 40{,}000E(S) - 150] + Q(S - F_{0,T}) \end{aligned}$$

예를 들어 첫 번째 S인 0.007273에서의 현금흐름은 [이익−비용]이 207.596 (=669.116−311.520−150)로 산출되며, 헤지 수행물량에 따른 손익액 $Q(S - F_{0,T})$을 반영하여 산출한다.

추가로 완전헤지(full hedge)를 위한 선도계약포지션을 어떻게 설정해야 하는지도

2 시뮬레이션의 속성상 매 실행마다 수치가 달라지므로 본 교재와 동일한 수치가 항상 산출되지 않으며 최종 산출되는 CFaR 역시 시뮬레이션 개수가 많지 않을수록 산출값이 변동할 수 있음에 유의.

해당 현금흐름에서 도출할 수 있다. C사의 현금흐름을 다시 Q에 대해 정리하면 다음과 같다.

$$\text{C사의 현금흐름} = [92{,}000 + Q]S - QF_{0,T} - 40{,}000E(S) - 150$$

이때 헤지를 수행하지 않을 경우 $Q=0$을, 헤지를 수행할 경우 Q에 대응된 포지션 물량을 반영하게 된다. 이때 완전헤지(full hedge)는 환(S)에 노출되는 영향도를 배제하면 되므로 선도계약포지션 Q를 $-92{,}000$으로 설정하면 0이 되어 S에 대한 영향에서 벗어나게 된다.

4단계) 3단계에서의 환율생성(generation)을 반복하여 복수개의 현금흐름을 산출하여 평균값을 구하면 기대현금흐름(expected cashflow)이 산출된다.

5단계) 낮은 현금흐름부터 높은 현금흐름을 나열한 후 하위 5퍼센타일(percentile) 지점을 선택하여 CFaR을 도출한다.

앞서 5단계의 과정을 거쳐 산출된 헤지를 하지 않은 경우와 선도계약을 통해 헤지를 수행한 경우의 기대현금흐름과 CFaR($\alpha=0.05$)은 다음과 같다.

	헤지 미수행 $Q=0$	완전헤지 $Q=-92{,}000$
기대현금흐름	255.20	248.72
CFaR(5%)	198.46	248.72
차이	56.74	0

결국, 헤지를 수행하지 않을 경우 최악의 경우 현금흐름이 $1억9천8백만에 불과하여 R&D 예산 $2억2천만에 미치지 못하는 상황이 도래할 수 있음을 나타낸다. 반면 선도계약을 통해 완전헤지를 수행할 경우 $2억4천8백만으로 요구되는 R&D 예산을 확정적으로 충족할 수 있음을 의미한다. 이는 직관적으로도 헤지를 수행하지 않음은 헤지를 수행한 경우 대비 더 많은 가격변동에 노출됨을 뜻하며 분포 상 더욱 산개되어 있으며, 동시에 산개되는 빈도로 인해 평균값 빈도가 헤지를 수행한 경우보다 낮게 형성되는 도식적 형태가 확인된다.

그림 VI-5 unhedge 기대현금흐름 히스토그램

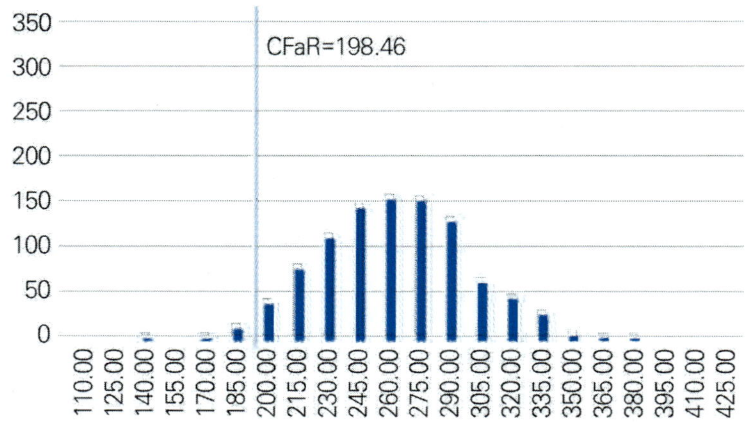

주: x축은 기대현금흐름, y축은 각 구간에 해당하는 시뮬레이션 내 빈도수를 의미.

그림 VI-6 full hedge 기대현금흐름 히스토그램

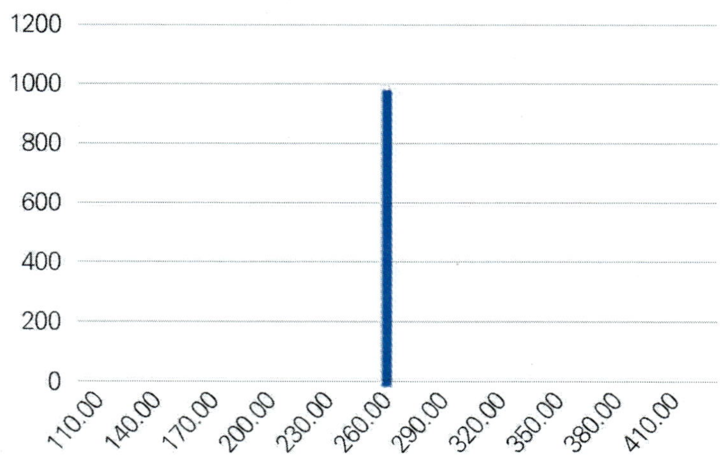

주: x축은 기대현금흐름, y축은 각 구간에 해당하는 시뮬레이션 내 빈도수를 의미.

그렇다면 추가적으로 미래에 기대되는 현금흐름을 확정시켜주는 완전헤지가 최선의 선택인지여부에 대해 논의할 필요가 있다. 헤지를 전혀 하지 않은 경우와 완전헤지를 수행한 경우의 차이 중 핵심은 헤지가 변동에서 회피하게 해주는 일종의 내재적 비용(implicit cost)로서 기대현금흐름이 낮아진다는 점이다. 본 예에서 완전헤지[3]를 수행할 경우, 최악의 경우에도 요구되는 R&D 예산을 충족하고 있으나 실질적인 요구량 $2억2천만을 초과하고 있으며 기대되는 현금흐름이 헤지를 수행하지 않은 경우보다 낮다. 따라서 의사결정자는 최악의 경우에도 요구되는 R&D 비용을 충족할 정도까지만, 즉, CFaR이 $2억2천만이 되는 지점까지만 헤지를 하는 부분헤지(partial hedge)를 고려할 수 있다. CFaR을 R&D 예산이 충족되는 지점의 선도계약 포지션을 역산[4]하여 산출하면 40,345의 선도계약이 이를 충족한다. 이때의 값을 비교하면, 부분헤지는 헤지를 하지 않은 경우와 완전헤지의 중간에서 기대현금흐름 측면에서는 완전헤지의 경우보다 개선되면서 동시에 최악의 경우에도 요구되는 R&D 비용을 충족하는 매니저의 의사결정 이슈임을 알 수 있다.

그림 Ⅵ-7 partial hedge 기대현금흐름 히스토그램

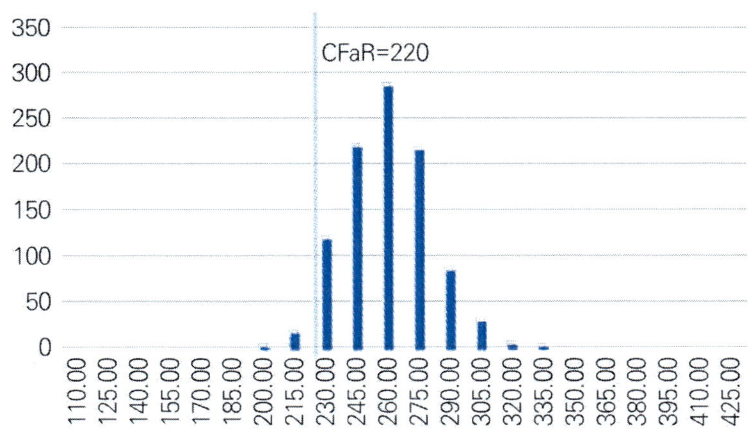

3 본 예와 같이 기초자산에 선형(linear) payoff를 가지는 경우 완전헤지(full hedge)가 가능하나 비선형(non-linear) payoff를 가질 경우는 완전헤지가 불가능하다. 이에 대해서는 후절에서 다시 다룬다.

4 엑셀을 구축하여 사용할 경우 해찾기 기능 등을 활용할 수 있다.

	헤지 미수행 $Q=0$		부분헤지 $Q=-40{,}345$		완전헤지 $Q=-92{,}000$
기대현금흐름	255.20	$>$	252.36	$>$	248.72
CFaR (5%)	198.46	$<$	220.00	$<$	248.72
차이	56.74		32.36		0

2) 해석적(Analytical) CFaR 도출

앞서와 동일 예를 시뮬레이션이 아닌 수식적으로 도출해보자. 발생확률이 5%인 이벤트가 발생하는 경우를 최악의 상황으로 정의할 때, JPY의 연속복리 수익률 분포는 로그노말 분포를 따름을 가정하였다.

$$\ln\frac{S_T}{S_0} \sim N(0.011153, 0.05^2)$$

따라서 JPY의 로그노말분포에서 5% 지점을 찾기 위해서는, 우선 5%확률의 표준정규누적분포의 역함수를 산출하면 (엑셀을 사용할 경우 normsinv(0.05)로 산출) -1.64485가 산출된다. 이제 로그노말 분포를 따르는 JPY의 연속복리 수익률의 5퍼센타일 지점은 표준화 Z값 $Z=(X-\mu)/\sigma$을 전환하면 $X=\mu+Z\sigma$이므로 다음과 같이 구할 수 있다.

$$\ln\frac{S_T}{S_0}\bigg|_{\alpha=0.05} = 0.011153 + 1.64485 \times 0.05 = -0.07109$$

$$\Rightarrow \; S_T\big|_{\alpha=0.05} = S_0 e^{-0.07109} = 0.007164$$

즉, 환율 S_T가 로그노말 분포를 따를 때 환율이 0.007164 이하가 될 확률이 5%임을 뜻한다.

가. 헤지를 수행하지 않을 경우

헤지를 수행하지 않을 경우의 C사의 기대현금흐름($E(CF)$)은 다음과 같다.

$$
\begin{aligned}
E(CF) &= E[92{,}000S - 40{,}000E(S) - 150] \\
&= [92{,}000E(S) - 40{,}000E(S) - 150] \\
&= 520{,}000E(S) - 150 \\
&= 520{,}000 \cdot 0.007788 - 150 \\
&= 254.976
\end{aligned}
$$

$$
\begin{aligned}
CFaR &= 92{,}000 \cdot S_T\big|_{\alpha=0.05} - 40{,}000E(S) - 150 \\
&= 92{,}000 \cdot 0.007164 - 40{,}000 \cdot 0.007788 - 150 \\
&= 197.5831
\end{aligned}
$$

나. 완전헤지를 수행할 경우

JPY의 92,000 단위를 매도하여 완전헤지를 수행하는 경우

$$
\begin{aligned}
E(CF) &= E[92{,}000S - 40{,}000E(S) - 150 + \text{헤지손익}] \\
&= [92{,}000E(S) - 40{,}000E(S) - 150] + Q(E(S) - F_{0,T}) \\
&= [92{,}000E(S) - 40{,}000E(S) - 150] - 92{,}000(E(S) - F_{0,T}) \\
&= 92{,}000 \cdot F_{0,T} - 40{,}000E(S) - 150 \\
&= 92{,}000 \cdot 0.00772 - 40{,}000 \cdot 0.007788 - 150 \\
&= 248.72
\end{aligned}
$$

$$
\begin{aligned}
CFaR &= [92{,}000 \cdot S_T\big|_{\alpha=0.05} - 40{,}000E(S) - 150] - 92{,}000(S_T\big|_{\alpha=0.05} - F_{0,T}) \\
&= 92{,}000 \cdot F_{0,T} - 40{,}000E(S) - 150 \\
&= 92{,}000 \cdot 0.007720 - 40{,}000 \cdot 0.007788 - 150 \\
&= 248.72
\end{aligned}
$$

다. 부분헤지를 수행할 경우

앞서 헤지를 수행하지 않는 경우 가장 높은 기대수익을 보이나 이와 동시에 가장 낮은 CFaR을 보이고 있음을 확인하였다. 반대로 완전헤지는 R&D 예산을 확정적으로 초과확보할 수 있으나 그로 인한 기대수익률의 하락, 즉 내재적 비용(implicit cost)이 과다하다. 이런 상황 하에서, C사는 최악의 경우에도 요구되는 R&D 예산을 충족하는 수준까지만 헤지하는 부분헤지(partial hedge)를 수행하고 일부 헤지량의 축소에 따른 기대수익률의 상향을 기대하는 의사결정을 할 수도 있다. 이 의사결정은 역으로 CFaR이

220, 즉 \$2억2천만이라는 목표로 주어짐을 의미한다. 따라서 이 CFaR로부터 헤지에 요구되는 부분헤지 총량 Q를 산출할 수 있다.

$$\begin{aligned} CFaR &= [92{,}000 \cdot S_T|_{\alpha=0.05} - 40{,}000E(S) - 150] \;+\; Q(S_T|_{\alpha=0.05} - F_{0,T}) \\ &= 92{,}000 \cdot 0.007164 - 40{,}000 \cdot 0.007788 - 150 + Q(0.007164 - 0.00772) \\ &= 659.088 - 311.52 - 150 + Q(-0.00056) \\ &= 197.568 - 0.00056Q \end{aligned}$$

즉, $CFaR = 197.568 - 0.00056Q = 220$이므로, 이를 Q에 대해서 풀면 $-40{,}345$의 부분헤지를 이한 선도계약량이 산출된다. 이제 아래와 같이 선도계약 하의 기대현금흐름이 산출된다.

$$\begin{aligned} E(CF) &= E[92{,}000S - 40{,}000E(S) - 150 + \text{헤지손익}] \\ &= [92{,}000E(S) - 40{,}000E(S) - 150] + Q(E(S) - F_{0,T}) \\ &= [52{,}000E(S) - 150] - 40{,}345(E(S) - F_{0,T}) \\ &= 11{,}655E(S) + 40{,}345 \cdot F_{0,T} - 150 \\ &= 11{,}655 \cdot 0.007788 + 40{,}345 \cdot 0.00772 - 150 \\ &= 252.2325 \end{aligned}$$

그림 VI-8 기대현금흐름과 CFaR 간 상충관계

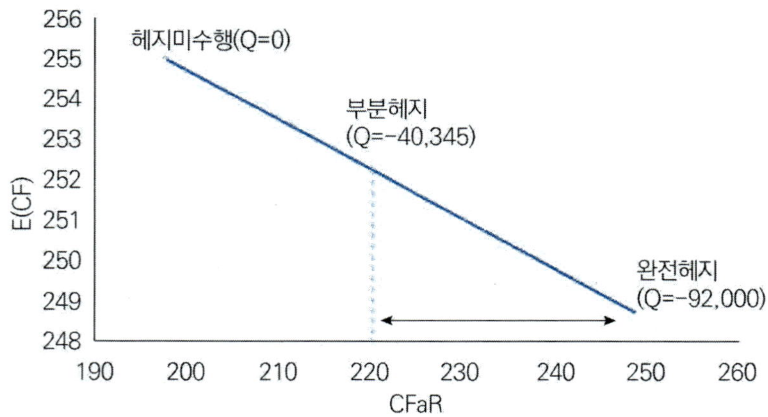

표 VI-2 수치적 해 vs. 해석적 해

	수치적 해 (시뮬레이션)		해석적 해	
	$E(CF)$	CFaR	$E(CF)$	CFaR
헤지하지 않는 경우	255.20	198.46	254.976	197.5831
부분헤지	252.36	220	252.2325	220
완전헤지	248.72	248.72	248.71	248.71

따라서 C사는 예상 현금 흐름을 약간 낮추지만 최악의 경우에도 필요한 R&D 비용을 보장하는 부분헤지를 선택할 가능성이 높다. 헤지량(Q)에 따른 기대현금흐름과 CFaR를 대응하여 좌표로 [그림 Ⅵ-8]과 같이 우하향하는 상호 상충관계(trade-off)가 도식된다. 특히 R&D 예산을 반드시 확보하겠다는 의사결정자의 하한이 있을 경우, 최악의 경우에도 R&D 예산 $2억2천만이 초과되어야 하므로 실질적으로 양방향 화살표 이내의 헤지량이 선택가능하게 된다.

앞서 수치적 해와 분석적 해를 비교해보면 다음과 같다. [표 Ⅵ-2]의 비교를 살펴보면, 수치적 해와 해석적 해가 근접하고 있음을 알 수 있다. 특히 수치적 해의 시뮬레이션 횟수를 높일수록 해석적 해에 더욱 근접하게 된다.

3. 헤징전략 예시 – 비선형 케이스(Nonlinear case)

앞서 성과가 선형(linear)으로 발생하는 경우를 살펴보았다. 이번 장에서는 이를 비선형인 경우로 확장해보자. 앞선 C사의 상황을 달리 상정해보자. 이번 경우에 C사는 일본에서만 경쟁한다. 따라서 엔화표시 수익은 JPY의 가치에 영향받는다. 미국 매출은 연간 약 $3억이 고정적으로 유입되고 있다. 미래 성장을 위해 반드시 R&D 예산이 필요하며 총 $2억 이 요구되며 이외 비용은 약 $4억5천만이 소요된다. 그 외 환율 상황은 선형 케이스와 동일하게 가정하자.

$$\ln\frac{S_T}{S_0} \sim N(0.011153, 0.05^2)$$

그림 VI-9 C사의 비선형 이익구조

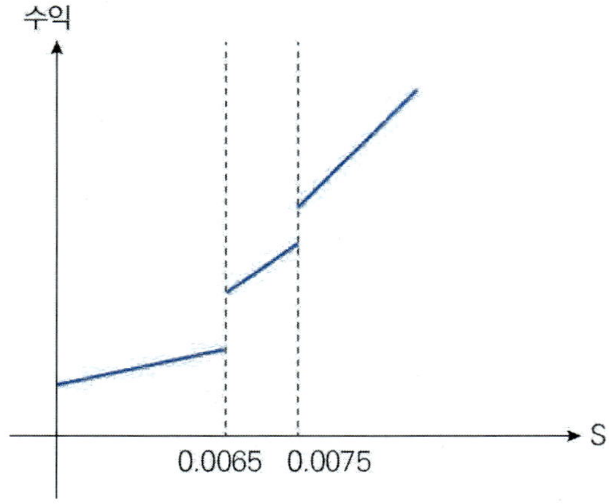

현물환율 $S_0 = 0.007692$, 선도가격 $F_{0,T} = 0.007720$, 기대환율 $E(S_T) = 0.007788$

이제 총 현금흐름이 매우 비선형적인 상태에서 헤지가 어떻게 구축되어야 하는지 살펴보자. D사의 이익구조는 다음과 같이 환율(S)의 두 지점에서 각각 분기된다.

$$
\begin{aligned}
\text{C사의 총이익} &= \text{미국 고정이익} + \text{일본 가변이익} \\
&= 300 + \begin{cases} 55{,}000 \times S, \text{ if } & S > 0.0075 \\ 45{,}000 \times S, \text{ if } 0.0065 < & S < 0.0075 \\ 10{,}000 \times S, \text{ if } & S < 0.0065 \end{cases}
\end{aligned}
$$

전체적으로 계산의 용이성을 위해 백만달러 기준으로 전환하여 살펴보자.

1) 수치적(Numerical) CFaR 도출

선형 경우와 마찬가지로 시뮬레이션을 이용한 CFaR 산출은 다음 5단계의 프로세스를 거친다. 비선형 경우라 하더라도 전체적인 흐름은 선형 시뮬레이션의 과정과 대동소이하다.

1단계) JPY의 역사적 자료에서 추정된 평균과 분산을 기초로 하여 정규누적분포의 역함수값($\mu+\sigma^2/2$)을 산출하여 발생가능한 복수(본 예시의 경우 1,000개)의 $E(S_T)$를 생성한다. 예를 들어 엑셀을 사용할 경우 norminv 명령을 통해 주어진 평균과 표준편차의 분포하의 변수를 생성할 수 있다. 본 예의 경우 norminv(rand(),0.011533,0.5)를 적용하여 역함수값으로 -0.05599이 생성되었다.

2단계) 이로부터 시뮬레이션 환율 S를 생성한다. 첫 번째 생성값은 $S_0=0.007692$이므로 $0.007273(=0.007692\cdot e^{-0.05599})$가 산출된다.

3단계) 시뮬레이션 환율 하에 이익과 비용을 계산하고 헤지 수행여부에 따른 손익을 반영하기 위해 [(이익－비용)＋선도계약손익]의 현금흐름을 산출한다. 헤지를 위한 선도계약(long) 포지션(Q)이 반영된 손익은 Q에 시뮬레이션 환율에서 선도환율을 차감하여 곱하여 산출된다. 앞선 선형 케이스의 이익 산출과 달리 시뮬레이션 환율이 놓여있는 구간에 따라 가변적으로 이익이 결정된다.

$$\text{C사의 현금흐름} = 300 + \begin{Bmatrix} 55,000\times S, \text{ if } & S>0.0075 \\ 45,000\times S, \text{ if } 0.0065 < & S<0.0075 \\ 10,000\times S, \text{ if } & S<0.0065 \end{Bmatrix} - 450 + \text{헤지손익}$$

$$= \begin{cases} 300+55,000S+Q(S-F_{0,T})-450, & \text{if } S>0.0075 \\ 300+45,000S+Q(S-F_{0,T})-450, & \text{if } 0.0065<S<0.0075 \\ 300+10,000S+Q(S-F_{0,T})-450, & \text{if } S<0.0065 \end{cases}$$

$$= \begin{cases} (55,000+Q)S-150-QF_{0,T} & \text{if } S>0.0075 \\ (45,000+Q)S-150-QF_{0,T} & \text{if } 0.0065<S<0.0075 \\ (10,000+Q)S-150-QF_{0,T} & \text{if } S<0.0065 \end{cases}$$

따라서 S가 어떤 구간에 놓이는지와 헤지 수준(헤지를 수행하지 않을 경우 $Q=0$을, 헤지를 수행할 경우 Q에 대응된 포지션 물량)을 반영한다. 예를 들어 첫 번째 시뮬레이션 환율 $S=0.007273$의 경우 $0.0065<S<0.0075$ 구간에 놓이므로 두 번째 산식을 적용하며, 만일 헤지하지 않는 경우($Q=0$) C사의 현금흐름은 $177.29(=45,000\cdot 0.007273-150)$이 산출된다.[5]

5 엑셀을 활용할 경우 if문을 이용하여 구성할 수 있다.

그림 VI-10 unhedge 기대현금흐름 히스토그램

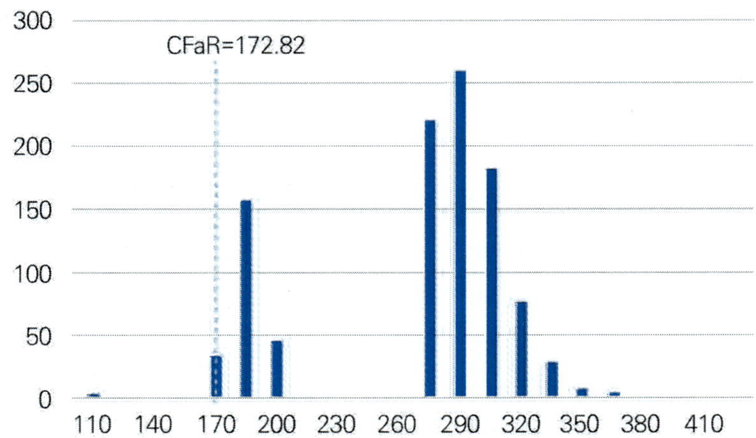

4단계) 3단계에서의 환율생성(generation)을 반복하여 복수개의 현금흐름을 산출하여 평균값을 구하면 기대현금흐름이 산출된다.

5단계) 낮은 현금흐름부터 높은 현금흐름을 나열한 후 하위 5퍼센타일(percentile) 지점을 선택하여 CFaR을 도출한다.

앞서 5단계의 과정을 거쳐 산출된 헤지를 하지 않은 경우의 기대현금흐름은 261.26, CFaR($\alpha = 0.05$)은 172.82가 산출된다. 도식적으로도 사실상 3개의 정규분포가 중첩된 상태로 이해할 수 있다.

문제는 헤지를 위한 Q를 어떻게 선택해야 하는가이다. 앞서 선형 케이스의 경우는 S의 변동에 노출되지 않도록 S의 계수값 형태를 0으로 만들어주도록 하는 헤지물량 Q를 설정할 수 있었다. 그러나 이번 비선형 케이스에서는 환율 수준에 따라 다른 구간별 이익산출식이 적용되므로 동일하게 산출할 수 없다.

다만 헤지물량 Q를 변화시켜 나가며 기대현금흐름과 CFaR을 산출하여 이를 도식해보면 [그림 VI-11]과 같이 비선형의 위험-수익 관계가 나타난다. 즉, 헤지를 하지 않은 경우 가장 높은 기대현금흐름을 보이나 최악의 경우에 확보되는 CFaR은 낮은 값을,

그림 VI-11 비선형 케이스 - 기대현금흐름 vs. CFaR

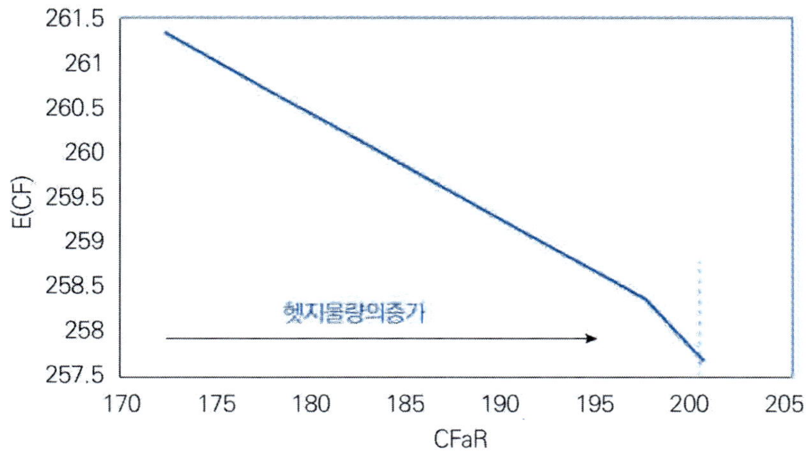

반면 헤지물량을 높여갈수록 기대현금흐름은 낮아지나 CFaR은 높아지며, 특히 이익의 변곡점 45,000에서 이 관계 역시 변곡되는 포인트로 나타나 해당 물량 이후는 1단위 CFaR 증가에 대해 희생해야 하는 기대현금흐름이 더 높아지는 열위의 상황으로 변화한다.

2) 해석적(Numerical) CFaR 도출

비선형 이익 구조를 갖는 경우에 대해 해석적으로 CFaR을 도출하기 위해서는 비선형 이익 분기점을 구간별로 나누어 살펴보는 것이 적합하다. 구간별 이익을 산출하기 위해서는 우선 환율이 로그노말분포를 따를 때의 구간별 확률이 필요하다. 이 확률은 구체적으로 S_T의 누적분포함수(CDF; cumulative distribution function)를 구하는 의미이기도 하다. 우선 만기에 환율이 0.0065 이하가 될 확률을 구해보자.

$$\begin{aligned} \mathrm{Prob}(S_T < 0.0065) &= \mathrm{Prob}(\ln S_T \le \ln 0.0065) \\ &= \mathrm{Prob}(\ln S_T - \ln S_0 \le \ln 0.0065 - \ln S_0) \end{aligned}$$

$$= \text{Prob}\left(r \le \ln\frac{0.0065}{S_0}\right) \qquad \left(\ln\frac{S_T}{S_0} = r \sim N(\mu, \sigma^2)\right)$$

$$= \text{Prob}\left(\frac{r-\mu}{\sigma} \le \frac{\ln\left(\frac{0.0065}{S_0}\right) - \mu}{\sigma}\right)$$

$$= \text{Prob}\left(z \le \frac{\ln k_2 - \mu}{\sigma}\right), \qquad \text{이때 } k_2 = \frac{0.0065}{S_0}$$

즉, 다음 정규분포의 누적분포함수로 정리된다.

$$\text{Prob}(S_T < 0.0065) = \Phi\left(\frac{\ln k_2 - \mu}{\sigma}\right),\ k_2 = \frac{0.0065}{S_0} = \frac{0.0065}{0.007692},$$

$$\ln\frac{S_T}{S_0} \sim N(0.011153, 0.05^2)$$

$$= \Phi\left(\frac{\ln 0.845034 - 0.011153}{0.05}\right)$$

$$= \Phi(-3.59063) = 0.000165$$

산출값은 매우 작은 면적으로 거의 0에 가까운 값이 산출된다.
두 번째로 만기 환율이 0.0075 이상이 될 확률을 구한다.

$$\text{Prob}(S_T > 0.0075) = 1 - \text{Prob}(S_T < 0.0075)$$

$$= 1 - \text{Prob}(\ln S_T \le \ln 0.0075)$$

$$= 1 - \text{Prob}(\ln S_T - \ln S_0 \le \ln 0.0075 - \ln S_0)$$

그림 VI-12 Prob$(S_T < 0.0065)$

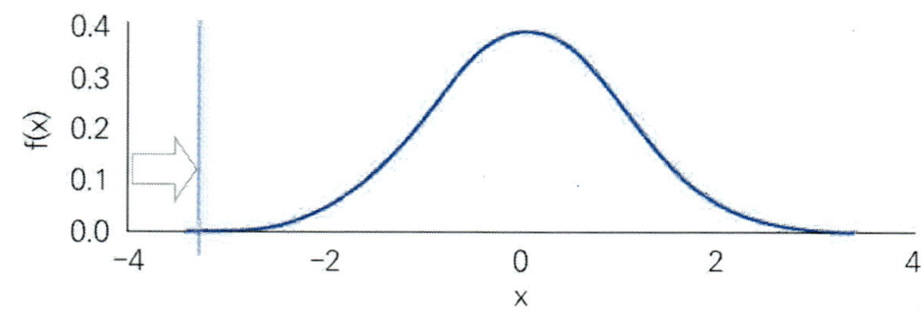

$$= 1 - \mathrm{Prob}\left(r \le \ln\frac{0.0075}{S_0}\right) \qquad \left(\ln\frac{S_T}{S_0} = r \sim N(\mu, \sigma^2)\right)$$

$$= 1 - \mathrm{Prob}\left(\frac{r-\mu}{\sigma} \le \frac{\ln\left(\frac{0.0075}{S_0}\right) - \mu}{\sigma}\right)$$

$$= 1 - \mathrm{Prob}\left(z \le \frac{\ln k_1 - \mu}{\sigma}\right), \qquad \text{이때 } k_1 = \frac{0.0075}{S_0}$$

$$= 1 - \Phi\left(\frac{\ln k_1 - \mu}{\sigma}\right)$$

$$= \Phi\left(\frac{\mu - \ln k_1}{\sigma}\right),$$

$$k_1 = \frac{0.0075}{S_0} = \frac{0.0075}{0.007692}, \ \ln\frac{S_T}{S_0} \sim N(0.011153, 0.05^2)$$

$$= \Phi\left(\frac{0.011153 - \ln 0.975039}{0.05}\right)$$

$$= \Phi(0.728616) \ = 0.76688$$

끝으로 만기 환율이 0.0065와 0.0075 사이에 놓일 확률을 구해보자. 이 경우는 이미 앞서 구해진 구간별 면적을 1에서 차감하여 쉽게 산출할 수 있다.

$$\mathrm{Prob}(0.0065 < S_T \le 0.0075) = 1 - \mathrm{Prob}(S_T < 0.0065)] - \mathrm{Prob}(S_T > 0.0075)$$

$$= 1 - \Phi\left(\frac{\ln k_2 - \mu}{\sigma}\right) - \Phi\left(\frac{\mu - \ln k_1}{\sigma}\right)$$

그림 VI-13 Prob$(S_T > 0.0075)$

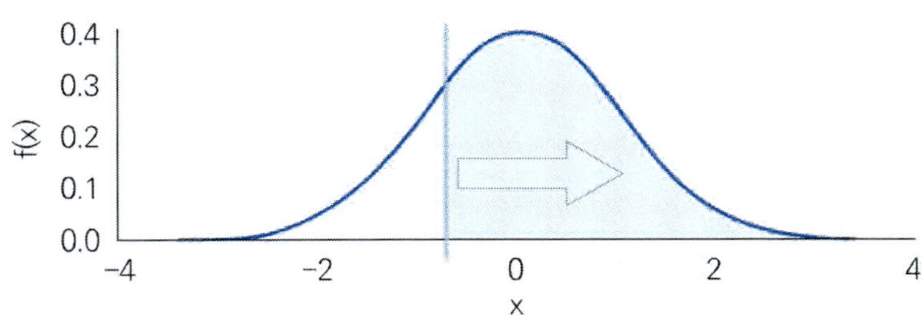

그림 VI-14 Prob$(0.0065 < S_T \leq 0.0075)$

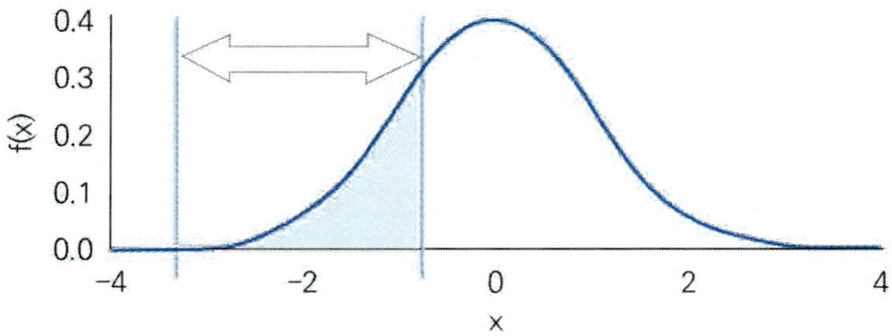

$$= 1 - \Phi\left(\frac{\ln k_2 - \mu}{\sigma}\right) - 1 + \Phi\left(\frac{\ln k_1 - \mu}{\sigma}\right)$$
$$= \Phi\left(\frac{\ln k_1 - \mu}{\sigma}\right) - \Phi\left(\frac{\ln k_2 - \mu}{\sigma}\right)$$
$$= 0.233118 - 0.000165 = 0.23295$$

이제 앞서 정리했던 환율 구간에 따라 가변하는 C사의 헤지손익이 고려된 현금흐름과 지금까지 산출한 환율이 로그노말분포를 따를 때의 구간별 확률을 다시 정리하면 다음과 같다.

$$\text{C사의 현금흐름} = \begin{cases} 300 + 55{,}000S + Q(S - F_{0,T}) - 450, & \text{if } S > 0.0075 \\ 300 + 45{,}000S + Q(S - F_{0,T}) - 450, & \text{if } 0.0065 < S < 0.0075 \\ 300 + 10{,}000S + Q(S - F_{0,T}) - 450, & \text{if } S < 0.0065 \end{cases}$$

C사의 현금흐름(CF)은 다음과 같이 확률을 포함하여 하나의 식으로 재정리할 수 있다.

$$\begin{aligned} CF = &-150 + 55{,}000 \times S \times 1_{[S > 0.0075]} \\ &+ 45{,}000 \times S \times 1_{[00065 < S < 0.0075]} \\ &+ 10{,}000 \times S \times 1_{[S < 0.0065]} + Q(S - F_{0,T}) \end{aligned}$$

이를 기대현금흐름($E(CF)$)으로 풀어내기 위해서는 부분기댓값(partial expectation)

의 적용이 필요하다.

[부분기댓값]
c를 임계값으로 하는 랜덤변수 S의 조건부 기댓값을 부분기댓값이라 한다.

$$g(c) = E[S|S<c]P(S<c) = \int_0^c Sf(S)dS$$

즉, $S<c$를 조건부로 하는 S의 기댓값에 $S<c$일 확률을 곱하여 산출한다.
예제와 같이 S가 로그노말분포를 따를 경우, 부분기댓값은 다음과 같이 주어진다.

$$\int_c^{\infty} Sf(S)dS = \Phi\left(\frac{\mu+\sigma^2-\ln c}{\sigma}\right)$$

이를 준용하여 임계구간별 부분기대값을 구하면 다음과 같다.

$$S>0.0075:\ \int_{0.0075}^{\infty} rf(r)dr = \Phi\left(\frac{\mu+\sigma^2-\ln k_1}{\sigma}\right)$$

$$S<0.0065:\ 1-\int_{0.0065}^{\infty} rf(r)dr = 1-\Phi\left(\frac{\mu+\sigma^2-\ln k_2}{\sigma}\right) = \Phi\left(\frac{\ln k_2-\mu-\sigma^2}{\sigma}\right)$$

$$0.0065<S<0.0075:\ 1-\Phi\left(\frac{\mu+\sigma^2-\ln k_1}{\sigma}\right)-\Phi\left(\frac{\ln k_2-\mu-\sigma^2}{\sigma}\right) = \Phi\left(\frac{\ln k_1-\mu-\sigma^2}{\sigma}\right) - \Phi\left(\frac{\ln k_2-\mu-\sigma^2}{\sigma}\right)$$

이제 기대현금흐름을 정리할 수 있다.

$$\begin{aligned} E(CF) =& -150+55{,}000S_0e^{\mu+\frac{1}{2}\sigma^2}\Phi\left(\frac{\mu+\sigma^2-\ln k_1}{\sigma}\right) \\ &+45{,}000S_0e^{\mu+\frac{1}{2}\sigma^2}\left[\Phi\left(\frac{\ln k_1-\mu-\sigma^2}{\sigma}\right)-\Phi\left(\frac{\ln k_2-\mu-\sigma^2}{\sigma}\right)\right] \\ &+10{,}000S_0e^{\mu+\frac{1}{2}\sigma^2}\Phi\left(\frac{\ln k_2-\mu-\sigma^2}{\sigma}\right) + Q(S_0e^{\mu+\frac{1}{2}\sigma^2}-F_{0,T}) \end{aligned}$$

이때, $k_1 = \frac{0.0075}{S_0} = \frac{0.0075}{0.007692} = 0.975039$, $k_2 = \frac{0.0065}{S_0} = \frac{0.0065}{0.007692} = 0.845034$

헤지량 Q는 이익의 변화를 가져오는 변곡점 10,000, 45,000, 55,000을 기점으로 하는 헤지량에 따라 구분하여 고려할 수 있다.

i) $-10,000 < Q < 0$의 경우

이는 헤지를 전혀 하지 않은 경우부터 환율이 0.0065 이하 구간만을 고려한 부분 헤지를 수행하는 일종의 underhedge 경우이다. 이 때 헤지를 underhedge 하고 있음은 실질적으로 환율이 0.0075 이상이 될 구간에 대해서는 고려하지 않겠다는 의도로 보고 직관적 개념 하에 현금흐름의 고려에서 제외하였다. 이제 현금흐름은 환율 구간별로 다음의 두 현금흐름으로 구성된다.

$$\text{현금흐름} = \begin{cases} (45,000 + Q)S - 150 - QF_{0,T} & \text{if } 0.0065 < S < 0.0075 \\ (10,000 + Q)S - 150 - QF_{0,T} & \text{if } \qquad\qquad S < 0.0065 \end{cases}$$

이때 헤지량이 $-10,000 < Q < 0$일 경우 두 현금흐름 내 $(45,000 + Q)$와 $(10,000 + S)$ 모두 양(+)의 값을 갖는다. 따라서 다음과 같이 분할되어 있지만 [그림 Ⅵ－15]와 같이 동일방향의 선형 형태를 띠고 있어 CFaR($\alpha = 5\%$) 지점은 앞서 학습한 선형 케이스와 동일하게 좌측에서의 순위지점에 위치하게 된다.

앞서 CFaR 선형 케이스를 복기해보면, JPY의 연속복리 수익률의 5퍼센타일 지점은

그림 Ⅵ-15 $-10,000 < Q < 0$

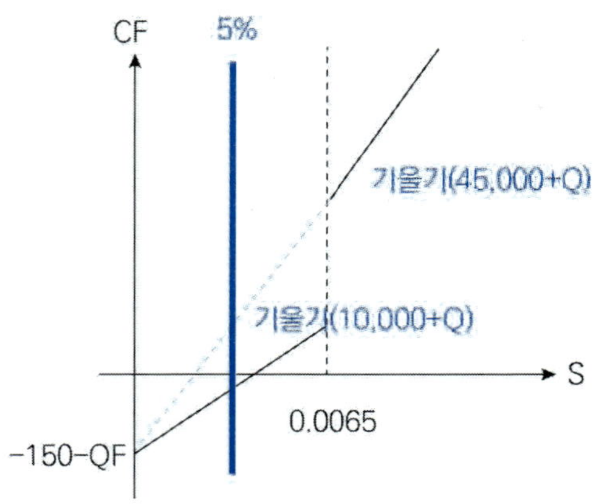

표준화 Z값 $Z=(X-\mu)/\sigma$을 전환하면 $X=\mu+Z\sigma$ 이므로 다음과 같이 구할 수 있다.

$$\ln \frac{S_T}{S_0}\bigg|_{\alpha=0.05} = \mu + Z\sigma = 0.011153 + 1.64485 \times 0.05 = -0.07109$$

$$\therefore \; S_T|_{\alpha=0.05} = S_0 e^{-0.07109} = 0.007164$$

즉, 환율 S_T가 로그노말 분포를 따를 때 환율이 0.007164 이하가 될 확률이 5%임을 뜻한다. 따라서 CFaR($\alpha=0.05$)은 다음과 같은 식으로 정리된다.

$$CFaR = 300 + 45,000 S_T|_{\alpha=0.05} - 450 + Q(S_T|_{\alpha=0.05} - F_{0,T})$$
$$= -150 + (45,000 + Q) S_T|_{\alpha=0.05} - QF_{0,T} \qquad (1)$$

ii) $-45,000 \le Q \le -10,000$ 경우

이때 고려해야 하는 현금흐름은 i) 경우와 동일하게 정의되나 헤지량의 변화에 따라 기울기가 영향받는다. 즉, 첫 번째 기울기 $(45,000+Q)$는 양(+)의 값을 가지나, 기울기 $(10,000+Q)$는 음(−)의 값을 갖게 된다. 또한 이때의 절편은 Q의 수준에 따라 절편 $(-150-QF)$가 양의 값 또는 음의 값이 될 수 있다. 여기서는 충분히 큰 헤지량이 수행된다는 가정 하에 양의 절편을 가정하자.

그림 VI-16 $-45,000 \le Q \le -10,000$

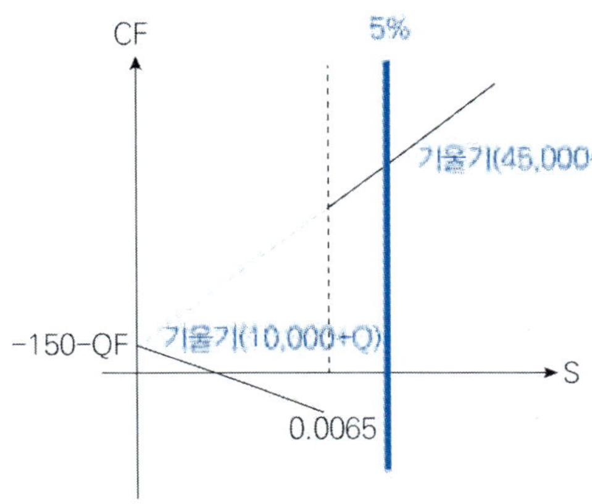

이때의 환율에 대응된 현금흐름의 좌표평면은 [그림 Ⅵ－16]과 같다. 따라서 앞의 기울기가 하락하는 부분을 포괄하므로 5%가 보다 우측에 위치하나 여전히 CFaR은 순위대로 5% 지점으로 구한다는 점에서는 i) 경우와 동일하다.

iii) $-55,000 < Q < -45,000$ 경우

이 경우는 두 기울기 $(45,000+Q)$와 $(10,000+Q)$모두 음(－)의 값으로 S_T가 높아질수록 현금흐름은 더 낮아지게 된다. 즉, 45,000 이상으로 overhedge를 수행할 경우 확보되는 현금흐름이 오히려 감소하게 된다. 따라서 증가하는 방향성을 가지는 i)과 ii)에서와 같이 단순 순위로 결정할 수 있었던 경우와 달리 이 경우에는 S_T의 5퍼센타일 임계치를 다시 계산할 필요가 있다.

앞서 환율이 0.0065 이하일 확률 $\text{Prob}(S \leq 0.0065) = 0.000165$였다. 그러나 해당 구간에서는 현금흐름이 감소하는 방향만이 존재하기 때문에 이 구간을 넘어서서 다시 현금흐름이 증가한 구간부터 앞에 구간까지 고려한 α로 전환되어야 한다. 즉, $\alpha(=0.05)$에서 0.0065 이하 구간 확률을 배제하면 잔여확률은 0.049864$(=0.05-0.000165)$이다. 따라서 이를 고려한 S_T의 5퍼센타일은 다음과 같이 계산된다.

그림 VI-17 $-55,000 < Q < -45,000$

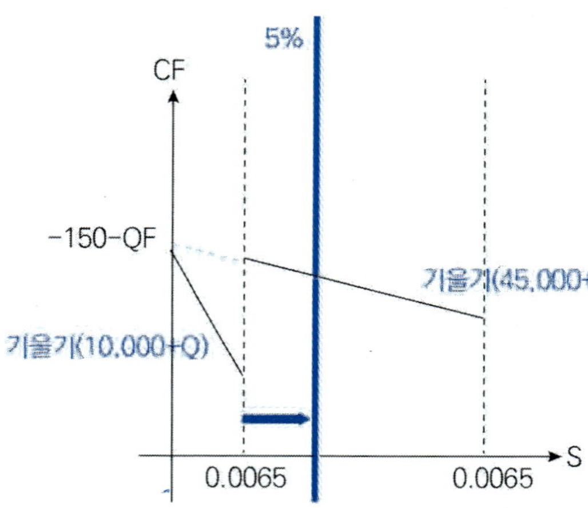

$$\text{Prob}(S_T < 0.0075) - 0.049864 = (0.23295 + 0.000165) - 0.049864 = 0.18328$$

$\Phi(z) = 0.18328$에 대응된 z값은 -0.90293 이다. 그러므로 이 경우의 임계치는 다음과 같다.

$$\ln\frac{S_T}{S_0}\bigg|_{\alpha = 0.18328} = \mu + Z\sigma = 0.011153 - 0.90293 \times 0.05 = -0.03399$$

$$\therefore \; S_T|_{\alpha = 0.18328} = S_0 e^{-0.03399} = 0.007435$$

마지막으로 다음과 같이 CFaR을 도출하게 된다.

$$CFaR = -150 + (45{,}000 + Q)S_T|_{\alpha = 0.18328} - QF_T$$

끝으로 요구되는 R&D 비용을 충족하기 위한 헤지량 Q^*는 다음과 같다.

$$CFaR = 200 = \begin{cases} -150 + (45{,}000 + Q)S_T|_{\alpha = 0.05} - QF_T & \text{if } Q \geq -45{,}000 \\ -150 + (45{,}000 + Q)S_T|_{\alpha = 0.18328} - QF_T & \text{그 외} \end{cases}$$

이 식을 Q에 대해 풀면 R&D 비용의 충족을 조건부로 하는 헤지량 $Q^* = -53{,}742$를 산출할 수 있다.

Ⅶ. 선물/선도를 이용한 위험관리-2

1. 선물 헤징전략 사용의 문제점

돌아오는 9월에 500,000 부셸의 옥수수가 필요하다고 가정하자. 이렇게 미래에 현물이 필요한 경우 가능한 한 가격변동을 회피하고 현 시점에서 가격을 고정하기 원하게 된다. 구체적으로 체결한 옥수수 선물계약 내용은 계약 당 5,000 부셸이므로 100계약을 9월 현물인도 조항으로 매수한다. 현재 선물가격은 부셸 당 $2.19이다. 이와 반대로 9월에 옥수수를 판매하려는 예정이 있을 경우에도 역시 옥수수 가격 폭락 등에 대비하여 가능한 한 가격변동을 회피하고 가격을 고정하기 원하는 판매자가 있을 수 있다. 이때에는 옥수수 선물을 100계약 매도함으로써 가능하다. 이를 위해 선도 거래(forward contract)를 이용하면 선물환의 규모와 만기가 협의되어 헤징 요구에 정확히 맞도록 선물환을 맞춤화(customize)할 수 있다.

반면 선물 계약(futures contract)를 사용할 경우, 선물 계약의 크기, 만기 및 기초자산은 고정되어 있으므로 일반적으로 헤징요구와 정확히 일치하지 못하는 상황이 존재한다. 이러한 불일치는 크게 규모(size), 대상자산(asset), 만기(maturity)에서 발생한다.

우선 규모의 불일치는 대규모 거래에서는 오히려 이러한 우려가 낮다. 예를 들어 표준화된 선물계약은 약 $80,000 에 달한다. 물론 선물의 규모가 보다 거래를 원활화하기 위해 소형화(mini 선물)되고 있는 추세이므로 이러한 불일치 위험이 일부 해소돼가고 있기도 하다.

둘째, 자산의 불일치는 원하는 상품(commodity)을 기초자산으로 하는 선물 계약이 존재하지 않음으로 인해 발생한다. 즉, 대상 자산이 존재하지 않을 경우 가격 행동이 상관관계(correlation)가 높은 다른 상품을 구매하여 포지션에서 발생하는 위험을 커버하여 전자의 변동이 후자의 변동에 의해 상쇄되도록 하는 교차 헤지(cross hedge)를 수행하게 된다. 예를 들어 항공유 가격에 대한 노출을 커버하려는 항공사의 경우 제트연료 선물계약이 존재하지 않기 때문에 불가피하게 원유 선물 계약을 이용하는 방식이다. 물론 원유 가격의 변동은 항공유 가격의 변동과 높은 상관성을 가질 것이나 완벽한 헤지가 수행된 것은 아니기 때문에 항송사의 유가 리스크를 완전히 헤지하지 못한다.

셋째, 상품에 요구되는 날짜(유효기간 등)와 인도일이 일치하지 않는 등 만기가 불일치하는 위험이 존재한다. 특히 이러한 만기불일치와 자산불일치를 통합해서 베이시스 위험(basis risk)이라고도 한다. 이 만기 위험의 가장 대표적인 예가 이미 앞서 살펴본 Metallgesellschaft의 사례이다. 즉 고객에게 10년간 고정가격으로 제공하기로 하면서 더 짧은 만기의 선물계약으로 롤오버(roll-over)할 수밖에 없었다. 이들의 롤오버 수요가 급증하면서 선물포지션 규모 역시 급증하여 구매계약 제한을 초과하게 되어 필요 포지션을 충족하지 못하였다. 게다가 유가하락은 선물포지션에서 큰 손실을 발생시켰으며 결국 파산으로 이어지게 되었다. 이처럼 만기의 불일치는 중대한 문제를 유발할 수 있으며 헤지 규모가 클수록 그 위험은 더 크게 증폭될 가능성이 존재한다.

이러한 불일치의 문제는 선물을 사용한 헤지에서는 불가피하게 발생하며 완전헤지가 불가능한 상황에서 이러한 불일치를 고려한 최적(optimal)헤지에 대한 의사결정이 필요하다. 이번 장에서는 위험을 회피하기 위한 최적헤지의 선택과 관련된 이론과 예시를 살펴보자.

2. 최적헤지(Optimal Hedge) 도출

선물을 이용하더라도 선도의 이용경우와 같이 전체 헤지가 가능하다면 완전헤지(perfect hedge)가 가능하다. 그러나 선물의 불일치 요건으로 인해 사실상 완전해지가 불가능하다. 따라서 가능한 최선의 결과, 여기서 최선의 의미는 위험을 0으로 만들 수는 없지만 최소의 위험을 달성토록 하는 헤지비율(hedge ratio)의 결정이 필요하다. 헤징의 기본 개념은 현물 포지션(Q_S)과 선물 포지션(Q_F)을 결합하여 가치 변동을 제거(또는 감소)하는 포트폴리오 V_h를 형성하는 것이다. 이러한 논리에 부합하기 위해 현물가격(S)과 선물가격(F)에 대해 다음이 성립되어야 한다.

$$V_h = Q_S \cdot S - Q_F \cdot F$$
$$\Rightarrow \Delta V_h = Q_S \Delta S - Q_F \Delta F$$

여기서 헤지된 포트폴리오의 변동이 완전 제거되어 $V_h = 0$이면,

$$h = \frac{Q_F}{Q_S} = \frac{\Delta S}{\Delta F}$$

여기서 현물포지션에 비례한 선물포지션의 비율 h은 헤지비율로 현물가격 변화율과 선물가격 변화율 간 비율 또는 1단위 익스포저를 헤지하기 위해 필요한 선물 포지션이 된다. 가장 널리 사용되는 방법은 헤지된 포트폴리오 위험을 최소화하도록 하는 헤지비율을 산출하는 방식으로 계산이 단순하며 이해가 용이하다는 장점이 있다.

$$Var(\Delta V_h) = Q_S^2 \left[Var(\Delta S) + h^2 Var(\Delta F) - 2h Cov(\Delta S, \Delta F) \right]$$
$$h^* = \frac{Cov(\Delta S, \Delta F)}{Var(\Delta F)} = \frac{\sigma_{SF}}{\sigma_F^2} \left(= \rho \frac{\sigma_S}{\sigma_F} \right)$$

그러나 실무에서 최적헤지비율을 적용하기 위해서는 헤지비율을 추정할 필요가 있다. 최적헤지비율을 경험적으로 추정하는 방법으로는 OLS(Ordinary Least Squares) 모형, ECM(Error Correction)모형, ARCH 기반 모형(Autoregressive Conditional Heteroskedasticity) 등이 있으며 본 서에서는 가장 대표적인 OLS 방법을 중점으로 살펴본다.

헤지비율을 추정하는 전통적 방식인 OLS는 현물 수익률에 대한 선물 수익률의 일반적인 OLS 회귀를 수행하여 얻어지는 기울기 계수를 헤지 비율로 보는 방식이다.[1] 현물가격과 선물가격이 랜덤워크를 따름을 가정하면, $\Delta S_t = e_{S,t}$, $\Delta F_t = e_{F,t}$이며 결합정규분포를 따름을 가정하면,

$$e_{S,t} = \left(\frac{\sigma_{SF}}{\sigma_F^2} \right) e_{F,t} + \epsilon_t$$

헤지비율 $h(= \sigma_{SF}/\sigma_F^2)$는 $e_{S,t}$에 대한 $e_{F,t}$의 회귀계수이므로 다음과 같이 회귀식을 수립할 수 있다.

$$\Delta S,t = \alpha + \beta \Delta F,t + \epsilon_t$$

따라서 최적헤지비율 h^*는 β의 추정을 통해 계산될 수 있다. 연속복리개념으로는

1 Ederington, L. H. (1979). The hedging performance of the new futures markets, Journal of Finance, 34, 157-70.

다음과 같다.

$$r_{S,t} = \alpha + \beta \cdot r_{F,t} + \epsilon_t$$

이때, 현물가격의 수익률 $r_{S,t}(=\ln S_t - \ln S_{t-1})$, 선물가격 수익률 $r_{F,t}(=\ln F_t - \ln F_{t-1})$

이 회귀의 추정치인 헤지비율($\hat{\beta}=\frac{\sigma_{xy}}{\sigma_x^2}=\frac{\rho_{xy}\sigma_x\sigma_y}{\sigma_x^2}=\rho_{xy}\frac{\sigma_y}{\sigma_x}$)은 반대방향의 포지션을 구축해야 하므로 반대의 부호를 부가하므로 $-\beta$, 즉, $-\beta$의 선물을 매도함을 의미하며 이때 헤지된 현금흐름은 보유한 현물포지션과 선물가격의 차이에 구축한 헤지비율을 반영하여 다음과 같다.

$$\begin{aligned} hedged\ CF &= S_t - \beta \times (F_{t,T} - F_{0,T}) \\ &= \beta F_{0,T} + (S_t - \beta F_{t,T}) \end{aligned}$$

[궁금해요] '최소자승회귀법'(Ordinary Least Square Method)이란?

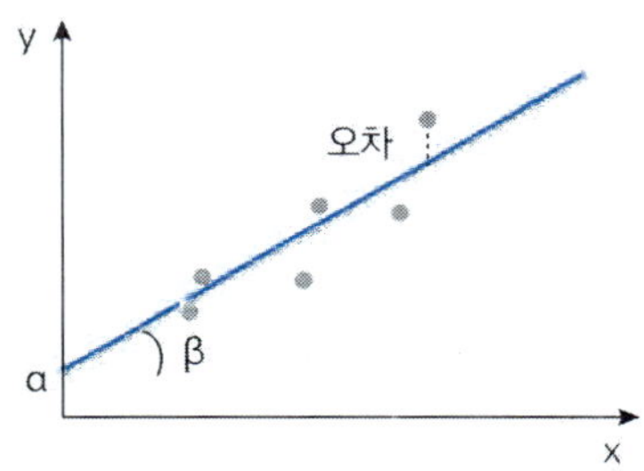

단순선형회귀(simple linear regression)로도 불리우는 이 방법은 두 변수 간의 관계를 다음 공식으로 설명할 수 있다는 논리를 바탕으로 널리 사용되는 통계 모형이다.

$$y_i = \alpha + \beta x_i + \epsilon_i$$

여기서 ϵ항은 오차항(error term)을, α와 β는 관찰되지 않은 회귀의 참된 매개변수를 나타낸다. 매개변수 β는 독립변수에 단일 변동일 있을 때 종속변수의 변동량을 나타낸다. 매개변수 α는 독립변수가 0일 때 종속변수의 값을 나타낸다. 단순선형회귀는 오차항이 최소화되는 α와 β를 찾는 것이다. 보다 구체적으로 데이터포인트에 최대한 가까운 직선을 얻기 위해 오차의 제곱을 최소화한다. 이는 +의 오차가 −의 오차로 상쇄되는 상황을 회피하기 위한 목적을 갖는다. 즉, 제곱오차항을 재구성하면,

$$\sum_{i=1}^{N}(y_i - \hat{\alpha} - \hat{\beta}x_i)^2 = S(\hat{\alpha}, \hat{\beta})$$

최적화문제는 다음과 같다.

$$\hat{\beta}:\ \frac{\partial S(\hat{\alpha},\hat{\beta})}{\partial \hat{\beta}} = 0,\ \ \hat{\alpha}:\ \frac{\partial S(\hat{\alpha},\hat{\beta})}{\partial \hat{\alpha}} = 0$$

β에 대한 추정은 다음과 같다.

$$\sum_{i=1}^{N}(y_i-\hat{\alpha}-\hat{\beta}x_i)x_i=0 \Rightarrow \sum_{i=1}^{N}y_ix_i-\hat{\alpha}x_i-\hat{\beta}x_i^2=0 \Rightarrow \sum_{i=1}^{N}y_ix_i-(\overline{y}-\hat{\beta}\overline{x})x_i-\hat{\beta}x_i^2=0$$

$$\Rightarrow \sum_{i=1}^{N}y_ix_i-\overline{y}x_i+\hat{\beta}\overline{x}x_i-\hat{\beta}x_i^2=0 \Rightarrow \sum_{i=1}^{N}(y_i-\overline{y}+\hat{\beta}\overline{x}-\hat{\beta}x_i)x_i=0$$

$$\Rightarrow \sum_{i=1}^{N}y_i-\overline{y}+\hat{\beta}(\overline{x}-x_i)=0 \Rightarrow \sum_{i=1}^{N}(y_i-\overline{y})=-\hat{\beta}\sum_{i=1}^{N}(\overline{x}-x_i)$$

$$\Rightarrow \hat{\beta}=\frac{\sum_{i=1}^{N}(y_i-\overline{y})}{\sum_{i=1}^{N}(x_i-\overline{x})}=\frac{\sum_{i=1}^{M}(y_i-\overline{y})(x_i-\overline{x})}{\sum_{i=1}^{N}(x_i-\overline{x})^2}=\frac{\sigma_{xy}}{\sigma_x^2}=\rho_{xy}\frac{\sigma_y}{\sigma_x}$$

α에 대해서도 동일 논리가 성립하므로 다음과 같이 추정할 수 있다.

$$\sum_{i=1}^{N}(y_i-\hat{\alpha}-\hat{\beta}x_i)=0 \Rightarrow \hat{\alpha}=\sum_{i=1}^{N}(y_i-\hat{\beta}x_i) \Rightarrow \hat{\alpha}=\overline{y}-\hat{\beta}\overline{x}$$

이후 오차항을 처리하는 방식에 따라 GLS, WLS, CLS 등의 방법론으로 파생되어 나갔으며 OLS 방법론이 그 외 방법론에 대한 가장 기본이 되는 방식이라는 의미에서 'Ordinary'가 부가되어 불리우게 되었다.

지금까지의 헤지비율을 정리해보면, 자산과 만기에 대해 완전일치(exact match)와 불일치(mismatch)의 두 상황이 있을 수 있으며 이에 따른 헤지의 범주를 [표 Ⅶ-1]과 같이 정의할 수 있다. 우선 자산과 만기가 모두 헤지의 의도를 완전히 충족하는 경우 선도계약의 이용시와 같은 완전헤지 상태가 된다. 만기는 일치시켰으나 자산이 일치하지 않는 경우는 교차헤지가 된다. 반대로 자산은 일치하였으나 만기가 불일치하는 경우를 델타헤지, 만기와 자산 모두 불일치하는 경우를 델타-교차헤지의 상태로 유형을 구

표 Ⅶ-1 헤지의 4개 범주

헤지비율		자산	
		완전일치	불일치
만기	완전일치	완전헤지(perfrect hedge)	교차헤지(cross hedge)
	불일치	델타헤지(delta hedge)	델타-교차헤지(delta-cross hedge)

분할 수 있다.

3. 최적헤지비율 예시 1

개별자산을 대상으로 한 최적헤지의 예를 살펴보자. 당신은 알루미늄 1백만 파운드(lbs)의 매입이 필요한 상황이다. 문제는 알루미늄 선물이 존재하지 않는다. 따라서 구리 선물을 매수하여 이를 헤지하고자 한다. 현재까지의 역사적 데이터로부터 산출한 정보는 ① 알루미늄의 파운드당 가격 변화의 표준 편차는 0.058 ② 구리 선물의 표준 편차는 0.045 ③ 둘 사이의 상관관계는 0.75 ④ 구리 계약의 개별단위는 25,000 파운드이다. 이제 당신이 필요한 헤지비율, 그리고 계약수를 산출해보자. 앞서 헤지비율 산출을 위한 회귀 β로부터 산출할 수 있다.

$$\hat{\beta}=\frac{\sigma_{xy}}{\sigma_x^2}=\rho_{xy}\frac{\sigma_y}{\sigma_x}=0.75\cdot\frac{0.058}{0.045}=0.967$$

이때, σ_x: 구리의 표준편차, σ_y: 알루미늄의 표준편차, ρ_{xy}: 상관관계

산출결과, 헤지비율은 거의 1의 값이 계산되어 알루미늄 1파운드에 대해 구리 1파운드가 헤지되어야 함을 알 수 있다. 구체적인 구리선물의 계약수는 다음과 같이 계산된다. 우선 헤지를 위해 매도해야 할 구리선물의 총량은 (1백만×0.967)이 되며, 이를 구리선물의 계약당 파운드인 25,000 파운드로 나누게 되면 약 39계약이 산출된다.[2]

이번에는 개별자산이 확장된 포트폴리오를 대상으로 하는 최적헤지 예를 살펴보자. 당신은 1월1일 기준 2백만 달러의 주식 포트폴리오를 관리하고 있는 매니저로 선물계약을 사용하여 포트폴리오를 헤지하고자 한다. 가능한 선물계약은 S&P500을 대상으로 하며 현재 선물가격은 1,024.20이다. 이러한 수치형태의 지수를 금액으로 전환하면 지수 1단위당 $250로 환산하여 총 $256,050(=1,024.5×250)이 된다. 이외에 S&P500 대비 포트폴리오 베타는 3.68로 매우 높은 상태로 매우 민감한 포트폴리오를 보유한 상태로 볼 수 있다. 이 베타는 사실상 헤지비율이 된다. 베타의 산출식이 헤지비율 산출식과

2 정확히 계약수가 정수로 계산되지 않는 경우 통상 올림 또는 내림으로 산출한다. 본 예의 경우 정확한 계약수는 38.68로 요구계약수는 39계약으로 간주하였다.

표 Ⅶ-2 헤지 여부에 따른 payoff 비교

	헤지하지 않은 경우	헤지한 경우
포트폴리오 수익	$52,000 = $2,000,000 × 2.6%	
선물 payoff	-	선물에서의 계약당 payoff -$1,450 = -(1,030-1,024.5) × $250 선물로부터의 총 payoff -$42,050 = -$1,450 × 29계약
총 payoff	$52,000	$9,950 = $52,000 - $42,050

동일하기 때문이다.

이제 보유 포트폴리오를 헤지하기 위한 필요 계약 수는 우선 보유포지션 $2백만을 현재 1계약당 선물가치($256,050)로 나누고 이에 헤지비율 3.68을 곱하여 필요 계약수 29계약을 산출하게 된다.

$$\text{계약 수} = 3.68 \cdot \frac{2{,}000{,}000}{256{,}050} = 29(3.68)(2/0.256050) = 29 \ \text{계약}$$

이어서 이렇게 구축한 헤지의 성과를 산출해보자. 1월 보유 포트폴리오 수익률이 2.6%이고 S&P500 선물이 1,024.5에서 1,030까지 상승하였음을 가정하자. [표 Ⅶ-2]의 분석결과, S&P500의 상승은 헤지를 위한 선물매도에 따라 손실을 발생시켰으며 헤지하지 않은 경우에 비교하여 오히려 payoff가 악화되는 결과가 나타난다.

이 결과는 1개월에 대한 결과로 시간을 좀 더 확장해보자. 지금 산출한 1월의 결과가 [표 Ⅶ-3]에 첫 번째 줄에 나타나있다. 이후 롤오버 하며 기간 경과에 따른 헤지 손익이 이어 계산되었다.[3] 2월의 포트폴리오 시작가치는 1월의 포트폴리오 가치에 헤지수익률이 반영되어 개시된다. 반복 적용을 위한 산출식을 정리하면 다음과 같다.

$$\text{2월부터의 포트폴리오 개시가치} = \text{전월 포트폴리오 개시가치} \times (1 + \text{헤지수익률})$$

$$\text{선물 계약수} = \frac{3.68 \times \text{포트폴리오 개시가치}}{\text{S\&P500 개시수준} \times \$250}$$

$$\text{헤지수익률} = \text{포트폴리오 개시가치} \times \text{보유포트폴리오 수익률}$$

3 개시증거금 및 마진콜 등을 고려하지 않았다는 점에서 엄밀한 의미의 총 payoff는 아니다.

표 Ⅶ-3 기간경과에 따른 헤지수익률

(금액단위 : $1백만)

일시	포트폴리오 개시가치	포트폴리오만의 가치	S&P 선물계약수	S&P 개시수준	S&P 종료수준	헤지수익률
1월-02	2.000	2.60%	29	1,024.2	1,030	0.50%
2월-02	2.010	6.82%	29	1,030	1,033	5.74%
3월-02	2.125	0.91%	30	1,033	1,035	0.20%
4월-02	2.130	-1.67%	30	1,035	1,025	1.85%
5월-02	2.169	4.87%	31	1,025	1,027	4.16%
6월-02	2.259	3.46%	32	1,027	1,030	2.40%

$$+\frac{(\text{S\&P500 개시수준}-\text{S\&P500 종료수준})\times\$250\times\text{선물계약수}}{\text{포트폴리오 개시가치}}$$

이 결과를 [그림 Ⅶ-1]를 통해 도식적으로 확인해 보면, 헤지하지 않은 경우에 비해 헤지한 경우의 수익률의 변동폭이 더 낮음을 알 수 있다. 즉, 헤지를 수행한 경우 평

그림 Ⅶ-1 헤지 수행 여부에 따른 payoff 비교

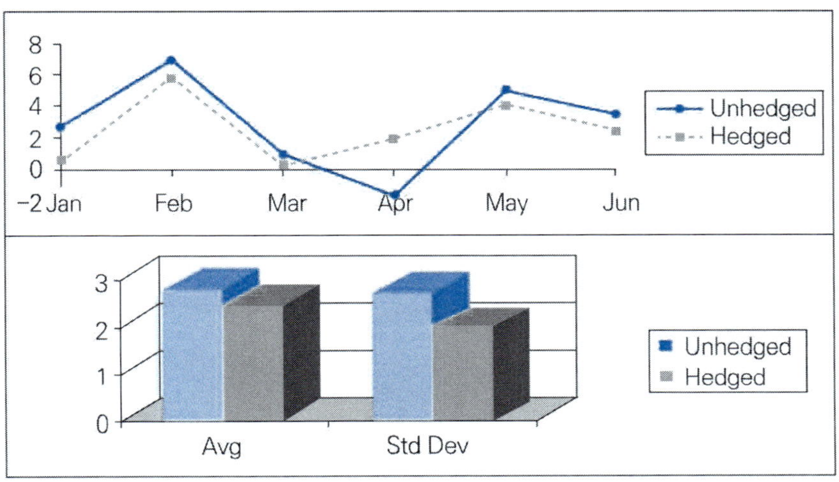

균수익률은 낮아졌으나 이와 동시에 포트폴리오 변동폭을 의미하는 표준편차 역시 낮아졌음을 알 수 있다.[4] 이는 헤지의 수행이 위험을 줄이면서 동시에 이에 대한 보상으로 수익의 상승폭이 억제된 결과이다.

4. 최적헤지비율 예시 2 – 교차헤지

환리스크와 관련된 최적헤지비율의 의사결정과 관련된 예제를 살펴보자. 미국 기업인 당신은 1월 30일 덴마크의 기업과 계약을 체결하였으며 3월 1일에 DKK 1억을 받기로 예정되어 있다. 당신은 선물 계약을 사용하여 이 익스포저를 헤지할 것을 고려하고 있다. 이 상황에서 3가지 질문에 대한 답을 찾아보자.

Q1) 어떤 선물 계약을 사용할 것인가?
Q2) 몇 개의 계약을 매입해야 하는가?
Q3) 일일정산의 문제를 심각하게 고려해야 하는가?

노출된 통화상황을 살펴보면, 덴마크의 통화는 유로연합에 속해있으나 2000년 국민투표의 결과 유로화를 사용하지 않고 자국통화인 크로네(DKK)를 사용하고 있다. DKK는 유럽 환율 메커니즘(European Exchange Rate Mechanism, ERM)에 따라 유로화에 연동되며 환율 변동폭 고정된 일종의 페그 환율제에 해당한다. 반면 그 외 유로존에서는 1999년 1월 1일의 단일 통화 유로의 도입에 따라 유로화를 사용하고 있다. 이어서 기초 데이터로 USD/DKK와 유로화 선물의 예시적 시계열 자료가 [표 Ⅶ–4]와 같이 주어졌다.[5] 각 역사적 시계열을 비교하면 [그림 Ⅶ–2]에서와 같이 매우 근접한 움직임을 보이고 있으며, 두 수익률 간 상관관계는 0.87에 달한다.

4 완전헤지를 수행했다면 이 표준편차는 0까지 하락하게 된다.
5 본 서의 이해를 돕기 위한 가상의 데이터이며 실제 데이터를 의미하는 것은 아니다.

표 Ⅶ-4 **USD/DKK 및 유로화 선물 데이터(예시)**

Date	USD/DKK	Euro Future	Date	USD/DKK	Euro Future
01-02	0.4921	0.5567	01-16	0.4845	0.5475
01-05	0.4865	0.5502	01-20	0.4821	0.5449
01-06	0.4873	0.5478	01-21	0.4857	0.5515
01-07	0.4864	0.5514	01-22	0.4921	0.5555
01-08	0.4875	0.5508	01-23	0.4979	0.5641
01-09	0.4879	0.5507	01-26	0.4945	0.5589
01-12	0.4882	0.5514	01-27	0.4956	0.5603
01-13	0.4875	0.5514	01-28	0.4910	0.5534
01-14	0.4869	0.5507	01-29	0.4876	0.5484
01-15	0.4846	0.5475	01-30	0.4843	0.5479

우선 헤지를 수행하지 않은 상태를 먼저 정립해보자. 투자자가 3월 1일 수령할 DKK 1억은 해당 일의 환율($S_{3.1} = USD/DKK_{3.1}$)이 확정되지 않았으므로 미확정 $금

그림 Ⅶ-2 USD/DKK 및 유로화 선물 수익률 추이

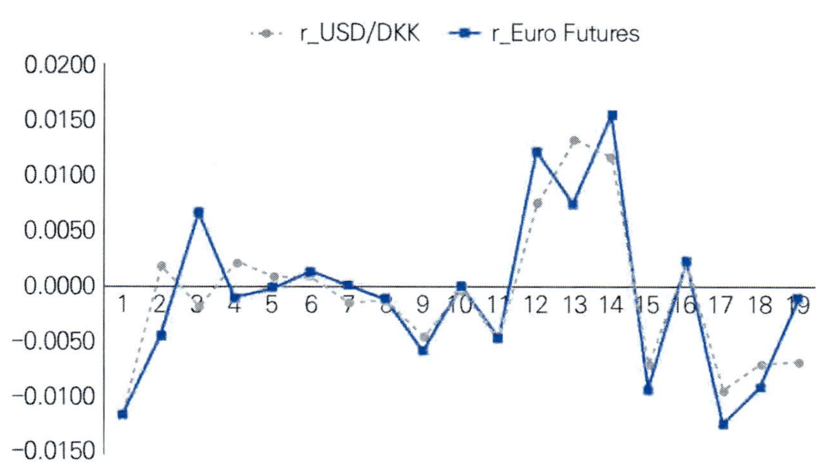

액(DKK 1억 $\times S_{3.1}$ = DKK 1억 $\times S_{1.30} \cdot e^{r}$)인 상태이며 이때의 1개월 변동성 및 Value-at-Risk(5%)를 계산하면 다음과 같다. 여기서 $\sigma^2_{ret_{USD/DKK}}$는 일별자료로 산출한 일(daily) 분산을 의미한다. 표현의 간략화를 위해 금액단위는 1백만으로 전환하여 기술하였다.

$$\diamond \text{ 헤지않은 (일) 분산} = \text{Var}\left[DKK\ 100 \times S_{1.30} e^{r}\right]$$
$$= [DKK\ 100]^2 \times S_{1.30}^2 \times \sigma^2_{ret_{USD/DKK}}$$
$$= 100^2 \times 0.4843^2 \times 0.00004329 = 0.1015$$

$$\diamond \text{ 헤지않은 (월) 분산} = \text{(일) 분산} \times 30 = 3.05$$

$$\diamond \text{ 헤지않은 Value-at-Risk} = 1.645 \times \sqrt{\text{(월)분산}}$$
$$= 1.645 \times \sqrt{3.05} = \$2.87\ \text{MM}$$

이제 DKK에 대한 통화선물이 존재하지 않는 상황 하에서 높은 상관관계를 갖는 3월 유로화 선물을 사용하여 헤지를 수행한 경우를 살펴보자. 유로화 선물은 1계약 당 EUR 125,000이다. 헤지를 하지 않을 경우 해당 포지션은 만기시 가치가 변동할 위험에

그림 Ⅶ-3 회귀식에 따른 적합도

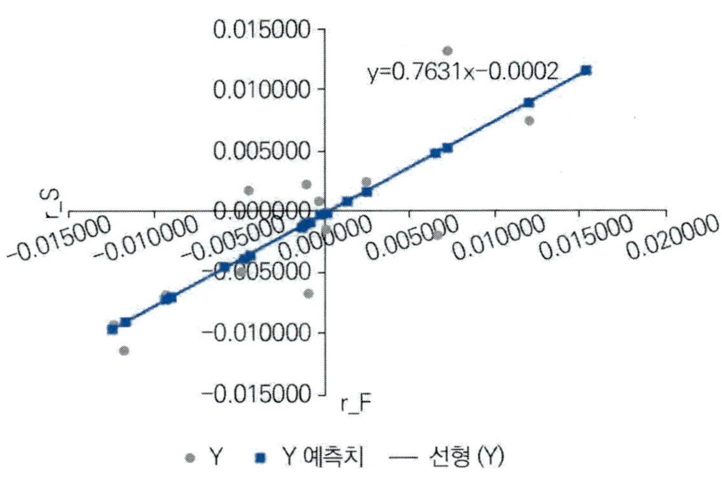

노출된다. 반면 헤지 포지션의 경우 선물을 매도하게 되므로 만기시 포지션 가치의 변동 위험은 감소하나 전체 현금 흐름이 헤지 포지션의 손익에 영향을 받는다. 우선 헤지를 위한 기본적인 일정과 대상을 정리하면, 실제 상업거래의 만기는 3월 1일인 반면 헤지의 만기는 3월 18일로 만기가 불일치한다. 또한 기초자산과 헤지를 위한 선물의 기초자산 역시 불일치하는 Delta−Cross 헤지가 요구되는 상황임을 알 수 있다. 앞서 산출한 헤지를 수행하지 않은 경우와 비교하여 이를 명확히 이해해보자.

헤지를 위해 앞서 제시된 역사적 시계열로부터 회귀분석($r_{S,t} = \alpha + \beta \cdot r_{F,t} + \epsilon_t$)을 통해 헤지비율을 산출한다. 두 시계열의 회귀결과, α는 -0.0002, β는 0.7631가 계산된다.

따라서 산출된 회귀계수 β만큼의 반대방향 포지션인 헤지총량은 유로 −76.3147 ($=\beta \times 100$)이 된다. 이를 계약당 금액으로 나누면 약 611개의 계약 개수가 산출된다.

$$-\beta \times \frac{amount}{\text{계약당금액}} = -0.7631 \times \frac{100,000,000}{125,000} = -611\ (\text{가까운 정수로 내림처리})$$

(엄밀한 헤지대상액은 유로 76,375,000(=611계약×유로 125,000)로 초과헤지 상태임)

이제 헤지를 수행한 경우의 변동성을 구하기 위해서는 세 부분에 대한 고려가 필요하다. 즉, 앞서 산출한 보유한 현 상태의 변동성에 더해 헤지를 위해 구축한 선물 포지션의 변동성, 그리고 선물 구축으로 인한 현물 포지션의 공동 움직임인 공분산이 추가로 고려될 필요가 있다. 구체적인 도출은 다음을 따른다.

◇ 헤지수행시의 (일) 분산

$$= \underbrace{[DKK\ 100]^2 \times S_{1.30}^2 \times \sigma_{ret_{USD/DKK}}^2}_{\text{unhedge position}} + \underbrace{\text{선물계약수}^2 \times F_{1.30}^2 \times \sigma_{ret_{Futures}}^2}_{\text{hedged position}}$$
$$+ \underbrace{2 \times [100 \times S_{1.30} \times h \times F] \times Cov(S,F)}_{\text{co-movement}}$$

$$= [0.1015] + [(-76.375)2 \times 0.54792 \times 0.00005609]$$
$$+ 2 \times [100 \times 0.4843 \times -76.375 \times 0.5479 \times 0.00004281]$$
$$= 0.1015 + 0.0982 - 0.1735$$
$$= 0.0262$$

◇ 헤지수행시의 (월) 분산=(일) 분산×30=0.0262×30=0.786

표 VII-5 헤지여부에 따른 속성비교

	헤지하지 않은 경우	헤지한 경우
(월) 변동성	3.05	0.786
Value-at-Risk	\$2.87 MM	\$1.46 MM

◇ 헤지수행시의 $\text{Value-at-Risk} = 1.645 \times \sqrt{(\text{월})\text{분산}}$

$$= 1.645 \times \sqrt{0.786} = \$1.46 \text{ MM}$$

결국 헤지를 통해 변동성의 감소 및 Value-at-Risk가 약 50% 가량 감소하는 결과가 나타남을 알 수 있다.

헤지를 하지 않은 경우는 만기에 환율에 따라 약정된 현금흐름을 받을 뿐 중간에 현금흐름이 오가는 상황이 발생하지 않으므로 cashflow risk는 존재하지 않는다. 반면 선물을 보유한 경우는 일일정산제도의 존재로 인해 마진콜 발생시 강제 청산의 위험이 존재한다. 이를 확인하기 위해 (일)CFaR을 산출하면, 약 \$51.6만 정도가 5%의 확률로 손실을 볼 가능성이 있음을 의미한다.

$$\text{CFaR (일)} = 1.645 \times \sqrt{\text{선물포지션 분산}} = 1.65 \times \sqrt{\text{선물계약수}^2 \times F_{1.30}^2 \times \sigma_{ret_{Futures}}^2}$$

$$= 1.645 \times \sqrt{(-76.375)^2 \times 0.5479^2 \times 0.00005609} = \$0.516 \text{ MM}$$

$$\text{CFaR (월)} = \text{CFaR(일)} \times \sqrt{30} = 2.823$$

5. 선도금리계약(FRA: Forward Rate Agreement)

1) FRA의 기본 개념

FRA는 미래의 금리 변동에서 투자자 보호에 도움이 되며 금리를 고정하려는 투자자(기업)에게 유용하다. FRA는 당사자들 간에 특정 이자율(F, contract rate)이 특정 미래 기간(D, 계약 기간, 통상 30일) 동안 특정 원금(Q, notional amount)에 적용된다는 데 동의하는 선도 계약을 뜻한다. 다만 원금의 교환 없이 시장 금리(Y, reference rate)를 기준으로 현금 결제되지만 이자율 차이만을 거래한다는 점에서 단순히 구매자가 F로 차입

그림 Ⅶ-4 FRA 관련 주요 날짜

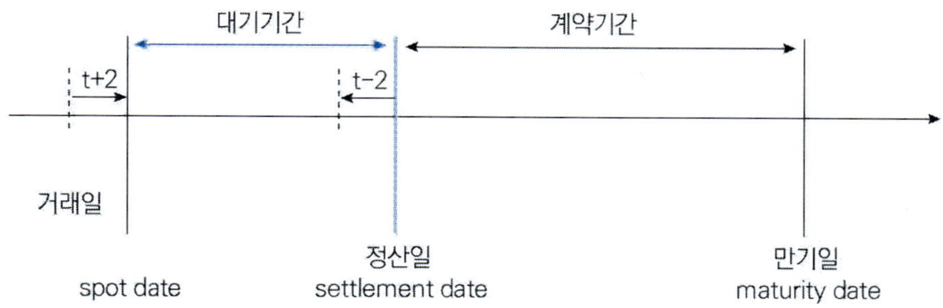

할 수 있도록 허용하는 대출 내지 예금약정을 의미하는 것은 아니다.

통상 매입자(buyer)는 특정 이자율 F를 지급하고 차입을 하는 자(borrower)이며, 반대편의 매도자(seller)는 특정 이자율 F로 대출해주는 대출자(lender)가 된다. 즉, FRA의 매입은 실질적인 차입을 의미한다. 물론 실제로 현금 차입이나 대출이 발생하지 않는다. 따라서 FRA가 거래될 때 매입자는 지정된 기간 동안 고정된 이자율로 지정된 명목 금액을 빌리고 (그리고 매도자는 빌려주는) 행위가 발생하며 미래에 합의된 날짜에 개시된다. 여기서 대기기간(waiting period)은 명목상 대출이 개시되기 전까지의 기간을 뜻하며, 계약기간(contract period)은 대기기간 이후 명목상의 대출기간을 의미한다. 이러한 기간을 고려하여 FRA는 (대기기간×[대기기간+계약기간])의 형태로 표기한다. 예를 들어 1×4 FRA는 1개월 후 시작되는 3개월의 대출을 충당하기 위한 거래 대상을 뜻하게 된다.

매입자는 향후 금리가 상승할 것이라고 믿는 경우 금리 고정(locking)을 목표로 FRA를 체결할 수 있다. 즉, 매입자는 오늘 FRA에 가입하여 차입 비용을 고정할 수 있다. 예를 들어, 한국은행이 금리를 인상하는 과정에 있다면 기업은 금리가 너무 급격히 상승하기 전에 차입 비용을 고정하기 위해 FRA를 이용할 수 있다. 따라서 금리가 상승하면 FRA의 수요 역시 증가한다. 결국 FRA 역시 차입자나 대출자, 그리고 투기자 모두 미래 금리의 방향성에 대한 예측을 기반으로 구성된 하는 제로섬 게임으로 볼 수 있다. 다음의 FRA 예를 살펴보자.

당신의 회사는 4개월 동안 1개월 내에 100만 달러를 차입해야 하는 상황이다. 현재 당신은 향후 몇 주 동안 금리가 상승할 것으로 예상하고 있다. 따라서 지금부터 1개월의 대기기간을 거쳐 총 4개월 기간을 커버하기 위해 1×4 FRA를 구매하기로 결정하였다. FRA의 거래상대방인 은행은 명목금액 $100만에 대한 FRA에 대해 5.5%를 제시하였다. 지금부터 1개월 후 시장금리가 실제로 6.2%까지 올라간 경우 FRA의 금리 차이에 해당하는 결제 금액을 받아 차입 비용 중 일부를 보전하게 된다.

FRA 없이 단순히 상황전개에 따라 기업이 부담하는 추가 이자비용은 다음과 같이 간단히 계산된다.

$$\frac{6.2-5.5}{100}\times 1,000,000\times\frac{91}{360} = \$1,769$$

이 추가이자는 대출 만기시 추가로 부담하는 이자비용과 정확히 동일해야 할 것이다. 따라서 FRA 하에서 확보되는 보전 가능액과 FRA 없이 부담해야 할 추가 이자비용이 서로 상쇄됨으로서 구매자는 금리 상승에도 부담이 변동하지 않는 헤지가 가능해진다. FRA의 정산을 위한 기본 가치(settlement value)는 계약 기간의 시작, 즉 종료시점이 아닌 기초 대출의 시작 시점에 결정되므로 이를 고려하여 조정되어야 하며, 조정되어야 하는 금액은 조정되지 않은 현금 가치가 화폐 시장에서 계약 기간 동안 투자되었을 경우 얻을 수 있는 이자의 가치이다.

$$\text{정산가치(settlement)} = Q\times\frac{(Y-F)\times\dfrac{D}{360}}{1+\left(Y\times\dfrac{D}{360}\right)}$$

이때, Q: 명목금액, Y: 고정이자율, F: FRA rate, D: 계약기간 일수

상기 식은 두 이자율 차이로 인해 현금시장에서 지불해야할 추가이자를 계산한 후, 현금시장에서와 같이 기간이 시작될 때 금액으로 시간 조정함을 의미한다. 앞서 예에서 FRA를 매입하였을 경우 매도자로부터 정산 금액을 받는다. 이후 기업이 시장에서 높아진 차입비용을 보전해주게 된다. 이와 달리 고정 금리가 5.5%보다 낮아지면 매수인이 매도자에게 차액을 지불해야 한다. 현물 시장 금리가 현물 시장에서 더 낮은 이자율을 적용한다는 것을 의미하기 때문이다. 결국 FRA는 이자율을 헤지하여 시장에서 어떤 일이 발생하든 차입금에 대해 5.5%를 확정 지불하도록 한다는 결론을 이끌어낸다.

2) FRA 공정 계약이자율(F)의 도출

FRA는 선도 금리 원칙을 사용하여 가격이 책정된다. [5%로 6개월 투자] 또는 [6%로 1년 투자]의 두 대안이 있는 투자자를 가정해보자. 투자자가 6개월 동안 투자한 다음 추가 6개월 동안 투자를 롤오버하려는 경우 최종 수익이 1년 투자의 6%와 같도록 롤오버 기간에 이에 부합하는 비율이 필요하다. FRA 금리를 두 기간 사이의 손익분기 금리로 간주한다면, 이 금리가 대략적인 FRA 금리가 된다. FRA는 통상 1년 이내의 단기로 설정되므로 이자율의 복리가 필요하지 않은 단순 이자율을 적용한다. F의 산출을 위해 다음의 두 전략을 비교해보자.

첫 번째는 $1을 0시점에 확정(고정)된 이자율($Y_{0,T}$)로 최종 시점인 T시점까지 예치하는 전략이다. 이 경우 획득되는 payoff는 다음과 같다.

$$\text{제1전략 payoff} = \$1\left(1 + Y_{0,T}\cdot\frac{T}{360}\right)$$

두 번째는, 두 전략을 합성한다. ⅰ) 우선 $1을 확정(고정)된 이자율($Y_{0,T}$)로 t시점까지 예치하여 수익을 획득한다. ⅱ) t시점이 도래하면, 획득된 금액과 동일액만큼의 FRA를 매도한다. 두 payoff를 합하면 t시점의 payoff가 산출되며, 이 합산액을 T시점까지 예치하면 제2전략의 payoff가 산출된다.

$$(t\text{시점의})\text{제2전략 payoff} = \underbrace{\$1\left(1 + Y_{0,t}\times\frac{t}{360}\right)}_{\text{i)}} + \underbrace{\$1\left(1 + Y_{0,t}\cdot\frac{t}{360}\right)\frac{(F_{0,t,T} - Y_{t,T})\cdot\frac{T-t}{360}}{1 + Y_{t,T}\cdot\frac{T-t}{360}}}_{\text{ii)}}$$

$$= \$1\left(1 + Y_{0,t}\cdot\frac{t}{360}\right)\frac{1 + F_{0,t,T}\cdot\frac{T-t}{360}}{1 + Y_{,t,T}\cdot\frac{T-t}{360}}$$

$$(T\text{시점의})\text{제2전략 payoff} = \left[\$1\left(1 + Y_{0,t}\cdot\frac{t}{360}\right)\frac{1 + F_{0,t,T}\cdot\frac{T-t}{360}}{\cancel{1 + F_{t,T}\cdot\frac{T-t}{360}}}\right]\cdot\cancel{\left(1 + Y_{t,T}\cdot\frac{T-t}{360}\right)}$$

$$= \$1\left(1 + Y_{0,t}\cdot\frac{t}{360}\right)\left(1 + F_{0,t,T}\cdot\frac{T-t}{360}\right)$$

그림 Ⅶ-5 FRA의 공정계약금리 F 도출

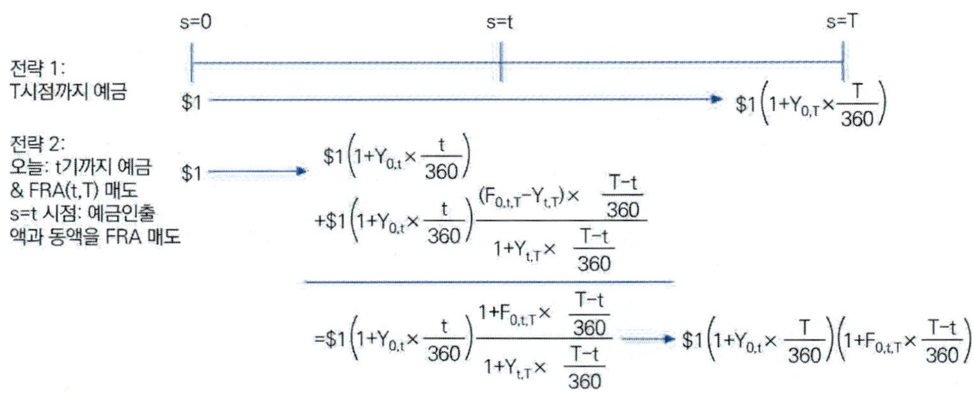

제1전략 및 제2전략 각각의 최종 payoff에는 모두 불확실성이 없는 현 시점에 확정된 값들로 구성된다. 즉, 최초 투자액이 $1로 동일하고 최종 payoff에 불확실성이 없으므로 두 payoff는 등가(equal value)를 가져야 한다. 이로부터 다음 관계가 성립한다.

$$\$1\left(1+Y_{0,T}\cdot\frac{T}{360}\right)=\$1\left(1+Y_{0,t}\cdot\frac{t}{360}\right)\left(1+F_{0,t,T}\cdot\frac{T-t}{360}\right)$$

이를 $F_{0,t,T}$에 대해 정리하면 FRA의 공정 계약이자율(fair forward rate)이 다음과 같이 정리된다.

$$F_{0,t,T}=\left[\frac{Y_{0,T}\cdot\frac{T}{360}-Y_{0,t}\cdot\frac{t}{360}}{1+Y_{0,t}\cdot\frac{t}{360}}\right]\cdot\frac{360}{T-t}$$

3) FRA 예시

당신은 5개월 내에 100만 유로를 차입해야 하고 이후 3개월이 지난 8개월 안에 대출금을 상환해야 한다. LIBOR로 차입을 할 수 있지만 향후 LIBOR 금리의 상향이 우려

그림 Ⅶ-7 Bloomberg Terminal의 FRA 정보창

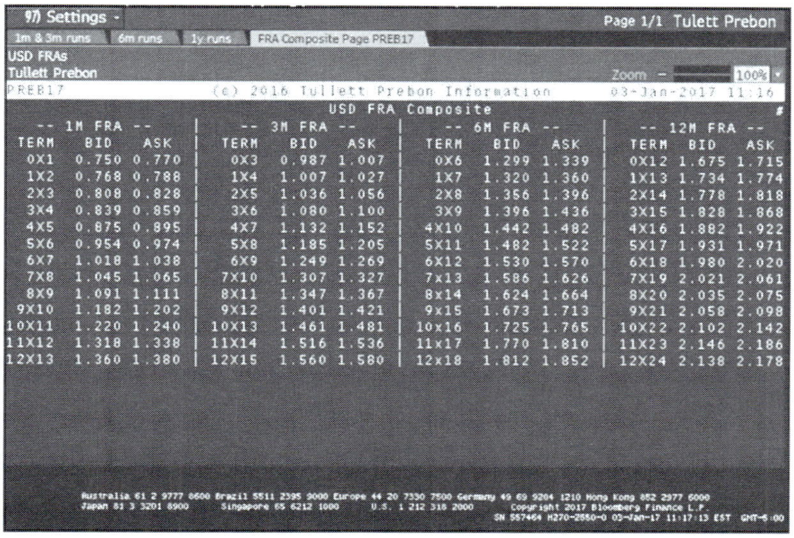
97) Settings - Page 1/1 Tulett Prebon
1m & 3m runs | 6m runs | 1y runs | FRA Composite Page PREB17
USD FRAs
Tullett Prebon Zoom 100%
PREB17 (c) 2016 Tullett Prebon Information 03-Jan-2017 11:16
USD FRA Composite

-- 1M FRA --			-- 3M FRA --			-- 6M FRA --			-- 12M FRA --		
TERM	BID	ASK	TERM	BID	ASK	TERM	BID	ASK	TERM	BID	ASK
0X1	0.750	0.770	0X3	0.987	1.007	0X6	1.299	1.339	0X12	1.675	1.715
1X2	0.768	0.788	1X4	1.007	1.027	1X7	1.320	1.360	1X13	1.734	1.774
2X3	0.808	0.828	2X5	1.036	1.056	2X8	1.356	1.396	2X14	1.778	1.818
3X4	0.839	0.859	3X6	1.080	1.100	3X9	1.396	1.436	3X15	1.828	1.868
4X5	0.875	0.895	4X7	1.132	1.152	4X10	1.442	1.482	4X16	1.882	1.922
5X6	0.954	0.974	5X8	1.185	1.205	5X11	1.482	1.522	5X17	1.931	1.971
6X7	1.018	1.038	6X9	1.249	1.269	6X12	1.530	1.570	6X18	1.980	2.020
7X8	1.045	1.065	7X10	1.307	1.327	7x13	1.586	1.626	7X19	2.021	2.061
8X9	1.091	1.111	8X11	1.347	1.367	8x14	1.624	1.664	8X20	2.035	2.075
9X10	1.182	1.202	9X12	1.401	1.421	9x15	1.673	1.713	9X21	2.058	2.098
10X11	1.220	1.240	10X13	1.461	1.481	10x16	1.725	1.765	10X22	2.102	2.142
11X12	1.318	1.338	11X14	1.516	1.536	11x17	1.770	1.810	11X23	2.146	2.186
12X13	1.360	1.380	12X15	1.560	1.580	12x18	1.812	1.852	12X24	2.138	2.178

Australia 61 2 9777 8600 Brazil 5511 2395 9000 Europe 44 20 7330 7500 Germany 49 69 9204 1210 Hong Kong 852 2977 6000
Japan 81 3 3201 8900 Singapore 65 6212 1000 U.S. 1 212 318 2000 Copyright 2017 Bloomberg Finance L.P.
SN 557464 H270-2550-0 03-Jan-17 11:17:13 EST GMT-5:00

된다. 은행은 FRA 계약이자율 7%를 제시하고 있다. 또한 시장을 살펴본 결과 8개월 대출이자율이 7.25%, 5개월 예금이자율은 7%가 관찰되고 있다. 이러한 정보 하에서 FRA 공정계약이자율을 산출해보자.

i) 5개월 차인 t시점에 100만 유로 FRA를 매입함으로써 5개월 간 7% 대출을 확

그림 Ⅶ-6 5×8 FRA 예시 구간별 현금흐름

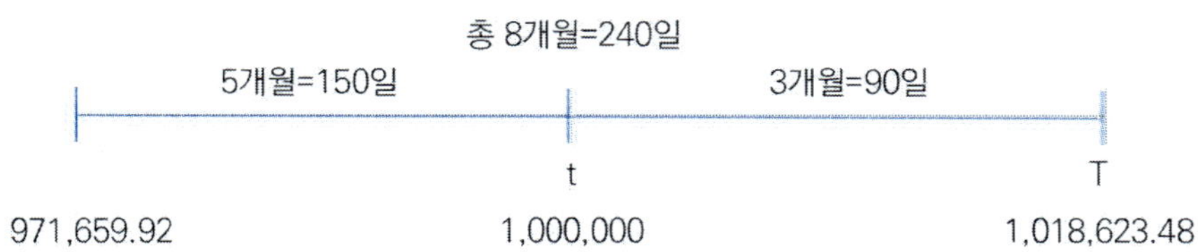

정한다. 이 금액은 현 시점 가치가 971,659.92 이다.

$$971,659.92 = \frac{1,000,000}{\left(1+0.07\cdot\dfrac{150}{360}\right)}$$

ii) 이후 이 금액을 8개월 간 대출하는 경우의 총액은 다음과 같다.

$$1,018,623.48 = 971,659.92\cdot\left(1+0.0725\cdot\frac{240}{360}\right)$$

따라서 i)과 ii)를 통합하면 971,659.92 유로를 빌려 8개월 후 1,018,623.48 유로를 상환하는 상황이 성립한다.

그렇다면 5개월 t시점의 100만 유로가 3개월 경과 후 도달해야 하는 가치는 1,018,623,48이 되어야 한다. 따라서 이를 이자율로 재환산하면 3개월 기간에 18,623.45 (=1,018,623.48−1,000,000)의 이자지급을 의미하므로 다음과 같이 7.45%가 계산된다.

$$\text{내재이자율} = \frac{18,623.48}{1,000,000}\cdot\frac{360}{(240-150)} = 7.45\%$$

FRA의 공정계약금리는 다양한 이해관계자의 예측이 충돌하면서 최종적으로 수렴된 사실상 합의된 시장 전망치로 해석할 수 있기 때문에 향후 금리향방에 대한 중요한 가늠자가 된다.

Ⅷ 비선형 파생상품(옵션)

1. 옵션의 기본 구조

다시 한번 강조하지만 파생상품은 기초자산의 가격에 연동되어 payoff가 결정된다. 앞서 학습한 선도나 선물은 그 관계가 선형(linear)으로 형성되었다. 이번 장에서는 이러한 관계가 비선형(nonlinear)으로 형성되는 대표적 파생상품인 '옵션(option)'을 학습한다. 특히 비선형 상품은 그 payoff 구조를 비선형으로 디자인할 수 있기 때문에 payoff 구조에 사실상 무한정에 가까운 변형을 가할 수 있다. 이런 측면에서 본 교재에서는 가장 기본적인 표준형 옵션(standard option)을 살펴보고, 옵션과 관련된 각 항목의 조정을 통해 이색 옵션(exotic option)으로 확장될 수 있음을 이해하고자 한다.

옵션은 사전에 계약당사자가 합의한 특정 가격(strike price/exercise price)에 정해진 만기일까지 기본 자산 또는 파생 계약의 기반이 되는 유가증권을 매수자에게 매수 또는 매도할 수 있는 '권리(right)'를 부여하는 계약으로 정의할 수 있다. 바로 거래의 대상이 대상 자산 자체일 경우 앞서 학습한 선도 내지 선물 계약이 되나, 대상 자산을 매수 또는 매도할 '권리'가 계약의 대상이 된다는 점은 옵션이 선도 및 선물과 다른 중요한 차이점이다. 특히 선도 및 선물의 경우와 같이 계약의 이행이 의무(obligation)가 아닌 권리라는 점은 매수자가 자신에게 유리한 상황에서만 권리를 행사할 수 있음을 의미한다.

옵션은 크게 콜(call)옵션과 풋(put)옵션으로 나누어지므로 크게 4개 범주의 관계자가 존재한다. 즉, 콜옵션의 매수자와 매도자, 풋옵션의 매수자와 매도자가 그것이다. 이러한 매수와 매도 측면에서 옵션별 속성을 살펴보자.

우선 콜 매수자는 일정 시간 동안 행사가격으로 매수할 권리를 갖는다. 이러한 권리 획득을 위해 콜 매수자는 프리미엄을 지불한다. 기초자산의 시장가격이 행사 가능시점에 행사 가격 이상으로 이동하면 옵션은 양(+)의 가치 내지 내재가치(intrinsic value)를 갖는다. 매수자는 반대거래인 옵션을 매도하여 상쇄하거나 옵션을 행사하여 기초자산을 실제 매입할 수도 있다.

콜 매수자의 상대가 되는 콜 매도자[1]는 프리미엄을 수취한다. 그러나 콜옵션을 매도하여 확보되는 이익은 프리미엄으로 제한되는 반면 콜 매수자는 이론적으로 무한한 수익 가능성을 갖는다.

풋옵션은 콜옵션과 반대로 매도할 권리가 대상이 된다. 즉, 풋옵션은 매수자에게 만기일까지 언제든지 정해진 가격으로 기초 자산을 매도할 수 있는 권리를 부여한다. 여기서 행사 가격은 풋옵션 매수자가 기초 자산을 매도 할 수 있는 미리 결정된 가격을 뜻한다.

따라서 풋옵션 매수자는 프리미엄을 지불하고 일정 시간 동안 이 행사가격으로 기초자산을 매도할 권리를 갖는다. 기본 가격이 행사 가격 아래로 이동하면 옵션은 양의 가치를 갖는다. 콜옵션 매수자와 마찬가지로 반대거래인 옵션을 매도하거나 옵션을 행사(주식 매도)할 수 있다.

풋 매수자의 반대편인 풋 매도자는 팔 권리를 매도한 대가로 프리미엄을 수취한다. 그러나 풋 옵션을 매도하여 얻는 수입은 프리미엄으로 제한되나 하방손실은 더 확대된다.

행사 유형에 따라서도 크게 유럽형(American), 미국형(European), 그리고 버뮤다형(Bermudan)으로 범주를 나눌 수 있다. 유럽형 옵션은 만기일에만 상환할 수 있는 옵션 유형으로 정의할 수 있다. 반면 미국형 옵션은 옵션 거래일과 만기일 사이에 언제든지 옵션을 상환하고 종료할 수도 있다. 따라서 미국형 옵션은 더 큰 유연성을 제공해주므로 더 많은 수요를 갖는다. 따라서 동일 조건의 미국형 옵션에 비해 유럽형 옵션은 일부 할인된 가격으로 거래된다. 또한 유럽형 옵션은 주로 장외시장에서 거래되는 반면, 미국형 옵션은 대부분 거래소를 통해 거래된다. 유럽형 옵션의 만기에만 행사가 가능하다는 점은 미국형 옵션에 비해 행사의 유연성을 제약하는 요인이지만 반대되는 장점도 분명히 존재한다. 즉, 유럽형 옵션의 만기가 확정되기 때문에 이를 이용한 헤징전략이 명확히 구축될 수 있으며 손익이 비교적 추정되기 쉽게 만들어 준다. 반면 미국형 옵션은 행사가 언제 이루어질지 불확실하며 손익의 추정이 쉽지 않아 헤징전략에 활용이 제약된다. 이러한 헤징측면에서 통화옵션의 경우 대부분 유럽형 옵션의 형태를 갖는다.[2] 이러한 조기행사 가능성을 중점으로 한 보다 세부적인 비교는 후절에서 살펴보도록 한다.

1 옵션의 매도는 short보다는 writing의 용어가 더 일반적으로 사용된다.

2 참고로 우리나라의 한국거래소에서는 만기일에만 거래가 가능한 유럽형 옵션만을 취급하고 있다.

그림 Ⅷ-1 버뮤다 지역

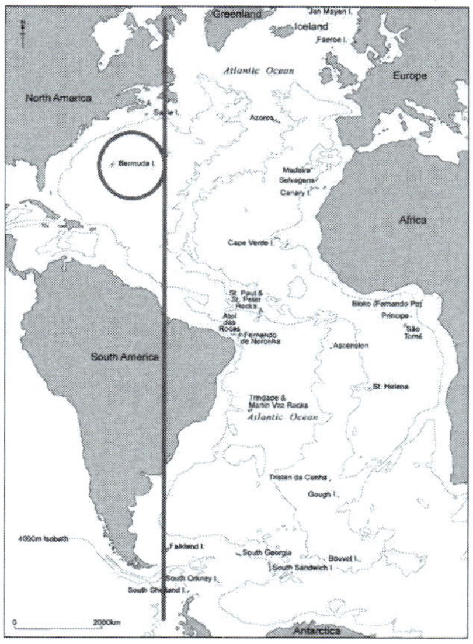

버뮤다 옵션은 미리 정해진 (복수의) 날짜에 행사할 수 있는 이색 옵션이다. 따라서 유럽형도 아니고 미국형도 아닌 중간 형태를 띠기 때문에 마치 버뮤다의 외딴 섬이 미국과 유럽 사이에 있는 것 같다하여 버뮤다라는 이름이 붙여졌다. 이외에도 Semi-American, Mid-Atlantic 또는 Quasi American 옵션 등 유사한 명칭으로도 불린다. 유럽형과 같이 대부분 장외 거래된다.

이외에 옵션의 이익과 손실 상태, 일명 'moneyness'를 설명하기 위한 범주로 내가격(ITM: in-the-money), 등가격(ATM:at-the-money), 외가격(OTM: out-of-the-money)을 규정할 필요가 있다. 이는 옵션매수자의 측면에서 주가가 행사에 우호적인 상황을 내가격, 비우호적인 상황을 외가격, 정확히 행사가격과 동일(근접)한 경우를 등가격으로 정의한다. 콜옵션의 경우는 주가가 행사가격 이상이 될 경우를, 풋옵션의 경우는 주가가 행사가격 이하가 될 경우 옵션매수자의 행사가 발동되는 조건이 되므로 이 경우가 ITM이 된다. 이러한 moneyness는 반드시 만기시점에만이 아닌 평가하려는 현 시점에서도 동일한 기준을 적용한다. 이 상황을 [표 Ⅷ-1]에 종합하여 도식하였다.

표 Ⅷ-1 ITM, ATM, OTM 상황

만기 주가	콜옵션	풋옵션
⬆	ITM	OTM
행사가격	ATM	
⬇	OTM	ITM

2. 옵션의 4개 payoff – 예시

1) 콜옵션 매수와 매도

보다 구체적인 사례를 통해 옵션 payoff의 비선형성을 학습해보자. 행사가격이 $50인 콜옵션을 가격 $1.50에 매수한 경우를 상정하자. 이때의 옵션 매수가격은 프리미엄(premium)이 된다. 이 콜옵션은 행사시 A사의 주식을 $50에 매입할 수 있는 권리를 가지며 A사의 현재 가격(spot price)는 $46.10이다. 일단 최초 옵션매입부터 만기까지의 시간가치는 고려하지 않을 때,[3] 옵션의 최종가치는 만기의 A사 주가(S^*)의 상태가 행사가보다 높은지 아니면 낮은지에 따라 결정된다. 즉, 기본적으로 모든 상황에서 초기 옵션프리미엄 지급비용인 −$1.50가 소요된다. 이어서 만기시점의 주가가 $50 이하이면 시장에서 더 낮은 가격으로 매입할 수 있는 A사 주식을 비싼 가격에 살 이유가 없어지는 상황이므로 행사를 포기하게 되며 이때의 손익은 옵션프리미엄 지불로 종료된다. 반면 주가가 $50 이상으로 상승하면 시장에서 형성된 가격보다 더 낮은 $50에 매입이 가능하므로 행사를 하게 된다. 행사를 통해 확보된 A사의 주식가치는 그대로 시장형성가의 가치를 지니므로 S^*에서 행사를 위해 지불한 행사가격(−$50)과 초기 옵션프리미엄 $1.50을 차감하여 최종 손익 $S^* - 51.50(=S^* - 50 - 1.50)$이 확정된다. 이러한 주가에 대응한 콜옵션 매수시의 payoff는 [그림 Ⅷ−2]와 같다.

3 실무적으로도 통상 몇 개월 이내의 근월물 위주로 실질 거래가 형성되므로 시간가치의 고려가 큰 차이를 만드는 것은 아니다.

표 Ⅷ-2 콜옵션 매수시의 손익상황

	$S^* < 50$	$S^* > 50$
초기 비용	-1.50	-1.50
만기시 현금흐름	0	$S^* - 50$
최종 손익	-1.50	$S^* - 51.50$

그림 Ⅷ-2 콜옵션 매수 payoff

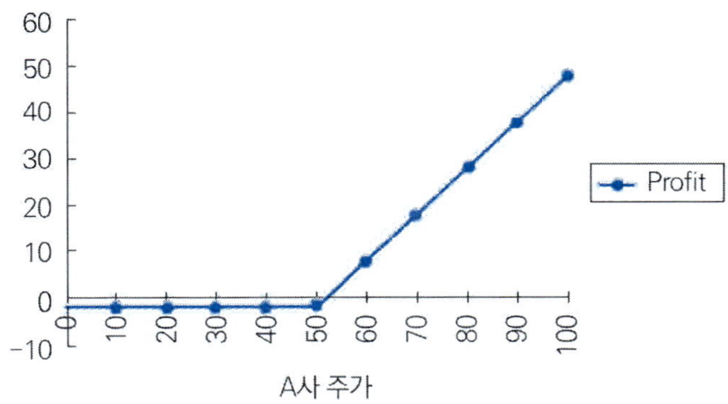

이번에는 콜옵션을 매도한 경우이다. B사 주식에 대한 행사가격 $45인 콜옵션의 가격이 $6.50이다. 현재 B사의 주가는 $51.50로 형성되어 있다. 이 옵션 매도자의 손익은 행사가격 $45를 기준으로 하여, 만기시 주가가 $45 이하이면 매입자가 시장에서 더 저렴하게 시장가에 주식을 매입할 수 있으므로 더 높은 가격에 행사할 유인이 사라지므로 행사를 포기한다. 따라서 이 경우 매도자는 옵션프리미엄 $6.50이 확정된다. 반대로 만기시 주가가 $45 이상으로 상승할 경우는 매입자가 시장가격보다 저렴하게 주식을 매입할 수 있을 것이므로 행사가 이루어지며 이에 따라 매도자는 초기 프리미엄과 행사가격 $45이 합산된 51.50을 확보하나 현재 형성 주가로 매입하여 인도해주어야 하므로 $-S^*$의 차감이 발생하므로 최종손익은 $51.5 - S^*$가 된다. 이러한 주가에 대응한 콜옵션 매도시의 payoff를 [그림 Ⅷ-3]에 도식하였다. 결국 콜옵션 매도자는 주가가 행사가 이하로 형성될 경우 프리미엄만큼의 이익을 한정 확보하나 주가가 행사가 이상으로 커질수록 손실폭이 확대되는 구조를 갖는다.

표 Ⅷ-3 콜옵션 매도시의 손익상황

	$S^* < 45$	$S^* > 45$
초기 유입	6.50	6.50
만기시 현금흐름	0	$45 - S^*$
최종 손익	6.50	$51.50 - S^*$

그림 Ⅷ-3 콜옵션 매도 payoff

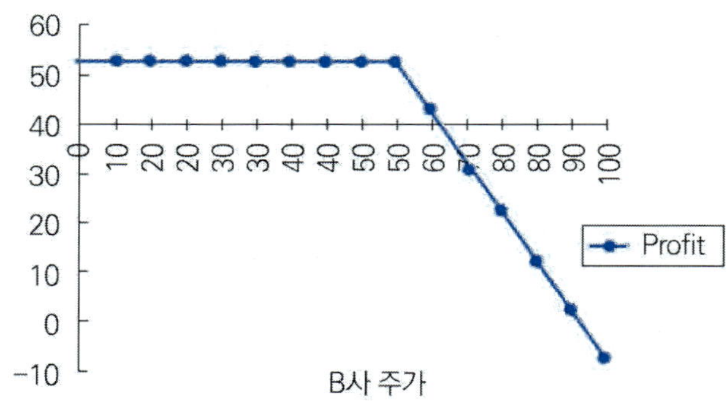

콜옵션 매수의 payoff와 매도의 payoff를 동시에 살펴보자. 매수자의 존재는 정확히 반대편의 매도자가 존재함을 뜻한다. [그림 Ⅷ−4]의 도식으로도 확인되듯이 매수자의 이익은 매도자의 손실인 동시에, 매수자의 손실은 매도자의 이익이 되는 구조이며 이는 x축을 중심으로 대칭형의 제로섬(zero−sum) 구조가 된다.[4] 즉, 한 사람의 이익이 다른 사람의 손실과 같아서 부의 순변화(net change)가 0이 되는 상황이 된다.

4 물론 매매단계에서 발생하는 수수료를 고려한다면 실질적으로 마이너스섬에 가깝다. 다만 원론적으로 수수료 자체의 규모가 작고 이론적 전개의 단순성을 위해 수수료를 고려하지 않고 논의할 뿐이다.

그림 Ⅷ-4 콜옵션 거래의 제로섬 성격

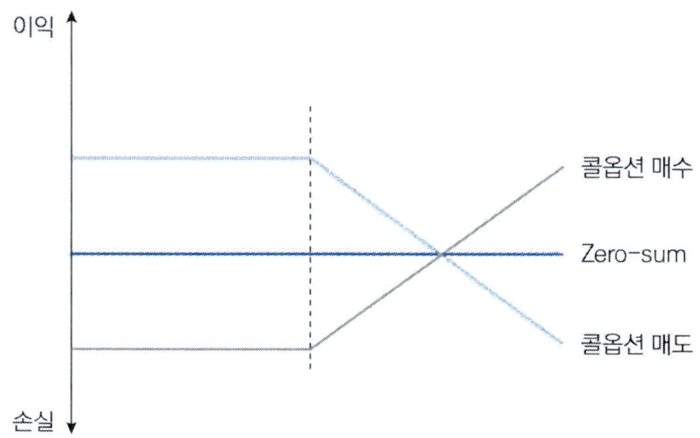

추가 논의사항으로, 콜옵션 매수자는 하방위험(downside-risk)은 제한되어 있고 상방 이익의 가능성을 열려있다. 반대로 콜옵션 매도자는 상방 이익이 제한되어 있고 역으로 하방위험이 열려있으므로 옵션의 매도는 극히 주의가 필요하다.

2) 풋옵션 매수와 매도

C사 주식에 대한 행사가격 $15의 풋옵션을 $3에 매입한 경우를 살펴보자. 현재 C사의 주가는 $17.2에 형성되어 있다. 이 풋옵션 매입자의 손익은 일단 옵션 매입에 소요된 프리미엄(-$3)이 확정적으로 발생한다. 이어서 행사가격 $15을 기준으로 하여 주가가 행사가격 이하로 형성되면 하락한 가격 대비 $15에 매도할 수 있으므로 그 차이 $(15-S^*)$만큼의 이익을, 행사가격 이상으로 형성되면 더 높은 시장가격 매도가 유리하므로 옵션 행사를 포기함으로 인한 프리미엄 손실이 확정된다. 결국 풋옵션 매수는 주가하락에 대한 방향성을 예측할 때 활용가능한 옵션이 된다. 단, 주가는 음(-)의 값을 가질 수 없으므로 $12까지의 이익 가능성이 있다. 이 부분이 콜옵션과의 차이이기도 하다. 콜옵션을 매수한 경우는 주가 상승에 따른 이익의 가능성에 제한이 존재하지 않았다. 반면 풋옵션을 매수한 경우는 행사에 우호적인 주가 하락의 상황이 발생하더라도

이익의 제한이 존재한다.

표 Ⅷ-4 풋옵션 매수시의 손익상황

	$S^* < 15$	$S^* > 15$
초기 비용	-3	-3
만기시 현금흐름	$15 - S^*$	0
최종 손익	$12 - S^*$	-3

그림 Ⅷ-5 풋옵션 매수 payoff

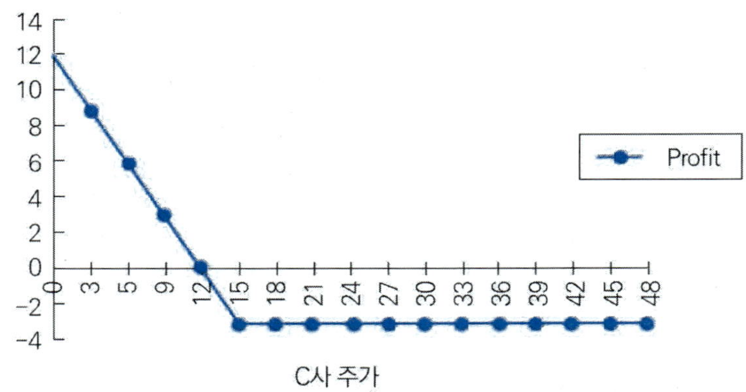

이어서 풋옵션 매도의 예를 살펴보자. D사 주식에 대한 행사가 $25의 풋옵션을 $3에 매도하였다. 이 풋옵션의 매도자는 프리미엄 수령의 대가로 풋옵션의 매입자가 행사할 경우 행사가격으로 주식을 매수할 의무를 지닌다. 따라서 풋옵션을 매도하는 자는 향후 기초자산의 전망에 대해 중립적이거나 긍정적인 전망 또는 변동성이 감소할 것으로 예상하는 경우에 해당한다. 이 풋옵션 매도자의 손익은 행사가격 $25를 기준으로 하여, 주식의 시장가격이 행사가격 이상으로 형성될 경우 풋옵션의 매도자가 더 높은 시장가격에 팔기를 원할 것이므로 행사를 포기하며 이로 인해 풋옵션 매도자는 옵션프리미엄 $3의 유입이 확정된다. 반대로 주가가 행사가격 이하로 형성될 경우 풋옵션 매입자는 시장가격보다 높은 행사가격에 매도할 수 있으므로 풋옵션을 행사하며 이로 인해 풋옵션 매도자는 주가가 하락할수록 손실폭이 커지게 된다. 단, 주가는 음(−)의 값을 가질 수 없으므로 −$22까지 최대 손실의 가능성이 있다. 따라서 일종의 유한책임을 가지는 증권으로 간주할 수 있다.

표 Ⅷ-5 풋옵션 매도시의 손익상황

	$S^* < 25$	$S^* > 25$
초기 유입	3	3
만기시 현금흐름	$S^* - 25$	0
최종 손익	$S^* - 22$	3

그림 Ⅷ-6 풋옵션 매도 payoff

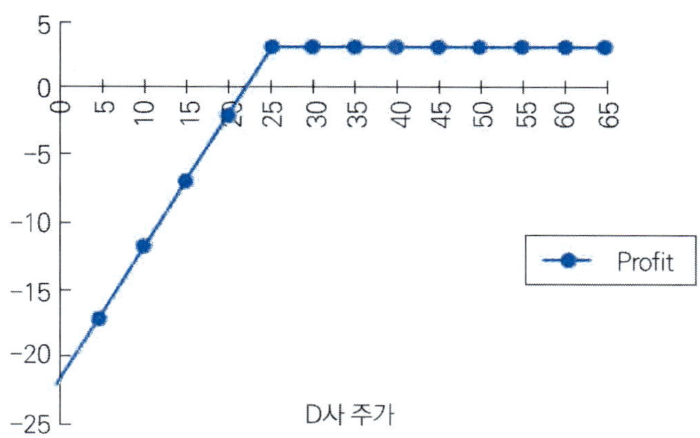

콜옵션의 경우와 같이 풋옵션 매수의 payoff와 매도의 payoff를 동시에 살펴보자. 동일하게 제로섬의 상태가 성립한다. 또한 풋옵션 매수자는 하방위험(downside risk)은 프리미엄으로 제한되어 있고 상방 이익의 가능성을 열려있다. 반대로 풋옵션 매도자는 상방 이익이 제한되어 있고 역으로 하방위험이 열려있다. 이를 콜옵션의 경우와 같이 살펴보면, 결국 옵션의 유형에 관계없이 매도시에는 높은 주의가 필요하다는 점을 다시 강조한다.

그림 Ⅷ-7 풋옵션 거래의 제로섬 성격

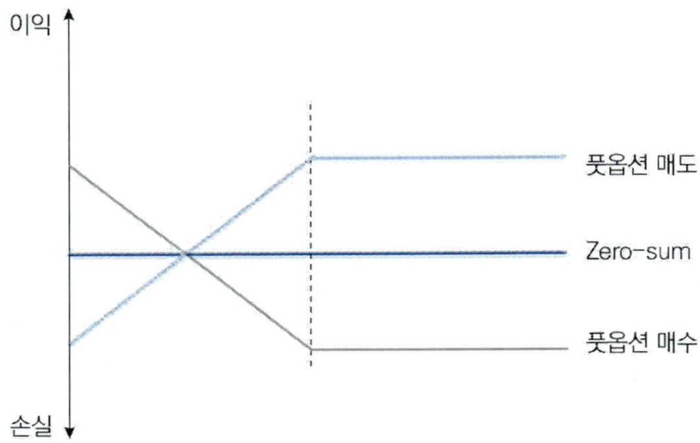

지금까지 살펴본 옵션의 payoff는 이어서 학습할 옵션의 payoff를 결정짓는 다양한 요인 중 다른 요인들은 모두 고정된 상태에서 주가의 변동만을 고려한 것임을 강조하고자 한다. 예를 들어 시장에서 형성된 옵션가격에는 시장에 참가자들이 인식하는 변동성, 즉 내재변동성이 가미되어 있다. 특히 비선형 상품일수록 이러한 변동성의 영향력은 더욱 높아진다. 예를 들어 콜옵션 매수자의 경우 주가가 행사가격 이상으로 올라갈 가능성이 높을수록 상향 잠재력(upside potential)이 증대하고, payoff 역시 증대하므로 높은 변동성을 선호하게 된다. 반대로 콜옵션의 매도는 주가가 행사가격 이상으로 올라가지 않도록 변동성이 낮아지기를, 다른 표현으로는 높은 변동성의 반대방향에 베팅을 한 것으로 해석할 수 있다. 이러한 측면에서 옵션의 매수는 변동성을 매수(volatility buyer)하는 것과 동일한 의미를 가지며, 옵션의 매도는 변동성을 매도(volatility seller)한 것이 된다.

이외에도 다양한 요인들이 옵션 가치에 영향을 주는데 다음 절에서 이러한 영향요인을 세부적으로 살펴보도록 하자.

[궁금해요] 풋옵션이 얼마나 위험해요?

[컨스의 로빈후드앱 마지막화면]

2020년 6월 12일 미국 네브래스카 대학교의 20세 학생인 알렉산더 E. 컨스가 자살했다. 그는 코로나 기간 동안 주식투자를 시작하였다. 수수료가 없고 사용하기 쉬운 모바일 앱을 제공하고 신규 고객에게 무료 주식을 제공하며, 주식매입을 위한 대출까지 제공하는 주식중개회사인 Robinhood에 가입했다. 2020년 1분기 동안 Robinhood는 플랫폼에 3백만 개의 신규 계정을 신설될 정도로 폭발적인 성장세를 보였다. Covid-19로 인해 주식 시장의 변동성이 급격히 높아지자 컨스는 옵션 거래를 시작하였다. 결과적으로 그의 Robinhood 계좌의 현금 잔고는 -$730,165였다. 6월 11일, Robinhood가 자신의 계정을 제한하는 것을 보고 패닉에 휩싸여 결국 생을 마감하였다. 실제로는 그의 전략은 풋옵션매도와 풋옵션 매수가 결합된 Bull-put spread로 사실상 위험이 제한되는 전략이었으며 실제로 그가 자살한 직후 Robinhood사로부터 마진콜이 충족되었다는 자동메일이 수신되었다.

그가 부모에게 마지막으로 보낸 쪽지에는 "소득이 없는 20세가 100만 달러 가치의 레버리지를 받을 수 있었다"라고 탄식하고 있었다. 이는 파생상품에 관한 정확한 지식없는 투자가 얼마나 큰 파국으로 치달을 수 있는지 극명하게 보여준 예라 하겠다.

3. 주식옵션(stock option)의 기본 속성

옵션의 분류를 콜옵션과 풋옵션으로, 유럽형과 미국형으로 범주를 줄 경우 총 4개 범주(유럽형 콜, 유럽형 풋, 미국형 콜, 미국형 풋)로 분류할 수 있다. 이러한 유형 구분은 옵션가격에 영향을 미치는 요인들이 범주별로 서로 다른 영향을 미치기 때문이다. 기초자산을 주식으로 하는 주식옵션가격에 영향을 미치는 요인들은 주가(S), 행사가격(K), 변동성(s), 잔존만기(t), 무위험이자율(r), 그리고 배당(d)의 6개이다. 각 요인을 매수자 기준을 살펴보자.

첫 번째, 주가(S)의 영향은 이미 앞서 학습한 바와 같이 주가의 상승은 유형에 관계없이 콜옵션에 긍정적인(+) 영향을, 풋옵션에는 부정적인(-) 영향을 미친다. 이는 주가의 포지션이 옵션 payoff의 가장 기본적인 구조와 맞물리기 때문이다.

두 번째, 행사가격(K)의 영향은 콜옵션의 경우 행사가격이 높을수록 행사의 가능성이 낮아지므로 매수자에게 불리한(−) 영향을 미친다. 반대로 풋옵션의 경우에는 행사가격이 높을수록 행사가격 이하로 주가가 움직일 가능성, 즉 행사의 가능성을 높이므로 풋옵션 매수자에게 유리한(+) 영향을 미친다.

세 번째, 변동성(s)은 콜옵션과 풋옵션 모두에게 행사의 가능성을 높이므로 매수자에게 유리한(+) 영향을 미친다.

네 번째, 잔존만기(t)의 영향력은 더 세분화된 이해가 필요하다. 우선 미국형 옵션은 앞서 학습한 바와 같이 만기 이전 언제고 행사가 가능하다. 따라서 잔존만기가 길수록 매수자가 유리한 판단을 내릴 일수(days)를 높이고 유리한 payoff로의 가능성을 높이므로 콜옵션 및 풋옵션에 긍정적인 영향을 미친다. 유럽형의 경우 만기에만 행사가능하므로 미국형과 같이 잔존만기가 길수록 매수자가 유리하다. 다만 특별한 경우에 있어 부정적인 영향을 미치는 경우가 존재할 수 있다. 예를 들어, 잔존만기의 증가가 배당락일을 포함하고 있을 경우 가치의 감소가 유발될 수 있다. 이는 배당락을 통해 주가의 하락이 명백하므로 콜옵션 매수자의 행사가능성을 더욱 낮추기 때문에 가격이 하락한다. 이러한 경우는 동일 기초자산과 조건이라면 오히려 잔존만기가 짧은 옵션이 더 높은 가치를 갖는다.[5] 이렇듯 특별한 경우에 한하여 잔존만기의 영향이 차별적으로 작용할 수 있다. 그러나 잔존만기를 기초자산 가격의 측면에서 바라본다면 잔존만기가 길수록, 즉, 예측구간이 길어질수록 가능한 예측 주가의 분포가 넓게 분포되어 더 높은 변동성에 노출되는 결과를 낳으므로 특별한 경우를 제외하고는 변동성의 영향과 마찬가지로 모든 유형에 +의 영향을 미친다고 보아야 할 것이다.

다섯 번째, 배당(d)은 배당지급으로 인한 배당락의 발생으로 주가를 하락시키는 요인이므로 주가(S)의 영향요인과 반대되는 영향을 옵션에 미친다.

마지막으로 무위험이자율(r)의 영향력은 옵션의 payoff를 통해 직관적으로 이해할 수 있다. 콜옵션은 만기에 있어서 payoff가 $\text{Max}(S^* - K,\ 0)$임을 앞서 확인하였다. 여기서 행사가격 K는 행사시점의 가격이므로 이를 옵션을 평가하는 현 시점으로 전환하기 위해서는 현재가치로의 전환이 필요하다. 즉, $PV(K) = K \cdot \exp(-r \cdot t)$이므로 무위험이자

5 배당락 효과가 크지 않은 우리나라의 경우는 배당락일이 옵션기간 내 존재하더라도 큰 영향을 미치지 못하는 경우가 대부분이다.

표 Ⅷ-6 변수별 옵션가치 영향력

변수		유럽형		미국형	
		콜옵션	풋옵션	콜옵션	풋옵션
주가	(S)	+	−	+	−
행사가격	(K)	−	+	−	+
변동성	(s)	+	+	+	+
잔존만기	(t)	+(?)	+(?)	+	+
무위험이자율	(r)	+	−	+	−
배당	(d)	−	+	−	+

율 r의 상승은 실질적인 K의 하락을 가져온다. 따라서 행사의 가능성을 높이므로 콜옵션 매수자에게 우호적인 신호를 준다. 풋옵션의 경우는 이와 반대로 $\text{Max}(K-S^*, 0)$이므로 이자율에 대한 동일한 논리로 행사가격의 하락은 풋옵션 매수자에게 불리하므로 부정적 영향을 미치게 된다. 물론 무위험이자율은 행사가격뿐만 아니라 주가(S)에도 영향을 미친다. 즉, 기대주식수익률(expected return)이 무위험이자율과 위험프리미엄의 합산으로 구성되므로 무위험이자율의 상승은 기대주식수익률의 상승을 유도한다. 이는 콜옵션의 경우 S^*의 상향에 기여하므로 콜옵션의 행사가능성을 높여 양(+)의 효과를 증폭시킨다. 풋옵션의 경우는 반대로 행사가능성을 낮추므로 음(−)의 효과를 높인다.

이러한 변수에 따른 옵션가치에 대한 영향은 이후 학습할 옵션 Greek 분석을 통해 좀 더 세부적으로 살펴본다.

4. 옵션의 경계(bound)조건

유럽형 콜옵션의 만기시점의 payoff는 ITM 조건 하에서 S^*-K이다. 우선 콜옵션의 가격의 상한, 즉, 상위경계(upper bound)를 살펴보자. 이러한 측면에서 콜옵션의 가격은 현재의 주가(S_0)를 넘어설 수 없다. 이는 오늘 S_0를 지불하고 주식을 확보하면 그 주식은 만기여부에 상관없이 항상 S^*가 된다. 따라서 행사가격 K를 극단적으로 0으로 설정(100% ITM)하더라도 S_0를 넘어설 수는 없다. 이러한 $\tilde{r}_j \geq \tilde{r}_i + \epsilon_i$ $(\epsilon_i \geq 0)$ 상태를 'stochastic dominance' 상태에 있다고 표현하며 이에 해당한다. 이 상태 하에서 유럽형 콜옵션의 상한은 $c \leq S_0$이 된다. 미국형의 경우에도 만기이전의 중간시점의 주가 S^{**}에서 옵션의 payoff는 $\text{Max}(S^{**}-K, 0)$으로 S^{**}보다 같거나 작을 수밖에 없다. 따라서 0시점에의 미국형 콜옵션 상한 역시 $C \leq S_0$이 된다.

하방경계에 대해서는 유럽형과 미국형을 분리해서 살펴보자. 우선 유럽형 콜옵션의 하방경계(lower bound)는 다음의 항상 성립하는 두 조건을 통해 유도할 수 있다.

표 Ⅷ-7 유럽형 콜옵션 하방경계조건 유도

<table>
<tr><td>(a)
유럽형 콜옵션 1 매수 +
무이표채권(액면가=K)</td><td>(b)
주식 1주 매수
S</td><td rowspan="2">(c)
옵션가치의 비음성
(nonnegative)</td></tr>
<tr><td>만기의 payoff
$= \text{Max}(S^*-K,\ 0) + K$
$= \text{Max}(S^*, K)$</td><td>S^*</td></tr>
<tr><td colspan="2">(a)전략이 (b)전략을 stochastic dominance함
$c+e^{-rt}K \geq S$ ➡ $c \geq S-e^{-rt}K$</td><td>$c \geq 0$</td></tr>
<tr><td colspan="3">$c \geq \text{Max}[S-e^{-rt}K,\ 0]$</td></tr>
</table>

이렇게 유럽형 콜옵션의 하방경계가 도출되면 당연하게도 행사시점이 더 자유로운 미국형 옵션은 그 추가적인 가치가 존재하므로 하방경계는 유럽형 옵션가치를 하방경계로 삼게 된다. 따라서 미국형 콜옵션의 하방경계는 다음과 같다.

$$C \geq c \geq \text{Max}[S-e^{-rt}K,\ 0]$$

이어서 풋옵션의 경계에 대해서 살펴보자. 유럽형 풋옵션의 만기시 ITM 조건하의 payoff는 $K-S^*$이다. 풋옵션이 가장 극단적으로라도 가능한 최대이익은 $S=0$이 되는 상황으로 최대 K가 확보된다. 단, 이 K는 만기에 확보되는 금액으로 현 시점으로 현재가치화한 최대이익 $e^{-rt}K$를 넘어설 수 없다. 따라서 유럽형 풋옵션의 상위경계는 $p \leq e^{-rt}K$이 된다. 미국형 풋옵션의 경우는 행사하는 바로 그 시점에 최대이익은 그때의 행사가격 K를 넘어설 수 없으므로 $P \leq K$가 성립한다.

콜옵션의 경우와 마찬가지로 하방경계에 대해서는 유럽형과 미국형을 분리해서 살펴보자. 우선 유럽형 풋옵션의 하방경계는 [표 Ⅷ-8]의 항상 성립하는 두 조건을 통해

표 Ⅷ-8 유럽형 풋옵션 하방경계조건 유도

(a) 유럽형 풋옵션 1매수	(b) 주식 1주 매수	(c) 무이표채권 (액면가=K)	(d) 옵션가치의 비음성 (nonnegative)
Max($K-S^*$, 0)	S^*		
만기의 payoff Max(K, S^*)		K	
(a)전략이 (b)전략을 stochastic dominance함 $p+S \geq e^{-rt}K$ ➡ $p \geq e^{-rt}K-S$			$p \geq 0$
$p \geq \mathrm{Max}[e^{-rt}K-S,\ 0]$			

유도할 수 있다.

미국형 풋옵션의 하방경계는 미국형 콜옵션의 경우와 같이 행사시점의 선택이 자유로운만큼 추가로 부여된 가치가 존재하므로 유럽형 옵션에 비해 더 높은 가치를 지닌다.

$$P \geq p \geq \mathrm{Max}[e^{-rt}K-S,\ 0]$$

지금까지 옵션가치의 상한과 하한을 정리하면 [표 Ⅷ−9]와 같다.

표 Ⅷ-9 옵션별 상한과 하한

유럽형		미국형	
call c	put p	call C	put P
S_0	$e^{-rt}K$	S_0	K
↕	↕	↕	↕
Max[$S-e^{-rt}K$, 0]	Max[$e^{-rt}K-S$, 0]	c	p

5. 풋—콜 패리티

풋−콜 패리티(put−call parity)는 수요와 공급이 옵션가격에 미치는 영향을 이해하고 동일한 기초자산에 대해 모든 행사 및 만기의 옵션 값이 어떻게 상호 연결되는지를 이해하기 위한 기본 개념으로 Stoll(1969)[6]에 의해 처음 확인되었다. 이 원칙은 풋옵션과 콜옵션 가치 사이에 차이가 존재할 경우 차익거래(arbitrage) 기회가 구체화될 것이라는 주장을 기반으로 한다. 차익 거래는 풋－콜 패리티가 회복될 때까지 위험이 없는 수익을 확보할 수 있다는 측면에서 옵션시장에서 거래하는 모든 개인이 명확하게 이해해야 하는 중요한 개념이다.

'패리티(parity)'라는 용어는 기능적으로 동등하거나 동등한 가치를 갖는 상태를 의미한다. 옵션이론 하에서 동일 클래스에 속하는 콜옵션과 풋옵션은 서로의 가격을 등가로 하는 일련의 관계를 갖는다. 따라서 콜옵션의 가치를 알고 있다면 풋옵션이 가질 가치를 빠르게 계산할 수 있다. 풋－콜 패리티의 이해를 위해 다음의 예를 들어보자.

기초자산 S의 가격이 \$35이고 풋옵션 p의 가격은 \$7이다. 행사가격 K는 \$35로 ATM 상태의 옵션이다. 무위험이자율 r은 년 5.54%, 잔존만기 t는 135일(0.37＝135/365)이다. 이러한 조건 하에서 다음과 같이 두 개의 포트폴리오를 구성하였다. 제1포트폴리오는 콜옵션 1개를 매수하여 구성한다. 제2포트폴리오는 우선 행사가격 K의 현재가치 ($PV = K \cdot e^{-rt}$)만큼을 차입하여 자금을 구성하고, 이를 이용(전액은 아니지만 대부분의 자금 조달원으로 하는 신용투자의 개념)하여 풋옵션 1개와 기초자산 1단위를 매수한다. 이렇게 구성한 두 포트폴리오는 행사가격 \$35를 기준으로 두 payoff가 도출된다. 그 결과를 [표 Ⅷ－10]에 정리하였다.

표 Ⅷ-10 풋-콜 패리티 도출을 위한 전략구축(배당 미고려)

		현재	만기	
			$S^* < 35$	$S^* > 35$
제1PF	콜옵션 1 매수	$-c$	0	S^*-35
제2PF	K의 현재가치만큼 차입	$35 \cdot e^{-0.0554 \cdot 0.37}$	-35	-35
	풋옵션 1 매수	-7	$35 - S^*$	0
	기초자산 1단위 매수	-35	S^*	S^*
	계	$-7-35+35 \cdot e^{-0.0554 \cdot 0.37}$	0	S^*-35

6 Stoll. H. R., "The Relationship between Put and Call Option Prices", The Journal of Finance, Vol 25(5), p801-824.

도출결과, 만기에서의 payoff가 행사가격 $35를 기점으로 모든 경우에 동일하다. 이는 현 시점에서 두 포트폴리오를 구축하는 데 동일 비용이 소요되어야 함을 뜻한다. 이에 근거하여 다음 관계가 성립하며 콜옵션의 가격을 유도할 수 있다.

$$c = 7 + 35 - 35{\cdot}e^{-0.0554 \cdot 0.37} = 7.71$$

이러한 관계를 다음과 같이 일반화할 수 있으며, 이를 '풋-콜 패리티'라 정의하고 콜옵션 가격을 알고 있는 경우에는 풋옵션 가격을, 풋옵션 가격을 알고 있는 경우에는 콜옵션 가격에 대한 복제(mimicking)가 가능하다는 의미이다. 따라서 풋-콜 패리티는 payoff의 복제를 통해 차익거래가 발생치 않도록 일물일가의 법칙(law of one price)을 따르게 되는 논리 하에 성립한다. 시장에서도 이 관계는 좀처럼 어긋나지 않는다. 프로그램 매매가 발달할수록 이 관계식의 불일치가 즉각 해소되기 때문이다.

$$c = p + S - K{\cdot}e^{-rt}$$

또는

$$p = c - S + K{\cdot}e^{-rt}$$

또는

$$S = c - p + K{\cdot}e^{-rt}$$

또는

$$K{\cdot}e^{-rt} = p + S - c$$ [7]

이렇게 우측항의 기저자산(basis asset)으로 무차익조건 하에서 우측항의 복제가 가능해진다. 이러한 방식의 가격도출방식을 no-arbitrage pricing approach가 된다. [표 Ⅷ-11]에 예제의 산출결과를 정리하였다. 표의 기초자산 S의 수준에 대응된 각 수치들로 산출된 합산액은 '만기'시점의 payoff이다. 도식적으로 살펴보면 이해하기 더욱 용이하다. 행사가격인 $35 이하에서는 기초자산 매수와 풋옵션 매수가 서로 상쇄되면서 수평선의 payoff가 나오다가 $35를 넘어서면서 상향하는 payoff 구조를 갖는다. 단, 이 payoff 구성을 위한 파이낸싱 비용인 자금차입의 상환이 요구되므로 payoff 라인이 전체적으로 하향된 형태로 결정됨을 이해할 수 있다. 이 payoff는 콜옵션의 payoff와 일치함을 알 수 있다.

7 풋-콜 패리티를 달리 표현하면 $c = p + PV(S^{*} - K)$로 우측항에 payoff를 복제하고 있음을 직관적으로도 이해할 수 있다.

표 Ⅷ-11 풋-콜 패리티 예시

S	① Ke^{-rt}	② put	③ S	만기payoff ①+②+③	call
0	-35	35	0	0	0
5	-35	30	5	0	0
10	-35	25	10	0	0
15	-35	20	15	0	0
20	-35	15	20	0	0
25	-35	10	25	0	0
30	-35	5	30	0	0
35	-35	0	35	0	0
40	-35	0	40	5	5
45	-35	0	45	10	10
50	-35	0	50	15	15
55	-35	0	55	20	20
60	-35	0	60	25	25
65	-35	0	65	30	30
70	-35	0	70	35	35

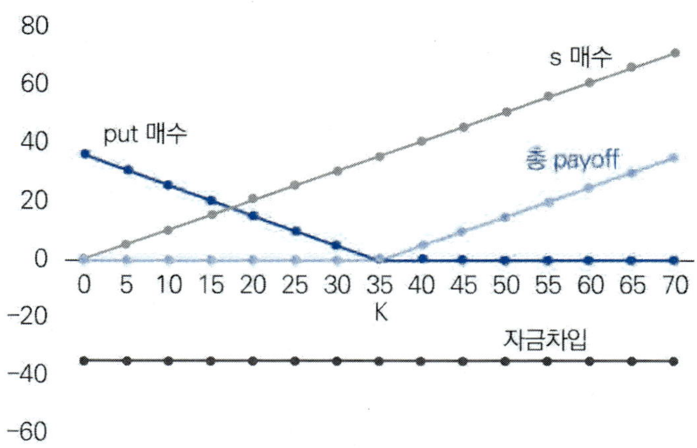

추가로 기초자산에서 배당이 주어지는 경우를 살펴보자. 이 경우는 앞서 선도 및 선물에서 학습한 바와 동일 논리가 적용된다. 즉, 앞선 포트폴리오 구축시 배당이 주어

표 Ⅷ-12 풋-콜 패리티 도출을 위한 전략구축(배당 미고려)

		현재	만기	
			$S^* < K$	$S^* > K$
제1PF	콜옵션 1 매수	$-c$	0	$S^* - K$
제2PF	K의 현재가치만큼 차입	$K \cdot e^{-rt}$	$-K$	$-K$
	풋옵션 1 매수	$-p$	$K - S^*$	0
	기초자산 e^{-dt}단위 매수	$-S \cdot e^{-dt}$	S^*	S^*
	계	$-p - Se^{-dt} + Ke^{-rt}$	0	$S^* - K$

질 것이기 때문에 배당이 기여하는 분만큼 차입요구액을 감소시키는 효과가 있다. 이러한 배당효과가 고려된 풋-콜 패리티를 이해하기 위해 다음과 같은 2개 포트폴리오를 구성하자. 기본 내용은 앞서 배당을 고려하지 않은 예제와 구성이 동일하다 다만 자산 1단위의 매수가 아닌 e^{-dt}단위를 매수하는 것만이 차이가 있다. 즉, 만기가 되면 $S(e^{-dt})(e^{dt})$가 만기에 S^*를 확보하게 된다. 이 경우의 payoff를 정리하면 [표 Ⅷ-12]와 같다.

이 경우도 기초자산 만기가격 S^*가 행사가격 K 이하 또는 이상일 경우의 payoff가 동일하므로 현 시점의 가격도 일치해야 한다는 일물일가의 법칙 하에 다음의 배당이 고려된 일반화 풋-콜 패리티가 성립한다.

$$c = p + Se^{-dt} - Ke^{-rt}$$

6. 조기행사(early exercise)

조기행사 가능성을 고려할 때 미국형 옵션은 동일 조건의 유럽형 옵션만큼 가치가 있어야 한다. 당연하게도 행사의 가능성이 훨씬 많을 옵션의 가치가 더 높을 것은 자명하다. 단, 행사시점에 대한 논의가 필요하다. 즉, 미국형 옵션의 소유자는 지금 행사하는 이 시점이 모든 경로에서 최적인지에 대한 판단이 행사에 앞서 필요하다. 다시 말해 만기 전 지금 행사할 것인지 아니면 더 우호적인 상태로 바뀌기를 기다릴 것인지를 판단해야 한다. 다음 콜옵션의 그래프를 통해 이를 이해해보자.

우선 주가가 $E1$ 지점에서는 OTM으로 행사의 이득이 전혀 없는 0의 payoff 지점이다. 이후 시간이 경과하여 $E2$ 지점이 되었다고 가정하자. 이때에는 payoff(E2)만큼을 확보할 수 있다. 그러나 만기 전이라면 여전히 $E2$ 포인트는 더 상승할 수도 아니면 하락세로 돌아설 수도 있다. 이 상황 하에서 미국형 콜옵션 보유자의 의사결정은 만기까지 기다리는 것이 최적이 된다. 이는 다음과 같이 확인된다.

우선 앞서 유럽형 콜옵션의 하한은 $S^{*}-K$의 현재가치인 $S-e^{-rt}K$였고, 미국형 콜옵션의 하한은 유럽형 콜옵션보다는 커야함을 학습하였다. 만기일 전에는($t>0$) 행사가격 K의 현재가치를 할인한 금액을 차감한 $S-e^{-rt}K$가 $S-K$보다 더 크다. 단, 만기일인 $t=0$일 때에만 동일하다. 따라서 다음이 성립한다.

$$C \geq c \geq S-e^{-rt}K \geq S-K \Rightarrow C \geq S-K$$

여기서 $S-K$는 바로 오늘 행사시의 payoff로 미국형 옵션 C의 가치는 바로 오늘 행사하는 payoff보다 반드시 크거나 같다는(strictly greater) 논리가 성립한다. 이 논리는 앞서 옵션가치에 영향을 미치는 요소 중 잔존만기가 옵션가치에 거의 모든 경우에 양

그림 Ⅷ-8 옵션의 조기행사

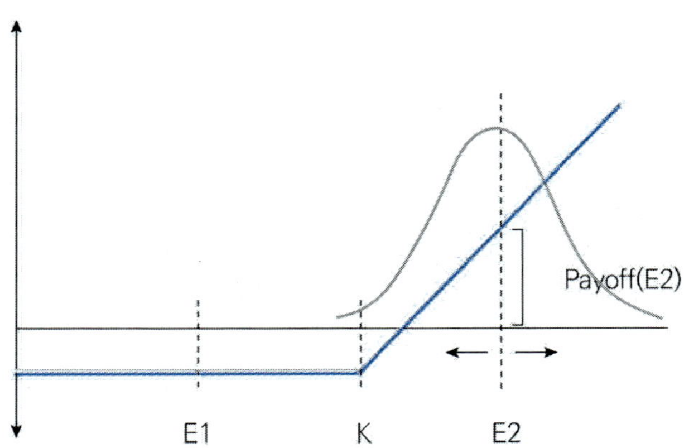

(+)의 영향을 미쳤던 것을 학습한 바와 맥을 같이한다. 만기가 남아있음은 옵션가치가 콜옵션 또는 풋옵션의 각 매수자에게 우월하게 시간 가변될 여력이 있음을 뜻하기 때문이다. $E2$ 지점에서 주가의 분포를 보더라도 하방으로의 움직임에 대한 위험은 제한되는 반면, 상방으로의 움직임은 추가 이득이 확대되는 구조이기 때문이다. 바로 이 부분에서 하방위험에 그대로 노출되는 주식과 다른 차이점이 발생한다. 결론적으로 미국형 콜옵션의 행사는 만기까지 기다리는 것이 최적의 의사결정이 된다. 자명하게 이러한 하한조건이 위배되는 상황, $C \leq S-K$가 발생하는 경우는 조기행사가 최적의 의사결정이 된다.

풋옵션의 경우도 동일한 논리를 적용할 수 있다. 다시 말하지만, 미국형 옵션은 조기 행사 가능성을 고려할 때 최소 동일 유형의 유럽형 옵션만큼의 가치가 있어야 한다. 따라서 앞서 학습한 풋옵션의 하한을 다시 상기해보자. 여기서는 콜옵션과 달리 $e^{-rt}K$는 K보다 작기 때문에 $e^{-rt}K-S$보다 $K-S$가 더 큰 값을 갖는다.

$$P \geq p \geq \text{Max}[e^{-rt}K-S,\ 0] \leq K-S$$

그러나 상기 관계식으로부터는 단일의 관계를 유추할 수 없으며 다음 두 경우의 상태가 존재할 수 있다.

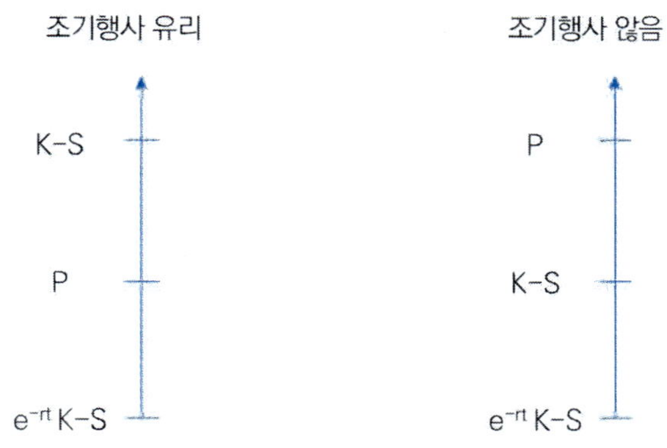

그런데 바로 지금 행사로 인한 payoff $K-S$가 미국형 풋옵션 가격 P이상이면 풋옵션을 행사(조기행사)하는 것이 유리하다. 반면 payoff $K-S$가 P 이하이면 풋옵션을 행사하지 않는 것이 유리하다. 따라서 최종적인 미국형 풋옵션의 조기행사를 위한 조건이 도출된다.

그림 Ⅷ-9 풋옵션의 지점별 조기행사여부

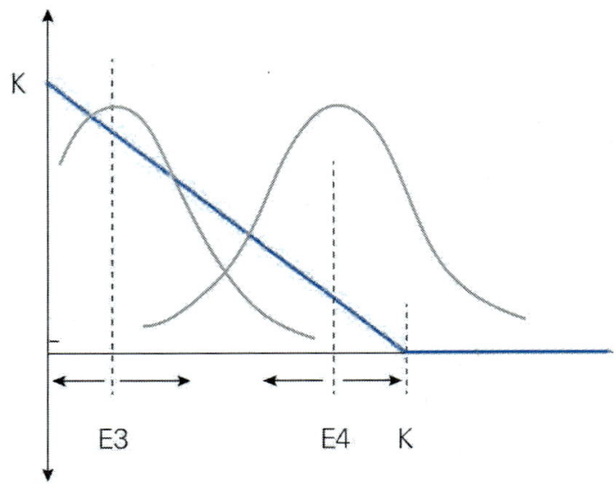

$$e^{-rt}K-S \le P \le K-S$$

이렇게 풋옵션의 경우 단일화된 조건이 나타나지 않는 이유는 풋옵션의 payoff와 주가의 가능한 분포를 결합할 때 현재 주가의 포지션에 따라 서로 다른 가능성을 내포하기 때문이다. 즉, $E3$ 지점에서는 주가가 하락(좌측방향)하더라도 더 얻을 잠재적 이익이 제한된다. 반면 주가가 상승(우측방향)하는 경우 이익이 감소하는 하방위험에 노출된다. 따라서 $E3$ 지점에서는 풋옵션을 조기행사하는 것이 최적이 된다. $E4$ 지점에서는 역으로 하방위험은 제한된 반면, 주가하락시의 잠재 이익의 가능성이 더 높기 때문에 여기서는 행사를 하지 않는 것이 최적의 의사결정이 된다.

IX. 옵션 거래전략

선도나 선물계약은 payoff 구조가 선형이므로 활용할 수 있는 전략에 제한이 존재하였다. 반면 옵션은 payoff의 비선형성으로 인해 다양한 전략에의 활용이 가능하다.[1] 본 서에서는 이 중 큰 5개 범주[헤지, 스프레드, 스트래들/스트랭글, 스트랩, 스트립]를 중점적으로 살펴본다.

우선 헤지의 기본개념부터 다시 살펴보자. 헤지는 보유하고 있는 기초자산(underlying asset)의 가격변동, 특히 하방위험(downside risk)을 통제하기 위한 제반 행위를 말한다. 따라서 옵션을 이용한 헤지는 보유자산의 하방위험을 옵션으로 커버하도록 구성하는 전략이 된다.

스프레드(spread) 범주는 2개 이상의 동일 유형(예를 들어 콜옵션과 콜옵션을 결합)의 옵션을 결합하는 전략을 뜻한다. 옵션 간 만기일 또는 행사 가격의 차이를 스프레드로 정의하며 주로 방향성에 대한 예측을 기반으로 한다. 스프레드 전략에 사용하는 옵션의 조합은 동일한 기초 자산을 기반으로 하며 만기일과 행사가격의 다양한 조합을 사용한다. 3개 옵션을 사용할 경우는 버터플라이(butterfly) 전략, 4개의 옵션을 사용할 경우는 박스(Box) 전략 등으로 확장된다. 후절에서 상세히 다루도록 한다.

스트랭글(strangle) 및 스트래들(straddle)은 옵션을 결합하여 투자자가 기초 자산의 가격변동으로부터 방향성에 상관없이 이익을 얻을 수 있는 포지션을 생성한다. 스트래들 전략은 동일한 기초 자산에 대해 동일한 행사 가격과 만기일을 가진 콜 및 풋옵션의 포지션을 보유하는 전략이다. 스트랭글 전략은 동일한 기초 자산에 대해 만기일은 같지만 행사 가격이 다른 콜옵션과 풋 옵션을 보유하는 전략이다. 특히 이 전략은 어떤 방향으로든 변동하면 이익을 얻기 때문에 방향성보다는 변동성에 대한 전략으로 해석할 수 있다.

스트랩(strap)은 스트래들 전략 중 하나로 풋옵션과 더 많은 콜옵션을 결합하는 전

1 가장 높은 전략적용의 유연성을 갖는 금융상품은 채권(fixed income)으로 이자율 파생상품의 경우 가능한 거래전략의 수를 세기 어려울 정도이다.

략이다. 스트래들과 유사하나 비대칭형의 형태를 가지므로 변동성에 대한 투자에 더해 방향성을 확대 반영하는 전략이다.

스트립(strip) 역시 스트래들 전략의 확장형으로 콜옵션보다 풋옵션을 더 많이 결합한다. 기초자산 가격의 큰 변동이 예상될 때 사용하며 특히 상승보다 하락할 가능성이 더 높다고 판단될 때 사용한다. 각 전략에 대해 세부적으로 살펴보자.

1. 옵션을 이용한 헤지 전략

1) 커버드 콜(Covered Call)

커버드 콜은 기초자산의 매수 포지션에 대한 가치변동을 억제하기 위해 사용되는 일반적인 전략이다. 주로 기초자산이 약간의 가격 변동만을 경험할 것이라고 믿는 투자자들이 사용한다. 커버드 콜 전략의 가장 큰 장점은 투자자가 콜옵션의 매도를 통해 프리미엄이 유입된다는 점에 있다. 기초 자산의 가격이 약간 상승하면 유입된 프리미엄은 총 투자수익을 높인다. 반대로 기초 자산의 가격이 소폭 하락하면 프리미엄이 손실 부분을 상쇄한다. 이러한 기초자산의 소폭 변동과 달리 상당한 가치 변화가 예상되는 경우에는 커버드 콜 전략은 헤지의 역할을 수행하지 못한다. 예를 들어 기초 자산의 가격이 크게 하락하면 콜옵션 매도로 받는 프리미엄은 손실의 아주 일부분만을 커버하기 때문이다. 다음 예시를 통해 커버드 콜 전략을 구체적으로 살펴보자.

투자자가 A사의 주식 1주를 $75에 매수하였다. 이와 동시에 이 주식포지션의 가격변동을 회피하고자 행사가격 $100인 콜옵션을 프리미엄 $7.05에 매도하였다고 가정하자. 현재 주가가 $75인데 비해 행사가격이 $100이므로 외가격(OTM) 옵션 상태이다. 이제 옵션의 행사가격 $100을 기준으로 주가가 그 이상으로 상승하는 경우와 행사가격에 미치지 못하는 두 상태가 발생할 수 있다.

우선 만기시점에 주가가 $100을 미치지 못할 경우, 매도한 콜옵션이 매수자에 의해 행사되지 않는다. 따라서 콜옵션 매도에서의 손익은 0이 된다. 따라서 주식 매수에 소요된 $75가 콜옵션 매도대금 $7.05로 일부가 커버되면서 실질 손익은 만기시점의 주가 S^*에서 실질 소요비용 $67.95를 차감한 만큼이 된다.

반면 주가가 $100을 초과할 경우는 콜옵션의 매수자가 옵션을 행사하므로 행사대금 $100을 수령하나 주식을 매입하여 인도해주어야 하므로 콜옵션 매도에서 발생하는 손익은 $100-S^*$가 된다. 다만 주식을 1주 보유하고 있으므로 인도해주어야 할 주식이 상쇄되므로 만기시점의 현금흐름은 100이 된다. 이외 초기비용은 앞서 경우와 동일하게 $67.95가 소요된다. 따라서 유입된 현금흐름 $100에서 유출된 현금흐름 $67.95를 차감하면 $32.05가 고정적으로 발생한다. 이에 따른 손익관계를 [표 IX-1]에 정리하였다.

표 IX-1 커버드콜 예시 손익

	$S^* < 100$	$S^* > 100$
주식 매수	S^*	S^*
콜옵션 매도	0	$100-S^*$
만기시점의 현금흐름	S^*	100
초기비용	-75+7.05	-75+7.05
손익	$S^*-67.95$	32.05

그림 IX-1 커버드콜 payoff

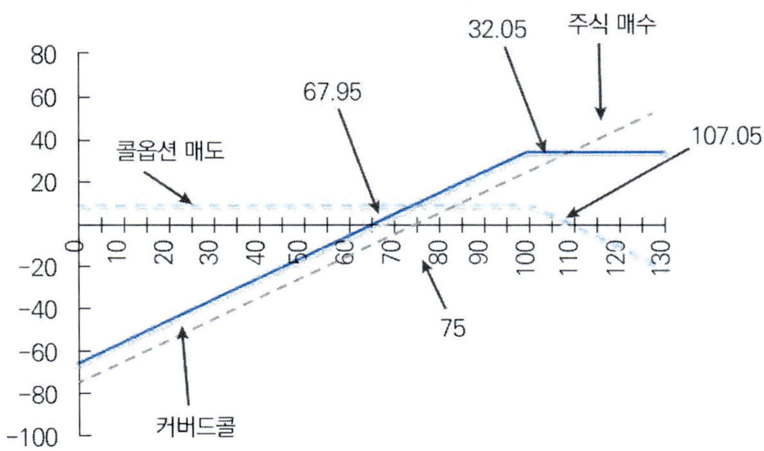

도식적으로도 애초 점선을 따르는 주식매수의 흐름을 콜옵션을 부가함으로 인해 실선으로 상향시킨 후 그 대가로 행사가격 $100 이상의 상향가능성을 제한하는 구조로 해석할 수 있다. 즉, 이 전략은 주가의 분포에 대해 상방으로의 움직임보다는 현행 가격 수준에 더 높은 가중치를 부여하는 전략이 된다.

이 전략은 매우 높은 빈도로 사용되는 헤지전략이다. 통상적으로 주가가 외가격 행사가격을 설정한 수준으로 크게 상향할 확률이 높지 않기 때문에 상방의 이익제한 상황이 일어날 확률이 낮기 때문이다. 나아가 극단적으로 주가가 상승한다 하더라도 손실이 확대되는 것이 아니라 이익이 제한될 뿐이므로 커버드 콜 포지션의 구축이 투자성과의 실질적인 마이너스를 유발하는 전략이 아니라는 점도 높은 빈도로 사용되는 이유이기도 하다. 또한 벤치마크를 추종해야 하는 펀드 매니저 등이 추적오차(tracking error)를 최소화하면서 급격한 변화는 없는 시장을 따라가야 하는 목적에 부합하도록 전략을 구성할 때 해당 커버드 콜 전략은 매우 유효할 수 있다.

이러한 커버드 콜의 결과는 앞 장에서 학습한 풋－콜 패리티의 관계와 결합하여 또 다른 관계로 확장할 수 있다. 즉, 기본 풋－콜 패리티의 관계를 변형시킴으로서 확인할 수 있다.

$$c = p + S - K \cdot e^{-rt}$$
$$\Rightarrow S - c = K \cdot e^{-rt} - p$$

즉, 변형된 좌측 항은 주식을 매수(S)하고 콜옵션을 매도($-c$)한 커버드 콜 전략을 의미하며. 이와 등가인 우측 항은 만기에 액면가 K인 현재가치(Ke^{-rt})만큼의 순할인채를 매수하고, 동시에 풋옵션을 매도한 것과 동일해진다.

2) 보호 풋(Protective Put)

주식 매수와 풋옵션 매수의 결합으로 구성되는 보호 풋 전략은 이미 보유하고 있는 주식에 대해 여전히 낙관적이지만 단기적인 가격급락과 같은 불확실성을 대비할 때 사용된다. 예를 들어 보유하고 있는 주식에 가격하락이 발생하여 주식을 매도한 직후 다시 가격이 상승하여 사후적으로 단기 가격변동에 불과했음에도 주식매도로 이익을 누락할 가능성이 있다. 단기적인 가격급락을 보호 풋을 매수하면 이러한 일시적 상황을 완벽하게 제어할 수 있다는 장점이 있다. 물론 이러한 장점을 위해 풋옵션 매수를 통한 프리미엄 지불이 요구되는 단점이 있으나 보유 주식의 가격 상승으로 인한 이익에 여전히 참여할 수 있다는 점에서 해당 전략 역시 높은 빈도로 사용된다. 특히 이러한 측면은 가격 상승의 이익을 제한하던 커버드 콜 전략의 사실상 반대되는 개념으로 볼 수 있다. 참고로 이미 보유하고 있던 주식에 풋옵션을 결합하는 전략을 보호 풋으로, 주식의 매수와 풋옵션의 매수를 동 시점에 행하는 경우를 'married put'이라 한다.[2] 구체적인 다음의 사례를 살펴보자.

당신은 B사의 주식 1주를 $35에 매수하였다. 이와 동시에 행사가격 $40의 풋옵션을 $7에 매수하여 보호 풋을 구성하였다. 이제 옵션의 행사가격 $40을 기준으로 주가가 그 이상으로 상승하는 경우와 행사가격에 미치지 못하는 두 상태가 발생할 수 있다.

우선 두 경우 모두 주식의 매입비용 $35과 풋옵션 매수를 위한 프리미엄 비용 $7으로 인해 총 $42의 초기비용이 발생한다. 이제 만기시 주가가 상승하여 $40을 초과한 경우, 매수한 풋옵션을 행사하지 않게 된다. 즉 풋옵션에서는 0의 이익이 발생한다. 따라서 이 경우 보호 풋은 보유하고 있는 주식의 가치 S^*에서 소요비용 $42을 차감한 만큼의 최종 손익이 발생한다.

주가가 풋옵션의 행사가격 $40 이하가 될 경우는 풋옵션 매수 포지션을 행사하여 보유주식을 인도하고 하고 $40-S^*$의 이익이 발생한다. 따라서 만기시에는 확정적으로 $40의 이익이 발생한다. 결국 초기비용($42)을 차감하면 고정손실 −$2가 발생한다.

표 IX-2 보호 풋 예시 손익

	$S^*<40$	$S^*>40$
주식 매수	S^*	S^*
풋옵션 매수	$40-S^*$	0
만기시점의 현금흐름	40	S^*
초기비용	-35-7	-35-7
손익	-2	S^*-42

2 일반적으로 동일한 용어로 사용된다.

그림 IX-2 보호 풋 payoff

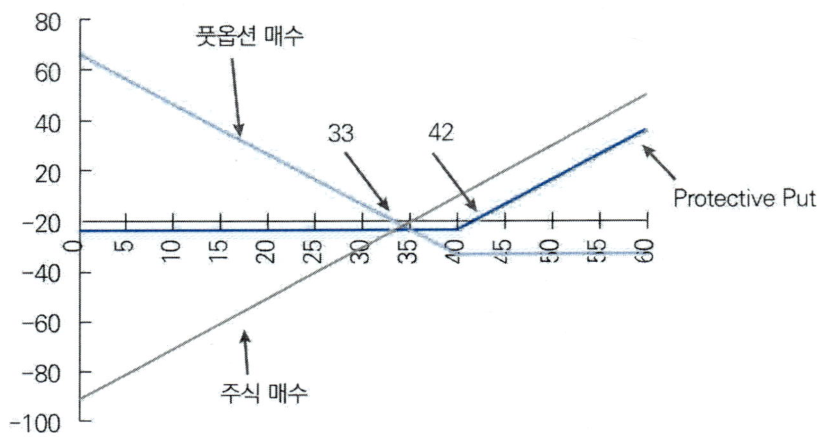

이러한 payoff 구조는 어떤 상태의 풋옵션을 결합하는가에 따라 다양하게 변화시킬 수 있다. 예를 들어 예시로 제시된 풋옵션보다 더 저렴한 OTM 풋옵션(더 행사가격이 낮아 행사가능성이 더 낮은 풋옵션)을 결합할 경우 보호되는 범위가 더 작아진다. 반면 주가가 상승할 경우 더 빠르게 이익에 참여할 수 있다.

종합하면 보호 풋은 주식을 보유한 상태에서 잠재적인 상승 가능성에 참여하는 동시에 적은 프리미엄으로 하방위험에 대비할 수 있다는 대표적인 포트폴리오 보험(portfolio insurance) 전략이다. 단, 보유주식을 지속적으로 보유하면서 이러한 보험효과를 누리기 위해서는 옵션을 지속적으로 롤오버(roll-over)해야 하는 부담이 있다.

보호 풋 역시 아래와 같이 기본 풋-콜 패리티의 관계를 변형시켜 확인할 수 있다.

$$c = p + S - K \cdot e^{-rt}$$

$$\Rightarrow S + p = c + K \cdot e^{-rt}$$

즉, 변형된 좌측 항은 주식을 매수(S)하고 동시에 풋옵션을 매수($+p$)한 보호 풋 전략을 의미하며. 이와 등가인 우측 항은 만기에 액면가 K인 현재가치(Ke^{-rt})만큼의 순할인채를 매수하고, 동시에 콜옵션을 매수한 것과 동일해진다.

3) Protected Short Sale

보호된 공매도는 투자자가 주식을 공매도할 때 자신의 위험을 제한하기 위해 콜옵션을 사용한다. 즉, 공매도한 투자자의 비우호적 상황, 즉, 주가가 상승할 경우 큰 손실로부터 보호를 위해 주식공매도와 동시에 콜옵션을 매입한다. 보호된 공매도와 풋옵션 매수는 둘 다 주가 상승으로 인한 위험이 제한된다는 점에서 실질적으로 동일하다. 다음의 예를 살펴보자. C주식을 $85에 공매도하였다. 이와 동시에 행사가격 $70의 콜옵션을 프리미엄 $21에 매수[3]하였다. 이제 투자자의 손익을 행사가격 $70을 기준으로 주가가 $70 이상으로 상승하는 경우와 $70 이하인 두 상태에 따라 산출해보자. 어떤 경우이건 초기에 공매도로 인한 유입액은 차입한 주식을 시장에서 매도함으로 인해 $85의 유입이 발생하고, 콜옵션의 매수 비용 $21의 유출이 발생하므로 $64의 순유입이 발생한다.

이제 주가가 만기 전 콜옵션의 행사가격인 $70 이상으로 상승하면 투자자는 콜옵션을 행사할 수 있다. 이 경우의 투자자의 손익은 시장가격에 주식을 매입($-S^*$)하여 주식 반환을 수행하고, 콜옵션에서는 행사로 인해 S^*-70의 이익이 발생한다. 이는 순비용 −$70이 발생하여 초기 순유입액 $64를 고려하면 −$6의 고정 손실이 산출된다.

반면 주가가 $70 이하인 경우 콜옵션은 행사하지 않게 되므로 0의 손익이 발생한다. 반면 낮아진 시장가격에 주식을 매입($-S^*$)하여 주식을 반환하므로 만기시 손익은 $-S^*$가 된다. 초기 순유입 $64을 고려하면 이 경우의 최종 손익은 $64-S^*$가 되며 주가가 하락할수록 이익폭은 확대된다.

종합하면, 보호된 공매도는 주가가 손익분기(공매대가−콜옵션프리미엄) 이하로 하락할 때 수익이 발생하며 최대 잠재이익은 주가가 0이 되는 경우 손익분기 총액이 달성된다. 따라서 기초주식이 약세를 보이고 공매도 대금으로 이자수익을 얻고자 할 때, 나아가 변동성이 낮아 콜옵션이 저렴한 상태일 경우 보호된 공매도가 유용한 전략이 될 수 있다. 해당 예제의 손익을 [표 Ⅸ−3]에 정리하였다.

3 이 경우 ITM 콜옵션으로 가격이 높은 상황을 상정하였다.

표 IX-3 protected short 예시 손익

	$S^* < 70$	$S^* > 70$
주식 매도	$-S^*$	$-S^*$
콜옵션 매수	0	$S^* - 70$
만기시점의 현금흐름	$-S^*$	-70
초기비용	85-21	85-21
손익	64-S^*	-6

그림 IX-3 protected short payoff

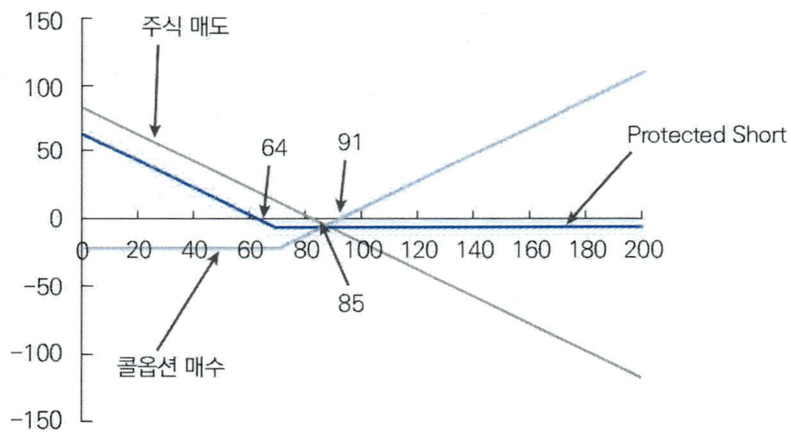

보호된 공매도도 아래와 같이 기본 풋-콜 패리티의 관계로부터 확인할 수 있다.

$$c = p + S - K \cdot e^{-rt}$$
$$\Rightarrow -S + c = p - K \cdot e^{-rt}$$

즉, 변형된 좌측항은 주식을 매도($-S$)하고 동시에 콜옵션을 매수($+c$)한 보호된 공매도 전략을 의미하며. 이와 등가인 우측항은 풋옵션을 매수하고 동시에 만기에 액면가 K인 현재가치(Ke^{-rt})만큼의 순할인채를 매도한 것과 동일해진다.

4) 콜옵션을 이용한 비례헤지(ratio hedge with call)

비례헤지는 기초자산과 옵션을 앞선 경우와 같이 하나의 기초자산에 대해 하나의 옵션을 결합시키는 것이 아닌 복수의 옵션을 결합시키는 비대칭적 전략이다. 이 경우 복수 옵션으로 인해 기초자산 포지션이 상쇄되지 않고 역으로 잔존하게 되어 payoff에 영향을 미치게 된다. 다음의 커버드콜이 확장된 형태를 보자. 앞서 살펴본 커버드 콜의 경우 주식 1개 매수와 콜옵션 1개 매수가 결합되는 형태였다. 반면 비례헤지는 주식 1개 매수와 콜옵션 3개를 매수함으로써 콜옵션의 효과를 더 강하게 만든다. 다음 예시를 살펴보자. 현재 가격 $60인 D주식을 1주 매수하였다. 이와 동시에 행사가격 $60인 콜옵션 3개를 개당 $3에 매도하였다. 이는 즉 1:3 비율의 헤지를 의미한다. 우선 해당 포지션을 구축하는데 소요되는 비용은 주식매수 −$60과 콜옵션 3개 매도로 발생하는 프리미엄 수익 +$9 로 손비용 −$51이 발생한다.

우선 주가가 행사가격인 $60 이하일 경우 매도한 콜옵션이 행사되지 않는다. 따라서 콜옵션으로부터의 손익은 0이다. 따라서 보유주식 S^*에 초기 순비용 −$51과 결합하면 S^*-51의 가치가 산출된다.

주가가 $60 이상이 될 경우는 3개 콜옵션의 매수자가 옵션을 행사하므로 $3(60-S^*)$의 손실이 발생한다. 따라서 만기시 보유주식 S^*에 콜옵션 손익 $3(60-S^*)$, 그리고 초기구축비용 −$51을 모두 고려하면 $129-2S^*$가 산출된다.

결국 주가가 $60 이하에서는 주식매수의 효과가 1단위의 기울기인 45도로 상향한다. 그러나 $60 이후에는 $-3S^*$의 기울기로 보유주식으로 인해 $-2S^*$로 감소하지만 여

표 IX-4 콜옵션을 이용한 비례헤지 예시 손익

	$S^*<60$	$S^*>60$
주식 1 매수	S^*	S^*
콜옵션 3 매도	0	$3(60-S^*)$
만기시점의 현금흐름	S^*	$180-2S^*$
초기비용	$-60+9$	$-60+9$
손익	S^*-51	$129-2S^*$

그림 IX-4 콜옵션 비례헤지 payoff

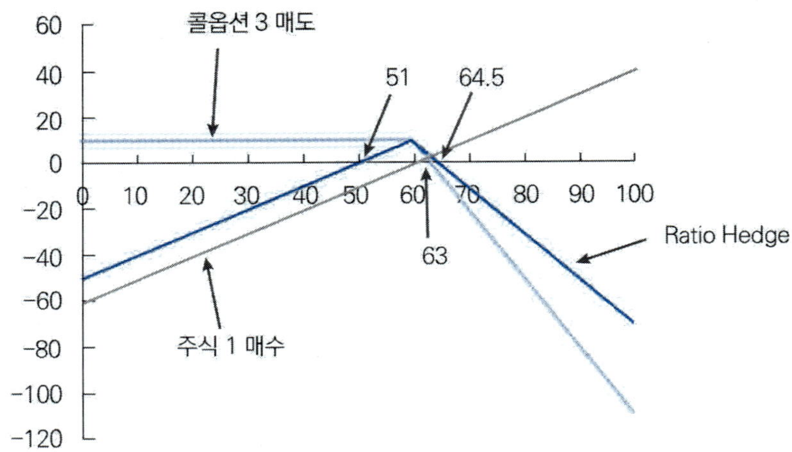

전히 가중된 음의 기울기를 갖는다. 이러한 포지션은 최대한 현재 주가수준이 유지될 경우에 이익이 가능하며 이후 학습할 스트래들 형태와 매우 유사하다.

5) 풋옵션을 이용한 비율헤지(ratio hedge with put)

이번에는 주식 1개 매수와 풋옵션 1개 매수로 구성되던 보호 풋을 복수의 주식과 풋옵션을 결합하여 비율헤지로 확장해보자. D사 주식 5주를 개당 $90에 매수하였다. 이와 동시 행사가격이 $100인 풋옵션 7개를 개당 $20에 매수하였다. 이러한 포지션 구축에 소요된 초기비용은 주식 5주 매입에 −$450과 풋옵션 7개 매수의 $140이 소요되므로 총 −$590이다. 이제 주가의 움직임은 풋옵션의 행사가격 $100을 기준으로 이상과 이하의 두 상태가 발생가능하다.

주가가 $100 이상으로 상향할 경우 매수한 풋옵션은 행사하지 않으므로 손익이 발생치 않는다. 따라서 최종 손익은 구성한 주식 5개의 $5S^*$와 초기 구축비용 −$590을 합하여 $5S^*-590$의 손익이 산출된다.

반면 주가가 $100 이하일 경우 매수한 7개의 풋옵션을 행사하여 $7(100-S^*)$의 이익과 보유주식의 $5S^*$, 그리고 초기 구축비용 $-\$590$을 모두 합산하여 $110-2S^*$가 산출된다.

[그림 Ⅸ-5]의 도식을 살펴보면, 결국 이러한 비율헤지를 수행하는 투자자는 주가가 상방이던 아니면 하방이던 변동할 경우에 이익이 발생하는 변동성 매수 포지션임을 알 수 있다. 이렇게 주식과 옵션의 비율을 다양하게 조정해나감으로써 방향성을 일부 반영할 수 있다.

표 IX-5 풋옵션을 이용한 비율헤지 예시 손익

	$S^* < 100$	$S^* > 100$
주식 5 매수	$5S^*$	$5S^*$
풋옵션 7 매수	$7(100-S^*)$	0
만기시점의 현금흐름	$700-2S^*$	$5S^*$
초기비용	$450+140$	$450+140$
손익	$110-2S^*$	$5S^*-590$

그림 IX-5 풋옵션 비율헤지 payoff

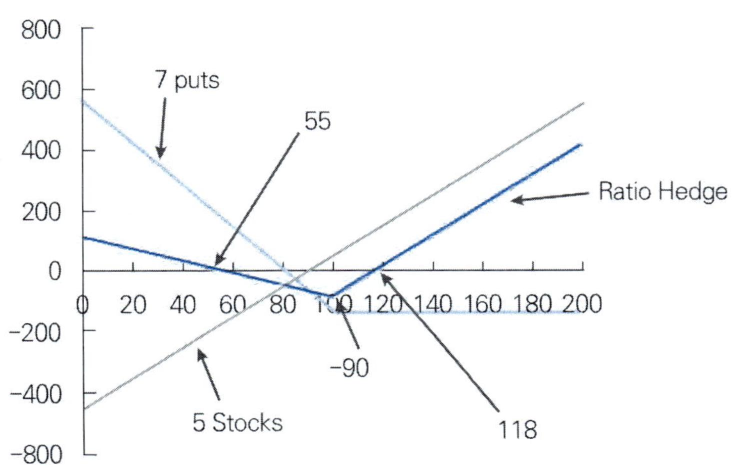

2. 옵션 스프레드(Spread) 전략

앞서 옵션을 이용한 헤지전략은 기초자산을 보유하는 상태가 기본이었다. 이와 달리 스프레드는 기초자산의 보유를 전제하지 않고 옵션만으로 포지션을 구축한다. 보다 구체적으로 옵션 스프레드는 하나의 기본 자산에 대해 다른 행사가 또는 다른 만기일로 옵션을 매수 및 매도하는 옵션 전략이다. 옵션 스프레드는 한 가지 유형의 옵션으로만 구성된다. 이는 옵션 스프레드가 콜옵션이나 풋옵션으로만 구성된다는 것을 의미한다.

옵션 스프레드 전략은 크게 수직 스프레드(vertical spread), 수평 스프레드(horizon spread), 대각 스프레드(diagonal spread)으로 분류할 수 있다. 이러한 구성 범주를 이해하기 위해서는 추가적으로 변동성 표면(volatility surface)을 이해할 필요가 있다. 변동성 표면은 이후 살펴볼 옵션가격결정 모형에 투입되는 변수 중 가장 불확실 변동성을 중점으로 하여 X축은 만기를, Z축은 행사가격, 그리고 Y축이 내재변동성으로 구성된 3차원

그림 IX-6 Volatility Surface

Expiration Dates / Strike Prices	22. September	20. October	17. November	22. December
90	Call Option	Call Option	Call Option	Call Option
95	Call Option	Call Option	Call Option	Call Option
100	Call Option	Call Option	Call Option	Call Option
105	Call Option	Call Option	Call Option	Call Option
110	Call Option	Call Option	Call Option	Call Option

Horizontal Spreads
Vertical Spreads
Diagonal Spreads

플롯을 나타낸다. 이 변동성 표면에서 수직으로 행사가가 다르며 이를 참조하여 행사가격만 다른 옵션으로 생성한 옵션스프레드를 수직 스프레드라 하며 Money spread로도 칭한다. 수평축으로는 만기가 다르게 설정되어 있으며, 이를 참조하여 만기만 다른 옵션으로 구성한 옵션 스프레드를 수평 스프레드 또는 시간 스프레드로 명명한다. 만기와 행사사가 서로 다른 옵션을 결합한 스프레드는 변동성 표면에서 대각선으로 연결되므로 대각 스프레드라 칭한다. 이러한 옵션 스프레드 전략에 대해 세부적인 유형과 pay-off를 살펴보자.

1) 수직 스프레드(Vertical Spread)

수직 스프레드는 행사가격만 다른 옵션으로 생성된 옵션 스프레드로 전략 중 가장 단순한 형태를 갖는다. 기본적으로 수직 스프레드는 동일한 기초자산에 대해 동일한 개수의 콜옵션 매도와 콜옵션 매수를 결합하거나, 동일한 수의 풋옵션 매도와 풋옵션 매수를 결합한다. 수직 스프레드는 다시 강세 스프레드, 약세 스프레드, 버터플라이 스프레드, 그리고 비율 스프레드로 분류한다. 수직 스프레드는 기초자산 가격의 변동으로부터 주로 이익을 얻는 방향성 전략으로 가격 움직임을 적극적으로 활용한다. 따라서 Bull / Bear 스프레드 등 명칭에 방향성 용어와 부가된다. 각각의 수직스프레드 전략에 대해 살펴보자.

가. 강세 스프레드(Bull Spread)

용어에서 알 수 있듯이 기초자산의 가격 상승으로 이익을 얻도록 구조화되는 스프레드를 지칭한다. 기본적으로 동일 만기의 옵션으로 낮은 행사가격을 매수하고, 높은 행사가격을 매도하여 구성한다. 이 구성은 콜옵션이던 풋옵션이던 옵션의 유형과 관계없이 행사가격과 매수 및 매도의 패턴이 더 중요하다.

강세 스프레드 전략은 콜옵션에 대한 프리미엄이 높은 상황에서 유용하며 큰 손실의 위험을 최소화하는 데 도움이 된다. 즉, 최대 손실은 순비용(net expenses)까지로 제한되는데 유입되는 프리미엄으로 커버되기 때문이다. 다만 콜옵션 매수 프리미엄에 대한 비용이 콜옵션 매도에 따른 현금유입으로 일부 보전이 가능하지만, 최대 이익이 콜옵션 매도 행사가로 제한되어 이익에 제한(cap)이 존재한다는 점이다. 다음의 구체적 예를 통해 살펴보자.

동일 기초자산 및 동일만기에 대해, 행사가격 550의 풋옵션을 \$42에 매수하고, 행사가격 600의 풋옵션을 \$80에 매도하여 강세 스프레드를 구성하였다. 두 개의 행사가격이 개입되므로 손익 구간은 이 두 행사가격을 기준으로 주가가 550 이하, 550에서 600, 600 이상의 3개 구간으로 분할하여 고려한다. 우선 풋옵션 매도를 통해 \$80의 유입이, 매수를 통해 \$42의 지출이 발생하므로 초기비용은 \$38로 실질적으로 이익이 발생한다. 이어서 주가의 구간별 손익을 살펴보자. 주가가 550 이하로 형성될 경우 매수한 풋옵션이 행사구간에 들어가므로 행사함에 따라 $550-S^*$의 이익이 발생한다. 역시 매도한 풋옵션도 주가가 행사가격 600이하이므로 매수자가 행사하여 $-(600-S^*)$의 손실이 발생한다. 따라서 풋옵션에서의 순손익은 이 두 손익을 합산하면 -50의 고정손실이 발생한다. 초기 구축시의 38을 합하면 -12의 고정손실이 발생한다.

이어 매수 풋옵션의 행사가격 550과 매도 풋옵션의 행사가격 600의 구간 사이에 주가가 놓을 경우를 살펴보자. 이때는 550의 행사가격 풋옵션은 행사범위를 넘어서므로 행사하지 않는다. 반면 행사가격 600의 풋옵션은 행사되므로 $-(600-S^*)$의 손실이 발생한다. 이를 초기 구축손익 38과 합하면 S^*-562의 payoff가 산출된다. 마지막으로 주가가 600 이상일 경우는 두 풋옵션 모두 행사되지 않아 풋옵션에서의 손익이 모두 0이 발생하므로 최초 구축손익 38만이 남아 고정 이익으로 발생한다.

결론적으로 강세 스프레드는 하방 손실위험을 억제하면서도 주가의 상승시 제한된 이익의 확보가 가능하다. 다만 하방 손실위험을 억제해주기 위한 대가로 상방움직임으로 인한 이익의 가능성도 억제된다는 점은 단점일 수 있다. 해당 예제의 손익과 도식을 [표 Ⅸ-6]에 정리하였다.

표 Ⅸ-6 강세 스프레드(풋옵션) 예시 손익

	$S^*<550$	$550<S^*<600$	$S^*>600$
550 풋옵션 매수(42)	$550-S^*$	0	0
600 풋옵션 매도(60)	S^*-600	S^*-600	0
만기시점의 현금흐름	-50	S^*-600	0
초기비용	38	38	38
손익	-12	S^*-562	38

그림 Ⅸ-7 강세 스프레드 payoff

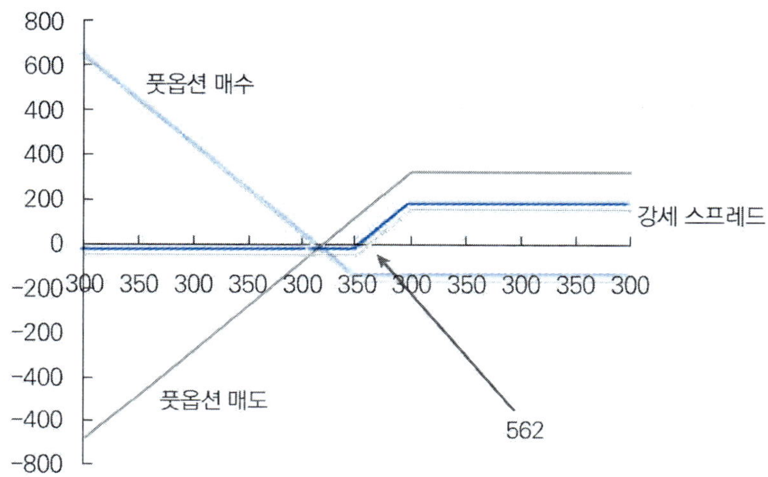

[궁금해요] 황소(Bull)와 곰(Bear)는 언제부터 등장했을까?

황소(Bull)와 곰(bear)은 주식시장에서 각각 강세와 약세를 나타내는 대표적인 금융용어이다. 언제부터 또 왜 이 용어가 금융시장의 상태를 나타내는데 사용되기 시작하였는지에 대해서는 여러 의견이 존재한다. 가장 대표적으로는 각 동물들이 적과 싸우는 방식에서 유래되었다는 설이 있다. 강세장이 상승하고 약세장이 하락하기 때문에 이러한 행태가 황소는 뿔로 적을 위로 들어 올릴 것이고 곰은 발로 적의 발톱을 밟는 모습과 유사하기 때문에 차용되었다는 것이다. 또 다른 설은 보다 구체적이다. Merriam−Webster 사전에 따르면, 우선 곰(bear)의 경우 18세기 곰가죽을 파는 사람을 일컫는 'bearskin'에서 bear로 단축되어 주식을 공매도하는 자를 일컫는 용어로 대체되어 사용되기 시작하였다. 그러다 18세기 초 영국의 South Sea Bubble이라 불린 공매도와 관련된 스캔들(South Sea Company에게 남미와의 무역 독점권을 부여하면서 주식가치가 폭증, 이후 부실이 밝혀지면서 주가가 대폭락하여 큰 사회문제가 됨)이 터지면서 주식매각 및 가격폭락과 bear가 연결되어 언급되기 시작하였으며, 황소

(bull)의 경우는 곰(bear)의 용어가 먼저 등장한 이래 어울리는 다른 동물 상징으로 나중에 등장하였다는 유래가 있다.

나. 약세 스프레드(Bear Spread)

강세 스프레드와 정확히 반대의 구조를 갖는 약세 스프레드는 기초자산의 가격 하락으로 이익을 얻도록 구조화되는 스프레드를 칭한다. 기본적으로 동일 만기의 옵션으로 높은 행사가격을 매수하고 낮은 행사가격을 매도하여 구성한다. 다음의 예를 살펴보자. 행사가격 20의 콜옵션을 $3.5에 매도하고, 동시에 행사가격 25의 콜옵션을 $1에 매수하는 약세 스프레드를 구성하였다. 두 개의 행사가격이 개입되므로 손익 구간은 이 두 행사가격을 기준으로 주가가 20 이하, 20에서 25, 25 이상의 3개 구간으로 분할하여 고려한다.

우선 콜옵션 매도를 통해 $3.5의 유입이, 매수를 통해 1의 지출이 발생하므로 초기비용은 $2.5로 실질적으로 이익이 발생한다. 이제 만기 주가가 20 이하로 형성될 경우 두 콜옵션은 모두 행사영역에 해당하지 않으므로 옵션에서 발생하는 손익은 0이며, 최초 구축손익인 2.5가 고정이익으로 발생한다. 이어 만기주가가 20에서 25 사이에 형성될 경우, 행사가격 20의 매도 콜옵션은 매수자 행사로 인해 $-(S^*-20)$의 손실이 발생한다. 매수한 콜옵션은 행사영역에 해당하지 않으므로 0의 손익이 발생한다. 따라서 해당구간의 손익은 $-(S^*-20)+2.5$가 된다. 끝으로 약세 스프레드 투자자가 가장 원하지 않던 만기주가가 25 이상으로 상승한 경우는 두 옵션 모두 행사영역에 해당한다. 따라서 매도 콜옵션에서는 $-(S^*-20)$, 매수 콜옵션에서는 S^*-25의 이익이 발생하므로

표 IX-7 약세 스프레드(콜옵션) 예시 손익

	$S^*<20$	$20<S^*<25$	$S^*>25$
20 풋옵션 매도(3.5)	0	$20-S^*$	$20-S^*$
25 풋옵션 매수(1)	0	0	S^*-25
만기시점의 현금흐름	0	$20-S^*$	-5
초기비용	2.5	2.5	2.5
손익	2.5	$22.5-S^*$	-2.5

그림 IX-8 약세 스프레드 payofff

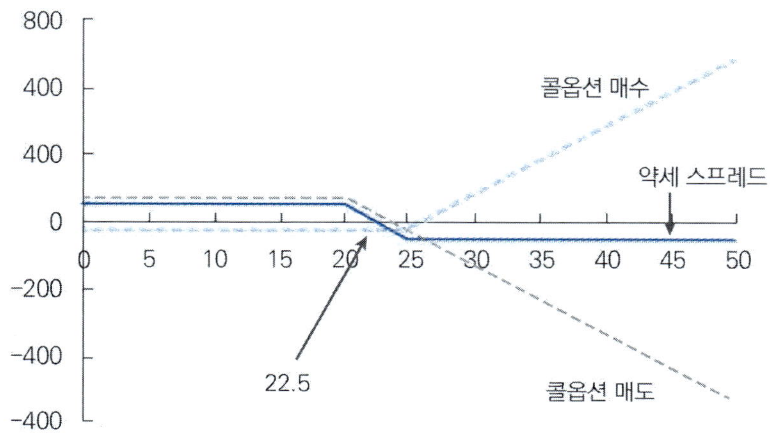

이를 합산한 옵션의 손익은 －$5가 된다. 이를 초기 구축손익 $2.5와 합산하면 －$2.5의 고정손실이 발생한다.

다. 버터플라이 스프레드(Butterfly Spread)

버터플라이 스프레드는 앞서 살펴본 강세 스프레드와 약세 스프레드를 혼합하는 방식으로 구축한 payoff 형태가 나비모양을 닮았다 하여 버터플라이라는 명칭이 붙었다. 롱 버터플라이 스프레드는 투자자가 기초 주식이 만기까지 크게 상승하거나 하락하지 않을 것이라고 예측하는 변동성 매도(volatility seller)이다. 가장 낮은 행사가격과 가장 높은 행사가격의 콜옵션을 매수하고, 중간 행사가격을 2배수로 매도하여 구축한다. 이와 반대로 가장 낮은 행사가격과 가장 높은 행사가격의 콜옵션을 매도하고 중간 행사가격을 2배수로 매수하여 구축할 경우는 역 버터플라이 스프레드(reverse butterfly spread)라 하며 만기시 주식가격이 상방이던 하방이던 크게 변동할 경우 이익이 발생하는 변동성 매수자(volatility buyer)가 된다. 다음의 역 버터플라이 스프레드 예를 살펴보자.

행사가격 30의 콜옵션을 \$3.6에, 그리고 행사가격 42의 콜옵션을 \$0.2에 매도한다. 동시에 행사가 36의 콜옵션을 \$1에 2개 매수하는 버터플라이 스프레드를 구성하였다. 이 경우 행사가격이 3개 존재하므로 고려해야 하는 가격구간은 총 4개이다. 우선 초기 구축비용을 살펴보면, 옵션 2종을 매도하여 \$3.8의 유입이 발생한다. 반면 옵션 매수를 위해 −2.0이 소요되므로 순비용은 \$1.8로 이익이 발생한다. 이제 만기 주가가 가장 낮은 행사가격 30 이하로 형성될 경우, 모든 콜옵션은 행사되지 않으므로 콜옵션의 손익은 0이다. 따라서 이때의 손익은 최초 구축손익인 1.8이 된다. 이어서 첫 번째 행사가격 30과 두 번째 행사가격 36 사이 구간에 주가가 도달한 경우는 행사가격 30의 콜옵션만이 행사영역에 해당하므로 매수자가 콜옵션을 행사하여 이때의 옵션손익은 $-(S^*-30)$이다. 이를 초기 구축손익과 합하면 $31.8-S^*$가 된다. 만기시 주가가 36과 42 사이에 도달하면 이때는 행사가격 30에 매도한 콜옵션과 36에 매수한 콜옵션이 행사영역에 해당한다. 따라서 매도 콜옵션은 $-(S^*-30)$, 매수 콜옵션은 $2(S^*-36)$이 되어 옵션손익은 이들의 합인 S^*-42가 되며, 초기 구축손익을 합하면 $S^*-40.2$이 된다. 끝으로 만기 주가가 42 이상으로 상승하면 모든 옵션이 행사구간에 해당하므로 행사가 30의 매도 콜옵션은 $-(S^*-30)$, 매수 콜옵션은 $2(S^*-36)$, 행사가 42의 매도 콜옵션은 $-(S^*-42)$의 손익이 발생하므로 이를 모두 합산한 0의 옵션손익이 산출된다. 따라서 해당 구간의 최종 손익은 초기 구축손익은 1.8의 고정이익이 발생한다. 도식 상 뒤집힌 나비의 형태가 나오면서 reverse butterfly spread의 모습이 된다.

표 IX-8 reverse butterfly 예시 손익

	$S^*<30$	$30<S^*<36$	$36<S^*<42$	$S^*>42$
30 콜옵션 매도 (3.6)	0	$30-S^*$	$30-S^*$	$30-S^*$
36 콜옵션 2 매수 (0.2)	0	0	$2(S^*-36)$	$2(S^*-36)$
42 콜옵션 매도 (1)	0	0	0	$42-S^*$
만기시점의 현금흐름	0	$30-S^*$	S^*-42	0
초기비용	1.8	1.8	1.8	1.8
손익	1.8	$31.8-S^*$	$S^*-40.2$	1.8

그림 IX-9 reverse butterfly payoff

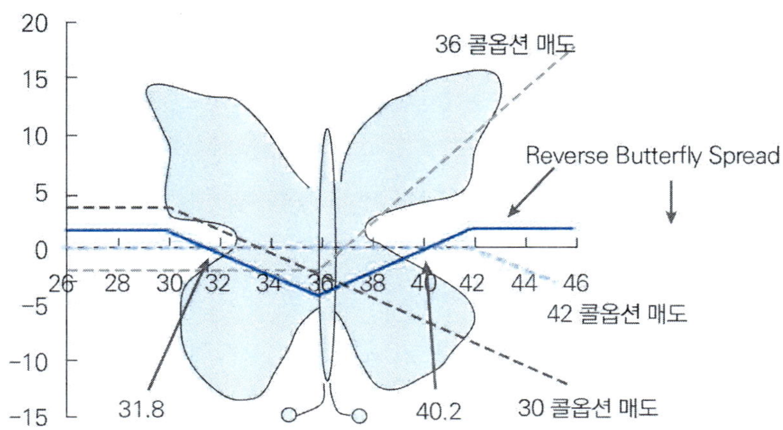

라. 비율 스프레드(Ratio Spread)

기본 구조는 강세 스프레드 또는 약세 스프레드의 형태를 가지나 결합하는 옵션의 개수가 비대칭적이다. 예를 들어 낮은 행사가격의 옵션을 매수하고, 다량의 높은 행사가격 옵션을 매도하거나 높은 행사가격의 옵션을 매수하고, 다량의 낮은 행사가격 옵션을 매도하는 비대칭형 결합구조를 갖는다.

비율 스프레드의 비율은 다양하나 1계약에 대해 5계약을 초과하지 않도록 구성하는 것이 일반적이다. 비율 스프레드는 초과부분이 매수와 매도 중 어느 쪽인지에 따라 다시 분류되는데, front spread는 매수 계약보다 더 많은 매도 계약을 체결하는 스프레드로 통상 비율 스프레드는 front spread를 의미한다. 이와 반대로 매수 계약이 매도 계약을 초과하는 스프레드는 back spread로 명명하기도 한다.

call ratio spread는 낮은 행사가의 콜옵션을 매수하고 더 높은 행사가의 콜옵션을 m배로 매도하는 전략이다. 이 전략의 최대 이익은 제한되어 있으며 만기시 기본 주가가 매도 옵션의 행사가일 때 발생한다. 하방위험은 전혀 없는 반면 주가가 상승세로 강하게 움직일 경우 무제한의 손실 위험이 있다.

put ratio spread는 높은 행사가의 풋옵션을 매수하고 더 낮은 행사가의 풋옵션을

m배로 매도하는 전략이다. 이 전략 역시 call ratio spread와 유사하게 기초 주식이 단기적으로 거의 변동하지 않을 것을 기대한다. 최대이익이 제한된다는 점도 동일하나 주가가 하락세로 강하게 움직일 경우 손실 위험이 있다.

call back spread는 call ratio spread의 반대 전략으로 낮은 행사가의 콜옵션을 매도하고 더 높은 행사가의 콜옵션을 복수로 매수하여 구현한다. 이 전략은 주가가 상승세로 강하게 움직일 때 이익을 얻으며 가능한 최대 이익은 제한이 없다.

put back spread는 put ratio spread의 반대 전략으로 높은 행사가의 풋옵션을 매도하고 더 낮은 행사가의 풋옵션을 복수로 매수하여 구성한다. 이 전략은 옵션 거래자가 기초 주식이 단기적으로 하방으로 강하게 움직일 때 이익을 얻는다. 특히 최대손실이 제한되며 만기시 기본 주가가 매수한 풋옵션의 행사가일 때 발생한다.

지금까지 살펴본 비율 스프레드와 방향성을 종합하면 다음과 같다.

표 IX-9 ratio spread 유형별 속성

유형	세부전략				보상	위험	방향성
call ratio spread	낮은 행사가	call	1	매수	제한	무제한	약간의 상승세
	높은 행사가	call	m	매도			
put ratio spread	높은 행사가	put	1	매수	제한	주가 0까지 손실	약간의 하락세
	낮은 행사가	put	m	매도			
call back spread	낮은 행사가	call	1	매도	무제한	제한	상승장(bullish) 기대시
	높은 행사가	call	m	매수			
put back spread	높은 행사가	put	1	매도	주가 0까지 보상	제한	하락장(bearish) 기대시
	낮은 행사가	put	m	매수			

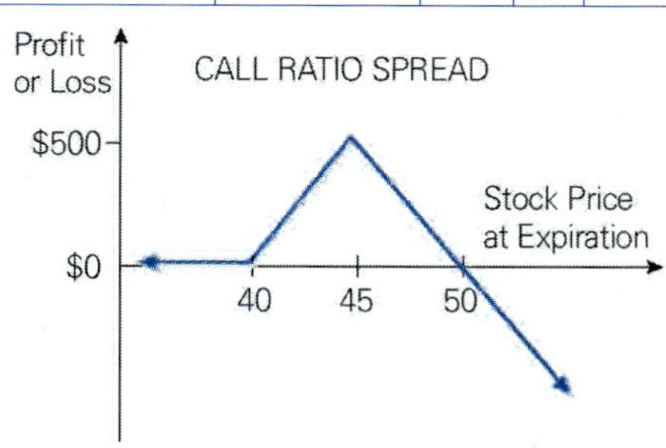

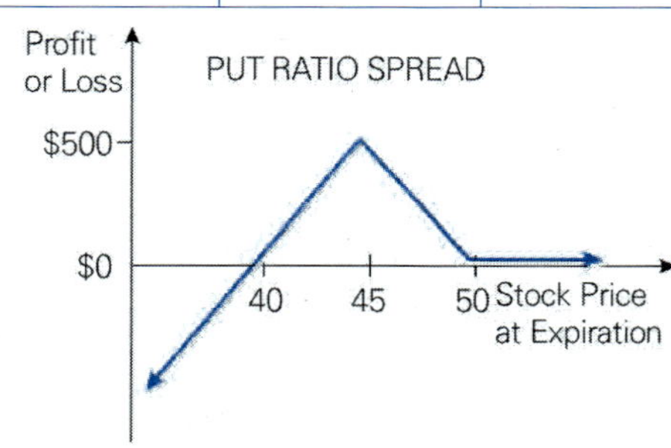

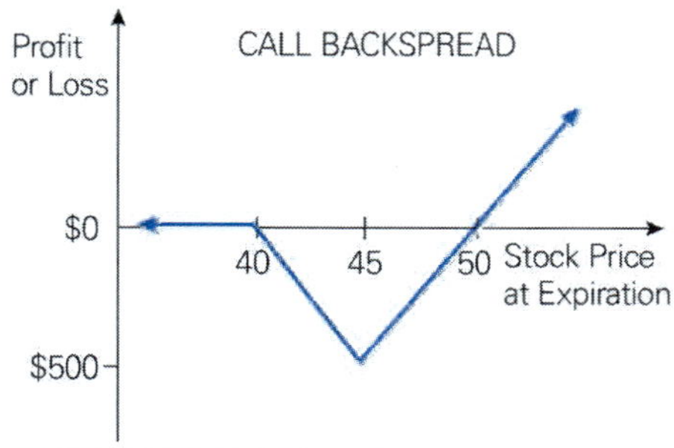

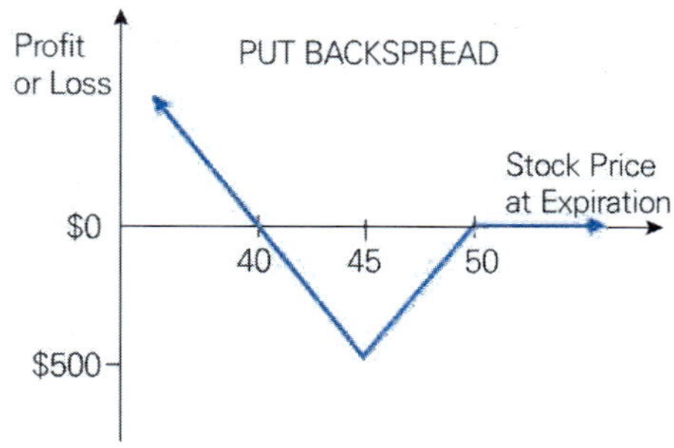

2) 수평 스프레드(Horizon Spread)

수평 스프레드는 동일한 기초 자산에서 만기만 다르며 동일한 수의 옵션 간 매도와 매수를 결합하는 전략이다. 즉, 관련된 옵션의 행사가는 동일하지만 만기일이 다르다. 수평 스프레드는 시간에 대한 차이를 이용하므로 time spread 또는 calendar spread로도 불린다. 이러한 수평 스프레드는 주로 내재 변동성의 변화와 시간의 붕괴로부터 이익을 얻는 전략으로, 예를 들어 short calendar spread는 단기 콜옵션(풋옵션)을 매수하고 장기 콜옵션(풋옵션)을 매도하여 구성한다. 이 전략은 주가가 만기일에 행사가보다 훨씬 높거나 낮을 경우 최대 이익을 실현한다. 따라서 상방 또는 하방으로 높은 변동성에 투자하는 형태이다. 기업의 좋은 소식(good news) 또는 나쁜 소식(bad news) 등 주가를 극적으로 변화시킬 것으로 기대되는 발표일 등에 사용되나 이익을 보장하는 것은 아니라는 점에 유의해야 한다.

long calendar spread는 단기 콜옵션(풋옵션)을 매도하고 장기 콜옵션(풋옵션)을 매수하여 구성한다. 이 전략은 단기적으로 주가가 행사가 근처에서 큰 변동을 보이지 않고 횡보할 것이 예상될 때 선택하는 전략이다. 반대로 주가가 행사 가격에서 멀어지면 높은 비율의 손실 가능성도 존재한다.

calendar 스프레드의 경우 콜옵션을 이용하거나 풋옵션을 이용하거나 동일한 payoff 형태를 지닌다는 점에서 투자자의 선호에 따라 선택되기도 한다. 명확한 수평 스프레드의 이해는 옵션가격모형의 이해와 각 변수별 민감도의 이해가 선행되어야 하므로 해당 내용의 학습 이후에 보다 세부적인 내용을 다시 다루도록 한다.

표 IX-10 Horizon(calendar) spread 유형별 속성

유형	세부전략		방향성
short call/put calendar spread	단기	매수	변동성 buyer
	장기	매도	
long call/put calendar spread	단기	매도	변동성 seller
	장기	매수	

그림 IX-10 short calendar spread

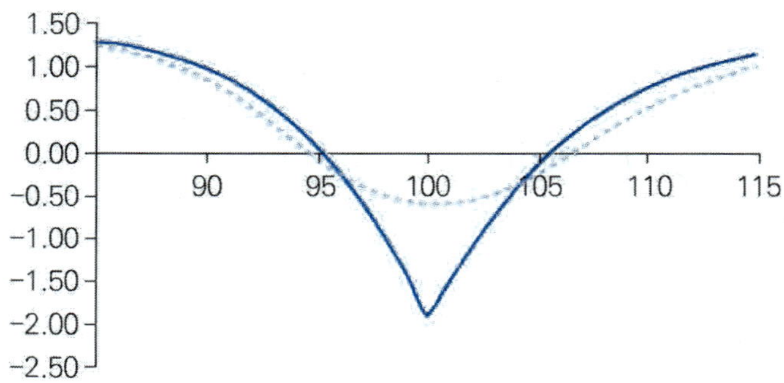

그림 IX-11 long calender spread

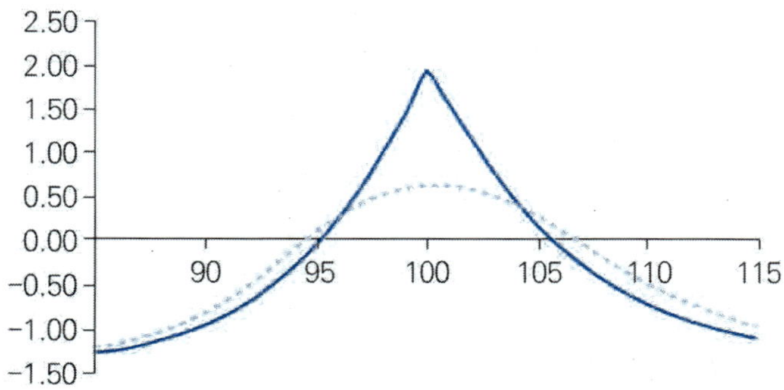

3) 대각 스프레드(Diagonal Spread)

대각 스프레드는 동일 기초자산 및 동일한 옵션 갯수로 다른 행사가격 및 다른 만기월을 가진 옵션들을 동시에 매수 및 매도하여 구축한다.

투자자가 단기적으로 시장의 약간의 강세(bull)를 전망한 경우, 행사가와 만기일이 다른 한 자산에 대한 콜옵션을 동시에 매수 및 매도하는 Diagonal Bull Spread를 구성한다. 여기서 '약간의 강세'는 장기적으로는 시장에서 강세를 보이나 단기적으로는 중립적인 전망을 가질 때를 뜻한다. 따라서 상승 움직임에서의 이익을 위해 콜옵션을 매수하고 만료일이 가까운 다른 콜옵션을 매도한다. 따라서 이 전략을 구사하는 투자자는 처음에는 기초 자산의 가격이 횡보하여 단기 콜옵션이 행사되지 않고 만료되고, 이후 시장이 상승할 때 매입한 콜옵션으로부터 이익을 얻기를 기대하게 된다. 다음의 예를 살펴보자.

기초자산의 가격을 $120라고 가정하자. 11월 행사가격 $120의 콜옵션을 $250에 매수하고 8월 행사가격 $130의 콜옵션을 $100에 매도하는 diagonal (call) bull spread를 실행한다. 기초자산의 가격이 $125로 상승하고 11월까지 이 수준이 유지된다면 매도한 8월 콜옵션은 외가격으로 종료된다. 이후 9월 및 10월에도 단기 콜옵션 매도를 통해 추가이익을 창출하고 동시에 조기에 매수한 장기 콜옵션을 통해 포지션을 헤지하게 된다.

이번에는 반대로 시장에 대해 장기적으로 약세(bear)를 전망하나 단기적으로 중립적인 전망을 할 경우 diagonal bear spread를 구성한다, 즉, 장기의 하락 움직임에서 이익을 얻기 위해 장기 풋옵션을 매수하고 단기 풋옵션을 매도한다. 이 경우 기초자산가격이 초기에는 기초자산가격이 횡보하여 단기 풋옵션이 행사되지 못하고 만료되고, 시장이 하락할 때에는 매입 풋옵션으로부터 이익을 얻게 된다. 다음의 예를 살펴보자.

기초 자산 가격을 $120라고 가정하자. 11월 만기의 행사가격 $120 풋옵션을 $250에 매수하고 8월 만기의 행사가격 $110 풋옵션을 $100에 매도하여 diagonal bear spread를 실행한다. 이후 기초자산 가격이 $115로 떨어지고 11월까지 이 수준을 유지한다면 ITM 상태가 된다. 반면 8월 만기의 매도 풋옵션은 OTM으로 행사되지 못하고 종료된다. 8월 이후 9월에도 10월 만기와 같은 단기 풋옵션 매도를 통해 추가 이익을 창출하는 동시에 조기에 매수한 장기 풋옵션을 통해 포지션을 헤지하게 된다.

그림 IX-12 Diagonal Bull Spread

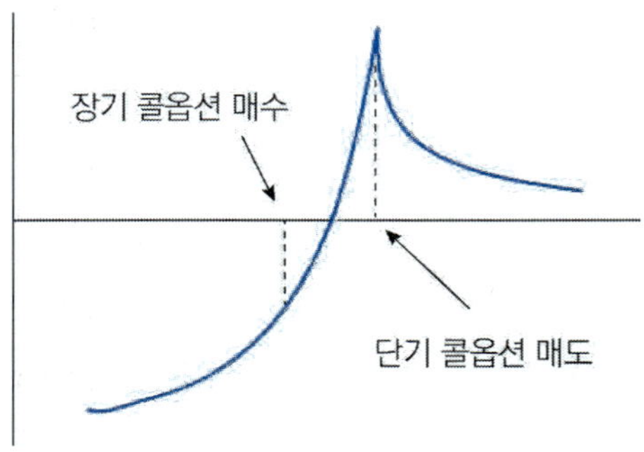

그림 IX-13 Diagonal Bear Spread

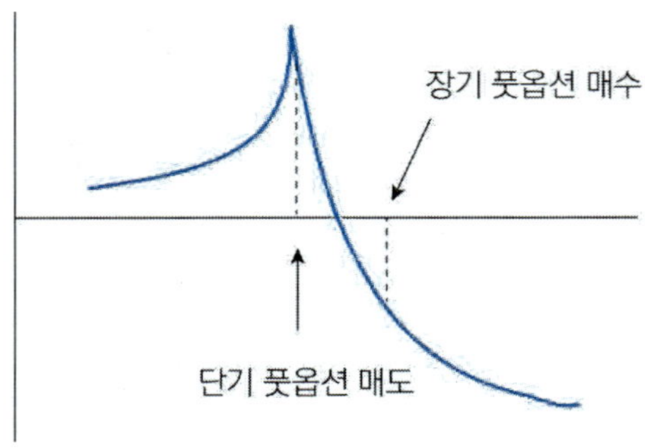

3. 스트래들과 스트랭글

스트래들 전략과 스트랭글 전략은 앞서 어떤 전략보다 위험성이 높다는 점에서 반드시 명확한 이해가 선행될 필요가 있다. 특히 매도 포지션의 경우 이익은 제한되는 반면 과소평가되기 쉬운 낮은 확률의 사건(event)이 발생할 경우 손실이 급격히 커진다는 점에서 그러하다.[4]

1) 스트래들(straddle)

스트래들은 주식이나 지수에 대해 동일한 만기와 행사가격을 갖는 콜옵션과 풋옵션을 매수 또는 매도하는 전략이다. 이 전략을 통해 투자자는 주가가 크게 변동한다고 가정하고 그 방향성에 상관없이 수익을 올릴 수 있다. 애초 이 단어는 두 다리로 버티고 서있는 모양새를 의미하는 단어로 구축한 payoff 형태가 이를 닮았다 하여 명명되었다.

스트래들 매수 전략의 경우 기초자산의 가격이 어느 방향으로든 크게 움직이는 전

4 앞서 3장에서 학습한 파생상품의 위험사례였던 Baring 은행의 파산을 유발했던 Nicholas Leeson의 거래내용이 바로 '스트래들 매도'에 해당한다. 본 장을 학습 후 다시 한번 해당 사례를 살펴보기를 권장한다.

제 하에 얻을 수 있는 최대 이득은 무제한이다. 즉, 한 방향으로 큰 움직임을 보이거나 내재 변동성이 크게 증가할 시장을 대상으로 한다. 하방 이익의 경우 주가가 0 이하로 내려갈 수 없기 때문에 이익 가능성이 제한된다. 최대 손실은 주가가 행사가격 수준에 머무르고 내재 변동성이 하락하는 경우 두 옵션 모두 행사되지 못하고 만료되어 지불한 프리미엄 전체가 손실로 확정된다. 그래프의 모양이 하방으로 솟아있다 하여 'Bottom straddle'로 불린다.

스트래들 매도 전략의 경우는 시장이 옵션 행사 가격 수준에서 횡보하거나 시장의 내재변동성이 현저하고 감소할 것이 예상될 때 사용된다. 특히 이 스트래들 매도 전략은 사실상 무제한 위험에 노출되는 큰 위험이 내재되어 있다. 스트래들 매수와 반대로 그래프의 모양이 상방으로 산처럼 솟아있다 하여 'Top straddle'로도 불린다. 이 전략은 시장이 드물게 비정상적으로 변동성이 폭발하는 상황이 도래할 경우 감당하기 어려운 손실 가능성이 존재하므로 사용에 극히 유의할 필요가 있다. 다시 말해 스트래들 매도는 가장 극단적인 'volatility seller'로 간주할 수 있다.

다음의 스트래들 매도의 예를 살펴보자. 행사가격이 80인 콜옵션을 \$17에, 풋옵션을 \$6에 매도하여 스트래들 매도 전략을 구축하였다. 이 전략의 구축을 위한 초기비용은 \$23(=17+6)이 소요된다. 이제 행사가격 80을 전후하여 두 가지 상황으로 분류할 수 있다.

첫째, 만기 주가가 80 이하일 경우 매도한 콜옵션은 매수자에 의해 행사되지 않아 0의 손익으로 종료된다. 반면 풋옵션의 경우는 행사영역에 해당되어 $-(80-S^*)$의 손실이 발생한다. 따라서 옵션에서 발생한 손익 $-(80-S^*)$과 초기 구축비용(이익) 23을

표 IX-11 스트래들 매도포지션 예시 손익

	$S^*<80$	$S^*>80$
콜옵션 매도	0	$80-S^*$
풋옵션 매도	S^*-80	0
만기시점의 현금흐름	S^*-80	$80-S^*$
초기비용	23	23
손익	S^*-57	$103-S^*$

그림 IX-14 스트래들 매도 payoff

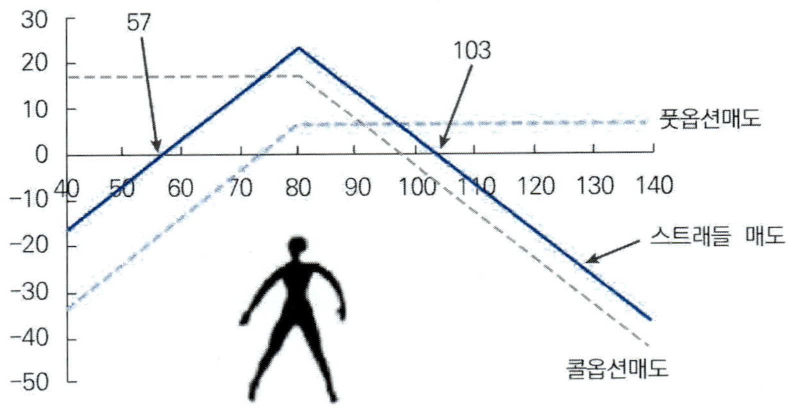

합산하면 $S^* - 57$의 손익이 산출된다.

둘째, 만기 주가가 80 이상이 되는 경우는 매도한 콜옵션의 매수자가 행사하므로 $-(S^* - 80)$의 손실이 발생한다, 반면 풋옵션은 행사구간에 해당하지 않으므로 0의 손실이 발생한다. 따라서 옵션의 손익과 초기구축비용을 합하면 $103 - S^*$가 산출된다.

2) 스트랭글(strangle)

스트랭글은 기초자산과 만기일이 동일한 콜옵션과 풋옵션을 행사가가 다르게 보유하는 전략으로 스트랭글과 같이 기초자산의 가격변동이 클 경우에 수익을 얻는다. 이 용어는 payoff의 그래프 형태가 목을 조르는 모양새를 닮았다 하여 명명되었다. 스트래들과 유사하나 OTM 옵션들로 구성되기 때문에 초기 구축비용이 더 저렴하다는 장점이 있다. 반면 스트래들 전략 대비 더 큰 가격변동이 필요하다는 조건이 필요하다.

우선 스트랭글 매수 전략은 가격의 방향성 움직임을 예상하지만 어떤 방향으로 움직일지 확실하지 않을 때 사용한다. 가격 상승으로 인한 돌파가 더 가능성이 높다고 생각하면 콜옵션의 행사가격을 상대적으로 낮게 만들고 풋옵션의 행사가격을 상대적으로 높게 만들 수 있다. 특히 최대 손실은 두 옵션의 프리미엄으로 제한되나 잠재적 이익은 이론적으로 무제한이다.

반대로 스트랭글 매도 전략은 가격이 특정 범위 내에서 일정하게 유지될 것이 예상될 때 사용한다. 이 전략의 문제는 가격의 급변동으로 인해 손실구간으로 진입시 스트랭글 매도에서 확보 가능한 이익보다 훨씬 높은 손실, 즉 이론적으로 무제한의 손실이 발생가능하다는 점이다.

매수 전략과 매도 전략 모두 외가격의 정도를 높여갈수록 가격의 변동에 더 민감하도록 수평구간을 넓힐 수 있다.

다음의 스트랭글 매수 전략의 예를 살펴보자. 행사가격 120의 콜옵션을 $10에 매수하고, 이와 동시에 행사가격 100의 풋옵션을 $25에 매도하여 스트랭글 매수전략을 구성하였다. 이제 두 행사가격으로 인해 고려해야 하는 가격구간은 100이하, 100에서 120, 그리고 120 이상으로 만기 주가가 형성될 경우의 세 구간이다. 우선 모든 경우에 있어서 구축에 소요된 초기비용은 두 옵션의 프리미엄 합이므로 －$35이다. 이제 만기주가가 100 이하로 형성될 경우 매수한 행사가 120의 콜옵션은 행사를 포기하게 되므로 0의 손익이 발생한다. 반면 매수한 행사가 100의 풋옵션은 행사하므로 $100-S^*$의 이익을 얻는다. 따라서 옵션손익 $100-S^*$와 초기비용 -35를 합하여 최종손익은 $65-S^*$가 된다. 만기주가가 100에서 120 사이에 놓일 경우는 콜옵션과 풋옵션 모두 행사구간에 해당되지 않아 0의 손익이 발생하므로 결국 초기 구축비용이 그대로 손실로 발생한다. 끝으로 만기주가가 120 이상으로 형성될 경우 매수 콜옵션의 행사를 통해 S^*-120의 이익이 발생하므로 이에 초기비용을 합하면 S^*-155의 손익이 발생한다. [표 IX－12]에 이러한 payoff 관계를 정리하였다.

표 IX-12 스트랭글 매수 포지션 예시 손익

	$S^*<100$	$100<S^*<120$	$S^*>120$
120 콜옵션 매수 (10)	0	0	S^*-120
100 풋옵션 매수 (25)	$100-S^*$	0	0
만기시점의 현금흐름	$100-S^*$	0	S^*-120
초기비용	-35	-35	-35
손익	$65-S^*$	-35	S^*-155

그림 IX-15 스트랭글 매수 payoff

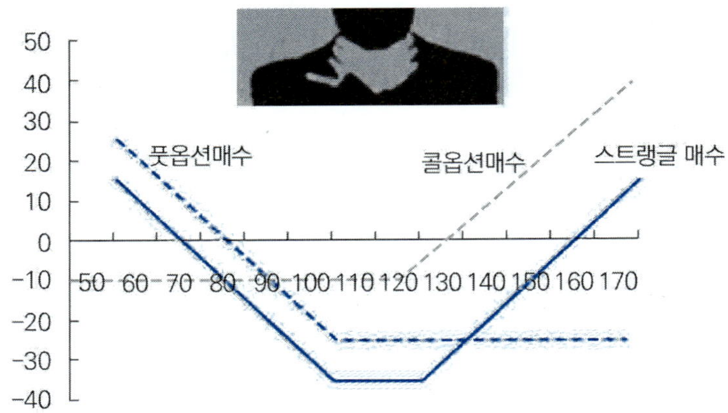

4. 그 외 옵션 전략

앞서 살펴본 옵션 전략들은 가장 대표적으로 활용되고 있는 전략이다. 그러나 이외에도 옵션들을 결합하는 다양한 방식이 존재할 수 있으며 payoff 역시 다양한 형태를 구축할 수 있다. 몇 가지 예를 들어보자. Cylinder 전략은 풋옵션이나 콜옵션을 매수하는 동시에 만기일이 같은 콜옵션이나 풋옵션을 매도하는 전략이다. 이 전략은 거래에 대해 최대 및 최소 가격 범위를 제한(cap)한다는 사실을 제외하고는 선도 계약처럼 작동한다.

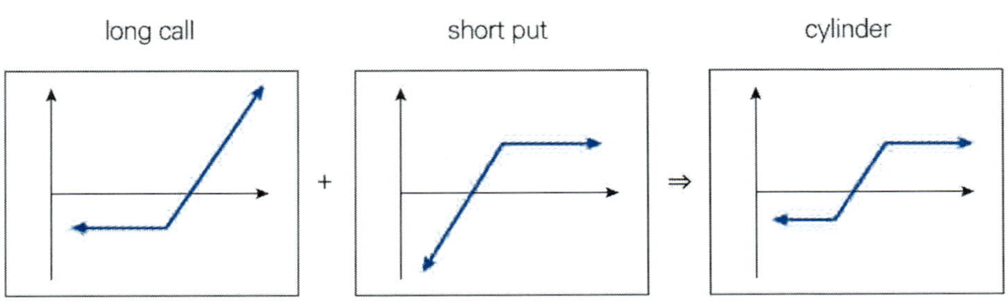

Collar 전략은 보호 풋과 커버드 콜을 동시에 실행하는 것으로 간주할 수 있다. 즉,

주식매수와 콜옵션 매도로 결합되는 커버드 콜에 추가로 풋옵션을 결합함으로서 기초자산가격의 급격한 하락에 대한 하방위험을 제한해주는 장점이 있다.

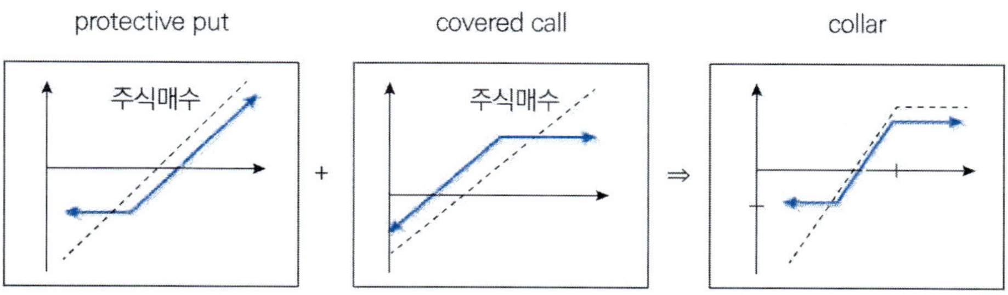

Strap 전략은 기초자산의 가격이 단기적으로 상당한 변동성을 경험할 것이며 하방보다는 상승 할 가능성이 더 높다고 생각할 때 무제한의 이익과 제한된 위험을 갖는 전략이다. 기본적으로 스트래들 전략과 유사하나 콜옵션과 풋옵션을 동일한 개수로 구성했던 스트래들과 달리 콜옵션을 2배로 구성하여 상승 민감도를 높인 전략이다. 즉, 상승시의 기울기를 더욱 급하게 만드는 전략이다. 이와 반대로 하방 가능성을 더 높다고 예측할 경우 풋옵션을 2배로 구성하는 전략을 Strip 전략이라 한다.

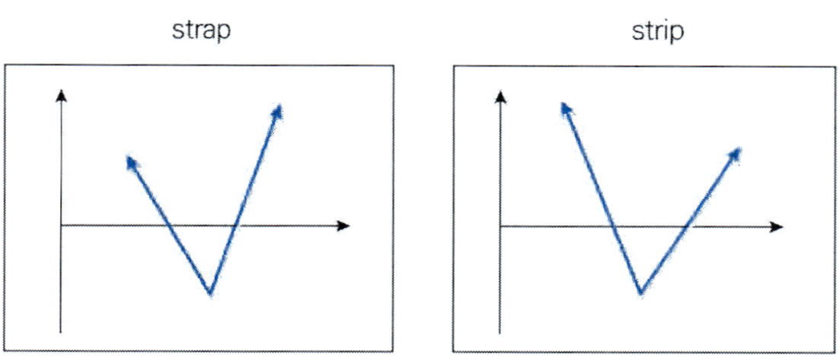

Condor 전략은 기초자산의 변동성이 거의 없다고 예측될 때 제한된 수익과 제한된 위험을 갖는 전략으로 총 4개의 옵션으로 구성된다. [ITM 콜옵션 매도와 더 낮은 행사가의 ITM 콜옵션을 매수]하여 Bull ITM call spread를 구축하고, 이와 동시에 [OTM 콜옵션 매도와 더 높은 행사의 OTM 콜옵션을 매수]하여 Bear OTM call spread를 구축한다. 이렇게 총 4개의 옵션이 결합하는 형태가 Condor 전략이다.

이와 유사하게 Iron Condor 전략도 기초자산의 변동성이 거의 없다고 예측될 때 제한된 수익을 추구하는 전략으로, 동일 기초자산과 동일 만기를 갖는 [OTM 풋옵션은 매도하고 더 낮은 행사가격의 OTM 풋옵션을 매수]하는 Bull OTM put spread, 그리고 [OTM 콜옵션을 매도하고 더 낮은 행사가의 콜옵션은 매수]하는 Bear OTM call spread를 조합한 형태로 볼 수 있다.

표 IX-13 Condor & Iron Condor

유형	구성	세부구성		
Condor	Bull ITM call spread	더 낮은 행사가 ITM	call	매수
		ITM	call	매도
	Bear OTM call spread	더 높은 행사가 OTM	call	매수
		OTM	call	매도
Iron Condor	Bull OTM put spread	더 낮은 행사가 OTM	put	매수
		OTM	put	매도
	Bear OTM call spread	더 낮은 행사가 OTM	call	매수
		OTM	call	매도

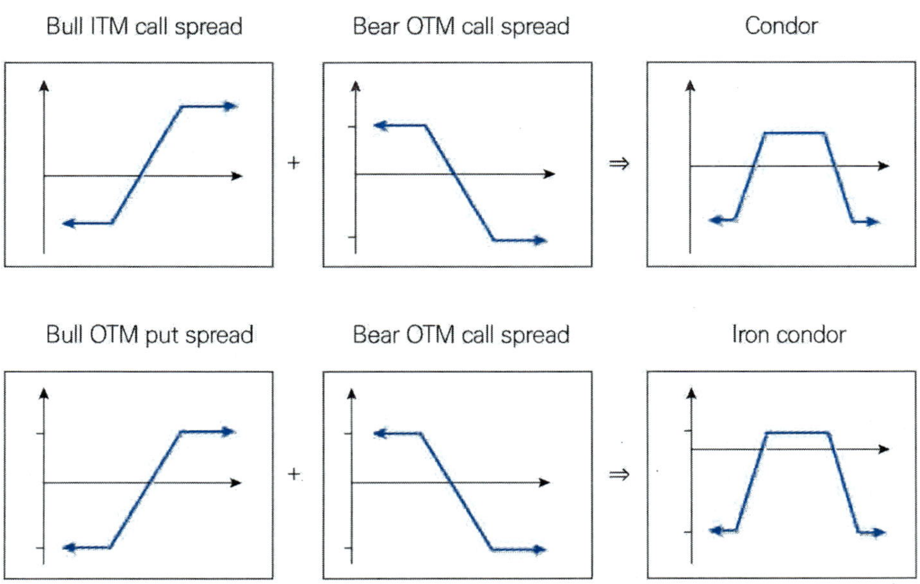

Seagull 전략은 통상 3개의 옵션으로 구성되며 기초자산의 원치않는 변동에 대한

헤지를 제공해준다. 예를 들어 Bull Seagull 전략은 Bull call spread와 OTM 풋옵션의 매도로 구성되며, Bear Seagull 전략은 또는 Bear put spread와 OTM 콜옵션의 매도로 구성된다. 통상적인 옵션 스프레드 전략은 위험을 제한해주지만 동시에 잠재적 이익을 제한하는 헤지 포지션이다. 따라서 여기에 다른 옵션의 매도 포지션을 추가하면 스프레드 구성을 위한 자금을 조달해주므로 실질적인 구축비용을 0으로 만들 수 있다. 다만 기초자산의 움직임 예측이 틀릴 경우 하방 위험이 무제한이 될 수 있다는 단점이 존재한다.

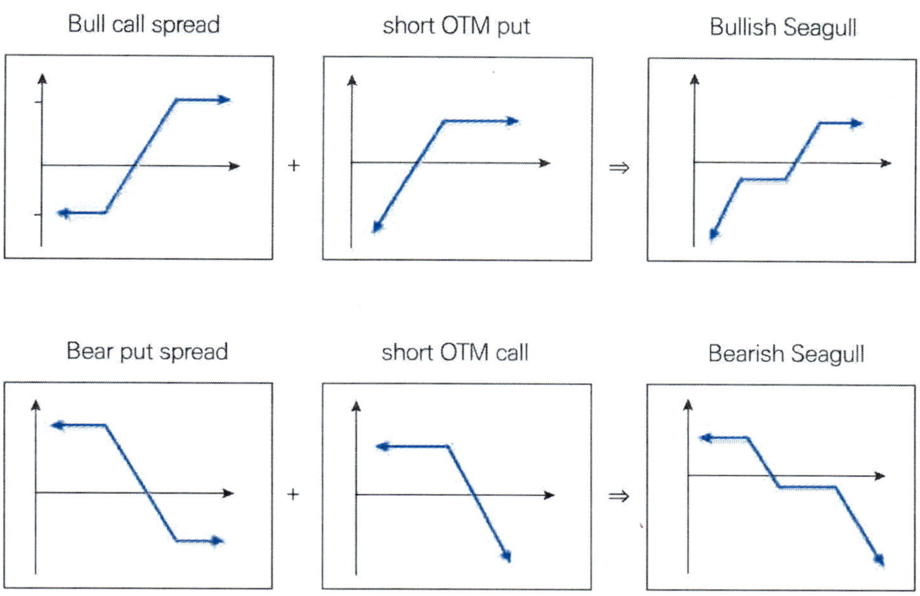

5. 옵션 전략 종합

지금까지 살펴본 옵션전략을 모두 종합하면 다음과 같이 범주화하여 정리할 수 있다. 다만 본 서에서 제시한 옵션전략들은 대표적인 주요 옵션 전략일 뿐이며 이외에도 옵션 자체가 가지는 대표적 속성인 비선형성에 기인하여 다양한(사실상 무한대의) payoff를 가지는 옵션전략을 구성할 수 있다.

표 IX-14 옵션전략 유형

- Hedge
  - covered call
  - protective put
  - protective short sale
  - ratio hedge
- Spread
  - vertical spread
    - bull spread
    - bear spread
    - butterfly spread
    - ratio spread
  - horizon(calendar) spread
  - diagonal spread
- Etc
  - cylinder, collar, strap, strip
  - seagull

X. 이항옵션 평가모형

이번 장에서는 옵션가격결정모형을 다룬다. 파생상품에 대한 가격결정모형은 상당히 다양한 형태로 존재한다. 우선 구체적인 공식화되어 표현되는 분석해(analytical sol-ution) 방식과 컴퓨터의 시뮬레이션 등을 통해 해를 산출하는 수치해석(numerical sol-ution) 방식이 존재한다. 단순한 형태의 파생상품이라 하더라도 반드시 분석해가 존재하지 않을 수 있으며 더 현실적인 해로 접근할수록 분석해의 도출이 난해해진다. 따라서 실무적으로는 대부분 수치해석 방식을 사용하는 경우가 오히려 대부분이다.

수치해석 방식은 해를 추측한 다음 추측을 반영한 반복적 프로세스를 통해 오차를 최소화하는 방식으로 참값에 근접해간다. 이러한 반복을 수행하는데 컴퓨터를 사용하게 되며 빠르며 소수점 누락과 같은 오류가 발생하지 않는다는 장점이 있다. 이러한 수치해석 방식은 가장 간편하게 적용가능한 이항(binomial) 방식, 유한차분법과 같은 Grid 접근방식, 그리고 시뮬레이션 방법으로 분류할 수 있다. 세부적인 내용을 살펴보기에 앞서 각 방식에 대한 간단한 정의를 하고 갈 필요가 있다.

우선 이항트리방식[1]은 기초자산의 가격이 상승과 하락의 값 중 하나만 취할 수 있다는 변동에 대한 단순 가정을 이용하여 옵션가격을 책정하는 방식이다. 단, 가격변화의 프로세스를 어떻게 설정하는가에 따라 이항방식의 적용이 불가능한 경우도 존재한다. 또한 이색(Exotic) 옵션과 같이 상품구조가 복잡할수록 산출소요시간이 지나치게 과다해지거나 최종해로 수렴하지 않는 등 이항모형의 적합성이 떨어지는 경우가 있다.

유한차분법은 1977년 Eduardo Schwartz에 의해 옵션가격결정에 처음 적용되었다.[2] 이 접근법은 옵션 가격이 시간이 지남에 따라 이산(discrete-time) 차분방정식(difference equation)을 따라 진화해나간다는 전제 하에 옵션의 가격을 책정한다. 특히 옵션가격은 0시점부터 만기까지의 각 차원에 대응하여 격자(lattice)를 따라 노드(node)

1 Cox, C. J., Ross A. S. and Rubinstein, M., "Option Pricing: A Simplified Approach", Journal of Financial Economics 7, pp. 229-263, 1979.

2 E. Schwartz, "The valuation of warrants: Implementing a new approach", Journal of Financial Economics, Vol 4(1), pp. 79-93, 1977.

별 경로를 만들어간다.

시뮬레이션 접근법은 옵션의 가치를 결정짓는 핵심요소인 기초자산의 가능한 경로를 다수 생성하여 그 때의 옵션 payoff를 지속적으로 평가하여 현재가치로 전환하여 산출한다. 이러한 시행횟수가 많을수록 더 정확한 결과가 산출된다.

1. 1기간 이항트리모형(one-step binomial tree)

1) 1기간 이항트리모형의 구축

이항트리를 이용한 옵션가격설정은 경로에 종속(path dependent)되는 옵션을 평가하기 위한 위험중립적인 방법으로 시간 경과에 따른 최종$(s=t)$적인 가치를 현 시점$(s=0)$에서 산정한다. 따라서 옵션의 현재 가치는 확률 가중 미래 보상의 현재 가치로 산출된다.

이 모형은 가격 도출을 위해 차익 거래가 존재하지 않는다는 핵심 전제를 하고 있다. 이외에 이항모형의 한계를 이해하기 위해서는 기본가정을 명확히 이해하고 갈 필요가 있다.

첫째, 모든 시점에서 기초자산의 가격(S_0)은 두 가지 가능한 새로운 가격, 즉 위(u)와 아래(d)로 확률적$(p,\ 1-p)$으로 이동해 나간다. 이러한 연유로 모형의 이름 역시 이항(二項, S_u와 S_d)이라 명명되었다.

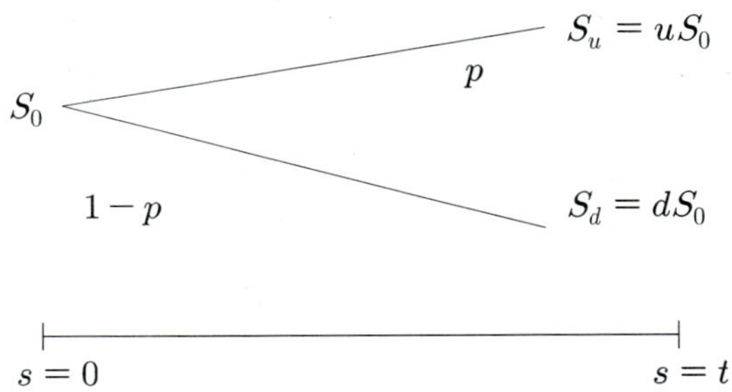

둘째, 기초자산은 배당금을 지불하지 않는다. 배당금은 주가변동의 요인이지만 실

질적인 변동성으로 간주되어서는 안 된다. 따라서 이러한 가정이 위배되는 경우, 즉 배당금을 지불하는 경우는 배당금을 제거하여 자산의 본질적인 변동성으로 조정하는 단계가 추가로 필요하다.

셋째, 시장은 거래비용 및 세금이 존재하지 않는다. 이는 완전시장(perfect market)의 가정으로 시장이 효율적이므로 차익거래가 발생하지 않는다는 가정이 부여된 것과 같은 의미이다.

넷째, 투자자는 위험중립적(risk-neutral)이다. 위험중립세계에서 모든 개인은 위험에 대한 보상을 요구하지 않으므로 기초자산의 기대수익이 위험이 없는 것처럼 가격을 설정할 수 있다.

다섯째, 앞선 위험중립상태에서는 할인율(discount factor)로 무위험이자율을 적용하며 기간 내 일정하다.

이항모형의 가장 단순한 형태, 즉 1기간을 적용하였을 때의 가격결정을 먼저 살펴봄으로써 원리를 이해한 후 2기간, 그리고 다기간으로 확장하는 순서로 학습해 나간다.

오늘 시점(t)의 주가(S_t)와 시간의 경과(Δt) 후 도달하는 주가($S_{t+\Delta t}$)는 총수익률(gross return) $R_{\Delta t}$의 관계를 가지며 이 (연간)총수익률은 (년)기대수익률 $\mu\Delta t$와 분산 $\sigma^2\Delta t$의 정규분포(normal distribution)를 따름을 가정하자. 이 분포를 이항프로세스(binomial process)를 사용하여 모든 Δt에 대해 근사(approximate)해 나간다.

$$\frac{S_{t+\Delta t}}{S_t} = \frac{S_t R_{\Delta t}}{S_t} = R_{\Delta_t} \sim N(\mu\Delta t,\ \sigma^2\Delta t) \quad (\text{모든 } \Delta t\text{에 대해})$$

모든 주가는 위로(총수익률 기준일 경우 $u > 1$) 또는 아래로($d > 1$) 움직인다. 이러한 움직임의 범위는 1기간 후 도달할 총수익률의 분포에 달려있으며 특히 상하의 범위는 이 분포의 분산이 어떠한 수준인가에 달려있다. 이항모형에서는 상향 및 하향할 확률은 각각 $u = e^{\sigma\sqrt{\Delta t}}$, $d = e^{-\sigma\sqrt{\Delta t}}$로 대칭적으로 설정한다.[3] 현재 학습하고 있는 1기 모형에서는 노드를 더 세분화하고 있지 않으므로 Δt가 옵션만기 t가 된다. 이제 지금까지의 관계를 다음과 같이 도식화할 수 있다. 확률 u와 d의 산출은 추가적인 학습이

3 랜덤워크의 특징은 시간에 비례하는 분산을 갖는다는 점으로, 일단 두 수의 곱의 제곱근은 각 제곱근의 곱과 같다($\sqrt{ab} = \sqrt{a}\sqrt{b}$, 이제 a를 분산 σ^2으로, b를 시간 t로 전환하면, 표준편차는 분산의 제곱근인 $\sqrt{t\sigma^2} = \sqrt{t}\sqrt{\sigma^2} = \sigma\sqrt{t}$ 이다.

필요하다. 따라서 후절에서 세부적으로 도출한다. 현 시점에서는 해당 확률의 산출식을 받아들이기로 하자.

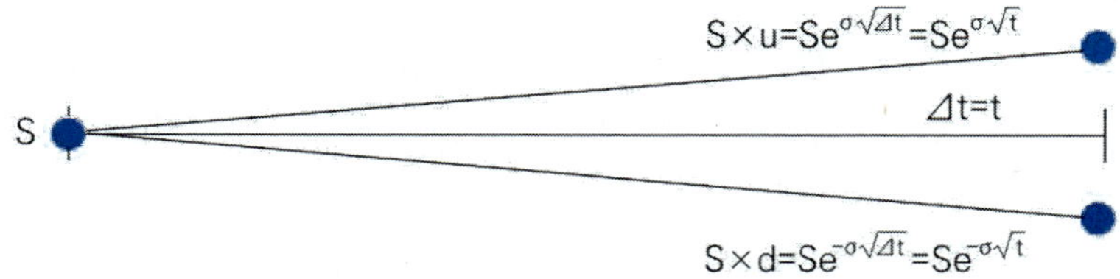

이러한 구조 하에 다음과 같은 기초자산과 유럽형 콜옵션을 위한 기본 요건이 주어졌다.

현재 주가	무위험이자율	기초자산 변동성	행사가격	기간
$S=\$50$	$r=0.05$(년)	$\sigma=0.30$(년)	$K=52$	$t=0.25$(3개월)

우선 주가가 상향할 확률 u와 하향할 확률 d를 산출하면 다음과 같다.

$$u=e^{\sigma\sqrt{\Delta t}}=e^{\sigma\sqrt{t}}=e^{0.3\sqrt{.25}}=1.1618$$
$$d=e^{-\sigma\sqrt{\Delta t}}=e^{-\sigma\sqrt{t}}=e^{-0.3\sqrt{.25}}=\frac{1}{u}=0.8607$$

이러한 확률을 적용하여 현 시점 주가 $50이 상향된 경우의 가격과 하향된 경우의 가격은 다음과 같이 산출할 수 있다.

$$S_u=50\times1.1618=58.09$$
$$S_d=50\times0.8607=43.04$$

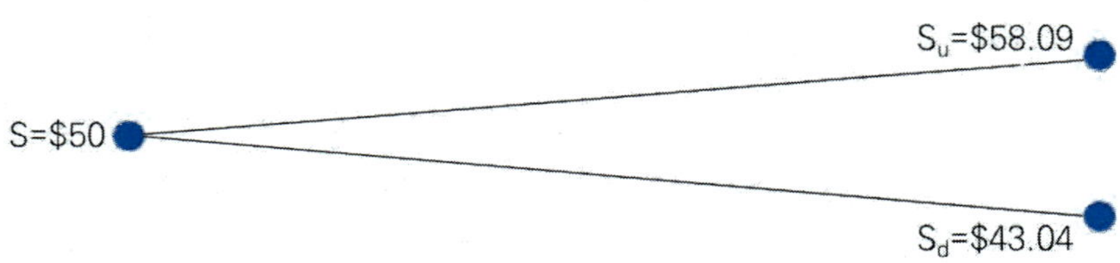

이제 만기시점인 1기에 이 주식을 기초자산으로 하는 콜옵션의 payoff는 다음과 같다.

상향시 콜옵션 payoff $C_u = \text{Max}[S_u - K,\ 0] = \text{Max}[58.09 - 52,\ 0] = 6.09$
하향시 콜옵션 payoff $C_d = \text{Max}[S_d - K,\ 0] = \text{Max}[43.04 - 52,\ 0] = 0$

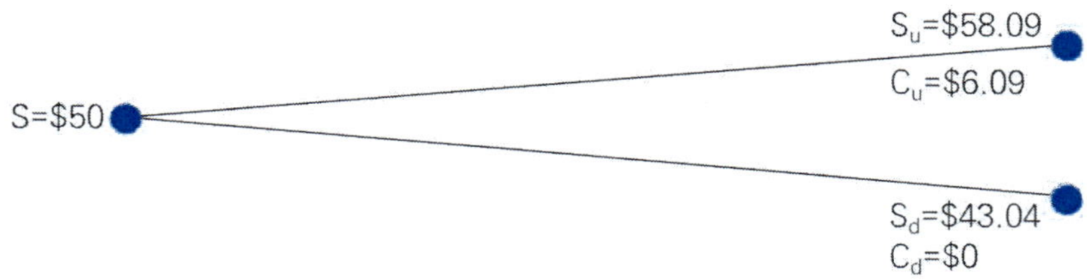

이제 주식 1주와 콜옵션 α_c개로 구성된 헤지포트폴리오를 고려해보자. 0시점에 구성한 헤지포트폴리오는 $S + \alpha_c C$로 1기간 경과 후 이 포트폴리오는 $S_u + \alpha_c C_u$ 또는 $S_d + \alpha_c C_d$에 다다른다. 이를 풀어내면 다음과 같다.

헤지포트폴리오: $S + \alpha_c C = 50 + \alpha_c C$
주가 상향시: $S_u + \alpha_c C_u = 58.09 + 6.09\alpha_c$
주가 하향시: $S_d + \alpha_c C_d = 43.04$

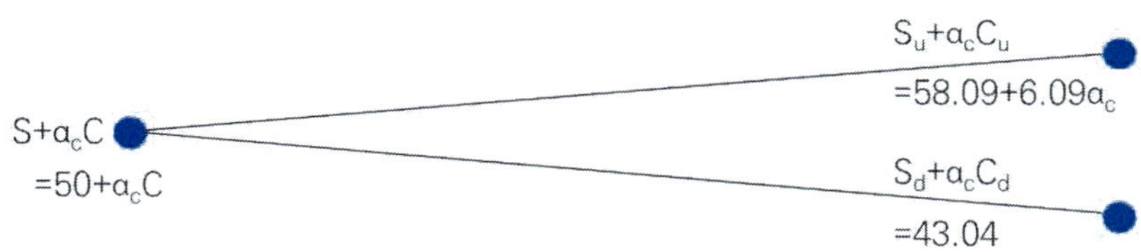

초기에 구성한 헤지포트폴리오는 1기간 경과 후의 상태가 어떠하더라도 동일한 payoff가 확보되어야 무위험상태가 되므로 이 관계 하에서 콜옵션의 개수 α_c에 대해 정리할 수 있다.

$$S_u + \alpha_c C_u = S_d + \alpha_c C_d \quad ==> \quad \alpha_c = -\frac{(u-d)S}{C_u - C_d}$$

정리된 α_c를 살펴보면 주가의 상방과 하방의 이격(difference)만큼 옵션 payoff가 비례되어 구성해야 하며, 또한 방향성은 움직임을 상쇄하기 위해 반대로 설정한다는 해석을 부여할 수 있다. 이제 α_c를 계산하면 $-2.4716(= -[(1.1618 - 0.8607)\cdot 50/(6.09 - 0)]$개가 산출된다. 여기서 음수(−)의 의미는 매도를 뜻한다. 따라서 산출된 옵션개수를 반영하여 초기 구축해야 하는 헤지포트폴리오와 1기간 후 상태를 다시 정리하면 다음과 같다.

$$\text{헤지포트폴리오: } S+\alpha_c C=50-2.4716C$$
$$\text{주가 상향시: } S_u+\alpha_c C_u=58.09+6.09(-2.4716)=43.04$$
$$\text{주가 하향시: } S_d+\alpha_c C_d=43.04$$

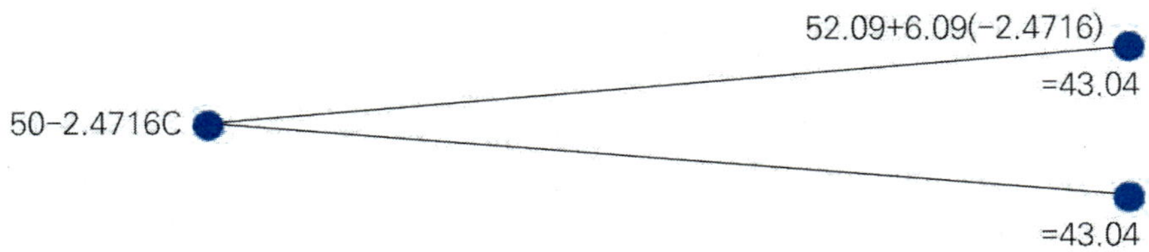

이제 이렇게 구성한 헤지포트폴리오의 수익률은 무위험수익률이 된다. 왜냐하면 1기간 이후 payoff는 어떠한 상태가 발생하더라도 동일한 값을 주는 변동이 없는 상태로 전환되었기 때문이다. 따라서 미래의 발생가능한 payoff의 현재가치가 0시점의 현재 헤지포트폴리오의 가치와 동일해지며, 현재가치로 전환하기 위한 할인율은 무위험수익률이 적용된다.

$$\begin{aligned}50-2.4716C &= 43.04e^{-r\Delta t}\\ &= 43.04e^{-rt}=43.04e^{-0.05\cdot 0.25}=42.50\end{aligned}$$

따라서 최종적으로 콜옵션 가격 C는 3.03(=7.4992/2.4716)이 산출된다.

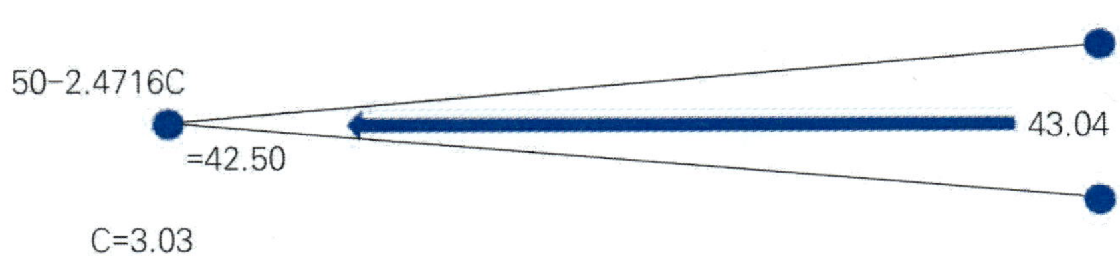

2) 위험중립가격결정모형(risk-neutral pricing)

앞서 우리는 예제를 통해 콜옵션이 포함된 헤지포트폴리오를 구축하고 최종 payoff의 변동을 제거하여 위험중립화 시킴으로서 옵션가격을 최종적으로 산출하였다.

이러한 과정을 일반화시켜 공식으로 정리할 필요가 있다.

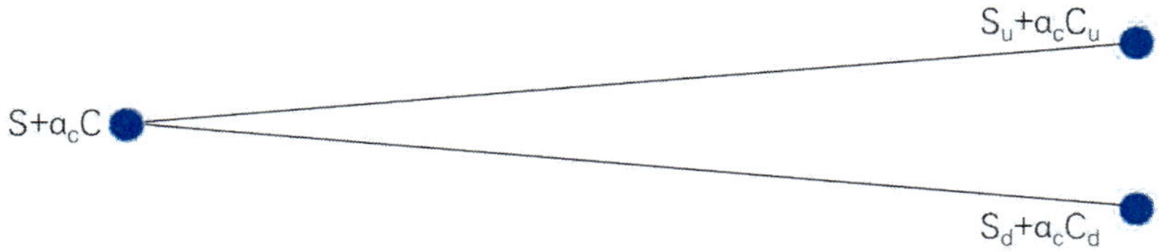

헤지포트폴리오 구축을 위한 콜옵션개수 α_c, 무위험수익률로 할인하는 헤지포트폴리오를 정리하면 다음과 같다.

$$\alpha_c = -\frac{(u-d)S}{C_u - C_d}$$

$$S - \frac{(u-d)S}{C_u - C_d}C = e^{-rt}\left[S_u - \frac{(u-d)S}{C_u - C_d}C_u\right]$$

이를 C에 대해 풀면 다음의 콜가격 공식이 도출된다.

$$C = e^{-rt}[qC_u + (1-q)C_d]$$

$$\text{이때, } q = \frac{e^{rt}-d}{u-d}, \; 1-q = \frac{u-e^{rt}}{u-d}$$

앞선 예제에 이 공식을 적용하면 바로 콜가격 C를 계산할 수 있다.

$$q = \frac{e^{rt}-d}{u-d} = \frac{e^{0.05\times0.25}-0.8607}{1.1618-0.8607} = 0.5043$$

$$C = e^{-rt}[qC_u + (1-q)C_d]$$

$$= e^{-0.05\times0.25}[0.5043\cdot6.0917 + 0.4957\cdot0] = 3.03$$

3) Q-measure

이 최종 콜옵션 가격 공식에서 가장 중요한 점은 미래에 가능한 위험자산(risky asset)의 기대가치를 현재가치로 전환하기 위한 할인율(μ)을 어떤 값을 적용할 것인지의 문제이다. 즉, 미래 위험자산 payoff의 현재가치화를 공식화 하면 다음과 같다.

$$C = e^{-\mu t}[pC_u + (1-p)C_d], \text{ 이때 } p\text{: 실제 확률(physical probability)}$$

이항모형은 할인율 μ 대신 무위험 이자율(r)을 적용할 수 있도록 가격평가를 시행하는 현실 세상을 위험중립(risk－neutral)의 세상으로 전환한 것이라 해석할 수 있다.[4] 여기서 위험중립의 세상이 의미하는 바는 모든 투자자들이 모든 자산에 대해 무위험이자율을 요구할 뿐 추가적인 위험프리미엄을 고려할 필요가 없는 세상임을 뜻한다. 이러한 평가 세계의 전환을 명확히 이해하기 위해서는 앞서 유도한 콜옵션 가격 C의 최종 공식에서 q를 다시 살펴볼 필요가 있다.

$$C = e^{-rt}[qC_u + (1-q)C_d], \quad \text{이때 } q = \frac{e^{rt}-d}{u-d}, \ 1-q = \frac{u-e^{rt}}{u-d}$$

여기서 q는 일종의 확률로 볼 수 있다. u가 d보다 크기 때문에 q의 분모인 $u-d$는 0보다 크다, e^{rt}는 u와 d 사이에 놓인다. 예를 들어 $e^{rt} > u > d$인 경우 무위험자산수익률이 위험자산수익률보다 높은 불합리한 상황이 발생하기 때문이다. 또한 $u > d > e^{rt}$인 경우는 위험자산이 아무리 위험하더라도 무위험수익률보다 높은 수익률을 제공한다면 그 누구도 무위험자산(채권)에 투자하지 않을 것이기 때문이다. 따라서 q의 분자인 $e^{rt}-d$도 0보다 크다. $1-q$의 경우도 분모와 분자가 모두 >0이므로 0보다 큰 값을 갖는다. 결국 q와 $1-q$ 모두 양의 값을 가지며 이는 확률(probability)의 속성과 정확히 일치한다. 이러한 측면에서 마치 위험중립적인 세상에서 가격을 결정하는 것처럼 할인율을 무위험이자율로 조정해주는 q를 확률측도(probability measure) 내지 Q－measure라 하며 실제 확률측도인 p, p－measure와 다르다. 지금까지의 내용을 보다 명확하게 이해해보자.

만기 $t+1$기에 payoff 구조에 따라 성과가 w_1, w_2, …, w_k로 주어지는 파생상품을 가정해보자. 현재 t시점에서 w_1이 지급되는 상황이 될 실제 확률(physical Probability)는 p_1이다. 또한 w_2가 지급될 실제 확률은 p_2이다. 이와 달리 $t+1$시점에 모든 payoff가 w_1이 발생하도록 구축한 상태에서의 확률을 $M_{t+1}(1)$이라 하자. 이는 앞서 살펴본 헤지 포트폴리오를 구축하여 43.04의 payoff가 발생하도록 하였을 때의 q와 동일하다. 이

4 해석에 주의가 필요하다. 투자자들의 위험성향을 강제로 위험중립으로 가정한 것이 아니다. 단지 가격결정을 위해 무위험이자율로 할인이 가능하도록 축을 옮겼다는 해석이 적정할 것이다.

그림 X-1 확률적 할인률

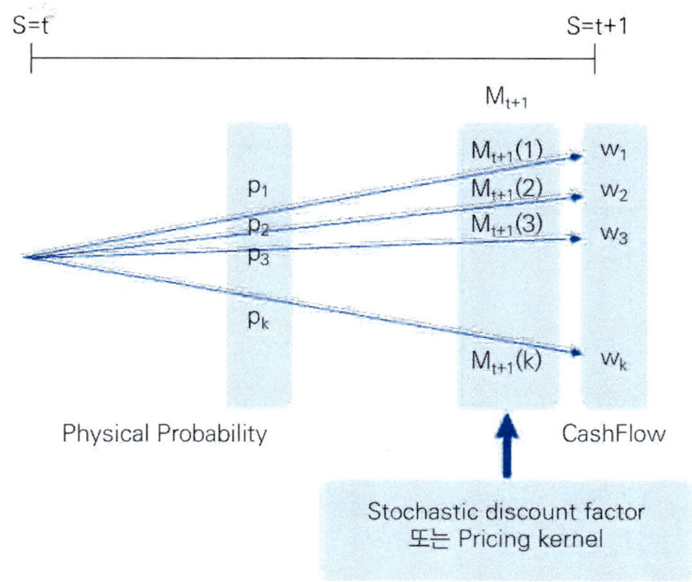

렇게 각 상태에서의 발생가능액을 확실하게 동일하게 만들어주는 확률들의 집합, 즉 M_{t+1}을 확률적 할인율(stochastic discount factor) 또는 Pricing kernel이라 한다.

따라서 현재인 t시점에서의 가격 P_t는 다음과 같은 기댓값의 형태로 정리됨을 알 수 있으며, 가격결정에 있어서 M_{t+1}, 즉 확률적 할인율 또는 pricing kernel의 도출이 핵심이 된다.

$$\begin{aligned} P_t &= [p_1 \times M_{t+1}(1) \times CF_1] + [p_2 \times M_{t+1}(2) \times CF_2] + \dots \\ &= E_t^p[M_{t+1} \cdot CF] \end{aligned}$$

이제 하나의 자산이 아닌 복수의 자산이 존재하도록 현실화하면 상기 공식은 각각의 자산 j마다 성립해야 하는 일반화 공식이 수립된다.

$$P_{jt} = E_t^p[\widetilde{M_{t+1}} \cdot \widetilde{P_{jt+1}}], \ \forall \ j$$

이때의 확률적 할인율 M_{t+1}을 찾는 방법은 다양하다. 가장 일반적으로 접근하는 방식은 균형접근법(equilibrium approach)이다. 예를 들어 예산제약과 시장청산조건 하에 효용을 최대화하는 최적화과정을 거치는 방식이다. 다만 이 접근법을 통해 도출한 M_{t+1}의 적합성이 상대적으로 낮은 경우가 발생한다. 이는 가능한 모든 자산을 포괄하는 M_{t+1}의 최적화가 실효성을 갖기 어렵기 때문이다. 이에 대한 대안적 방법론으로 일부 자산을 희생하여 M_{t+1}을 도출하고 이를 이용하여 다른 자산을 평가하는 방식인 무차익 접근법(No arbitrage approach)이 있다. 여기서 '희생'이라는 표현은 가격을 산출하는 것이 아닌 존재하는 가격을 그대로 받아들인다는 의미로 시장 내 가격오류(mis−pricing)가 없어야 한다는 엄격한 조건이 부여된다.

M_{t+1}의 도출에 사용되는 자산을 Basis asset이라 하며 M_{t+1}의 도출에 사용되는 자산의 개수가 중요하다. 즉, 앞서 그림에 나타난 바와 같이 미래에 발생 가능한 현금흐름의 개수가 k개가 발생할 것이라는 상황에서, 독립적인 자산(independent asset) 역시 동일하게 k개 존재할 경우 시장이 완전(market complete)하며 이 경우 유일한 M_{t+1}이 존재한다. 앞선 이항모형의 경우 발생가능한 상태(state)는 $k=2$이며, 이 때 이용가능한 Basis asset은 주식 S와 미래에 1의 payoff를 주는 현재가 e^{rt}의 채권 2종이 존재한다. 물론 주식과 채권은 미래시점에 도달할 가능한 값, 주식은 uS와 dS, 채권은 1로 서로 상관되지 않는 독립적 자산이다. 따라서 상태 수와 독립자산의 수가 같은 완전시장 가정을 충족한다. 따라서 유일한 M_{t+1}을 도출할 수 있으며 이 확률적 할인율을 통해 가격을 결정할 수 있게 된다. 이는 가격이 도달하는 경로의 수가 2개인 이항(binomial)으로 설정된 실질적 이유이기도 한다. 만일 가능한 경로를 삼항(tri−nomial)로 설정했다면 상태수와 자산의 개수가 동일하지 않은 완전시장 가정을 충족하지 못하고 유일한 M_{t+1}이 도출되지 못하므로 유일한 가격이 산출되지 못하기 때문이다.[5] 지금까지의 논의를 수학적 배경으로 접근해보자.

이항트리모형은 2개의 상태와 2개의 독립자산, 즉 basis assets으로 구성된다. 여기서 2개의 basis asset은 주식(S)와 채권(e^{-rt})을 뜻한다. 실제 확률 p로 주식과 채권은 각각 상향시 S_u와 1의 가치가 되며, 하향시는 $1-p$의 확률로 S_d와 1이 된다. 따라서 미래의 현금흐름을 V_t로 한번에 표시할 수 있다.

5 이론적으로 불가능한 것은 아니나 기술적 제약이 별도로 부가되어야 한다는 한계가 있다.

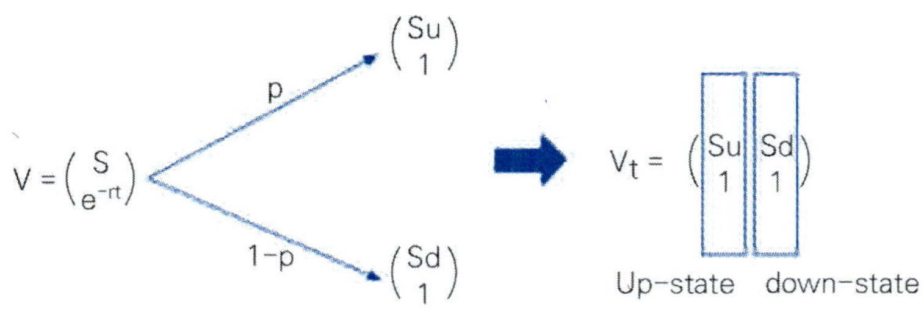

V_t의 독립성 여부는 rank로 확인할 수 있다. rank는 행렬 A의 열들 중에서 선형독립인 열들의 최대의 개수로서 하나의 열에 임의의 값을 곱하더라도 다른 열을 복제할 수 없음을 뜻하며, 본 예의 경우 rank=2로 시장이 완전(complete)하다. 따라서 유일한 확률적 할인율 M_t이 존재하며 모든 자산의 가격을 결정하는데 사용될 수 있다.

따라서 자산 j의 오늘 0시점의 가치 V_j[6]는 t시점의 가능한 현금흐름에 확률적 할인율을 적용한 값의 실제 확률 P 적용 하의 기댓값으로 정의된다. 이로부터 아래와 같이 2개 상태(state)를 풀어낼 수 있다. 괄호(n)는 벡터의 n번째 요인(factor)을 뜻한다.

$$\begin{aligned} V_j &= E^p[M_t V_{jt}],\ \forall j \\ &= V_{jt}(1)\cdot M_t(1)\cdot p(1) + V_{jt}(2)\cdot M_t(2)\cdot p(2) \\ &= \begin{pmatrix} V_{jt}(1) & V_{jt}(2) \end{pmatrix}\begin{pmatrix} M_t(1)\cdot p(1) \\ M_t(2)\cdot p(2) \end{pmatrix} \end{aligned}$$ [7]

따라서 V_j에 이항트리의 경우를 반영하면 다음과 같다.

$$\begin{pmatrix} S \\ e^{-rt} \end{pmatrix} = \begin{pmatrix} S_u & S_d \\ 1 & 1 \end{pmatrix}\begin{pmatrix} M_t(1)\cdot p(1) \\ M_t(2)\cdot p(2) \end{pmatrix}$$

시장이 완전한 상태이므로 $[M_t \cdot P]$에 대해 정리하여 구할 수 있다.

$$\begin{aligned} \Rightarrow \begin{pmatrix} M_t(1)\cdot p(1) \\ M_t(2)\cdot p(2) \end{pmatrix} &= \begin{pmatrix} S_u & S_d \\ 1 & 1 \end{pmatrix}^{-1}\begin{pmatrix} S \\ e^{-rt} \end{pmatrix} \\ &= \frac{\begin{pmatrix} 1 & -S_d \\ -1 & S_u \end{pmatrix}}{S_u - S_d}\begin{pmatrix} S \\ e^{-rt} \end{pmatrix} \end{aligned}$$

6 0시점의 가격 $V_{j,0}$이나 이하 V_j로 표기.

7 만일 복수의 자산을 동시에 표현하려면 $V = V_t(M \circ P)$로 표현할 수 있다.

$$= \frac{\begin{pmatrix} S - e^{-rt}S_d \\ e^{-rt}S_u - S \end{pmatrix}}{S_u - S_d}$$

$$= e^{-rt}\frac{\begin{pmatrix} e^{rt} - d \\ u - e^{rt} \end{pmatrix}}{u-d}$$

$$= e^{-rt}\begin{pmatrix} q \\ 1-q \end{pmatrix}, \quad \text{이때 } q = \frac{e^{rt}-d}{u-d}$$

이로부터 M_t를 유추할 수 있다.

$$\begin{pmatrix} M_t(1)\cdot p(1) \\ M_t(2)\cdot p(2) \end{pmatrix} = e^{-rt}\begin{pmatrix} q \\ 1-q \end{pmatrix}$$

$$\Rightarrow M_t(1) = e^{-rt}\frac{q(1)}{p(1)}, \quad M_t(2) = e^{-rt}\frac{q(2)}{p(2)}$$

즉, 확률적 할인율(M_t)은 위험중립할인율(e^{-rt})에 $[q/p]$의 실제확률 p에 대한 가상확률 q의 상대적 비율[8]을 곱하여 산출됨을 알 수 있다. 이제 이를 반영하여 처음으로 돌아가서 어떤 증권 j에 대한 가격 산출식은 다음과 같이 전환됨을 알 수 있다.

$$V_j = (V_{jt}(1)\, V_{jt}(2))\boxed{\begin{pmatrix} M_t(1)\cdot p(1) \\ M_t(2)\cdot p(2) \end{pmatrix}}$$

$$= \boxed{e^{-rt}}(V_{jt}(1)\, V_{jt}(2))\boxed{\begin{pmatrix} q(1) \\ q(2) \end{pmatrix}}$$

$$= e^{-rt}\boxed{E^Q(V_{jt})}$$

$Q = (q(1), q(2))'$을 위험중립확률(risk-neutral probability) 또는 EMM(equivalent martingale measure)이라 하며 다음의 일반화된 측도 간 동치관계(equivalence relation)를 정리할 수 있다. 이러한 접근법은 Harrison & Kreps(1979), Harrison & Pliska(1981)에서 정립되었다.[9]

8 이 비율값을 Radon-Nikodym Derivative라 하며

9 Harrison, J. M. and Kreps, D.M. "Martingales and arbitrage in multi-period securities markets", Journal of Economic Theory 20 (1979), Harrison, J. M. & Pliska, S. R., "Martingales and stochastic integrals in the theory of continuous trading". Stochastic processes and their applications 11(3) (1981).

P 확률측도 하의 가격결정		Q 확률측도 하의 가격결정
$V_{jt} = E_t^p[\widetilde{M}_{t+1} \cdot \ \widetilde{V}_{j,t+1}]$	=	$V_{jt} = E_t^Q[e^{-rt}\widetilde{V}_{j,t+1}]$

참고로 EMM이란 용어의 마팅게일(martingale)이 부여된 의미는 Q측도 하의 가격공식이 마팅게일의 성격을 갖기 때문이다. Q측도 하의 가격공식을 변형해 보자. 이해의 용이성을 위해 t시점이 아닌 0시점을 간주하자.

$$V_{j0} = E_0^Q[e^{-rt}\widetilde{V}_{j,t}] \ = e^{-rt}E_0^Q[\widetilde{V}_{jt}]$$

e^{-rt}는 미래 t시점에 1을 주는 채권의 가격이므로 $B(0)$로 갈음하여 재정리할 수 있다.

$$V_{j0} = B(0)E_0^Q[\widetilde{V}_{jt}] \ \ ==> \ \frac{V_{j0}}{B(0)} = E_0^Q\left[\frac{\widetilde{V}_{jt}}{1}\right] = E_0^Q\left[\frac{\widetilde{V}_{jt}}{B(t)}\right]$$

좌측항과 우측항에 포함된 V/B의 형은 j 자산의 가격을 채권가격으로 나눈 일종의 표준화된 상대 가격으로 볼 수 있다. 따라서 다음과 같이 심볼 z로 전환하여 정리하면 다음과 같다.

$$z_{j0} = E_0^Q[z_{jt}]$$

결과적으로 과거의 모든 정보 하에 미래의 기댓값은 현재 값이라는 마팅게일의 정의에 부합한다.

4) u와 d의 결정

앞서 기초자산이 상승할 확률 u와 하락할 확률 d의 산출방식에 대해서 일단 받아들이고 시작한 바 있다.

$$u = e^{\sigma\sqrt{\Delta t}}, \ d = e^{-\sigma\sqrt{\Delta t}}$$

이제 u와 d의 산출방식이 어떻게 유도되었는지를 이해해보자. 핵심은 u와 d는 기초자산이 움직이는 범위, 즉 변동성에 대한 논의가 가장 중요하다. 이는 변동성이 실질적으로 옵션의 행사여부를 결정짓는 범위를 내재하기 때문이다. 따라서 u와 d는 총수익률(gross return, R)의 변동성을 일치시키도록 결정된다. 우선 q 측도 하의 기대주가는 아래와 같다.

$$\begin{aligned} E^Q[S_{t+\Delta t}] &= qS_u + (1-q)S_d \\ &= q\cdot S\cdot u + (1-q)\cdot S\cdot d \end{aligned}$$

이항트리 모형 하의 주가의 변동성 산출식을 기댓값 형식[10]으로 표현하면 다음과 같다.

$$\begin{aligned} VaR(S_{t+\Delta t}) &= E^Q[S^2_{t+\Delta t}] - [E^Q(S_{t+\Delta t})]^2 \\ &= qS^2u^2 + (1-q)S^2d^2 - [qSu + (1-q)Sd]^2 \\ &= S^2\{qu^2 + (1-q)d^2 - [qu+(1-q)d]^2\} \end{aligned}$$

$$\begin{aligned} &\Rightarrow \frac{1}{S^2}Var(S_{t+\Delta t}) = qu^2 + (1-q)d^2 - [qu+(1-q)d]^2 \\ &\Rightarrow Var\left(\frac{S_{t+\Delta t}}{S}\right) = qu^2 + (1-q)d^2 - [qu+(1-q)d]^2 \\ &\Rightarrow Var(R) = qu^2 + (1-q)d^2 - [qu+(1-q)d]^2 \end{aligned}$$

앞서 총수익률 R은 기대수익률 $\mu\Delta t$와 분산 $\sigma^2\Delta t$의 정규분포(normal distribution)를 따름을 가정하였다. 따라서 첫 번째 필요한 관계가 정리된다.

i) $qu^2 + (1-q)d^2 - [qu+(1-q)d]^2 = \sigma^2\Delta t$

또한 앞서 정리한 q를 재정렬하여 두 번째 관계식을 정리할 수 있다. 단, 이산적 시간(discrete time)으로 표현을 통일하자. 지금 우리가 다루고 있는 모형의 구간 자체가 1기간 모형이므로 $t=\Delta t$이기 때문에 혼용하여 사용할 수 있다.

$$q = \frac{e^{r\Delta t} - d}{u-d} \Rightarrow q(u-d) + d = e^{r\Delta t} \Rightarrow qu - qd + d = e^{r\Delta t}$$

ii) $qu + (1-q)d = e^{r\Delta t}$

즉 위험 중립 세상에서의 기대수익률은 무위험수익률임을 다시 확인하자. 이제 i)과 ii)를 결합하면 다음이 성립된다.

10 $Var(X) = E[X^2] - [E(X)]^2$.

$$e^{r\Delta t}(u+d)-ud-e^{2r\Delta t}=\sigma^2\Delta t$$

좌측항의 $e^{r\Delta t}$에 테일러 확장($e^x=1+x+x^2/2+x^3/6...$)을 적용하고 Δt의 고차항을 포함하는 항을 무시하면 근사치로서 $(1+r\Delta t)$이므로 위 식은 다음과 같다.

$$(1+r\Delta t)(u+d)-ud-(1+2r\Delta t)=\sigma^2\Delta t$$

u와 d에 대해 가능한 해 중 처음에 전제하였던 u 그리고 d를 좌측항에 적용시(테일러 확장 적용) 우측항이 나오는지를 검증하면, 최초 총수익률의 분포가정(변동성)과 동일함이 확인된다.

$$\begin{aligned}
&u=e^{\sigma\sqrt{\Delta t}}=1+\sigma\sqrt{\Delta t}\quad d=e^{-\sigma\sqrt{\Delta t}}=1-\sigma\sqrt{\Delta t}\\
&(1+r\Delta t)(1+\sigma\sqrt{\Delta t}+1-\sigma\sqrt{\Delta t})-(1+\sigma\sqrt{\Delta t})(1-\sigma\sqrt{\Delta t})-(1+2r\Delta t)\\
&\quad=2(1+r\Delta t)-[1-\sigma^2\Delta t]-(1+2r\Delta t)\\
&\quad=2-1+2r\Delta t-2r\Delta t-1+\sigma^2\Delta t\\
&\quad=\sigma^2\Delta t
\end{aligned}$$

5) 이항트리 풋옵션 가격결정

앞서 살펴본 이항트리를 이용한 콜옵션의 경우와 동일하게 준용할 수 있다. 역시 기초자산 S는 1기간경과 후 위로($S\cdot u$) 또는 아래로($S\cdot d$)로 움직이는 두 경로를 채택한다.

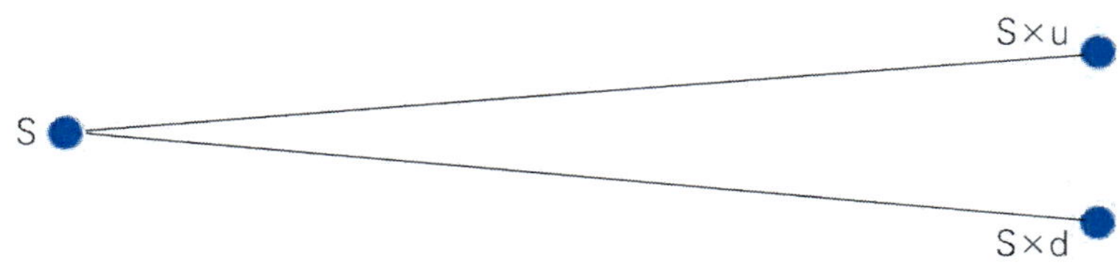

각 가능한 주가상태의 도래시 풋옵션의 payoff는 행사가격에서 1기간 경과 후 도래한 주가를 차감한 가치이므로 다음과 같다.

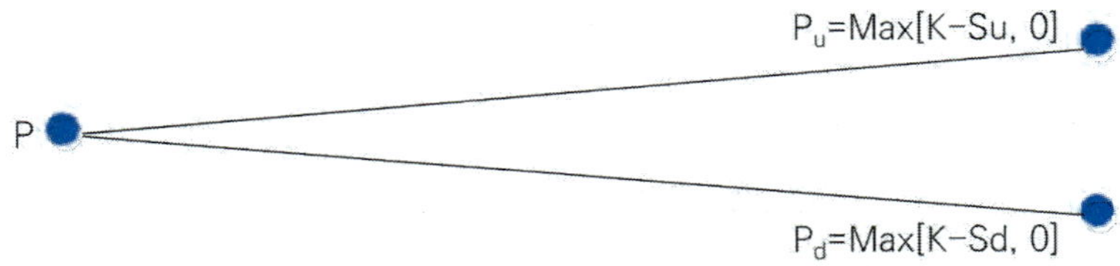

이제 주식 1주와 풋옵션 α_P개로 구성된 헤지포트폴리오를 고려해보자. 0시점에 구성한 헤지포트폴리오는 $S+\alpha_P P$로 1기간 경과 후 이 포트폴리오는 $S_u+\alpha_p P_u$ 또는 $S_d+\alpha_P P_d$에 다다른다.

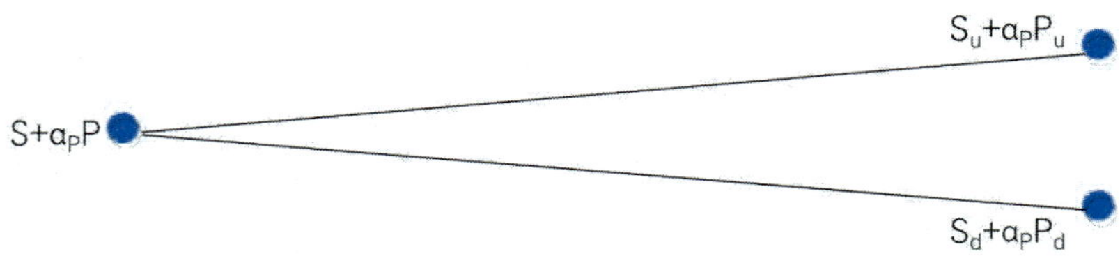

이제 0시점의 주가풋옵션에 α_P만큼의 물량을 배정하여 무위험 헤지포트폴리오, 즉 미래의 payoff가 항상 동일하도록 하여 풋옵션 개수 α_P에 대해 정리할 수 있다. 산출형태를 보면 콜옵션의 경우와 반대임을 알 수 있다. 이는 주가가 하락할수록 풋옵션의 가치가 상승함에 기인한다.

$$u \cdot S+\alpha_P P_u = d \cdot S+\alpha_P P_d$$
$$\Rightarrow \alpha_P = \frac{(u-d)S}{P_d - P_u} \quad (\alpha_c = -\frac{(u-d)S}{C_u - C_d})$$

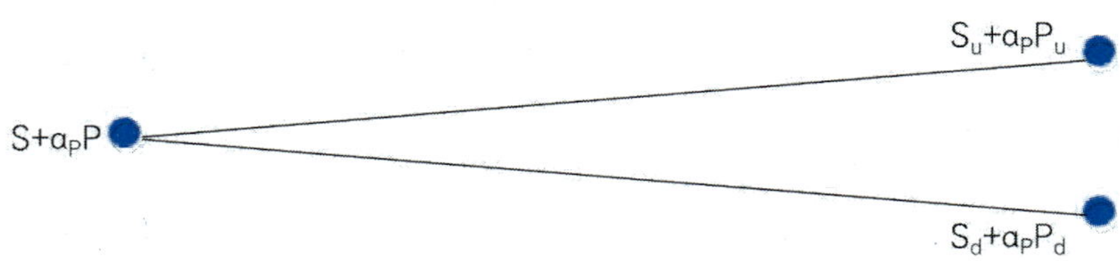

또한 무위험 헤지포트폴리오이므로 수익률은 무위험이자율이 된다. 역시 콜옵션의 경우와 동일한 논리를 따른다. 또한 앞서 산출한 확률적 할인율을 모든 자산에 사용되므로 콜옵션뿐만 아니라 풋옵션의 경우에도 동일한 확률적 할인율이 적용된다. 이를 준용한 풋옵션의 가격공식은 다음과 같다.

$$P = e^{-rt}[qP_u + (1-q)P_d], \quad (C = e^{-rt}[qC_u + (1-q)C_d])$$

예시를 위해 풋옵션의 가격을 계산해 보자. 기초자산과 풋옵션을 위한 기본 요건은 콜옵션의 예와 동일하다. 즉, 옵션의 유형만 콜옵션에서 풋옵션으로 변경하였다.

현재 주가	무위험이자율	기초자산 변동성	행사가격	기간
$S = \$50$	$r = 0.05$(년)	$\sigma = 0.30$(년)	$K = 52$	$t = 0.25$(3개월)

주가가 상향할 확률 u와 하향할 확률 d, 그리고 이 확률이 적용된 상향 및 하향된 시점의 주가가 콜옵션의 경우와 동일하게 산출된다.

$$S_u = S \cdot u = S \cdot e^{\sigma\sqrt{\Delta t}} = 50 \times e^{0.3\sqrt{.25}} = 50 \times 1.1618 = 58.09$$
$$S_d = S \cdot d = S \cdot e^{-\sigma\sqrt{\Delta t}} = 50 \times e^{-0.3\sqrt{.25}} = 50 \times 0.8607 = 43.04$$

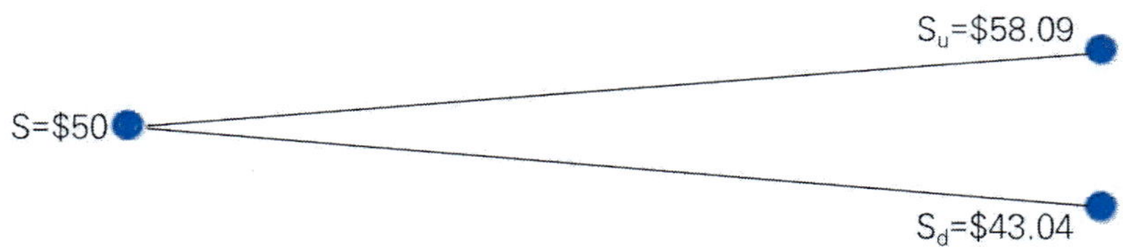

이제 만기시점인 1기에 이 주식을 기초자산으로 하는 풋옵션의 payoff는 다음과 같다.

상향시 풋옵션 payoff $P_u = \mathrm{Max}[K - S_u,\ 0] = \mathrm{Max}[52 - 58.09,\ 0] = 0$

하향시 풋옵션 payoff $P_d = \mathrm{Max}[K - S_d,\ 0] = \mathrm{Max}[52 - 43.04,\ 0] = 8.97$

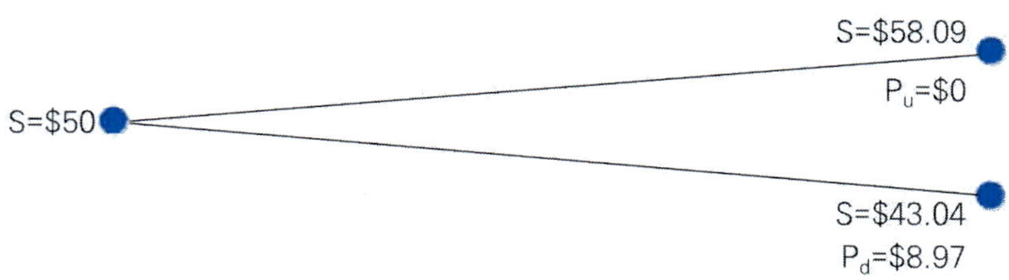

0시점에 주식 1주와 풋옵션 α_c개로 구성된 헤지포트폴리오는 $S + \alpha_p P$로 1기간 경과 후 이 포트폴리오는 $S_u + \alpha_p P_u$ 또는 $S_d + \alpha_p P_d$에 다다른다. 이를 풀어내면 다음과

같다.

$$\text{헤지포트폴리오: } S + \alpha_p P = 50 + \alpha_p P$$
$$\text{주가 상향시: } S_u + \alpha_p P_u = 58.09$$
$$\text{주가 하향시: } S_d + \alpha_p P_d = 43.04 + 8.97\alpha_c$$

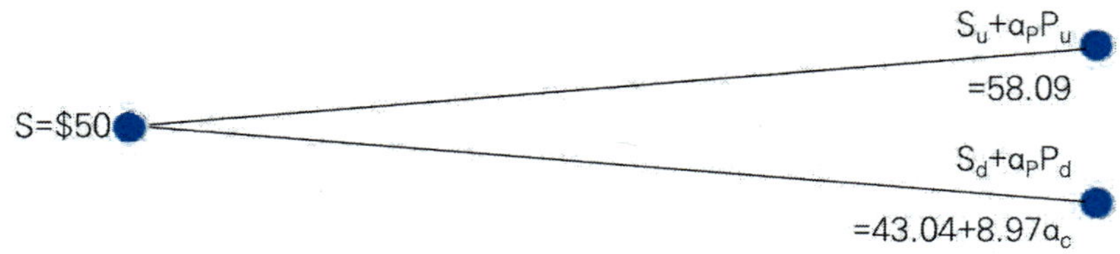

동일 payoff를 주는 무위험헤지포트폴리오이므로 풋옵션의 개수 α_p를 산출할 수 있다.

$$S_u + \alpha_p P_u = S_d + \alpha_p P_d \Rightarrow \alpha_p = -\frac{(u-d)S}{P_u - P_d} = -\frac{(1.1618 - 0.8607)\cdot 50}{0 - 8.97} = 1.6783$$

이에 따라 요구되는 풋옵션 개수는 1.6783 개가 산출되며, 이를 반영한 헤지포트폴리오와 1기간 후 상태를 다시 정리하면 다음과 같다.

$$\text{헤지포트폴리오: } S + \alpha_p P = 50 + 1.6783P$$
$$\text{주가 상향시: } S_u + \alpha_p P_u = 58.09$$
$$\text{주가 하향시: } S_d + \alpha_p P_d = 43.04 + 8.97\cdot 1.6783 = 58.09$$

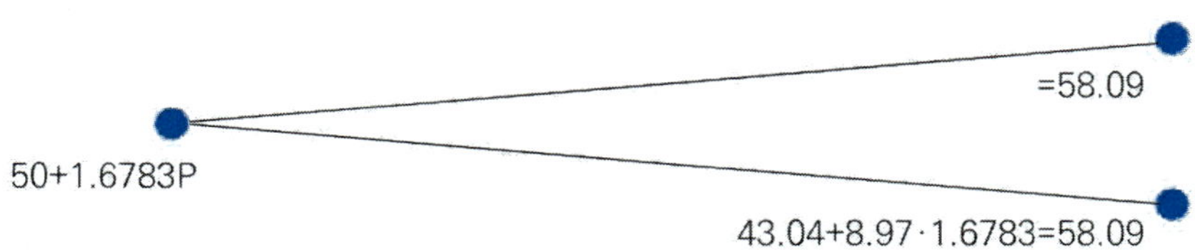

이제 미래의 가능한 payoff를 0시점의 헤지포트폴리오 현재가치로 무위험 이자율로 할인하여 매칭하고 풋옵션 가격 P에 대해 풀어낼 수 있다.

$$50 + 1.6783P = 58.09e^{-r\Delta t} = 58.09e^{-0.05\cdot 0.25} = 57.37$$
$$P = \$4.39$$

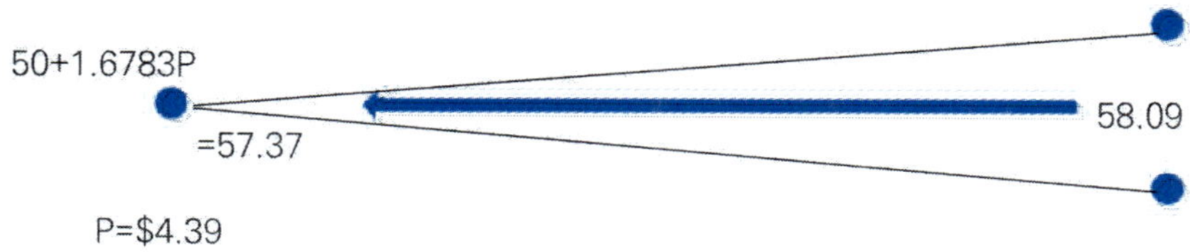

앞서 콜옵션과 동일방식으로 정리한 풋옵션 가격공식을 적용하면 동일한 가격을 산출할 수 있다.

$$q=\frac{e^{rt}-d}{u-d}=\frac{e^{0.05\times 0.25}-0.8607}{1.1618-0.8607}=0.5043$$

$$P=e^{-rt}[qP_u+(1-q)P_d]$$

$$=e^{-0.05\times 0.25}[0.5043\times 0+0.4957\times 8.9646]=4.38$$

또한 이미 학습한 풋－콜 패리티에 의해서도 콜옵션이 선행적으로 계산되었으므로 바로 계산이 가능하다.

$$P=C-S+Ke^{rt}=3.03-50+52e^{-0.05\cdot 0.25}=4.38$$

2. 2기간 이항트리모형(Two-step binomial trees)

앞서 학습한 1기간 모형을 2기간 모형으로 확장하는데 있어 가장 큰 차이는 구간의 조정이다. 즉, 1기간에서는 하나의 구간만이 존재하므로 $\Delta t=t$였으나, 2기간 모형에서는 전체 t기를 2분할하여 $\Delta t=\frac{t}{2}$로 조정된다. 또한 2기간 모형은 [그림 Ⅹ－2]에서 네모 구간으로 묶여진 3개의 1기간 모형이 역전(recursive)하여 풀이되는 것으로도 간주할 수 있다.

주가의 움직임은 여전히 위(u)와 아래(d)로 움직임 수 있으며 이번에는 1기 도달 시의 포지션별 주가 후 다시 2기 도달 시의 움직임까지 고려해야 한다. 예를 들어 1구간에 상승하고 2구간에도 상승한 경우 uuS, 즉 u^2S가 되고, 1구간 상승 후 2구간 하락 시는 $udS=u(1/u)S=S$가 되는식이다. 이러한 기본적 움직임을 [그림 Ⅹ－2]에 표시하였다.

매기 상승확률 u와 하락확률 d는 매 구간마다 적용되므로, 첫 번째 구간의 경우 $u=e^{\sigma\sqrt{\Delta t}}$, $d=e^{-\sigma\sqrt{\Delta t}}$이며, 두 번째 구간에 대해서는 $e^{2\sigma\sqrt{\Delta t}}$, $e^{-2\sigma\sqrt{\Delta t}}$이 적용된다.

q측도의 경우도 상승시 q, 하락시 $1-q$가 동일하게 적용된다. 이는 최초 이항모형의 가정 중 이자율이 고정(constant)임을 가정하였기 때문이다.

이제 주가가 도달한 각 시점에서 콜옵션의 payoff는 1기간 모형을 그대로 준용할 수 있다. 즉 네모로 구성된 각 상태별로 시장은 완전하다. 각 상태별로 구분하여 본다면 2이며 자산이 2개이기 때문이다. 이는 시장을 동적으로 완전(dynamic complete)하게 만들었기 때문이다. 즉, 엄밀히 말해 2기간 말에 주가가 도달할 수 있는 상태는 3개(u^2S, S, d^2S)로 자산의 개수를 넘어서 시장이 완전하지 않은 상태이나 시장을 분할함으로써 시장별로 완전시장화를 할 수 있기 때문이다.

$$C_{uu}=\mathrm{Max}[u^2S-K,\ 0],\quad C_{ud}=\mathrm{Max}[S-K,\ 0],\quad C_{dd}=\mathrm{Max}[d^2S-K,\ 0]$$
$$C_u=e^{-r\Delta t}[qC_{uu}+(1-q)C_{ud}],\quad C_d=e^{-r\Delta t}[qC_{ud}+(1-q)C_{dd}]$$
$$C=e^{-r\Delta t}[qC_u+(1-q)C_d]$$

그림 X-2 2기간 모형의 기본 설계

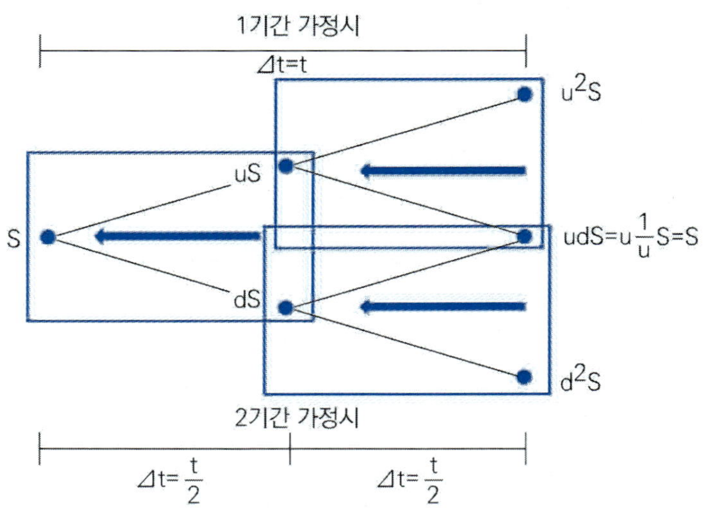

$$q = \frac{e^{r\Delta t} - d}{u - d}$$

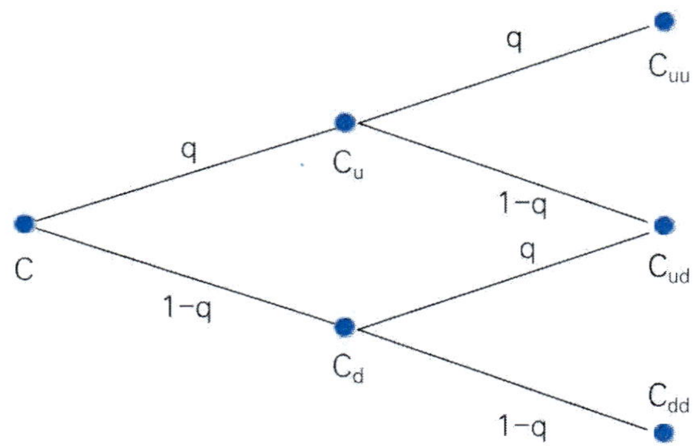

앞선 콜옵션의 예시를 2기간 모형으로 다루어보자.

현재 주가	무위험이자율	기초자산 변동성	행사가격	기간
$S = \$50$	$r = 0.05$(년)	$\sigma = 0.30$(년)	$K = 52$	$t = 0.25$(3개월)

가장 큰 변경은 기간변경에서 시작한다. 즉, 전체 기간 t가 2개 구간으로 나누어지므로 2분할하면 다음과 같다.

$$\Delta t = \frac{t}{2} = \frac{0.25}{2} = 0.125$$

또한 각 구간별 상승확률 u와 하락확률 d도 Δt 변경에 따라 영향받는다.

$$u = e^{\sigma\sqrt{\Delta t}} = e^{0.30\sqrt{0.125}} = 1.1119$$

$$d = \frac{1}{u} = \frac{1}{1.1119} = 0.8994$$

도달한 미래시점의 값을 현재가치로 전환하기 위한 할인율(discount factor)은 $e^{-r\sqrt{\Delta t}}$이므로

$$e^{-0.05 \cdot 0.125} = 0.9938$$

이제 각 시점에 도달한 주가를 계산해보면 다음과 같다.

$$uS = 1.1119 \times 50 = 55.6,\ dS = 0.8894 \times 50 = 44.97$$
$$u^2S = 1.1119^2 \times 50 = 61.82,\ d^2S = 0.8994^2 \times 50 = 40.45$$

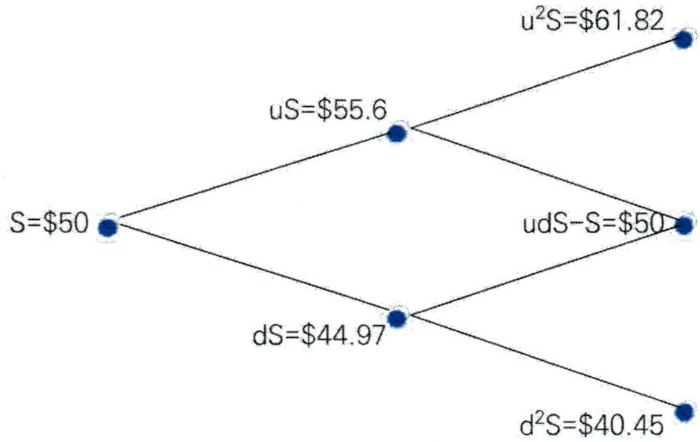

이 도달한 주가에 근거하여 역전(recursive)방식으로 우선 두 번째 구간의 각 포지션별 콜옵션 및 풋옵션의 payoff를 계산하면 다음과 같다.

$$\begin{aligned}
C_{uu} &= \max(u^2S - K, 0) = \max(61.82 - 52, 0) = 9.82 \\
P_{uu} &= \max(K - u^2S, 0) = \max(52 - 61.82, 0) = 0 \\
C_{ud} &= \max(S - K, 0) \quad = \max(50 - 52, 0) \quad = 0 \\
P_{ud} &= \max(K - S, 0) \quad = \max(52 - 50, 0) \quad = 2 \\
C_{dd} &= \max(d^2S - K, 0) = \max(40.45 - 52, 0 \ = 0 \\
P_{dd} &= \max(K - d^2S, 0) = \max(52 - 40.45, 0) = 11.52
\end{aligned}$$

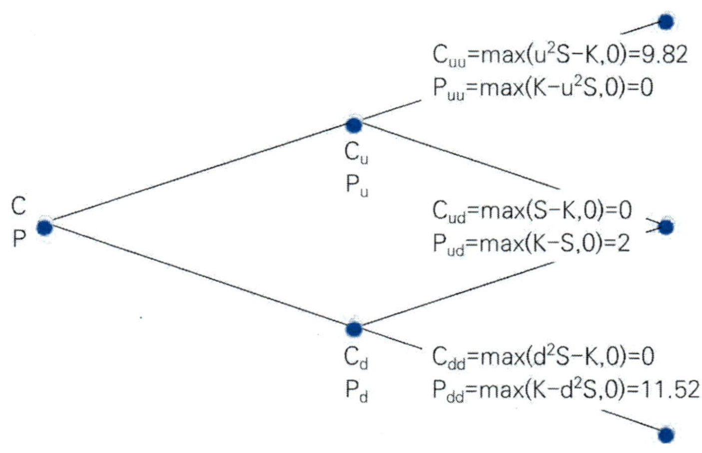

이 payoff를 q측도 하에 1기간으로 현재가치화 함으로써 C_u와 P_u, C_d와 P_d를 계

산할 수 있다.

$$C_u = e^{-r\Delta t}[qC_{uu} + (1-q)C_{ud}] = e^{-0.05 \cdot 0.125} \times [0.5030 \cdot 9.82 + 0.4970 \cdot 0] = 4.91$$

$$C_d = e^{-r\Delta t}[qC_{ud} + (1-q)C_{dd}] = e^{-0.05 \cdot 0.125} \times [0.5030 \cdot 0 + 0.4970 \cdot 0] = 0$$

$$P_u = e^{-r\Delta t}[qP_{uu} + (1-q)P_{ud}] = e^{-0.05 \cdot 0.125} \times [0.5030 \cdot 0 + 0.4970 \cdot 2] = 0.99$$

$$P_d = e^{-r\Delta t}[qP_{ud} + (1-q)P_{dd}] = e^{-0.05 \cdot 0.125} \times [0.5030 \cdot 2 + 0.4970 \cdot 11.52] = 6.71$$

이때, $q = \dfrac{e^{r\Delta t} - d}{u - d} = \dfrac{e^{0.05 * 0.125} - 0.8994}{1.1119 - 0.8994} = \dfrac{1.0063 - 0.8994}{0.1006} = 0.5030$

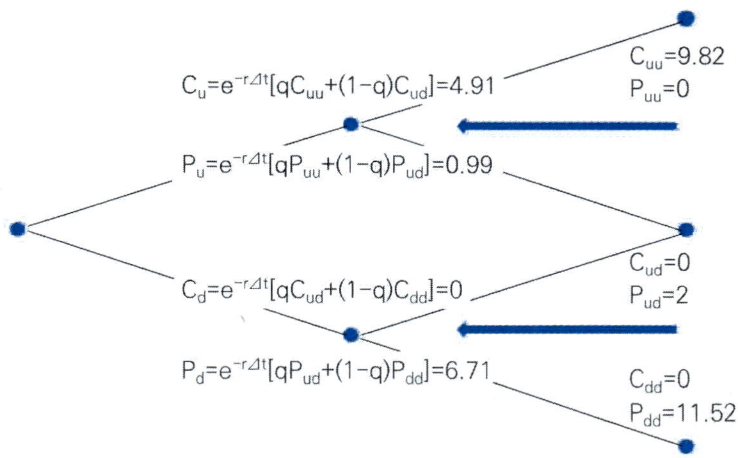

계속해서 0시점의 콜옵션 가격 C와 풋옵션 가격 P를 계산하면 다음과 같다.

$$C = e^{-r\Delta t}[qC_u + (1-q)C_d] = e^{-0.05 \cdot 0.125} \times [0.5030 \cdot 4.91 + 0.4970 \cdot 0] = 2.45$$

$$P = e^{-r\Delta t}[qP_u + (1-q)P_d] = e^{-0.05 \cdot 0.125} \times [0.5030 \cdot 0.99 + 0.4970 \cdot 6.71] = 3.81$$

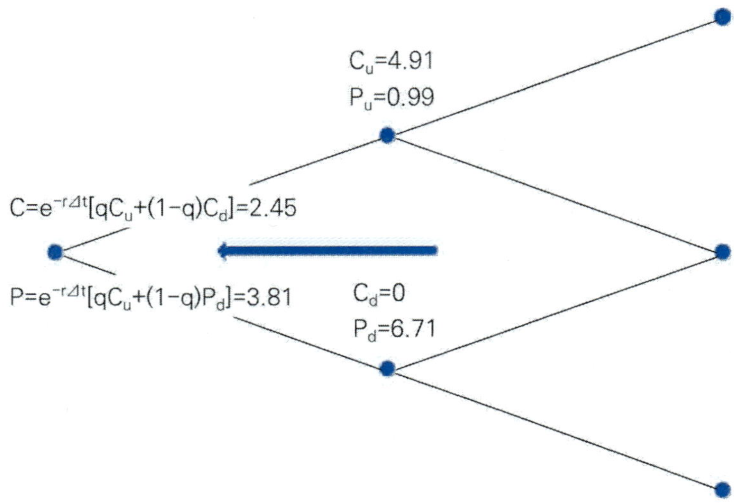

3. 미국형 옵션(American Option)의 이항트리모형

이항트리 모형의 중요성은 명시적인 해가 산출되지 않는, 즉, 해석해(analytical solution)의 형태로 옵션가격이 주어지지 않는 경우 수치해(numerical solution)를 제시해주는 의존할 수 있는 방법론이기 때문이다. 대표적인 경우가 미국형 옵션의 경우가 그러하다.

앞서 2기간 유럽형 콜옵션의 예시 기본값을 다시 이용해보자. 우선 주가의 가능한 경로 및 마지막 2구간에 도달했을 때의 콜옵션 payoff는 유럽형이나 미국형이나 동일하다. 이는 2구간 시점에서 계산을 한다는 의미자체가 행사하지 않고 그때까지 옵션을 보유하고 있음을 뜻하기 때문에 유럽형과 미국형 간의 구분이 의미가 없기 때문이다. 차이는 1구간 말에 발생한다. 즉, 1구간 말에 미국형 콜옵션의 보유자는 행사를 하는 경우의 payoff와 해당 시점의 옵션가격을 비교하여 행사 payoff가 유리할 경우는 행사를, 옵션의 가치가 더 높다고 판단될 경우는 다음기까지 더 보유를 하는 선택을 하게 된다.

$$C'_u = \text{Max}(uS - K, C_u) = \text{Max}(55.595 - 52,\ 4.91) = 4.91$$
$$C'_d = \text{Max}(dS - K, C_d) = \text{Max}(44.97 - 52,\ 0) = 0$$

최종 미국형 콜옵션의 가치를 산정하면 2.45가 산출되어 조기행사 여부는 옵션가격에 영향을 미치지 않음을 알 수 있다.

$$C = e^{-r\Delta t}[qC_u + (1-q)C_d] = e^{-0.05\cdot 0.125} \times [0.5030\cdot 4.91 + 0.4970\cdot 0] = 2.45$$

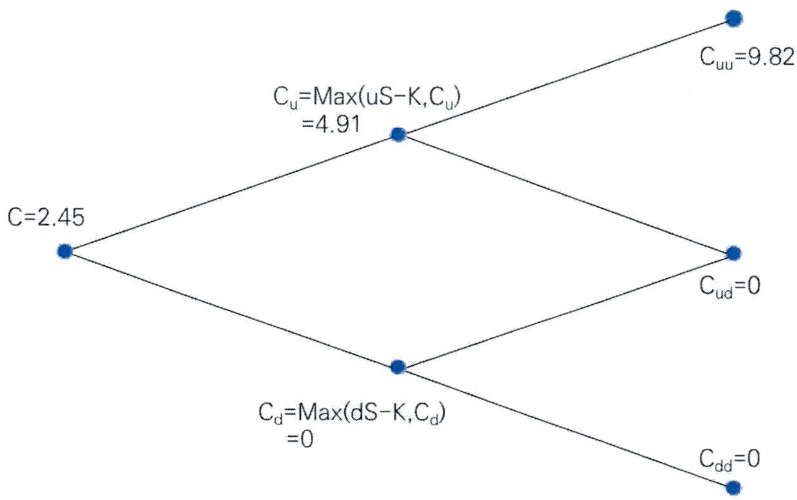

반면 풋옵션의 경우는 다른 결과가 산출된다. 콜옵션의 경우와 마찬가지로 2구간 말의 가치는 유럽형과 미국형 모두 동일한 옵션 payoff가 발생한다. 1구간 말에 미국형 풋옵션의 보유자는 미국형 콜옵션의 경우와 동일하게 행사를 하는 경우의 payoff와 해당 시점의 옵션가격을 비교하여 행사 payoff가 유리할 경우는 행사를, 옵션의 가치가 더 높다고 판단될 경우는 다음기까지 더 보유하는 선택을 하게 된다.

$$P'_u = \mathrm{Max}(K - uS, P_u) = \mathrm{Max}(52 - 55.595,\ 0.99) = 0.99$$
$$P'_d = \mathrm{Max}(K - dS, P_d) = \mathrm{Max}(52 - 44.97,\ 6.71) = 7.03$$

최종적으로 미국형 풋옵션의 가치를 산정하면 3.97이 산출되어 유럽형 풋옵션의 3.81보다 더 높은 값이 계산된다. 따라서 콜옵션과 달리 조기행사하는 미국형 풋옵션은 더 높은 가치를 갖는다.

$$P = e^{-r\Delta t}[qP_u + (1-q)P_d] = e^{-0.05\cdot 0.125} \times [0.5030\cdot 0.99 + 0.4970\cdot 7.03] = 3.97$$

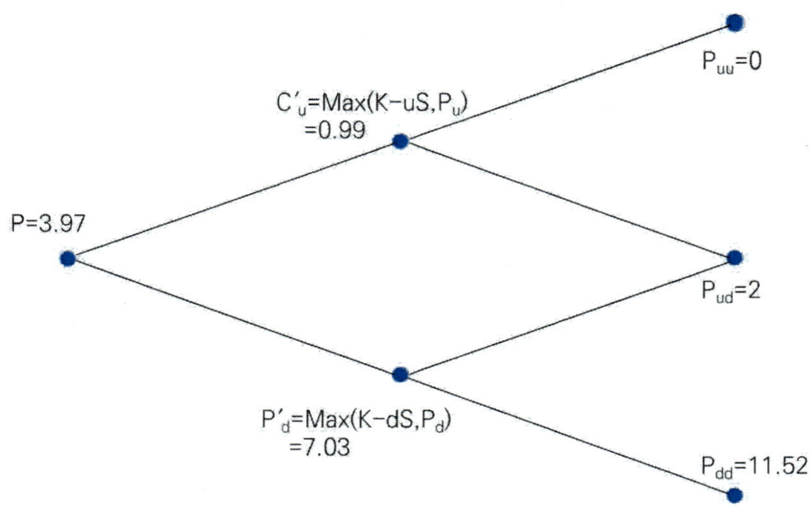

4. m-step 이항트리 모형

우리는 앞서 1-step 이항트리와 2-step 이항트리 모형을 학습하였다. 이를 더 세분화된 m개의 구간으로 나누더라도 동일한 로직이 적용된다. 즉, '트리'의 마지막 포인트로부터 역전(reverse)하여 q측도 하에 0시점의 가치를 산정한다는 논리는 여전히 동일하게 적용된다. 구간의 $\Delta t = t/m$으로 분할하여 적용하는 차이만이 존재할 뿐이다. 예

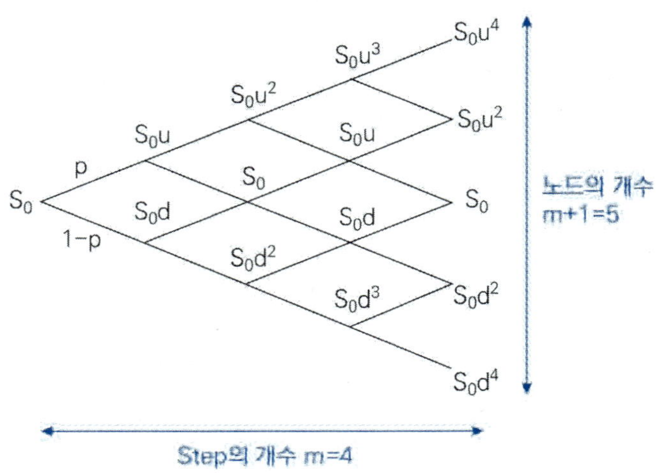

표 X-1 **step 횟수 증가에 따른 콜옵션 가격**

$m=1$	$m=2$	$m=100$	$m=1000$	Black-Scholes
3.0341	2.4527	2.4054	2.4005	2.4006

를 들어 $m=4$일 경우의 트리 역시 주가의 상향 및 하방 움직임에 따라 각 포지션에 대응하여 산출된다.

특징적인 사항은 step의 개수를 늘려나가 구간을 더 세분화하더라도 옵션가격의 정교성이 크게 개선되지는 않는다는 점이다. 1 step에서의 콜옵션 가격 3.0341이 2 step으로만 확장하더라도 가격오차는 크게 감소하며 이후 m을 늘려나가더라도 옵션가격의 큰 변화가 발생하지는 않는다. 다음 장에서 학습할 블랙-숄즈 옵션가격결정모형의 가격과도 큰 차이를 보이는 것은 아니다. 다만 도식에서도 확인되듯이 이항모형의 수치해는 파동하는 형태로 가격이 나타나는 문제점이 존재한다. m을 더 세분화함으로서 어느 정도 수렴폭을 일부 감쇠시킬 수는 있다. [그림 X-3]과 [그림 X-4]의 각 두 개 그래프 중 우측 그래프는 수치해의 파동형태를 명확히 살펴보기 위해 좌측의 원 그래프를

그림 X-3 step 횟수 대비 콜옵션 가격 추이

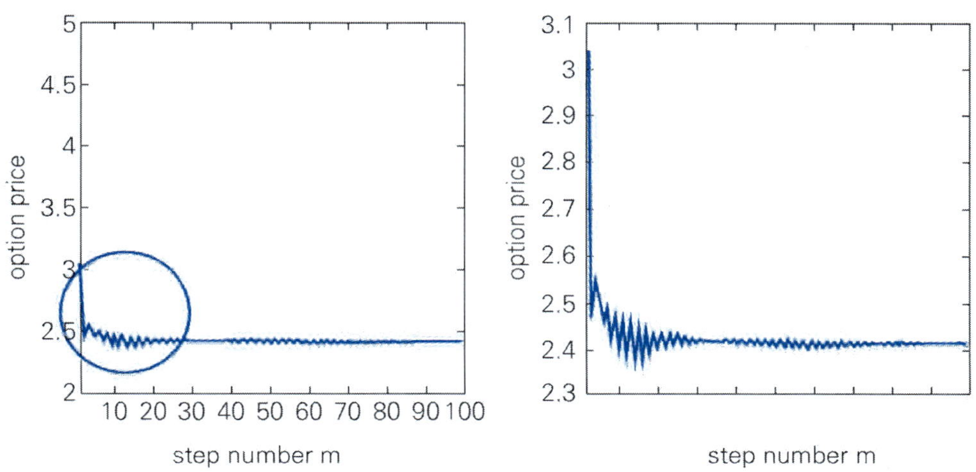

확대한 것이다.

표 X-2 **step 횟수 증가에 따른 풋옵션 가격**

$m=1$	$m=2$	$m=100$	$m=1000$	Black-Scholes
4.3882	3.8067	3.7595	3.7545	3.7546

그림 X-4 step 횟수 대비 풋옵션 가격 추이

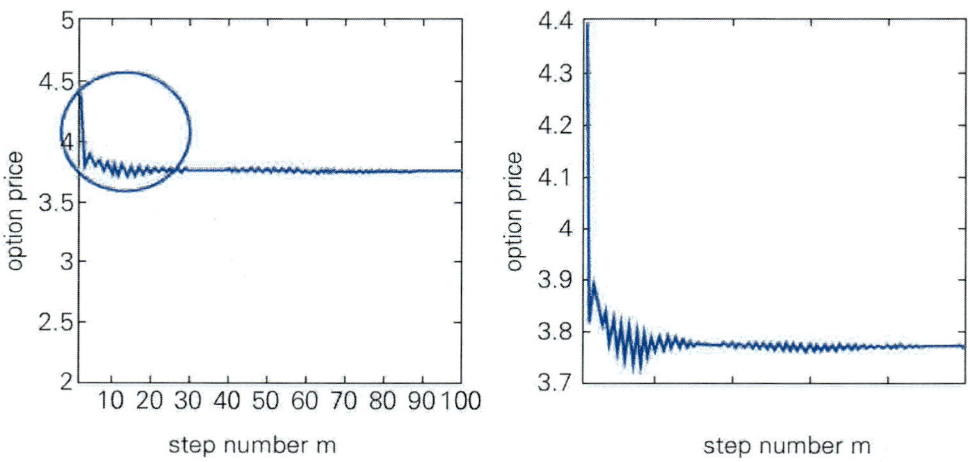

XI. Black-Scholes Model-1

1. 연속시간으로의 전환

본 장에서는 연속시간 개념 하의 옵션가격모형을 학습한다. 이를 위해서는 확률과정(stochastic process)와 근원편미분방정식(Fundamental PDE)와 같은 심화된 수학이 요구된다. 최대한 직관적인 이해를 도모하기 위해서는 무엇보다 수학을 경제학적으로 해석할 수 있는 능력의 배양이 필요하다. 따라서 단순히 최종 가격공식의 도출보다는 그 이면에 어떤 의미를 갖는지에 보다 중점을 두고 살펴본다. 또한 역으로 산출된 공식들의 적용이 어떠한 결과와 영향도를 가질 것인지 파악하는 데에도 중점을 두고자 한다.

우선 확률과정(stochastic process)은 무작위적 현상의 시간의 흐름에 따른 순차적 움직임(sequential evolution)을 정의하는 시스템을 뜻한다. 이 중 시간흐름을 연속시간으로 정의하는 연속시간 확률과정(continuous-time stochastic process)인 Wiener process (이하 위너과정)에 대해 살펴보자. 이 확률과정은 브라운 운동(Brownian motion)으로도 불리는데,[1] 1827년 액체에 잠긴 작은 입자가 끊임없는 불규칙한 움직임을 보이는 것을 관찰한 영국의 식물학자 Robert Brown의 이름을 따서 명명된 최초의 확률과정이다. 이후 Bachelier가 1900년 위너과정을 사용하여 파리 주식 시장의 주식 가격을 모델링하였으며, 1905년 아인슈타인은 이를 사용하여 유체에 떠있는 입자의 브라운 운동을 수학적으로 모델링하였다. 1920년 이후에 와서야 Wiener가 이 확률과정에 대한 공식적인 수학적 정의를 제시하였다. 위너과정은 확산(diffusion)을 모형화하기 위한 핵심이다. '확산'은 물리적 입자의 움직임이나 유체의 흐름, 통신 시스템의 소음, 금융 시계열 등 시간이 흐름에 따른 움직임과 포지션을 추적하기 위한 기초과정이 된다. 이러한 확산을 모형화하는 가장 기본적인 방법은 확률미분방정식(SDE; stochastic differential equation)이며 이때 위너과정이 핵심에 놓인다.

1 통상 브라운 운동은 물리학 분야에서, Wiener Process는 금융 및 수학분야의 용어로 사용되고 있으며 일반적으로 혼용되고 있다.

위너과정은 우선 이산적 시간흐름(discrete−time)의 가정 하에 다음과 같이 공식화할 수 있다. 0에서 T기까지의 전체 구간에 대해 0시점의 랜덤변수 z_0은 Δt만큼의 시간이 흐르는 동안 어떻게 변화해 나갈 것인지, 즉, Δz_t를 규정하여 $\tilde{z}_{\Delta t}$로 진화해나가는 일련의 프로세스를 위너과정으로 정의할 수 있다. 이때, 구간별 변화량은 서로 상관되지 않고 독립적이다.

$$\Delta z_t = \epsilon_t \sqrt{\Delta t},$$
$$\text{이때, } \epsilon_t \sim N(0,1),\ \ Cov(\Delta z_t, \Delta z_s) = 0,\ \ \forall\, t \neq s$$

이러한 위너과정의 속성 중 하나는 구간별 변화량의 기댓값은 0, 분산은 Δt이다.

$$E(\Delta z_t) = E(\epsilon_t \sqrt{\Delta t}) = \sqrt{\Delta t}\, E(\epsilon_t) = \sqrt{\Delta t} \cdot 0 = 0$$
$$Var(\Delta z_t) = Var(\epsilon_t \sqrt{\Delta t}) = \Delta t\, Var(\epsilon_t) = \Delta t \cdot 1 = \Delta t$$

전체 구간 T를 Δt로 나누면 구간개수 N이 산출되며, 최종 시점의 변수 z_T와 z_0의 차이는 모든 구간별 변화량을 합한 값이 된다.

$$z_T - z_0 = \sum_{i=1}^{N} \epsilon_i \sqrt{\Delta t}$$
$$E[z_T - z_0] = E\left[\sum_{i=1}^{N} \epsilon_i \sqrt{\Delta t}\right] = \sqrt{\Delta t}\, E\left[\sum_{i=1}^{N} \epsilon_i\right] = \sqrt{\Delta t} \cdot 0 = 0$$
$$Var(z_T - z_0) = Var\left[\sum_{i=1}^{N} \epsilon_i \sqrt{\Delta t}\right] = \Delta t\, Var\left[\sum_{i=1}^{N} \epsilon_i\right] = \Delta t \cdot N = T$$

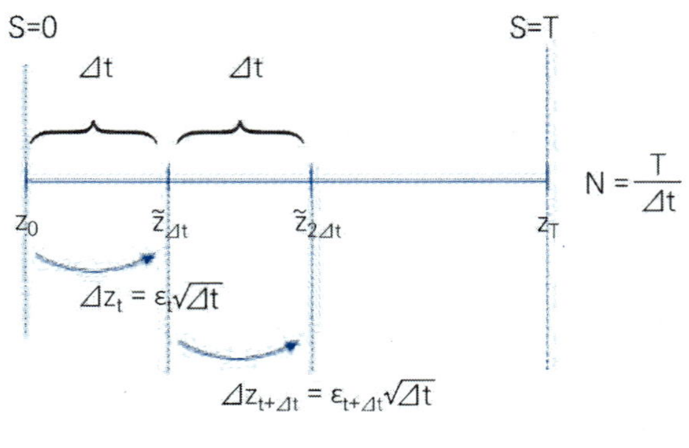

이제 지금까지의 위너과정의 논의를 연속시간(continuous−time)으로 전환해보자.

즉, $\Delta t \to 0$으로 근접시키면, 일반 미분 하에서 $\Delta x = a\Delta t$의 형태는 $dx = adt$로 전환된다. 반면 고정상수가 아닌 랜덤변수인 ϵ_t가 개입된 경우의 확률미분에서는 다음과 같다. 여기서 dt는 거의 0에 가까운 매우 작은 값이라 하더라도 제곱근($\sqrt{\ }$)의 적용으로 인해 의미있는 값으로 변경된다.

$$\Delta z_t = \epsilon_t \sqrt{\Delta t} \ \Rightarrow \ dz_t = \epsilon_t \sqrt{dt},$$

이때, $dz_t \sim N(0,\ dt),\ z_T \sim N(z_0,\ T)$

$$dt^k = 0,\ \ \forall k > 1,$$

$$dt \cdot dz_t = dt \cdot \epsilon_t \sqrt{dt} = \epsilon_t \cdot dt^{3/2} = \epsilon_t \cdot 0 = 0,$$

추가 속성으로 $dz_t^2 = dt$이 성립한다. 이는 다음과 같이 유추된다.

$$E[(dz_t)^2] \ = E(\epsilon_t^2 dt) = E(\epsilon_t^2)dt = \left[\ Var(\epsilon_t) + [E(\epsilon_t)]^2\right] dt = [1+0]dt = dt$$

$$Var[(dz_t)^2] = Var[\epsilon_t^2 dt] = E[(\epsilon_t^2 dt)^2] - [E(\epsilon_t^2 dt)]^2 = E[(\epsilon_t^2 dt)^2] - dt^2 = 0 - 0 = 0$$

즉, dz_t^2의 분산이 0이므로 dz_t^2은 기댓값이 상수화되어 dt가 성립한다.
지금까지의 연속시간 위너과정의 정의와 속성을 모두 종합하면 다음과 같다.

[Wiener Process]

$$dz_t = \epsilon_t \sqrt{dt}$$

이때, $\epsilon_t \sim N(0,1)$

$$dz_t \ \sim N(0,\ dt),\ z_T \sim N(z_0,\ T)$$

$$dt^k = 0,\ dt \cdot dz_t = 0,\ dz_t^2 = dt$$

연속시간 개념에서 dt는 0이 아닌 매우 미세한 값으로 일종의 시간구간을 얼마나 촘촘히 볼 것인가를 의미한다. 따라서 dt를 작게 설정할수록 미세한 움직임이 나타난다. 다만, dt를 아무리 좁게 설정한다해도 계속해서 진화하는 움직임은 사라지지 않는다.

그림 XI-1 dt 차이에 따른 위너과정의 추이

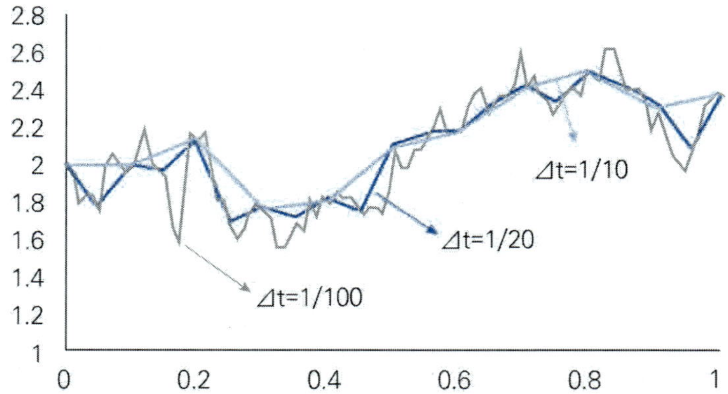

위너과정이 움직일 수 있는 범위도 95% 상하 유의구간을 살펴보면 시간에 대한 제곱근($\sqrt{\ }$)으로 비례하여 반영되기 때문에 비선형으로 확장되는 유의구간이 나타난다.

그림 XI-2 위너과정의 유의구간

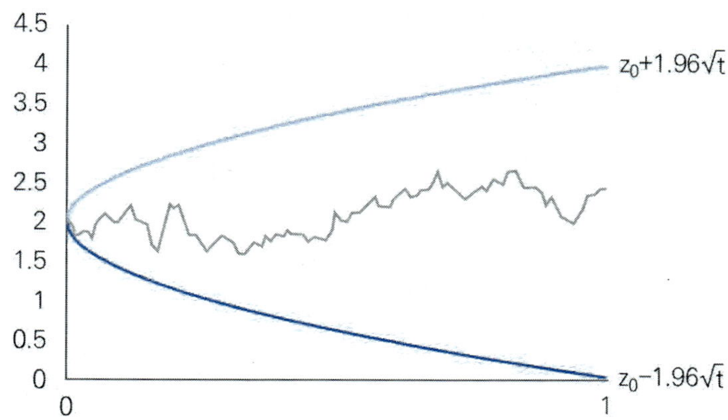

[궁금해요] 폰 노이만(John Von Neumann)과 로버트 위너(Nobert Wiener)

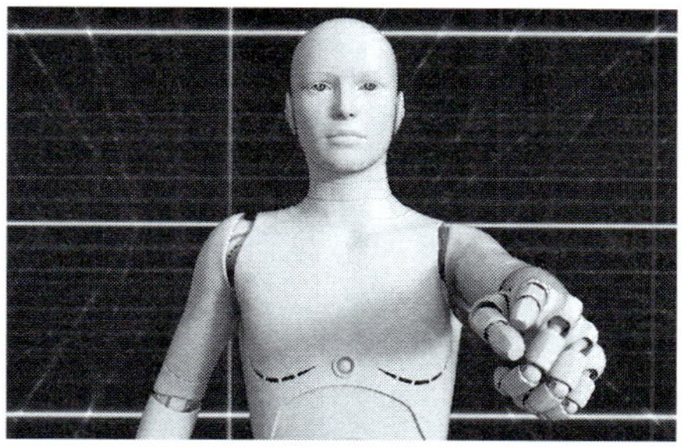

폰 노이만(1903－1957)은 헝가리 태생의 수학자 및 물리학자로 수학적 논리, 양자 역학의 수학적 기초, 게임 이론, 컴퓨터 개발, 원자 폭탄, 핵에너지 개발, 뇌와 컴퓨터의 관계 등에 대한 상당한 업적을 남겼다. 경제학 분야에서는 기대효용(expected utility theorem)이론을 통해 불확실성 하에서의 의사결정 이론을 남겼으며, 1940년대에는 게임 이론의 이론적 기초를 수립하는 등 큰 기여를 하였다. 로버트 위너(1894－1964)는 18세에 박사 학위를 받은 이래 수학분야에 놀라운 업적을 남겼다.
1940대 말 위너와 폰 노이만은 컴퓨터를 뇌에 연결하는 데 관심을 공유하고 잦은 만남을 가졌다. 위너는 피드백을 통한 동물과 기계의 통제에 대한 이론을 제안하고 현재의 뇌과학 분야, 일명 사이버네틱스(cybernetics)분야를 창시하였다. 이에 근거하여 위너는 이미 1970년 이전에 대부분의 수동 노동을 대체할 자동화를 제안하였다. 폰 노이만은 '자동화의 일반논리이론'을 통해 신뢰할 수 없는 구성 요소에서 신뢰할 수 있는 컴퓨터를 구성하는 방법과 스스로 재생하는 기계 이론을 구축하였다. 이들의 주장은 이후 Alan Turing에 의해 보다 의미를 갖도록 정제되었다. Turing은 정신적 과정이 생리학적으로 뇌를 모방하는 기계를 만드는 것보다 컴퓨터가 이를 수행하도록 연구하는 방식을 제안하였다. 이러한 접근은 학습 및 경험적 검색과 같은 프로세스를 프로그래밍함으로서 보다 현실적인 대안들이 개발될 수 있도록 해주었다.
경제학 및 수학적으로 접한 두 사람이 지금 급부상하는 사이버네틱스의 창시자라는 사실은 놀랍지 않은가!

2. 일반화 위너과정과 이토 프로세스

앞서 살펴본 위너과정은 추세율(drift rate)이 0이고 확산률은 1을 설정한 것으로 볼 수 있다. 일반화 위너과정은 이를 확장하여 추세항(a)과 확산항(b)을 임의의 수준으로 설정할 수 있도록 변형한 것을 뜻한다.

$$dx_t = adt + bdz_t,\ \ dx_t \sim N(adt,\ \ b^2dt)$$

$$E(dx_t) = E(adt + bdz_t) = adt + bE(dz_t) = adt + b \cdot 0 = adt$$

$$Var(x_t) = Var(adt + bdz_t) = b^2\,Var(dz_t) = b^2 dt$$

최종 포인트 T시점에서의 랜덤변수값 x_T는 x_0에서 출발하여 진화해나간 누적 움직임의 최종도착지가 된다. 이는 곧 적분의 형태이며 이를 식으로 정리하면 다음과 같다.

$$x_T = x_0 + \int_0^T ads + \int_0^T bdz_s = x_0 + aT + b\int_0^T dz_s = [x_0 + aT] + b(z_T - z_0)$$

이 결과에 따라 최종 x_T는 다음과 같이 기댓값과 분산이 계산된다.

$$\begin{aligned} E[x_T] &= [x_0 + aT] + bE[z_T - z_0] = [x_0 + aT] + b\cdot 0 = x_0 + aT \\ Var(x_T) &= Var([x_0 + aT] + b(z_T - z_0)) = b^2\,Var(z_T - z_0) = b^2 T \end{aligned}$$

지금까지의 일반화 위너과정을 표준 위너과정과 비교하면 다음과 같다.

그림 XI-3 위너과정과 일반화 위너과정 비교

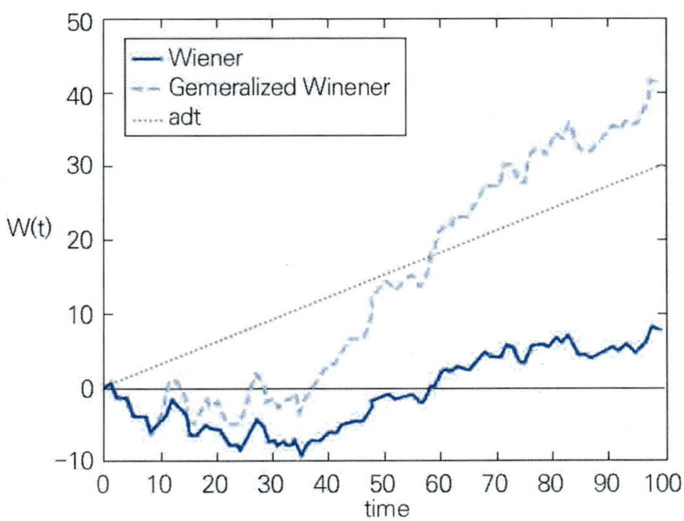

표준 위너과정	$dz_t = \epsilon_t \sqrt{dt}$	$dz_t \sim N(0,\ dt)$	$z_T \sim N(z_0,\ T)$
일반화 위너과정	$dx_t = adt + bdz_t$	$dx_t \sim N(adt,\ b^2dt)$	$x_T \sim N(x_0 + aT,\ b^2T)$

[그림 XI−3]에 표준 위너과정과 일반화 위너과정을 비교하여 도식하였다. 표준 위너과정의 경우 0을 중심으로 변동하는 행태를 보이나 일반화 위너과정은 이러한 움직임을 추세라인을 중심으로 반영하고 있음을 알 수 있다.

이러한 일반화 위너과정에서 상수인 추세항과 확산항을 시간에 따라 변동하도록 더욱 일반화시킨 것이 'Ito process'이다.

$$dx_t = a(x_t, t)dt + b(x_t, t)dz_t$$

이와 동시에 'Ito's lemma'를 제시하였는데, 위와 같이 dx_t가 이토 과정을 따를 때, y_t가 x_t와 t의 함수일 때 y_t가 따르는 분포를 구해보자. (표기의 단순화를 위해 $a(x_t, t)$를 a로, $b(x_t, t)$를 b로 표기한다.) 이때, $G(\cdot)$함수형은 연속함수이며 두 번 미분이 가능하다.

$$y_t = G(x_t,\ t)$$

이제 y_t에 2차(second−order) 테일러 전개(Taylor expansion)을 수행한다. 테일러 전개는 어떤 함수를 근사할 수 있는 다항함수로 표현함을 뜻한다.

$$\begin{aligned} dy_t &= \frac{\partial G}{\partial x_t}dx_t + \frac{\partial G}{\partial t}dt + \frac{1}{2}\frac{\partial^2 G}{\partial x_t^2}(dx_t)^2 + \frac{1}{2}\frac{\partial^2 G}{\partial t^2}(dt)^2 + \frac{\partial G}{\partial x \partial t}(dx_t)(dt) \\ &= \frac{\partial G}{\partial x_t}dx_t + \frac{\partial G}{\partial t}dt + \frac{1}{2}\frac{\partial^2 G}{\partial x_t^2}(dx_t)^2 \end{aligned}$$

(이때, $(dt)^2 = 0$,

$(dx_t)(dt) = (adt + bdz_t)dt = a(dt)^2 + b\epsilon_t\sqrt{dt}\,dt = a(dt)^2 + b\epsilon_t(dt)^{3/2} = a\cdot 0 + b\cdot 0 = 0$)

여기에 dx_t에 원래의 이토과정을 결합하면 다음의 확률미분방정식이 정리된다.

$$dy_t = \frac{\partial G}{\partial x_t}\left[adt + bdz_t\right] + \frac{\partial G}{\partial t}dt + \frac{1}{2}\frac{\partial^2 G}{\partial x_t^2}\left[(adt)^2 + (bdz_t)^2 + 2a\cdot b\cdot dt\cdot dz_t\right]$$

$$= \frac{\partial G}{\partial x_t}(adt + bdz_t) + \frac{\partial G}{\partial t}dt + \frac{1}{2}\frac{\partial^2 G}{\partial x_t^2}b^2 dt$$

$$= \left(\frac{\partial G}{\partial x_t}a + \frac{\partial G}{\partial t} + \frac{1}{2}\frac{\partial^2 G}{\partial x_t^2}b^2\right)dt + \frac{\partial G}{\partial x_t}bdz_t$$

[궁금해요] 이토 과정(Ito process)의 의미와 뒷이야기

Kiyosi Itô가 1942년 발표한 확률미분방정식, 일명 '이토 공식'은 다양한 분야, 예를 들어 물리학, 공학, 생물학과 경제학, 수리 금융에 이르기까지 광범위하게 응용되고 있다. 미국과학아카데미(National Academy of Science)의 기사를 인용하면, "이토의 보조 정리"(Ito's Lemma)는 피타고라스의 정리를 제외하고 세계에서 가장 널리 알려지고 응용되는 수학의 성과이다. 이 결과는 고전적 해석에 있어서 뉴턴의 미적분학의 기본 정리와 같은 역할을 확률 분석에서 차지하며 필수적(sine qua non)이다라고 설명하고 있다. Ito는 1998년 교토기초과학상을 수상하면서 다음과 같은 소감을 밝혔다.

> "정밀하게 만들어진 수학적 구조에서 수학자들은 매혹적인 음악이나 웅장한 건축물에서 다른 사람들이 발견하는 것과 같은 아름다움을 찾습니다. 그러나 수학적 구조의 아름다움과 위대한 예술의 아름다움 사이에는 큰 차이가 있습니다. 예를 들어, 모차르트의 음악은 음악 이론을 모르는 사람들에게도 큰 감명을 줍니다. 쾰른의 대성당은 기독교에 대해 전혀 몰라도 관중을 압도합니다. 그러나 수학적 구조의 아름다움은 논리 법칙을 표현하는 일련의 수식을 이해하지 않고는 이해할 수 없습니다. 수학자만이 많은 수식이 포함된 "악보"를 읽고 마음속으로 "음악"을 재생할 수 있습니다. 저는 한때 "Ito 공식"이라고 하는 확률미분방정식 공식이 없으면 내 마음 속에 울려 퍼지는 달콤한 멜로디를 결코 전달할 수 없을 것이라 생각했었습니다. 그러나 처음에 제가 확률적미분방정식을 제시했을 때 제 논문은 주목받지 못했습니다. 다른 수학자들이 내 "악보"를 읽고 "악기"로 "음악"을 연주하기 시작한 것은 내 논문이 나온 지 10년이 지나서였습니다. 이 연구자들은 저의 "원작 악보"를 보다 정교한 "음악"으로 발전시킴으로써 "이토 공식"의 발전에 기여해주었습니다."

이토 공식은 순수 수학과 응용 수학 모두에서 높은 가치를 갖는다. 특히 확률 및 관련 분야의 거의 모든 이론은 Ito의 분석방법을 근거한다.

3. 기하 브라우니안모션

1990년대와 2000년대 초반 어떤 확률과정(stochastic process)이 현실의 주가나 이자율을 잘 설명하는가에 대한 논의가 본격화되었다. 이는 관련된 파생상품들의 해석해 도출이 가능한지의 여부와도 연계된다. 이 과정에서 등장한 것이 기하브라우니안모션(GBM; Geometric Brownian Motion)이다. GBM은 Ito Process의 특별한 경우로 볼 수 있다. 즉, 이토 과정과 비교하면 다음과 같다. 즉, 추세항 a를 μx_t로, 확산항 b를 σx_t로 설정한 것이다.

이토과정	$dx_t = a(x_t, t)dt + b(x_t, t)dz_t$
기하 브라우니안 모션	$dx_t = [\mu x_t]dt + [\sigma x_t]dz_t$

이제 x의 GBM을 주가(Stock price, S)로 전환하고 양변을 나누어주면 주가 순간수익률의 진화(evolution) 과정을 나타내게 된다. 즉, 주가의 순간수익률(instantaneous return)은 기대값 μdt와 분산 $\sigma^2 dt$의 GBM을 따르게 된다.

$$dS_t = [\mu S_t]dt + [\sigma S_t]dz_t$$ [2]

$$\Rightarrow \frac{dS_t}{S_t} = \mu dt + \sigma dz_t \quad \sim N(\mu dt,\ \sigma^2 dt)$$

다만 본질적으로 알고자 하는 분포는 순간수익률이 아닌 시간이 경과한 T시점에 있어 주가가 형성될 분포가 어떠한가에 대한 답이 필요하다. 역으로 이 분포가 확정된다는 의미는 GBM으로 순간수익률을 설정하는 순간 시간이 흐른 뒤의 T시점에 도달할 수익률이 형성될 조건부 분포(conditional density)를 확정한다는 의미를 갖는다. 이하에서 GBM의 분포를 도출해보고 왜 이러한 내재적 의미를 갖는지 이해해보자.

앞서 dS_t가 GBM으로 설정함은 이토 과정의 특별 케이스이므로 이토의 보조정리를 적용하면 다음과 같다. 앞서 연속이고 2차 미분이 가능한 함수 $G(\cdot)$로 로그주가

2 참고로 dS_t를 앞으로 변화할(forward looking) 순간증가치의 개념으로 dS_{t+}로 표기하는 경우도 있다. 따라서 t시점에 알려진 S_{t-}의 값으로부터 순간적인 변화값인 $d\tilde{S}_{t+} = [\mu S_{t-}]dt + [\sigma S_{t-}]d\tilde{z}_t$로 표기하기도 한다.

$(\ln S_t)$를 설정하자.

$$y_t = G(x_t,\ t) = \ln S_t \text{ 일 때,}$$

$$\frac{\partial G}{\partial S_t} = \frac{1}{S_t},\ \frac{\partial^2 G}{\partial S_t^2} = -\frac{1}{S_t^2},\ \frac{\partial G}{\partial t} = 0$$

따라서 이토보조정리를 적용하면 로그주가$(\ln S_t)$가 일반화 위너과정이 됨을 알 수 있다.

$$dy_t = \left(\frac{\partial G}{\partial x_t}a + \frac{\partial G}{\partial t} + \frac{1}{2}\frac{\partial^2 G}{\partial x_t^2}b^2\right)dt + \frac{\partial G}{\partial x_t}bdz_t$$

$$\begin{aligned} \Rightarrow\ d\ln S_t &= \left(\frac{\partial G}{\partial S_t}\mu S_t + \frac{\partial G}{\partial t} + \frac{1}{2}\frac{\partial^2 G}{\partial S_t^2}\sigma^2 S_t^2\right)dt + \frac{\partial G}{\partial S_t}\sigma S_t dz_t \\ &= \left(\frac{1}{S_t}\mu S_t + 0 + \frac{1}{2}\left(-\frac{1}{S_t^2}\right)\sigma^2 S_t^2\right)dt + \frac{1}{S_t}\sigma S_t dz_t \\ &= \left(\mu - \frac{1}{2}\sigma^2\right)dt + \sigma dz_t \ \sim N\left(\left(\mu - \frac{1}{2}\sigma^2\right)dt,\ \sigma^2 dt\right)\text{: 일반화 위너과정} \end{aligned}$$

최종 포인트 T시점에서의 일반화 위너과정의 경우와 동일한 논리로 산출할 수 있다. $\ln S_T$는 $\ln S_0$에서 출발하여 진화해나간 누적움직임의 최종도착지가 된다. 이는 곧 적분의 형태이며 이를 식으로 정리하면 다음과 같이 최종 시점의 로그주가 $\ln S_T$는 로그노말(log−normal) 분포를 따르게 된다.

$$\begin{aligned} \ln S_T &= \ln S_0 + \int_0^T \left(\mu - \frac{1}{2}\sigma^2\right)ds + \int_0^T \sigma dz_s, \\ &= \ln S_0 + \left(\mu - \frac{1}{2}\sigma^2\right)T + \sigma\int_0^T dz_s \\ &= \ln S_0 + \left(\mu - \frac{1}{2}\sigma^2\right)T + \sigma(z_T - z_0) \end{aligned}$$

$$\ln S_T \sim N\left(\ln S_0 + \left(\mu - \frac{1}{2}\sigma^2\right)T,\ \sigma^2 T\right)\ \text{: log−normal 분포}$$

$$E(\ln S_T) = \left[\ln S_0 + \left(\mu - \frac{1}{2}\sigma^2\right)T\right] + \sigma E[z_T - z_0] = \ln S_0 + \left(\mu - \frac{1}{2}\sigma^2\right)T$$

$$Var(\ln S_T) = Var\left(\left[\ln S_0 + \left(\mu - \frac{1}{2}\sigma^2\right)T\right] + \sigma(z_T - z_0)\right) = \sigma^2 T$$

그림 XI-4 GBM의 내재의미

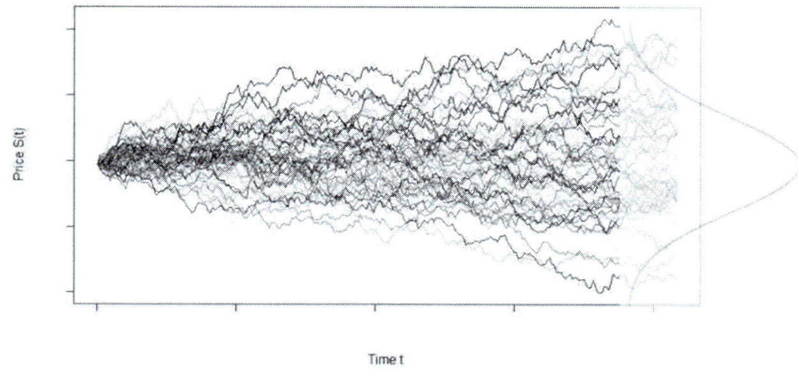

따라서 로그주가의 분포를 지수(exponential)를 적용하여 주가 S_T로 역변환하면 다음과 같이 최종 T시점의 주가는 정규분포를 따른다.

$$S_T \sim N\left(S_0 e^{\mu T},\ S_0^2 e^{2\mu T}\left(e^{\sigma^2 T} - 1\right)\right)$$

$$E(S_T) = e^{E(\ln S_T) + \frac{1}{2} Var(\ln S_T)} = e^{\ln S_0 + \left(\mu - \frac{1}{2}\sigma^2\right)T + \frac{1}{2}\sigma^2 T} = S_0 e^{\mu T}$$

$$Var(S_T) = E(S_T)^2\left(e^{Var(\ln S_T)} - 1\right) = S_0^2 e^{2\mu T}\left(e^{\sigma^2 T} - 1\right)$$

결국 주가의 순간수익률을 GBM으로 설정한다는 의미는 T시점에 이 주가가 형성할 로그노말 분포를 확정한다는 내재적인 의미를 갖는다.

다음의 예를 살펴보자. 주가의 순간수익률에 대해 다음과 같은 GBM 설정과 기본요건들이 주어졌다.

$$\frac{dS_t}{S_t} = \mu dt + \sigma dz_t$$

$$S_0 = 50,\ \mu = 0.12,\ \sigma = 0.30,\ T = 0.25 \text{ (3개월)}$$

이 요건들 하에 주가의 3개월 후 시점의 주가의 분포가 어떻게 형성될 것인지 계산해보자. T시점의 기대수익률과 분산을 계산하면 다음과 같다.

그림 XI-5 S_T의 만기시점 분포

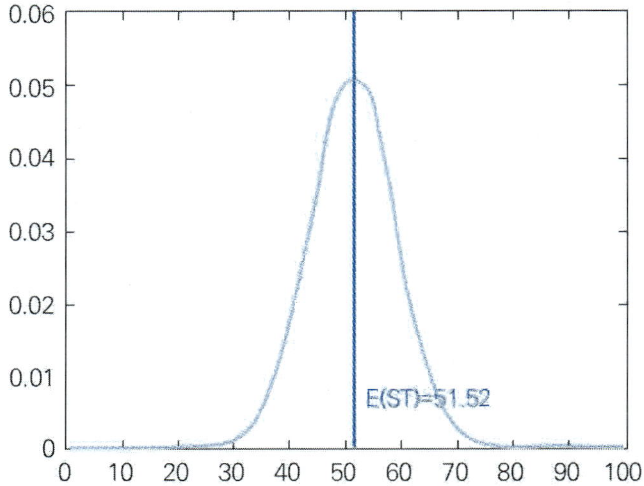

$$E(S_T) = S_0 e^{\mu T} = 50 \times e^{0.12 \cdot 0.25} = 51.52$$

$$Var(S_T) = S_0^2 e^{2\mu T}(e^{\sigma^2 T} - 1) = 50^2 e^{2 \cdot 0.12 \cdot 0.25}(e^{0.30^2 \cdot 0.25} - 1) = 60.41$$

$$\sigma(S_T) = \sqrt{60.41} = 7.77$$

4. Fundamental PDE

본 서에서는 블랙-숄즈 옵션가격결정모형의 기본이 되는 Fundamental PDE (partial differential equation), 즉 기본 편미분방정식의 풀이와 도출 자체에 집중하기보다는 식 자체를 어떻게 이해해야 하는가에 중점을 두고 살펴보고자 한다.

구체적인 접근에 앞서 미분방정식의 기본 개념을 간단히 살펴볼 필요가 있다. 우선 미분방정식은 도함수(미분)가 포함된 방정식의 형태를 뜻한다. 선형방정식이나 2차방정식 등의 대수방정식(algebraic equation)은 미지수와 이들의 배수값인 계수, 그리고 이들의 연산으로 구성된다. 미지수의 개수가 한 개 이상일 경우는 다항방정식(다항식)이 된다. 미분방정식은 이 다항식의 형태에 미분이 포괄되며 크게 ODE(ordinary differential equation)와 PDE(partial differential equation)의 두 가지 유형으로 분류된다. 우선 ODE는 1개 또는 그 이상의 종속변수를 가지나 독립변수는 1개만을 가진다. 반면 PDE는 복수의 독립변수를 가진다는 점에서 차이가 있다. PDE에서는 종속변수를 서로 다른 독립변수로 각각 미분하며 d 대신 ∂로 표기한다.

ODE	PDE
$\frac{d^2y}{dx^2}+\frac{dy}{dx}-y=5x$	$\frac{\partial^2 u}{\partial y^2}+\frac{\partial^2 u}{\partial x^2}=0$

이에 따라 블랙－숄즈 모형 하 파생상품은 기초자산(S)과 시간(t)이라는 1개 이상의 독립변수에 영향을 받는다는 가정을 하고 있기 때문에 ODE가 아닌 PDE 측면에서 접근하게 된다. 이제 1단계로 파생상품의 Fundamental PDE를 구축하고, 2단계 해당 편미분 방정식의 수학적 해를 찾음으로써 파생상품의 가격을 도출한다. P측도 하에서 기초주식(S) 및 파생상품(C)의 확률과정은 각각 다음과 같이 설정한다. 기초주식에 대해서는 기본적인 GBM으로 설정한다.

$$dS(t)=\mu S(t)dt+\sigma S(t)dz_t \quad \text{(GBM)}$$

파생상품의 확률과정은 앞서 일반화 위너과정에서 상수인 추세항과 확산항을 시간에 따라 변동하도록 더욱 일반화시킨 'Ito process'에 이토보조정리를 적용할 경우, $y(t)$가 $x(t)$와 t의 함수일 때 $dy(t)$는 다음의 확률미분방정식으로 정리됨을 재상기하자. 단, 이하에서는 아래첨자를 미분표시로 사용하기 위해 앞서 시간을 의미하던 아래첨자를 괄호로 변경하였다.

표 XI-1 이토과정과 보조정리의 결합

$$dx(t)=a(x(t),t)dt+b(x(t),t)dz_t$$

$$y(t)=G(x(t),\ t)$$

$$dy(t)=\left(\frac{\partial G}{\partial x(t)}a+\frac{\partial G}{\partial t}+\frac{1}{2}\frac{\partial^2 G}{\partial x(t)^2}b^2\right)dt+\frac{\partial G}{\partial x(t)}bdz_t$$

따라서 임의의 파생상품이 하나의 확률적 요인과 t의 함수라는 가정 하에 동일한 형태의 확률과정을 수립할 수 있다. $y_t = C(S(t),t)$로, a는 $\mu S(t)$, b는 $\sigma S(t)$로 설정되면 $dC(S(t),t)$는 다음 형태를 갖는다.

$$dC(S(t),t) = \left(\frac{1}{2}C_{SS}\sigma^2 S(t)^2 + C_S\mu S(t) + C_t\right)dt + C_S\sigma S(t)dz_t$$

파생상품의 경우 S와 t의 함수이나 시간 t는 주어지는 확정(deterministic)요소이고, 실질적으로 확률적(stochastic)요소는 S 하나인 일종의 1요인 모형이 된다.[3]

이제 무위험 헤지포트폴리오의 총 가치 $V(t)$를 주식개수 M_t와 파생상품의 개수 N_t로 구축하면 다음과 같다.

$$V(t) = M_t S(t) + N_t C(t)$$

이제 이 포트폴리오의 확률과정을 풀어내기 위해 다음과 같이 변형과정을 거친다.

$$\begin{aligned} \Rightarrow dV(t) &= M_t dS(t) + N_t dC(t) \\ &= M_t[\mu S(t)dt + \sigma S(t)dz_t] + N_t\left[\left(\frac{1}{2}C_{SS}\sigma^2 S(t)^2 + C_S\mu S(t) + C_t\right)dt + C_S\sigma S(t)dz_t\right] \\ &= \underbrace{M_t S(t)[\mu dt + \sigma dz_t]}_{①} + \underbrace{N_t C(t)\left[\frac{\left(\frac{1}{2}C_{SS}\sigma^2 S(t)^2 + C_S\mu S(t) + C_t\right)}{C(t)}dt + \frac{C_S\sigma S(t)}{C(t)}dz_t\right]}_{②} \end{aligned}$$

즉, 변형된 상기 식은 구축한 포트폴리오 가치의 순간변화률은 ①의 주식 순간수익률에 투자한 물량($M_t S(t)$)을, ②는 파생상품의 순간수익률에 투자한 물량($N_t C(t)$)을 곱하여 합한 총변화량으로 산출하게 됨을 의미한다. 이제 포트폴리오의 수익률 형으로 전환하기 위해 dV_t를 V_t로 나누어 정리할 수 있다.

$$\frac{dV_t}{V_t} = \frac{dV_t}{M_t S(t) + N_t C(t)}$$

3 확률적 변동성 모형과 같이 주가와 변동성을 모두 확률적 요인으로 설정할 경우 2요인 모형이 된다.

$$= \frac{M_tS(t)}{M_tS(t)+N_tC(t)}[\mu dt+\sigma dz_t]+\frac{N_tC(t)}{M_tS(t)+N_tC(t)}[a_tdt+b_tdz_t]$$

이때, $a_t = \dfrac{\left(\frac{1}{2}C_{SS}\sigma^2S(t)^2+C_S\mu S(t)+C_t\right)}{C(t)}$, $b_t = \dfrac{C_S\sigma S(t)}{C(t)}$

$$= w_t^S[\mu dt+\sigma dz_t]+(1-w_t^S)[a_tdt+b_tdz_t]$$

이때, $w_t^S = \dfrac{M_tS(t)}{M_tS(t)+N_tC(t)}$: 주식에의 투자비중(weight)

$$= [w_t^S\mu+(1-w_t^S)a_t]dt+[w_t^S\sigma+(1-w_t^S)b_t]dz_t$$

상기 최종 식은 확정 항인 dt항과 확률적 항인 dz_t로 구성된 포트폴리오 $V(t)$의 확률과정이 된다. 이제 구축한 포트폴리오가 무위험이 되기 위해서는 이 확률과정이 다음의 두 조건이 만족해야 한다. 즉, 확정적인 시간(dt)에 대응한 계수(배수), 즉 기대수익률이 무위험수익률(r)이 되어야 하며, 확률적 요인(dz_t)이 포함된 항은 0이 되어 확률적인 변동의 영향력이 배제되어야 한다. 이 두 조건은 다음과 같이 명시된다.

i) $w_t^S\mu+(1-w_t^S)a_t = r$

ii) $w_t^S\sigma+(1-w_t^S)b_t = 0$

ii)의 조건을 먼저 살펴보자. 이 조건은 총투자에서 주식투자가 차지해야 하는 비중 w_t^S를 어떻게 설정해야 하는가에 대한 의사결정이 된다.

$$w_t^S\sigma+(1-w_t^S)b_t = 0 \ \Rightarrow \ w_t^S = \frac{b_t}{b_t-\sigma}, \text{ 이때, } b_t = \frac{C_S\sigma S(t)}{C(t)}$$

여기서 σ가 주식의 변동성, b_t는 파생상품의 변동성으로 C_S의 부호는 미확정 상태이므로 b_t의 부호 역시 확정되지 않는다. 그러므로 b_t의 부호에 따라 w_t^S의 부호도 대응하여 변동하는데, 세 가지 경우가 발생한다. 우선 $b_t < 0$일 경우는 w_t^S의 분모와 분자 모두 음수가 되므로 w_t^S는 양수가 된다. 단, 분모의 절대값이 더 크므로 w_t^S는 0과 1사이에 놓인다. 둘째, b_t가 0보다 큰 양수이나 σ보다는 작을 경우, 분자는 양수이나 분모가 음수가 되므로 w_t^S는 음수가 된다. 끝으로 b_t가 σ보다 큰 값일 경우 분모와 분자 모두 양수가 된다. 단, 분모가 분자보다 작은 값을 가지므로 w_t^S는 1보다 큰 값을 갖는다. 이 상태를 정리하면 다음과 같다.

만일	$b_t < 0$	이면	$0 < w_t^S < 1$
	$0 \le b_t < \sigma$		$w_t^S < 0$
	$b_t > \sigma$		$w_t^S > 1$

이러한 주식에의 투자비중 w_t^S의 부호방향이 의미하는 바를 좀 더 해석하기 위해 두 번째 조건을 다시 살펴보자.

$$w_t^S\sigma + (1 - w_t^S)b_t = 0$$

여기서 앞서 도출한 $w_t^S > 1$의 경우는 주식에 1보다 더 많이 투자함은 파생상품에 마이너스의 투자, 즉 short position을 취함을 의미한다. 또는 파생상품의 매도(short position)를 통해 대금을 확보한 후 이를 주식의 매입에 투자하면 무위험 포트폴리오를 구축할 수 있음을 의미한다. 이 개념은 이미 우리가 앞서 학습한 '옵션을 이용한 헤지포트폴리오 구축전략' 중 '커버드 콜' 전략과 정확히 일치함을 알 수 있다. 주식에 투자비중이 $0 < w_t^S < 1$인 경우는 주식과 파생상품의 매입 비중을 혼합하는 의미가 된다. 이는 앞서 학습한 주식 매수와 풋옵션 매수의 결합으로 구성되는 프로텍티브 풋, 일명 보호풋 전략과 역시 정확히 일치한다. 단, 여기서의 파생상품이 반드시 옵션이어야 하는 것

그림 XI-6 b_t와 w_t^S 간 궤적

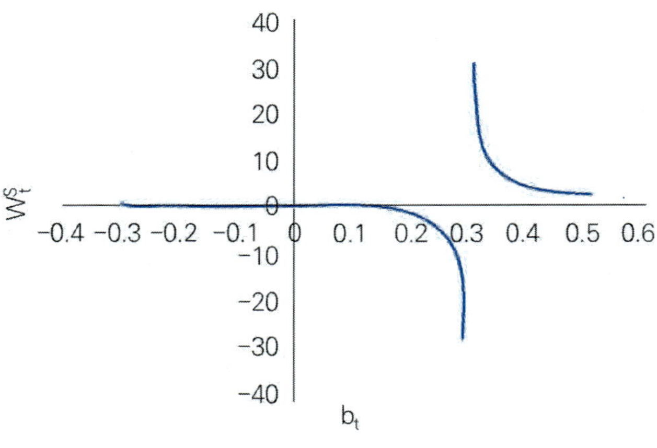

은 아니다. 어떤 파생상품이던 이러한 기초자산과 파생상품의 비중이 두 번째 조건을 만족하도록 구성할 경우 무위험 포트폴리오의 요건을 충족할 수 있음을 이해하는 것이 핵심이다. [그림 XI-6]은 b_t와 w_t^S 간 가능한 조합을 도식한 것이다.

이제 ii) 조건을 충족함으로써 확률적 요인이 배제되었다면, 이 포트폴리오는 무위험이 되므로 무위험수익률이 되어야 한다. 즉, i) 조건은 구성한 포트폴리오의 수익률을 무위험자산 수익률로 설정하는 조건이 된다.

$$w_t^S \mu + (1 - w_t^S) a_t = r$$

$$\Rightarrow (\mu - a_t) w_t^S = r - a_t \Rightarrow (\mu - a_t)\frac{b_t}{b_t - \sigma} = r - a_t \Rightarrow \boxed{\frac{\mu - r}{\sigma} = \frac{a_t - r}{b_t}}$$

따라서 이 조건은 좌측항의 주식의 샤프비율과 우측항의 파생상품의 샤프비율을 일치시키는 조건으로 전환된다. 샤프비율은 위험과 수익 간 상호교환비를 의미하는 것으로 1단위 위험을 부담함에 대한 무위험수익률 이상의 초과 보상을 얼마나 받는가를 의미한다. [그림 XI-7]을 참조하면, X축을 위험(표준편차)으로, Y축을 기대수익으로 하는 좌표평면을 구성하면 위험증가에 대응된 기대수익률의 증가분을 나타내는 샤프비율의 좌표평면이 된다. 따라서 주식의 샤프비율의 포지션과 파생상품의 포지션은 각각 S와 C에 위치하게 된다. 이 두 자산으로 구성된 포트폴리오의 프런티어는 기초자산 S와 파생상품 C가 완전상관($\rho = 1$)되어 있으므로 두 자산의 결합은 선형으로 나타난다. 여기서 완전상관되어 있음은 다음과 같이 확인할 수 있다.

$$\rho\left(\frac{dS}{S}, \frac{dC}{C}\right) = \frac{Cov\left(\frac{dS}{S}, \frac{dC}{C}\right)}{\mathrm{vol}(\frac{dS}{S}) \cdot \mathrm{vol}(\frac{dC}{C})} = \frac{\mathrm{Cov}(\sigma dz, b_t dz)}{\sigma\sqrt{dt}\, b_t \sqrt{dt}} = \frac{\sigma b_t\, Var(dz)}{\sigma b_t dt} = \frac{\sigma b_t dt}{\sigma b_t dt} = 1$$

결국 두 가지를 확인할 수 있다. 주식과 파생상품을 결합한 포트폴리오 구성시 위험을 0으로 만드며 무위험수익률을 주는 포인트로의 이동이 가능하다. 이는 주식과 파생상품이 완전상관되어 있다는 특징에서 발현되며, 나아가 주식과 파생상품 간 상관관계가 −1일 경우에도 동일하게 위험을 0으로 할 수 있다.[4] 이러한 대표적 파생상품이

4 이러한 자산 간 결합과 상관성의 이슈는 효율적 프런티어의 구성과 관련된 현대 포트폴리오 내용을 재참조할것.

그림 XI-7 무위험수익률 조건의 의미

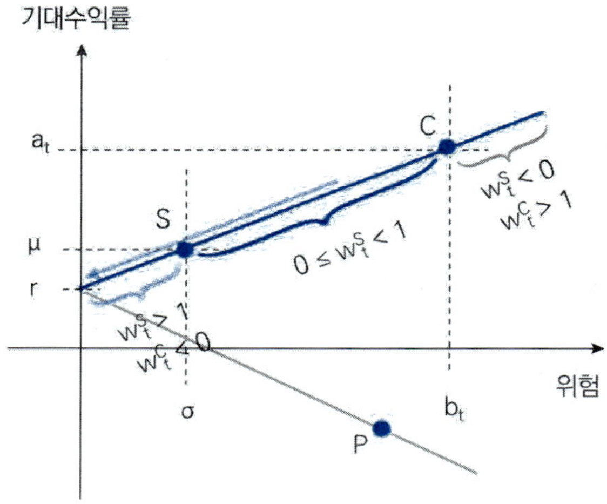

바로 풋옵션이 된다. 결국 [그림 XI−7]의 관계는 앞서 학습한 풋−콜 패리티의 관계를 의미한다.

이제 샤프비율의 일치라는 조건으로부터 Fundamental PDE를 도출해보자. 앞서 간략화했던 a_t, 즉 이토보조정리에 따른 파생상품의 기대수익과 b_t, 즉 파생상품의 확산항을 샤프비율의 일치조건에 대입한다.

$$\frac{\mu - r}{\sigma} = \left[\frac{a_t - r}{b_t} = \frac{\dfrac{\left(\dfrac{1}{2} C_{SS}\sigma^2 S(t)^2 + C_S \mu S(t) + C_t\right)}{C(t)} - r}{\dfrac{C_S \sigma S(t)}{C(t)}} \right]$$

$$\text{이때, } a_t = \frac{\left(\dfrac{1}{2} C_{SS}\sigma^2 S(t)^2 + C_S \mu S(t) + C_t\right)}{C(t)}, \quad b_t = \frac{C_S \sigma S(t)}{C(t)}$$

이를 정리하면 C_S, C_{SS}, C_t라는 미분이 포함된 다음의 Fundamental PDE가 도출된다. 단, 이 PDE는 주식의 GBM에 존재하는 μ로 인해 P−측도 하의 논의가 된다.

$\dfrac{\left(\frac{1}{2}C_{SS}\sigma^2 S(t)^2 + C_S\mu S(t) + C_t\right)}{C(t)}$	=	$r + C_S\dfrac{S(t)}{C(t)}(\mu - r)$
P측도 하에 이토보조정리에 의해 유도된 파생상품의 수학적 기대수익률		P측도 하에 경제학적으로 유도된 파생상품의 경제학적 기대수익률

Fundamental PDE의 좌측항은 분자가 a_t, 즉 이토보조정리에서 유도된 파생상품 가격의 순간변화량의 기댓값이므로 이를 파생상품의 가격 $C(t)$로 나누면 파생상품의 기대수익률(expect return)을 뜻하게 된다. 이에 따라 우측항의 해석은 당연하게도 무위험수익률(r)에 위험프리미엄이 부가된 의미를 갖는다. 이 위험프리미엄의 실질적으로 파생상품에 대한 주가의 탄력성이라는 경제적 의미를 갖는 동시에 주가가 1% 상승할 때 파생상품의 가격변화 비율로 일종의 주가에 대응한 콜옵션의 베타 개념이 된다. 아래 주식가격결정을 위한 CAPM 모형을 상기해보면, i자산의 베타(β_i)는 시장의 1단위 움직임에 대응한 i자산가격의 움직이라는 민감도의 개념이다. 반면 파생상품의 경우는 시장포트폴리오가 아닌 기초자산에 대한 베타로 해석할 수 있다.

$$\text{CAPM: } E(r_i) - r_f = \frac{\partial p_i / p_i}{\partial p_M / P_M}[E(r_M) - r_f] = \left(\frac{\partial P_i}{\partial P_M} \cdot \frac{P_M}{P_i}\right)[E(r_M) - r_f] = \beta_i[E(r_M) - r_f]$$

$$\text{F-PDE: } E(r_C) - r = C_S\frac{S(t)}{C(t)}(\mu - r) = \left(\frac{\partial C(t)}{\partial S(t)}\frac{S(t)}{C(t)}\right)(\mu - r)$$

$$= \left(\frac{\partial C(t)/C(t)}{\partial S(t)/S(t)}\right)(\mu - r) = \beta_C[\mu - r]$$

CAPM	Fundamental PDE
$E(r_i) - r_f = \beta_i[E(r_M) - r_f]$	$E(r_C) - r = \beta_C[\mu - r]$

결국 Fundamental PDE는 수학적 기대수익률과 경제학적 기대수익률을 일치시켜 파생상품의 가격을 유도하는 내재적 의미를 갖는다.

추가로 앞서 도출된 $P-$측도 하의 Fundamental PDE를 변형해보자. 즉, 우측항에 무위험이자율만 남기고 모두 좌측항에 넘겨 정리할 수 있다.

$$\frac{\left(\frac{1}{2}C_{SS}\sigma^2 S(t)^2 + C_S\mu S(t) + C_t\right)}{C(t)} = r + C_S\frac{S(t)}{C(t)}(\mu - r)$$

$$\Rightarrow \frac{\left(\frac{1}{2}C_{SS}\sigma^2 S(t)^2 + C_t\right)}{C(t)} + \frac{C_S\mu S(t)}{C(t)} = r + \frac{C_S\mu S(t)}{C(t)} - \frac{C_S r S(t)}{C(t)}$$

$$\Rightarrow \frac{\left(\frac{1}{2}C_{SS}\sigma^2 S(t)^2 + C_t\right)}{C(t)} + \frac{C_S r S(t)}{C(t)} = r$$

$$\boxed{\Rightarrow \frac{\left(\frac{1}{2}C_{SS}\sigma^2 S(t)^2 + C_S r S(t) + C_t\right)}{C(t)} = r}$$

이 전환된 마지막 식의 우측항 역시 Q 측도 하에 이토보조정리에 의해 유도된 파생상품의 기대수익률을 뜻하며, 좌측항은 Q 측도 하에 경제학적 사유로 유도된 파생상품의 기대수익률이 되어, 앞선 P 확률측도에 Q 확률측도로 평가 scheme을 재해석할 수 있다.

다시말해 애초 기초주식의 확률과정을 Q 측도로 주어질 경우 이미 전환된 Q 측도 하의 Fundamental PDE가 산출된다는 의미이다. 이를 확인해보자. Q 측도 하에 기초 주식의 확률과정이 다음과 같이 주어졌다.

$$dS(t) = rS(t)dt + \sigma S(t)dz_t$$

파생상품의 확률과정은 앞서 P 측도 하에서 도출한 바와 같은 논리로 다음이 산출된다.

$$dC(S(t),t) = \left(\frac{1}{2}C_{SS}\sigma^2 S(t)^2 + C_S r S(t) + C_t\right)dt + C_S\sigma S(t)dz_t$$

$$\Rightarrow \frac{dC(S(t),t)}{C(t)} = \underbrace{\frac{\left(\frac{1}{2}C_{SS}\sigma^2 S(t)^2 + C_S r S(t) + C_t\right)}{C(t)}}_{=r}dt + \frac{C_S\sigma S(t)}{C(t)}dz_t$$

따라서 P 측도와 Q 측도라는 두 가격산출 시스템은 정확히 동일하다.

P측도 하의 가격결정	Q측도 하의 가격결정
▫ 주가는 위험프리미엄이 반영된 확률 과정을 따른다.	▫ 주가는 기대수익률이 무위험이자율이라는 확률 과정을 따른다.
▫ 파생상품 또한 위험프리미엄을 반영해야 한다.	▫ 파생상품의 기대수익률 또한 무위험이자율이다.

그렇다면 앞서 학습한 선도계약(forward contract)가 fundamental PDE를 따르는지를 검증해보자. t시점의 선도계약(매입포지션)의 가치를 재고해보자.

$$f(t) = S(t) - F_0 e^{-r(T-t)}$$

따라서

$$f_S = 1,\ f_{SS} = 0,\ f_t = -rF_0 e^{-r(T-t)}$$

이를 Q 측도 하 Fundamental PDE의 좌측항에 대입하면 무위험이자율 r이 산출되는지를 검증하자.

$$\begin{aligned}\frac{\left(\frac{1}{2}f_{SS}\sigma^2 S(t)^2 + f_S rS(t) + f_t\right)}{f(t)} &= \frac{0 + rS(t) - rF_0 e^{-r(t-t)}}{f(t)} \\ &= \frac{r(S(t) - F_0 e^{-r(T-t)})}{f(t)} \\ &= \frac{rf(t)}{f(t)} \\ &= r\end{aligned}$$

따라서 선도계약은 Fundamental PDE를 만족한다.

XII. Black-Scholes Model-2

1. Feynman-Kac solution

우리는 앞서 기초자산의 확률과정에 대해 GBM을 따름을 가정한 상태에서 모든 파생된 상품의 가격을 위한 Fundamental PDE를 학습하였다. 이 Fundamental PDE의 기저개념은 수학적 기대수익과 경제학적 기대수익을 일치시키는 관계를 수립한 것임을 확인하였다. 또한 현실의 확률인 P −측도에서 평가한 가격과 위험중립의 Q −측도의 세상에서 동일한 가격이 유도됨을 확인하였다.

모든 파생상품이 동일한 Fundamental PDE를 따름에도 다른 가치를 산출하는 결정적 차이는 각자의 payoff 차이에서 발생한다. 예를 들어 유럽형 콜옵션의 경우 최종 만기시 주가에서 행사가격의 차이를 받는 일종의 경계조건(boundary condition)이 차이를 만들게 된다.

$$\frac{\left(\frac{1}{2}C_{SS}\sigma^2 S(t)^2 + C_S r S(t) + C_t\right)}{C(t)} = r$$

$$\text{s.t, } C(T) = Max(S_T - K,\ 0)\text{: 경계조건}$$

이 Fundamental PDE은 변형을 거치면 물리학에서 사용되는 열 방정식(heat equation)으로 전환된다. 열 방정식은 시간에 따라 열이 전도되는 과정을 나타내는 2차 편미분 방정식을 의미한다, 열 방정식(heat equation)에 대한 해는 형태가 이미 알려져 있는 Feynman−Kac solution을 준용할 수 있다. 물리학자 Richard Feynman(1918−1988)과 수학자 Mark Kac(1914−1984)이 열 방정식(heat equation)에 대한 해의 일반화 공식을 제시한 바 있다. 파생상품의 0 시점의 가격(프리미엄)을 구하는 문제는 열 방정식의 원점을 구하는 문제(initial−value problem)와 동등하게 간주할 수 있기 때문에 해당 공식을 사용하게 된다.

이 열방식의 해를 구하는 방식을 옵션 가격결정에 준용하여 직관적으로 유도된 옵션의 해와 일치함을 확인한 것은 Cox & Ross(1976)[1]로 보다 옵션가격을 쉽게 유도할 수 있도록 기여하였다. 이러한 연유로 Feynman−Kac solution을 재무금융 분야에서는 Cox−Ross Solution으로도 불린다. 상기 Fundamental PDE와 경계조건에 solution을 적용한 결과는 다음과 같다. 직관적인 해석은 Q−측도 하에 기초자산이 위험중립 확률과정을 따를 때 만기 payoff를 현재로 무위험이자율로 할인하여 현 시점의 가격을 산출한다.

Feynman−Kac solution

$$C(S(t),t)=e^{-r(T-t)}E^{Q}[\mathrm{Max}(S_T-K,\ 0)]$$

$$\text{s.t}\quad dS_t=rS_t dt+\sigma S_t dz_t$$

이제 PDE의 해를 유도해보자. 유도과정에서 Q측도 하의 기댓값을 풀어내는 것이 핵심이다. 특히 옵션의 payoff는 'Max'의 부여로 인해 적분 적용시 truncated distribution으로 구현되며,[2] trucation된 구간(콜옵션의 경우 $K\sim\infty$)에 $t+\tau$ 시점 주가가 진입할 확률이 개입되어 조정될 필요가 있다.

$$\begin{aligned} C(S(t),t) &= e^{-r(T-t)}E^{Q}[\mathrm{Max}(S_T-K,\ 0)] \\ &= e^{r\tau}E^{Q}[\mathrm{Max}(S_T-K,\ 0)],\quad \text{이때},\ \tau=T-t \\ &= e^{-r\tau}\int_K^{\infty}(S_{t+\tau}-K)f(S_{t+\tau}|S_t)dS_{t+\tau}\text{: probability density function} \\ &= \underbrace{e^{-r\tau}\int_K^{\infty}S_{t+\tau}f(S_{t+\tau}|S_t)dS_{t+\tau}}_{②}-\underbrace{Ke^{-r\tau}\int_K^{\infty}f(S_{t+\tau}|S_t)dS_{t+\tau}}_{①} \end{aligned}$$

먼저 ①을 풀어내기 전에 의미를 먼저 살펴보자. ①은 적분의 표현 그대로 명확한 의미를 갖는다. 즉, 위험중립 하에서 만기시 주가 $S_{t+\tau}$가 K부터 ∞에 놓일 실질적인

1 Cox, John C. and Stephen A. Ross. The valuation of options for alternative stochastic processes. Journal of Financial Economics, 3(1-2):145-166, Jan-Mar 1976.

2 'Max'의 조건이 부여되지 않은 경우 $e^{-r\tau}E^{Q}(S_{t+\tau}-K)=e^{-r\tau}(S_t e^{r\tau}-K)=S_t-Ke^{-r\tau}$로 산출됨.

ITM 확률을 의미한다.

이제 ①의 풀이를 위해 로그를 적용하여 변수로 전환한다. 이는 로그주가가 로그노말분포를 따르고 있기 때문(이토보조정리에서 학습함)에 계산이 용이해지기 때문이다.[3]

$$e^{-r\tau}K\int_K^{\infty} f(S_{t+\tau}|S_t)dS_{t+\tau} = \underbrace{e^{-r\tau}K\int_{\ln K}^{\infty} f(\ln S_{t+\tau}|\ln S_t)d\ln S_{t+\tau}}_{③}$$

$$\text{이때, } \ln S_{t+\tau} \sim N\left[\ln S_t + \left(r - \frac{1}{2}\sigma^2\right)\tau,\ \sigma^2\tau\right] = N[\phi,\ \nu^2]$$

만기시점에 로그주가의 평균을 ϕ로, 변동성을 ν^2이라 할 때, ①이 로그전환된 ③은 다음과 풀어낼 수 있다. 즉, ③의 적분의 의미는 만기시 주가가 K보다 클 확률, 또는 로그주가가 $\ln K$보다 클 확률로 콜옵션이 ITM이 될 확률을 뜻하게 된다. 따라서 1에서 로그주가가 $\ln K$보다 낮을 누적 확률(cdf)을 차감함으로써 직관적으로 풀 수 있다.

$$\int_{\ln K}^{\infty} f(\ln S_{t+\tau}|\ln S_t)d\ln S_{t+\tau} = 1 - N\left(\frac{\ln K - \phi}{\nu}\right) = N\left(-\frac{\ln K - \phi}{\nu}\right)$$

$$\text{이때, } \phi = \ln S_t + \left(r - \frac{1}{2}\sigma^2\right)\tau,\ \nu^2 = \sigma^2\tau\ \ (\nu = \sigma\sqrt{\tau})$$

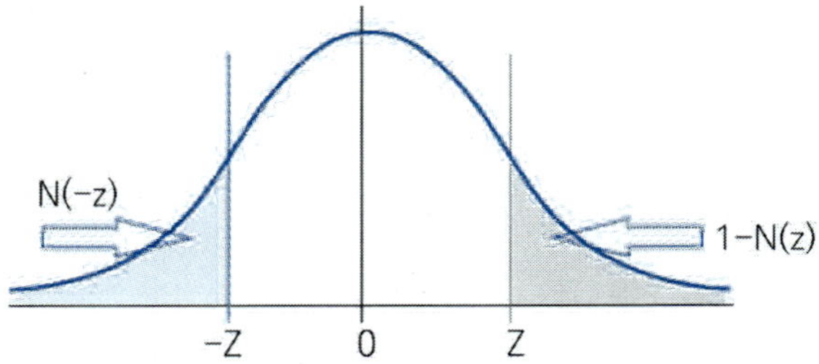

$$= N\left(\frac{\ln S_t + (r - \frac{1}{2}\sigma^2)\tau - \ln K}{\sigma\sqrt{\tau}}\right) = N\left(\frac{\ln(\frac{S_t}{K}) + (r - \frac{1}{2}\sigma^2)\tau}{\sigma\sqrt{\tau}}\right)$$

따라서 ①은 Q 측도 하에서 다음과 같이 재정리된다.

3 엄밀한 의미로 변수의 전환은 '분포의 전환'을 의미한다.

$$Ke^{-r\tau}\int_K^{\infty} f(S_{t+\tau}|S_t)dS_{t+\tau} = Ke^{-r\tau}\cdot N\left(\frac{\ln(\frac{S_t}{K}) + (r-\frac{1}{2}\sigma^2)\tau}{\sigma\sqrt{\tau}}\right)$$

이어서 ②를 살펴보자. 앞서 ①은 위험중립 하에서 만기시 주가 $S_{t+\tau}$가 K에 ∞에 놓일 실질적인 ITM 확률을 의미하였다. ② 역시 ITM 확률이나 적분의 분해와 조정을 거친 또 다른 위험중립 측도로 전환한 후의 ITM 확률을 의미한다. 이제 ②를 풀어보면 다음과 같다.

$$\begin{aligned} & e^{-r\tau}\int_K^{\infty} S_{t+\tau} f(S_{t+\tau}|S_t)dS_{t+\tau} \\ & = e^{-r\tau}\int_K^{\infty} S_{t+\tau}\frac{1}{\sqrt{2\pi}\,\nu S_{t+\tau}} e^{-\frac{1}{2}\left(\frac{\ln S_{t+\tau}-\phi}{\nu}\right)^2} dS_{t+\tau} \\ & = e^{-r\tau}\int_K^{\infty} \frac{1}{\sqrt{2\pi}\,\nu} e^{-\frac{1}{2}\left(\frac{\ln S_{t+\tau}-\phi}{\nu}\right)^2} dS_{t+\tau} \end{aligned}$$

이 단계에서는 $\ln S_{t+\tau}$와 $dS_{t+\tau}$가 아닌 $d\ln S_{t+\tau}$였다면 정규분포가 되나 $dS_{t+\tau}$이므로 추가적인 변수전환이 필요하다. 즉, 로그전환을 취하면 다음과 같다.

$$= e^{-r\tau}\int_{\ln K}^{\infty} \frac{1}{\sqrt{2\pi}\,\nu} e^{-\frac{1}{2}\left(\frac{\ln S_{t+\tau}-\phi}{\nu}\right)^2} S_{t+\tau}d\ln S_{t+\tau}$$

전개의 간단화를 위해 $x = \ln S_{t+\tau}$라 하고, 가능한 한 정규분포의 형으로 근접시키는 방향으로 조정해 나간다.

$$= e^{-r\tau}\int_{\ln K}^{\infty} \frac{1}{\sqrt{2\pi}\,\nu} e^{-\frac{1}{2}\left(\frac{x-\phi}{\nu}\right)^2} e^x dx \quad (e^{\ln S_{t+\tau}} = S_{t+\tau},\ dx = d\ln S_{t+\tau})$$

$$\text{이때, } -\frac{1}{2}\left(\frac{x-\phi}{\nu}\right)^2 + x = -\frac{1}{2}\frac{x^2-2\phi x+\phi^2-2\nu^2 x}{\nu^2}$$
$$= -\frac{1}{2}\frac{x^2-2(\phi+\nu^2)x+\phi^2}{\nu^2}$$
$$= -\frac{1}{2}\frac{x^2-2(\phi+\nu^2)x+(\phi+\nu^2)^2-(\phi+\nu^2)^2+\phi^2}{\nu^2}$$
$$= -\frac{1}{2}\frac{(x-(\phi+\nu^2))^2-(\phi+\nu^2)^2+\phi^2}{\nu^2}$$
$$= -\frac{1}{2}\left(\frac{x-(\phi+\nu^2)}{\nu}\right)^2 + \frac{(\phi+\nu^2)^2-\phi^2}{2\nu^2}$$

$$= e^{-r\tau}\int_K^\infty \frac{1}{\sqrt{2\pi}\,\nu} e^{-\frac{1}{2}\left(\frac{x-(\phi+\nu^2)}{\nu}\right)^2} e^{\frac{(\phi+\nu^2)^2-\phi^2}{2\nu^2}}\, dx$$

$$= e^{-r\tau}e^{\frac{(\phi+\nu^2)^2-\phi^2}{2\nu^2}} \underbrace{\int_{\ln K}^\infty \frac{1}{\sqrt{2\pi}\,\nu} e^{-\frac{1}{2}\left(\frac{x-(\phi+\nu^2)}{\nu}\right)^2}\, dx}_{\text{변수 } x \text{의 정규분포 pdf}}$$

$$= e^{-r\tau}e^{\phi+\frac{\nu^2}{2}} \int_{\ln K}^\infty \frac{1}{\sqrt{2\pi}\,\nu} e^{-\frac{1}{2}\left(\frac{x-(\phi+\nu^2)}{\nu}\right)^2}\, dx$$

이는 애초 문제의 평균 ϕ를 $\phi+\nu^2$으로 전환하면서 새로운 정규분포로 전환시킴을 뜻한다. 이후 단계는 ①을 도출하는 방식과 동일하다.

$$= e^{-r\tau}e^{\phi+\frac{\nu^2}{2}}\left(1-N\left(\frac{\ln K-(\phi+\nu^2)}{\nu}\right)\right)$$

$$\text{이때, } \phi+\frac{\nu^2}{2} = \ln S_t + \left(r-\frac{1}{2}\sigma^2\right)\tau + \frac{\sigma^2\tau}{2} = \ln S_t + r\tau$$

$$= e^{-r\tau}e^{\ln S_t + r\tau} N\left(\frac{(\phi+\nu^2)-\ln K}{\nu}\right)$$

$$\text{이때, } \phi+\nu^2 = \ln S_t + \left(r-\frac{1}{2}\sigma^2\right)\tau + \sigma^2\tau = \ln S_t + \left(r+\frac{1}{2}\sigma^2\right)\tau$$

$$= S_t N\left(\frac{\ln(\frac{S_t}{K}) + (r+\frac{1}{2}\sigma^2)\tau}{\sigma\sqrt{\tau}}\right)$$

최종으로 ①과 ②를 재결합하면 최종 콜옵션의 프리미엄 산출식이 도출된다.

$$C(S(t),t) = S_t N\left(\frac{\ln(\frac{S_t}{K}) + (r + \frac{1}{2}\sigma^2)\tau}{\sigma\sqrt{\tau}}\right) - e^{-r\tau} K N\left(\frac{\ln(\frac{S_t}{K}) + (r - \frac{1}{2}\sigma^2)\tau}{\sigma\sqrt{\tau}}\right)$$

$$\boxed{= S_t N(d_1) - Ke^{-r\tau} N(d_2)}$$

이때, $d_1 = \dfrac{\ln(\frac{S_t}{K}) + (r + \frac{1}{2}\sigma^2)\tau}{\sigma\sqrt{\tau}}$, $d_2 = \dfrac{\ln(\frac{S_t}{K}) + (r - \frac{1}{2}\sigma^2)\tau}{\sigma\sqrt{\tau}} = d_1 - \sigma\sqrt{\tau}$

풋옵션의 경우는 풋-콜 패리티를 이용하면

$$C(S(t),t) = P(S(t),t) + S_t - Ke^{-r\tau}$$

$$\begin{aligned} \Rightarrow P(S(t),t) &= C(S(t),t) - S_t + Ke^{-r\tau} \\ &= \left[S_t N(d_1) - Ke^{-r\tau} N(d_2)\right] - S_t + Ke^{-r\tau} \\ &= Ke^{-r\tau}(1 - N(d_2)) - S_t(1 - N(d_1)) \\ &= Ke^{-r\tau} N(-d_2) - S_t N(-d_1) \end{aligned}$$

직관적으로 $N(d_2)$는 ①이며 콜옵션이 ITM이 될 확률이므로, $1 - N(d_2)$는 대칭적 포지션에 위치한 풋옵션의 ITM 확률이 된다. $N(d_1)$ 역시 새로운 위험중립측도 하에서의 ITM 확률이므로 $1 - N(d_1)$ 역시 풋옵션의 ITM 확률이 된다.

물론 콜옵션 산출방식과 동일하게 다음의 적분을 풀어내도 동일한 결과를 유도할 수 있다.

$$\begin{aligned} P(S(t),t) &= e^{-r\tau} E^Q[Max(K - S_{t+\tau},\ 0)] \\ &= Ke^{-r\tau} \int_0^K f(S_{t+\tau}|S_t) dS_{t+\tau} - e^{-r\tau} \int_0^K S_{t+\tau} f(S_{t+\tau}|S_t) dS_{t+\tau} \end{aligned}$$

블랙-숄즈 공식의 적용이해를 돕기 위해 앞서 이항모형의 예를 블랙-숄즈 모형으로 풀이해보자. 이항모형의 학습에서 이용한 기초자산과 유럽형 콜옵션을 위한 기본 요건은 다음과 같았다.

현재 주가	무위험이자율	기초자산 변동성	행사가격	기간
$S=\$50$	$r=0.05$(년)	$\sigma=0.30$(년)	$K=52$	$t=0.25$(3개월)

이제 블랙-숄즈 모형 적용을 위한 기본 요구값들은 다음과 같이 계산된다.

$$d_1=\frac{\ln(\frac{S_t}{K})+(r+\frac{1}{2}\sigma^2)\tau}{\sigma\sqrt{\tau}}=\frac{\ln(\frac{50}{52})+(0.05+\frac{1}{2}0.3^2)\cdot 0.25}{0.3\sqrt{0.25}}=-0.10314$$

$$d_2=d_1-\sigma\sqrt{\tau}=-0.10314-0.3\cdot\sqrt{0.25}=-0.25314$$

$$N(d_1)=0.4589,\ N(-d_1)=1-N(d_1)=1-0.4589=0.5411$$

$$N(d_2)=0.4001,\ N(-d_2)=1-N(d_2)=1-0.4001=0.5999$$

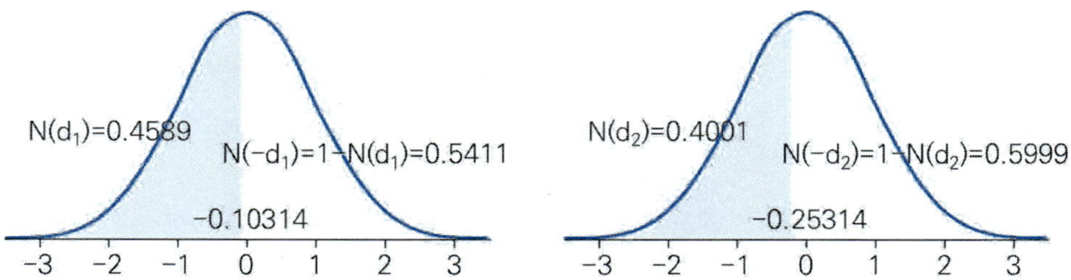

따라서 블랙-숄즈 모형 하에 콜옵션과 풋옵션의 프리미엄은 다음과 같다.

$$C(S(t),t)=S_tN(d_1)-Ke^{-r\tau}N(d_2)$$

$$=50\cdot 0.4589-52\cdot e^{-0.05\cdot 0.25}\cdot 0.4001=2.4005\text{(이항모형 2.45)}$$

$$P(S(t),t)=Ke^{-r\tau}N(-d_2)-S_tN(-d_1)$$

$$=52\cdot e^{-0.05\cdot 0.25}\cdot 0.5999-50\cdot 0.5411=3.7546\text{(이항모형 3.81)}$$

2. 만기 payoff vs. 옵션 프리미엄

옵션에서 사용하는 예제의 수치를 계속 이용함을 가정하자. 현재 주가가 $50일 때, 콜옵션의 잔존만기를 계속 조정해나가며 옵션가치의 궤적을 [그림 XII-1]에 나타내었

그림 XII-1 콜옵션의 만기별 옵션가치 궤적

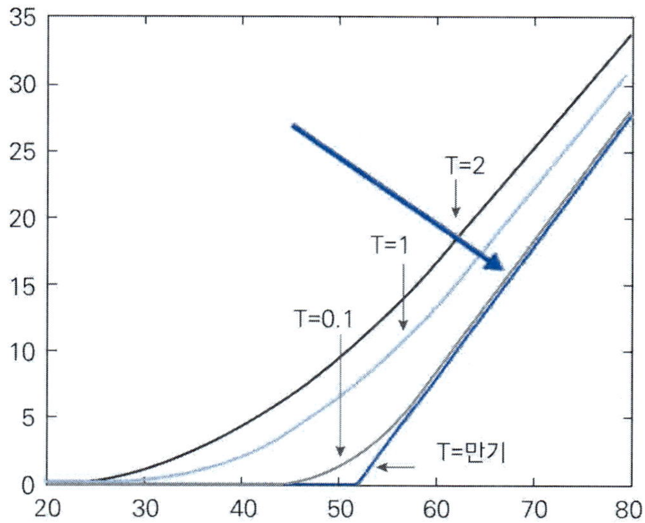

다. 잔존만기가 충분히 남아있는 $T=2$인 경우에서 점차 잔존만기가 줄어듬에 따라 행사가격 K에서 trucated 된 콜옵션 payoff의 궤적으로 접근해 간다. 따라서 만기 이전에는 항상 만기시 payoff 라인보다 상위에 위치한다. 즉, 만기이전에는 주가가 ITM으로 갈 확률이 존재하므로 콜옵션의 추가적인 가치가 존재하나 잔존만기가 줄어들수록 그 가능성이 축소되기 때문이다.

반면 풋옵션은 다른 상황이 전개된다. 앞서 우리는 조기행사가 가능한 미국형 옵션의 평가에 대해 학습한 바 있다. 콜옵션의 경우는 유럽형과 미국형이 동일한 프리미엄을 가짐을 확인하였다. 이는 잔존기간 동안의 ITM 상태로의 전환을 고려할 때 계속해서 만기까지 행사를 유보하는 것이 더 최적이며 이는 콜옵션의 경우 미국형과 유럽형이 동일하다는 결론이 유도된다. 반면 풋옵션의 경우는 만기 이전이라도 행사를 통한 payoff와 만기 이전시점의 옵션가격을 비교하여 payoff가 유리한 경우는 행사를, 잔존 기간 동안의 옵션가치가 높다고 판단될 경우는 보유를 하므로 유럽형과 달리 미국형 풋옵션이 더 높은 가치를 가짐을 확인하였다. 따라서 궤적 상으로 특정 지점 이하의 영역(도식

그림 XII-2 풋옵션의 만기별 옵션가치 궤적

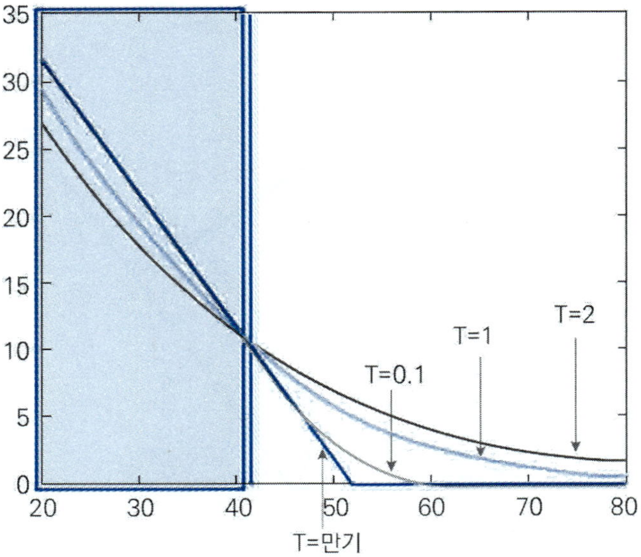

에서 음영 부분)에서는 충분히 주가가 하락한 상태에서 주가가 상향할 확률이 더 높아 충분히 긴 잔존만기의 풋옵션이 더 낮은 가치를 갖게 된다. 역으로, 특정 지점 이상의 영역(음영 외 부분)에서는 기초자산의 하락가능성을 기대할 수 있는 더 긴 잔존만기의 풋옵션이 더 높은 가치를 갖는다.

3. $N(d_1)$과 $N(d_2)$의 해석

앞서 블랙－숄즈의 옵션가격모형을 도출하면서 $N(d_1)$과 $N(d_2)$의 내재적 의미에 대해서 살펴본 바 있다. $N(d_2)$는 위험중립 확률측도 하에서 콜옵션이 ITM이 될 확률로 정의하였다. $N(d_1)$은 추가로 조정된 새로운 위험중립 확률측도 하에서의 콜옵션이 ITM 이 될 확률로 정의하였다. 그럼에도 여전히 이해가 쉽지 않은 부분이므로 추가적인 이해를 돕기 위해 세부적으로 다시 살펴보고자 한다.

우선 $N(d_2)$는 P측도가 아닌 Q측도에서 콜옵션이 ITM 상태에 놓일 위험중립확률이다. 즉, Q측도 하인 $N(d_2)$는 무위험이자율 r이 사용된 반면, P측도하의 $N(d_2^P)$는 μ가 사용된다. 그런데 통상 무위험수익률인 r이 μ보다 낮은 값을 가지므로 아래의 관계가 수립된다.

$$N(d_2)=N\left(\frac{\ln(\frac{S_t}{K})+(r-\frac{1}{2}\sigma^2)\tau}{\sigma\sqrt{\tau}}\right)< N\left(\frac{\ln(\frac{S_t}{K})+(\mu-\frac{1}{2}\sigma^2)\tau}{\sigma\sqrt{\tau}}\right)=N(d_2^P)$$: P측도 하의 확률

이와 유사하게 $N(-d_2)$는 Q 측도 하에서 풋옵션 ITM에 놓일 위험중립확률이다. 통상 무위험수익률인 r이 μ보다 낮은 값을 가지므로 아래의 관계가 수립된다.

$$N(-d_2)=N\left(-\frac{\ln(\frac{S_t}{K})+(r-\frac{1}{2}\sigma^2)\tau}{\sigma\sqrt{\tau}}\right)> N\left(-\frac{\ln(\frac{S_t}{K})+(\mu-\frac{1}{2}\sigma^2)\tau}{\sigma\sqrt{\tau}}\right)=N(-d_2^P)$$

앞선 예에서 $\mu=0.12$, $r=0.05$이므로 두 옵션 유형의 ITM이 될 확률을 계산하면 다음과 같다.

콜옵션: $N(d_2)=0.4001<N(d_2^P)=0.4457$

풋옵션: $N(-d_2)=0.5999>N(-d_2^P)=0.5543$

그렇다면 $N(d_1)$은 어떤 의미를 갖는가? 블랙-숄즈 옵션모형을 다시 살펴보자.

$$C(S(t),t)=S_tN(d_1)-Ke^{-r\tau}N(d_2)$$

이때, $d_1=\dfrac{\ln(\frac{S_t}{K})+(r+\frac{1}{2}\sigma^2)\tau}{\sigma\sqrt{\tau}}$, $d_2=\dfrac{\ln(\frac{S_t}{K})+(r-\frac{1}{2}\sigma^2)\tau}{\sigma\sqrt{\tau}}=d_1-\sigma\sqrt{\tau}$

이 식으로부터 델타를 계산해보자. 즉, 주가가 1단위 변할 때 옵션가격은 얼마나 변하는지의 상대적 변화율을 산출해보자. 이때 미분과정에서 cdf, 즉 누적밀도함수를 미분하면 cdf 각 포인트에서의 기울기값인 pdf가 되며 표준정규분포인 $n(\cdot)$의 형태로

표기하였다.

$$\Delta_C = C_S = \frac{\partial C}{\partial S_t} = N(d_1) + S_t n(d_1)\frac{\partial d_1}{\partial S_t} - Ke^{-r\tau} n(d_2)\frac{\partial d_2}{\partial S_t}$$

이때, $\frac{\partial d_1}{\partial S_t} = \frac{\partial d_2}{\partial S_t} = \frac{1}{S_t \sigma \sqrt{\tau}}$

$$n(d_2) = \frac{1}{\sqrt{2\pi}} e^{-\frac{d_2^2}{2}} = \frac{1}{\sqrt{2\pi}} e^{-\frac{(d_1 - \sigma\sqrt{\tau})^2}{2}}$$

$$= \left(\frac{1}{\sqrt{2\pi}} e^{-\frac{d_1^2}{2}}\right) e^{-\frac{-2\sigma\sqrt{\tau}d_1 + \sigma^2\tau}{2}}$$

$$= n(d_1) e^{\frac{2\sigma\sqrt{\tau}d_1 - \sigma^2\tau}{2}}$$

여기서 $\frac{2\sigma\sqrt{\tau}d_1 - \sigma^2\tau}{2} = \sigma\sqrt{\tau}d_1 - \frac{\sigma^2\tau}{2}$

$$= \sigma\sqrt{\tau}\left(\frac{\ln(\frac{S_t}{K}) + (r + \frac{1}{2}\sigma^2)\tau}{\sigma\sqrt{\tau}}\right) - \frac{\sigma^2\tau}{2}$$

$$= \ln(\frac{S_t}{K}) + (r + \frac{1}{2}\sigma^2)\tau - \frac{\sigma^2\tau}{2} = \ln(\frac{S_t}{K}) + r\tau$$

$$= n(d_1) e^{\ln(\frac{S_t}{K}) + r\tau}$$

$$= n(d_1)\frac{S_t}{K} e^{r\tau}$$

따라서 Δ_C를 재정리하면 다음과 같다.

$$\Delta_C = N(d_1) + S_t n(d_1)\frac{\partial d_1}{\partial S_t} - Ke^{-r\tau} n(d_2)\frac{\partial d_2}{\partial S_t}$$

$$= N(d_1) + S_t n(d_1)\left[\frac{1}{S_t\sigma\sqrt{\tau}}\right] - Ke^{-r\tau}\left[n(d_1)\frac{S_t}{K}e^{r\tau}\right]\left[\frac{1}{S_t\sigma\sqrt{\tau}}\right]$$

$$= N(d_1) + n(d_1)\frac{1}{\sigma\sqrt{\tau}} - n(d_1)\frac{1}{\sigma\sqrt{\tau}} = N(d_1) > 0$$

즉, $\Delta_C = N(d_1) > 0$

따라서 주가가 1단위 변할 때 콜옵션 가격은 얼마나 변하는지를 나타낸 상대적 변화율, 델타는 $N(d_1)$이 된다.

풋옵션의 델타도 동일한 논리로 산출할 수 있다. 당연하게도 풋옵션은 주가가 높아질수록 가치가 하락하므로 음(−)의 값을 갖는다.

$$P(S(t),t) = Ke^{-r\tau}N(-d_2) - S_t N(-d_1)$$

$$\Delta_P = P_S = \frac{\partial P}{\partial S_t} = -N(-d_1) < 0$$

이 경우 역시 풋-콜 패리티를 재차 준용할 수 있다.

$$P(S(t),t) = C(S(t),t) - S_t + Ke^{-r\tau}$$

$$\Delta_P = \frac{\partial C}{\partial S_t} - 1 = N(d_1) - 1 = -(1 - N(d_1)) = -N(-d_1)$$

4. 옵션의 내재변동성

옵션가격의 결정뿐만 아니라 금융의 다양한 분야에서 변동성은 매우 중요하게 다루어져야 할 변수이다. 크게 역사적 변동성(historical volatility)과 내재 변동성(implied volatility)이라는 두 가지 범주로 나눌 수 있다. 역사적 변동성은 지금까지 우리의 예시에서 적용한 변동성으로 "과거 주가 변동의 연간 표준 편차"로 정의된다. 그러나 역사적 변동성은 어떤 데이터를 사용할 것인지, 데이터의 사용기간은 얼마로 할 것인지 등에 따라 변동한다. 이러한 불완전성(non-stationary)은 미래의 기초자산 가격 분포에 대해서도 동일한 변동성이 나타날 것이라는 기대(forward looking) 하에 현재 시점에 가격을 설정하는 데 사용하기에는 생성된 가격 역시 불완전성이 있을 수 있다는 문제가 있다.

반면 내재 변동성은 주식의 과거 가격데이터를 기반으로 하지 않는다. 대신 옵션의 가격변동에 따라 향후 기초자산의 변동성을 시장이 "내재"한 정보에 초점을 둔다. 즉, 앞선 옵션가격결정 모형들에서는 S_t, K, r, σ, τ가 주어지면 옵션 프리미엄을 산출하는 방식이었다. 반면 시장으로부터 옵션 프리미엄 C가 주어지면 S_t, K, r, τ를 조건부로 프리미엄을 적합시키는 변동성을 역으로 추정(reverse engineering)한다. 이 추정 변동성을 옵션가격에 내재된 변동성이라 하여 '내재변동성'으로 명명하고 있다. 이 두 접근법을 다음에 비교하였다.

옵션가격결정모형	옵션의 내재변동성
최종 계산값: 옵션프리미엄 $C=f(\sigma \mid S_t,\ K,\ r,\ \tau)$	최종 계산값: 내재변동성 $\sigma=f^{-1}(C \mid S_t,\ K,\ r,\ \tau)$

궁극적으로 내재 변동성은 옵션의 실제 가치에 대한 일종의 대체 척도가 된다는 점에서 중요하다. 이는 거래자에게 유가증권이 변동할 것으로 예상되는 일반적인 가격 범위를 제공하고 시장에의 진입과 진출 시점을 판단하는 데 사용될 수 있기 때문이다. 내재변동성은 앞서 학습한 블랙-숄즈 공식을 σ에 대해 반복 수치대입법 등을 통해 추출할 수 있다.[4] [그림 XII-3]과 [그림 XII-4]에 변동성과 옵션가격 간의 대응된 궤적을 도식하였다. 앞선 옵션가격 예시 수치들에 근거하고, 단, 콜옵션의 시장가격이

그림 XII-3 콜옵션의 가격과 내재변동성

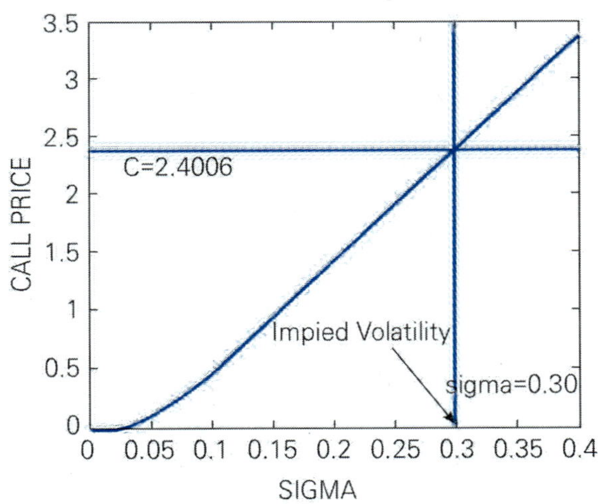

4 내재변동성을 수학적으로 closed form의 형태로 추출하기 위한 다양한 연구들이 존재하나 아직까지는 Newton-Raphson 기법과 같은 반복적 대입법을 통해 추출할 수 있다.

그림 XII-4 풋옵션의 가격과 내재변동성

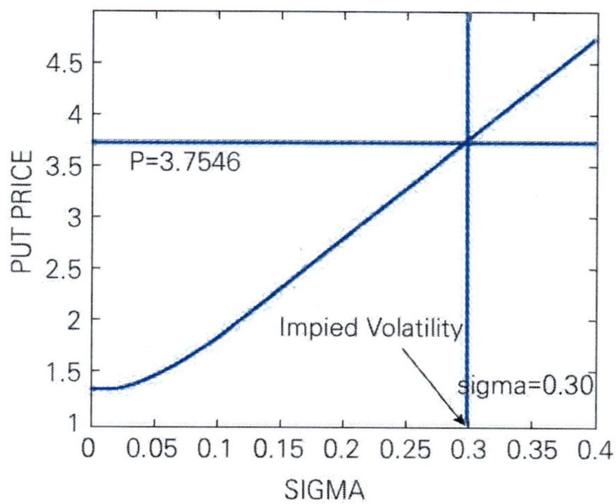

$C = 2.4006$으로 주어짐을 가정할 경우, 이때의 내재변동성은 $\sigma = 0.30$이 된다. 풋옵션의 경우도 시장가격이 $P = 3.7546$으로 주어질 경우, 이때의 내재변동성은 $\sigma = 0.30$이 된다. 이러한 그래프 상 옵션가격과 변동성의 대응관계는 블랙-숄즈 옵션가격모형이 옵션가격과 변동성 간 단조증가적(monotonical) 관계로 나타나기 때문이다.

상기 그래프는 하나의 옵션가격에 대응한 내재변동성을 이해하기 위함이었다. 현실에서는 한 시점에 다양한 행사가격의 옵션들이 존재한다. 다음과 같이 현재 주가 S_t가 260인 상태 하의 예를 살펴보자. 예를 들어 행사가격 267.5의 콜옵션은 t 시점에 주가 260인 상태에서는 OTM이 된다. 반면 동일한 행사가격의 풋옵션은 반대로 ITM이 된다. 이렇듯 한 시점에 다양한 행사가격의 옵션이 존재하며 각각의 콜옵션 및 풋옵션으로부터 내재변동성들을 추정할 수 있다.

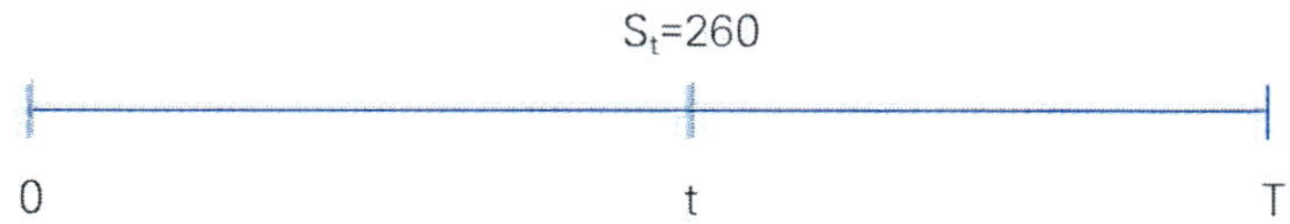

콜옵션			풋옵션	
OTM		267.5 265.0 262.5	ITM	①
ATM	$K=$	260.0	ATM	
ITM		257.5 250.0 ⋮	OTM	②

이때, 블랙－숄즈 옵션모형이 옳다면 해당 모형이 단일의 변동성을 GBM에 적용(σ_t가 아닌 σ를 적용)하고 있기 때문에 복수의 콜옵션 및 풋옵션에서 추정된 내재변동성은 모두 동일한 값을 가져야만 한다. 또한 다른 시점$(t+n)$에서도 동일한 내재변동성이 나타나야 한다. 실제 시장데이타를 이용하여 추정한 내재변동성을 [그림 XII－6]에 표시하였다. 해당 그래프에서 행사가격의 주가의 백분율 비례로 표기하였으므로 100은 ATM을 뜻한다. 그 결과, 콜옵션과 풋옵션간의 산출된 내재변동성은 거의 차이는 없다. 현실에서는 OTM 옵션과 ATM 옵션이 가장 많이 거래된다. 이는 OTM 옵션의 가격이 저렴하기 때문에 보다 많은 수요가 존재함에 기인한다. 일반적으로 콜옵션과 풋옵션을 중복해서 나타내기 보다는 ① 구간은 콜옵션의 내재변동성을, ② 구간은 풋옵션의 내재변동성을, ATM 구간은 콜옵션과 풋옵션의 내재변동성을 평균하는 방식으로 하나의 라인으로 도식하기도 한다. [그림 XII－6]의 상위그림과 같은 형을 'volatility smile', 아래와 같은 형을 'volatility smirk'라고도 하며 블랙－숄즈 옵션모형이 적합하지 않다는 대

그림 XII－5 CBOE VIX 차트

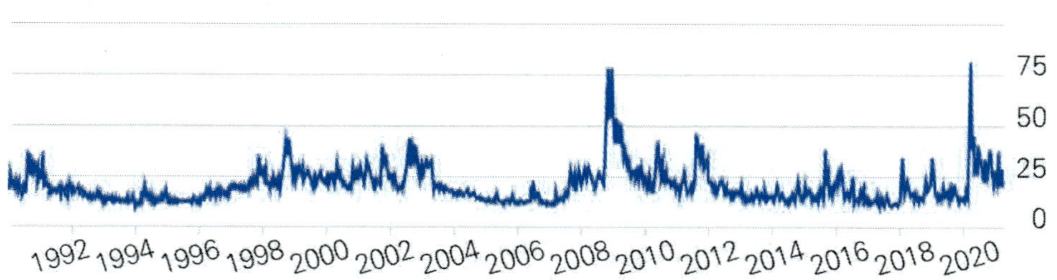

자료: https://www.cboe.com/delayed_quotes/vix/advanced_charts.

표적인 현상으로도 인용된다. 1987년 주식 시장 붕괴 이전에는 시장 변동성의 전반적인 패턴이 블랙-숄즈의 옵션이론에 더 부합하는 것으로 나타났으나 시장 붕괴 이후는 스마일의 패턴이 점차 명확해 지기 시작하였다. 이 스마일 현상에 대한 다양한 연구들이 존재하며, 예를 들어 주가에 점프의 존재를 반영하거나, 변동성 자체의 확률과정(stochastic volatility model)이나 2차 모멘트를 반영하는 등의 예가 그것이다. 추가로 행사가격(Moneynee$=S/K$)의 축에 더하여 또 다른 축, 즉 만기의 변화까지 반영한 3차원 좌표공간을 만들 수 있다. 이 공간에 도식된 변동성의 면을 volatility surface라 한다. 예를 들어 2021년 3월 말 CBOE VIX option의 실제 데이터를 이용해 내재변동성을 계산하면 [그림 XII-7]과 [그림 XII-8]과 같이 콜옵션과 풋옵션의 volatility surface를 도식하면 각각 도출된다. 이는 [그림 XII-5]의 실제 VIX의 움직임에서도 확인되듯이 블랙-숄즈 모형의 변동성 고정 가정보다는 현실의 변동성은 시간가변한다.

그림 XII-6 실제 시장데이터부터 산출한 내재변동성 추이

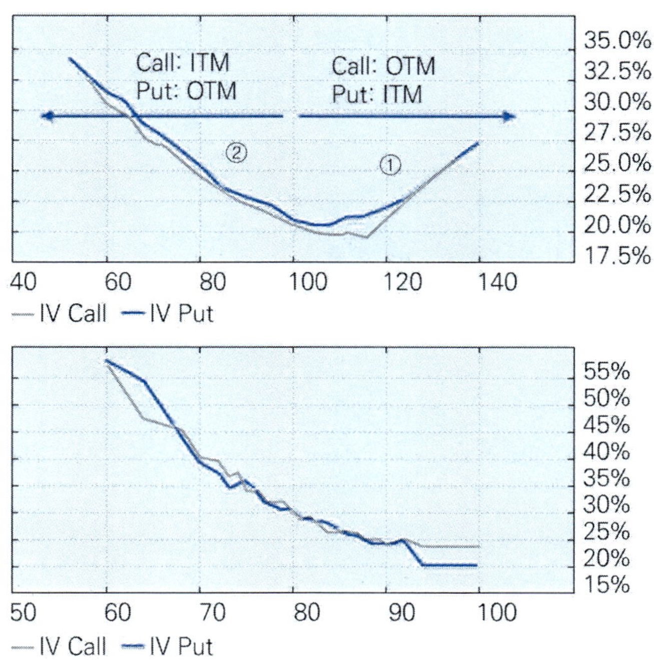

표 XII-1 2021년 3월 VIX 옵션 데이터(현재가 19.63)

잔존만기	call price	K	put price
0.002778	5.70	17	0.04
0.002778	1.70	18	0.03
		⋮	
0.022222	3.70	17	0.05
0.022222	2.88	18	0.15
		⋮	
0.041667	8.24	17	0.10
0.041667	5.25	18	0.12
		⋮	

자료: https://www.cboe.com/delayed_quotes/vix/quote_table(일부 가공).

그림 XII-7 VIX 콜옵션 vol surface

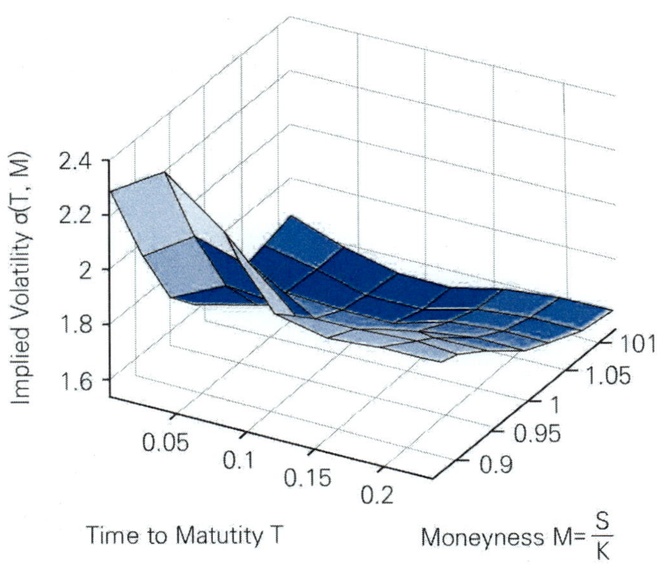

그림 XII-8 VIX 풋옵션 vol surface

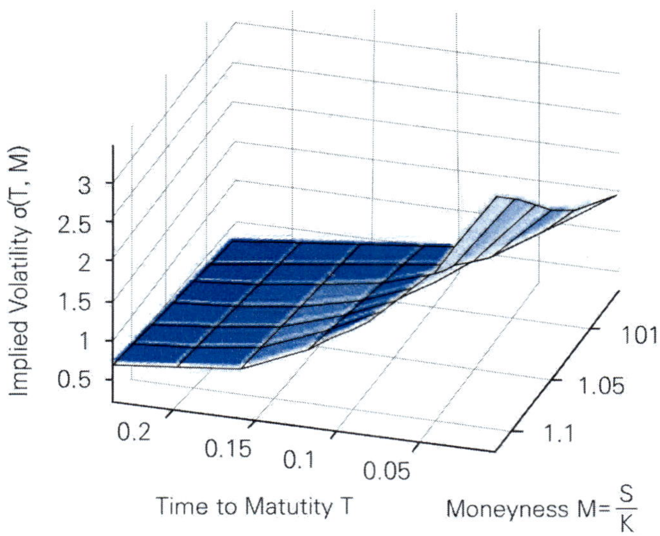

5. 기초자산의 배당지급

주식가격은 크게 두 부분으로 분할된다. 옵션 기간 동안 지급되는 배당으로 구성되는 무위험 부분과 그 외 위험부분의 두 분류가 그것이다. 따라서 블랙-숄즈 모형은 S가 주식가격의 구성요인 중 위험부분과 동일한 경우에 한하여 옳은 값을 제시한다. 이를 확인하기 위해 콜옵션의 만기를 앞서 살펴보았던 예제와 동일한 기본요건 중 만기 3개월이 아닌 1년으로 변경하여 살펴보자.

현재 주가	무위험이자율	기초자산 변동성	행사가격	기간
$S=50$	$r=0.05$(년)	$\sigma=0.30$(년)	$K=52$	$t=1$

기본적으로 배당이 없는 경우의 콜옵션 가격은 다음과 같다.

$$C(S(t),t) = 50N\left(\frac{\ln\left(\frac{50}{52}\right) + \left(0.05 + \frac{1}{2}0.3^2\right)\times 1}{0.3\sqrt{1}}\right) - 52e^{-0.05\times 1}N\left(\frac{\ln\left(\frac{50}{52}\right) + \left(0.05 - \frac{1}{2}0.3^2\right)\times 1}{0.3\sqrt{1}}\right) = 6.2016$$

이와 달리 3개월 차에 \$0.5의 배당을, 그리고 6개월 차에 다시 \$0.5의 배당이 지급될 경우를 가정해보자. 이럴 경우 우선 배당의 현재가치를 계산하면 다음과 같다.

$$\text{배당의 현재가치} = 0.5e^{-0.05\times 0.25} + 0.5e^{-0.05\times 0.50} = 0.9814$$

따라서 현재의 주가를 배당의 현재가치를 감안하여 조정해야 한다.

$$\text{배당조정주가 } S'_t = 50 - 0.9814 = 49.0186$$

따라서 $S = 50$ 대신 배당이 조정된 주가 $S = 49.0186$을 투입하여 산출하면 다음과 같이 배당이 반영된 콜옵션 가격이 산출된다.

$$C(S(t),t) = 50N\left(\frac{\ln\left(\frac{49.0186}{52}\right) + \left(0.05 + \frac{1}{2}0.3^2\right)\times 1}{0.3\sqrt{1}}\right) - 52e^{-0.05\times 1}N\left(\frac{\ln\left(\frac{49.0186}{52}\right) + \left(0.05 - \frac{1}{2}0.3^2\right)\times 1}{0.3\sqrt{1}}\right) = 5.6513$$

6. 선물옵션(Futures Option)

선물옵션은 기초자산이 단일 선물계약인 옵션계약을 뜻한다. 선물옵션 매수자는 옵션이 만료되기 전에 언제든지 특정 선물 포지션을 행사 가격으로 인수할 권리가 있다. 선물옵션 매도자는 매수자가 이 권리를 행사할 때 반대의 선물 포지션을 취해야 한다.

1) 선물옵션의 프리미엄

우선 현 시점을 t라 하고, 옵션의 만기를 T_C, 그리고 선물의 만기를 T_F라 하자. 당연하게도 선물의 만기는 옵션의 만기와 같거나 그보다 길어야 한다. 이는 당연하게도 선물의 만기가 옵션의 만기보다 짧을 경우 기초자산이 사라져버리기 때문이다. 그 외 가격결정에 소요되는 요건들은 옵션과 선물 간에 차이가 없음을 가정하자.

단순히 생각하면 일반적인 기초자산으로 주식인 경우의 S 대신 선물가격 F를 대체하면 될 것으로 생각할 수 있으나 고려해야 할 사항이 존재한다. 즉, S는 현 시점에서 확보시 자금이 소요되나 선물의 경우는 현 시점에 자금을 소요하지 않고 T_F 시점이 도래해서야 자금유입이 발생한다는 점이다. 따라서 현 시점의 선물가격 F_t는 위험중립 측도 하의 시간가치를 반영하여 다음과 같이 산출된다. 단, T_F 시점이 아닌 T_C 시점이 선물옵션의 만기라는 점에 유의해야 한다.

$$F_t = S_t e^{r(T_F - t)}$$

이에 이토보조정리를 적용한다. 즉

$$\begin{aligned} dF_t &= dS_t \cdot e^{r(T_F - t)} + S_t \cdot (-r) e^{r(T_F - t)} dt \\ &= e^{r(T_F - t)} (rS_t dt + \sigma S_t dz_t) - rS_t e^{r(T_F - t)} dt \\ &= e^{r(T_F - t)} S_t \sigma dz_t \\ &= F_t \sigma dz_t \end{aligned}$$

$$\Rightarrow \ d\ln F_t = -\frac{1}{2}\sigma^2 dt + \sigma dz_t$$

$$\Rightarrow \ \ln F_{T_C} \sim N\left[-\frac{1}{2}\sigma^2 (T_C - t),\ \sigma^2 (T_C - t)\right]$$

따라서 다음과 같이 선물콜옵션의 공식이 최종적으로 산출된다.

$$C(F_t,t) = e^{-r(T_C-t)}E^Q(F_{T_C})N(d_1) - Ke^{-r(T_C-t)}N(d_2)$$

$$\text{이때, } d_1 = \frac{\ln(\frac{F_t}{K}) + \frac{1}{2}\sigma^2(T_C-t)}{\sigma\sqrt{T_C-t}}, \quad d_2 = \frac{\ln(\frac{F_t}{K}) - \frac{1}{2}\sigma^2(T_C-t)}{\sigma\sqrt{T_C-t}} = d_1 - \sigma\sqrt{T_C-t}$$

여기서 $N(d_2)$는 주식옵션 평가와 마찬가지로 위험중립측도 하에서 $\ln F_t$가 $\ln K$보다 클 ITM이 될 확률을 뜻하게 된다. $N(d_1)$의 이해는 기존 주식콜옵션의 예를 다시 준용할 필요가 있다. 주식콜옵션의 블랙－숄즈 옵션가격 최종공식을 확률측도의 측면으로 역으로 살펴보자.

$$\begin{aligned} C &= SN(d_1) - Ke^{-r\tau}N(d_2) \\ &= e^{-r\tau}E^Q[S_{t+\tau} \cdot 1_{t+\tau}(S_{t+\tau} \geq K)] - Ke^{-r\tau}N(d_2) \end{aligned}$$

이때, $S_{t+\tau}$와 $1_{t+\tau}(\cdot)$은 랜덤변수이므로 공분산이 존재한다. 따라서 확률측도를 변경함($Q \Rightarrow Q'$)으로써 공분산 요소를 제거하게 된다.

$$\begin{aligned} &= e^{-r\tau}E^Q[S_{t+\tau}]E^{Q'}[1_{t+\tau}(S_{t+\tau} \geq K)] \\ &= e^{-r\tau}S_t e^{r\tau}E^{Q'}[1_{t+\tau}(S_{t+\tau} \geq K)] \\ &= S_t E^{Q'}[1_{t+\tau}(S_{t+\tau} \geq K)] \end{aligned}$$

선물옵션에 있어서도 동일한 측도변환을 준용할 수 있다.

$$\begin{aligned} C(F_t,t) &= e^{-r(T_C-t)}E^Q(F_{T_C})N(d_1) - Ke^{-r(T_C-t)}N(d_2) \\ &= e^{-r(T_C-t)}E^Q[F_{T_C}]E^{Q'}[1_{t+\tau}(S_{t+\tau} \geq K)] - Ke^{-r(T_C-t)}N(d_2) \end{aligned}$$

여기서 콜옵션의 만기일(T_C)에 선물의 기대가치 $E^Q(F_{T_C})$는 다음과 같다.

$$F_{T_C} = S_{T_C}e^{r(T_F-T_C)}$$

$$\Rightarrow E^Q(F_{T_C}) = E^Q(S_{T_C})e^{r(T_F-T_C)} = S_t e^{r(T_C-t)} \cdot e^{r(T_F-T_C)} = S_t e^{r(T_F-t)} = F_t$$

$$\Rightarrow E^Q(F_{T_C}) = F_t$$

따라서 현재가치로 양변을 할인하면 다음의 성립한다.

$$e^{-r(T_C-t)}E^Q(F_{T_C}) = e^{-r(T_C-t)}F_t$$

따라서 최종적으로 선물옵션의 프리미엄 공식이 도출된다.

$$\begin{aligned} C(F_t,t) &= e^{-r(T_C-t)}E^Q(F_{T_C})N(d_1) - Ke^{-r(T_C-t)}N(d_2) \\ &= e^{-r(T_C-t)}F_tN(d_1) - Ke^{-r(T_C-t)}N(d_2) \\ &= e^{-r(T_C-t)}[F_tN(d_1) - KN(d_2)] \end{aligned}$$

이때, $d_1 = \dfrac{\ln(\frac{F_t}{K}) + \frac{1}{2}\sigma^2(T_C-t)}{\sigma\sqrt{T_C-t}}$, $d_2 = \dfrac{\ln(\frac{F_t}{K}) - \frac{1}{2}\sigma^2(T_C-t)}{\sigma\sqrt{T_C-t}} = d_1 - \sigma\sqrt{T_C-t}$

2) 선물옵션 vs. 현물옵션

현물옵션과 선물옵션의 만기시점에서 각각의 payoff는 다음과 같다.

$$\text{현물옵션: } \mathrm{Max}(S_{T_C} - K,\ 0)$$
$$\text{선물옵션: } \mathrm{Max}(F_{T_C} - K\ ,\ 0)$$

만일 선물의 만기일과 옵션의 만기일이 같을 경우($T_C = T_F$), 두 옵션은 동등하다.

$$F_{T_C} = F_{T_F} = S_{T_C}$$
$$\Rightarrow\ e^{-r(T_C-t)}F_t = e^{-r(T_C-t)}S_te^{r(T_C-t)} = S_t$$

반면 $T_C < T_F$일 경우 현물과 옵션 간의 관계, 즉 콘탱고인가 아니면 백워데이션인가의 상태에 따라 달라진다.

앞서 선물 가격공식 $F_{T_C} = S_{T_C}e^{r(T_F-T_C)}$을 다시 살펴보면, 별도의 보관비용을 가정하지 않는 한 선물 가격공식 내 $r(T_F - T_C) > 0$이므로 $e^{r(T_F-T_C)} > 1$이 되며 콘탱고에서는 시간가치를 고려할 때 선물콜옵션의 가치가 현물콜옵션의 가치보다 높다. 반면 백워데이션에서는 $e^{r(T_F-T_C)} < 1$이므로 선물콜옵션의 가치가 현물콜옵션의 가치보다 낮

다. 풋옵션에서는 옵션가치의 반대 논리가 성립한다.

콘탱고 $F_{T_C} > S_{T_C}$	백워데이션 $F_{T_C} < S_{T_C}$
선물 콜옵션 〉 현물 콜옵션 선물 풋옵션 〈 현물 풋옵션	선물 콜옵션 〈 현물 콜옵션 선물 풋옵션 〉 현물 풋옵션

XIII. 옵션 Greek

옵션 Greek는 기초 자산의 가격(delta, gamma), 시간(theta), 변동성(vega) 및 금리(rho)와 같은 다양한 요인에 대한 옵션 가격의 민감도를 측정하는 통계치이다. 예를 들어 옵션 포트폴리오에 양(+)의 델타가 있는 경우 기본 가격이 상승하면 가치가 상승하고, 마찬가지로 음(−)의 베가가 있는 경우 내재 변동성이 상승하면 가치가 감소한다. 이는 기본적인 블랙−숄즈 공식에서 각 공식의 구성요소의 변동에 따른 최종 콜옵션 가치의 영향이 어떠한지의 민감도를 측정한 것이 된다. 이러한 옵션 Greek를 이해하는 것은 옵션거래의 위험을 이해하고 관리하는 데 매우 유용하다. 특히 각각의 옵션 Greek는 서로 상관되어 영향을 미치는만큼 단일의 측도 차원보다는 전체의 조감이 가능한 접근이 필요하다. 본 장에서는 각 구성요소에 대한 영향을 이해하고 측정 예시를 살펴본다. 각각의 Greek들은 블랙−숄즈 옵션가격모형을 기반으로 하며 아래 최종공식을 다시 기술하였다.

콜옵션: $C(S(t),t) = S_t N(d_1) - Ke^{-r\tau} N(d_2)$

풋옵션: $P(S(t),t) = Ke^{-r\tau} N(-d_2) - S_t N(-d_1)$

이때, $d_1 = \dfrac{\ln(\frac{S_t}{K}) + (r + \frac{1}{2}\sigma^2)\tau}{\sigma\sqrt{\tau}}$, $d_2 = \dfrac{\ln(\frac{S_t}{K}) + (r - \frac{1}{2}\sigma^2)\tau}{\sigma\sqrt{\tau}} = d_1 - \sigma\sqrt{\tau}$

1. 델타(delta)

델타(Δ)는 '기초 자산의 가격 변동에 대한 옵션 가격의 변동률'로 정의할 수 있다. 따라서 옵션 가격과 기초 자산 가격을 연결하는 곡선의 기울기를 측정한 셈이 된다. 즉, [그림 XIII−1]에서 옵션가격 접선의 기울기 값이 델타가 된다. 콜옵션의 경우 우상향하

그림 XIII-1 옵션 델타의 의미

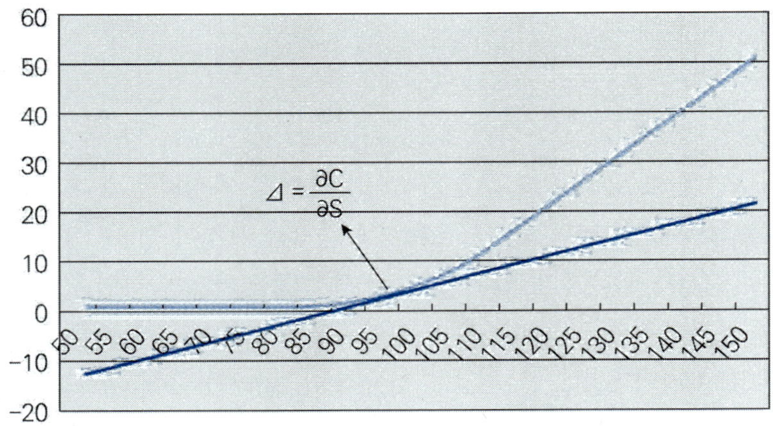

는 payoff를 보이므로 델타는 증가하는 양(+)의 값을 갖는다. 반면 풋옵션의 경우 좌상향하는 payoff로 음(−)의 델타값을 갖는다.

델타를 구하기 위해 콜옵션 가격을 기초자산의 가격 S로 미분하면, (표기의 단순화를 위해 t첨자는 제외함) 아래와 같다. 이 중 점선 밑줄부분에 주목하자.

$$\begin{aligned}\frac{\partial C}{\partial S} &= N(d_1) + S \cdot \frac{\partial N(d_1)}{\partial d_1}\frac{\partial d_1}{\partial S} - Ke^{-r\tau}\frac{\partial N(d_2)}{\partial d_2}\frac{\partial d_2}{\partial S} \\ &= N(d_1) + S \cdot N'(d_1)\frac{\partial d_1}{\partial S} - Ke^{-r\tau}N'(d_1 - \sigma\sqrt{\tau})\frac{\partial d_1}{\partial S} \\ &= N(d_1) + \underbrace{\left[S \cdot N'(d_1) - Ke^{-r\tau}N'(d_1 - \sigma\sqrt{\tau})\right]}_{①}\frac{\partial d_1}{\partial S}\end{aligned}$$

이때, $N(d_1) = \frac{1}{\sqrt{2\pi}}\int_{-\infty}^{d_1} e^{-\frac{x^2}{2}}dx$ 이므로, (정규분포 pdf)

$N'(d_1) = \frac{1}{\sqrt{2\pi}}e^{-\frac{d_1^2}{2}}$, $N'(d_1 - \sigma\sqrt{\tau}) = \frac{1}{\sqrt{2\pi}}e^{-\frac{(d_1 - \sigma\sqrt{\tau})^2}{2}}$

$$d_1 = \frac{\ln(\frac{S}{K}) + (r + \frac{1}{2}\sigma^2)\tau}{\sigma\sqrt{\tau}} \rightarrow d_1\sigma\sqrt{\tau} = \ln(\frac{S}{K}) + (r + \frac{1}{2}\sigma^2)\tau$$

①을 풀어내면,

$$\begin{aligned} Ke^{-r\tau}N'(d_1 - \sigma\sqrt{\tau}) &= Ke^{-r\tau}\frac{1}{\sqrt{2\pi}}e^{-\frac{(d_1-\sigma\sqrt{\tau})^2}{2}} \\ &= Ke^{-r\tau}\left[\frac{1}{\sqrt{2\pi}}e^{-\frac{d_1^2}{2}}\right]e^{d_1\sigma\sqrt{\tau}}e^{-\frac{\sigma^2\tau}{2}} \\ &= Ke^{-r\tau}N'(d_1)e^{d_1\sigma\sqrt{\tau}}e^{-\frac{\sigma^2\tau}{2}} \\ &= Ke^{-r\tau}N'(d_1)e^{\ln(\frac{S}{K})+(r+\frac{1}{2}\sigma^2)\tau}e^{-\frac{\sigma^2\tau}{2}} \\ &= Ke^{-r\tau}N'(d_1)e^{\ln(\frac{S}{K})+r\tau} = Ke^{-r\tau}N'(d_1)\frac{S}{K}e^{r\tau} = SN'(d_1) \end{aligned}$$

따라서 ①에 정리값을 대입하면 두 번째 항이 0이 되어 제거되므로 콜옵션 가격에 대한 주가의 미분인 델타는 다음과 같이 정리된다.

$$\begin{aligned} \frac{\partial C}{\partial S} &= N(d_1) + [S \cdot N'(d_1) - S \cdot N'(d_1)]\frac{\partial d_1}{\partial S} \\ &= N(d_1) \end{aligned}$$

풋옵션의 델타를 구하기 위해 다음의 풋－콜 패리티를 S에 대해 미분하면,

$$C - P = S - Ke^{-r\tau}$$

➡ 좌측항: $\frac{\partial}{\partial S}(C - P) = \Delta_C - \Delta_P$

우측항: $\frac{\partial}{\partial S}(S - Ke^{-r\tau}) = 1$

따라서 풋옵션의 델타 $\Delta_P = \Delta_C - 1 = N(d_1) - 1$ 로 산출된다.

[그림 XIII－2]과 [그림 XIII－3]에 기초자산가격 변동에 따른 콜옵션과 풋옵션의 payoff와 델타 추이를 도식하였다. 콜옵션의 경우 기초자산의 주가가 행사가격 이하인 경우는 가치가 0이므로 민감도인 델타 역시 0의 값을 갖는다. 이후 기초자산 가격이 행

사가격을 지나면서 사실상 1대일 대응관계가 되어 45도 각도로 증가하는 델타, 즉 1의 델타가 고정되어 나타나게 된다. 풋옵션은 반대로 우축의 주가가 행사가격 이상인 OTM 부분은 주가의 변동에 풋옵션의 가치는 변동하지 않으므로 델타가 0이다. 이후 주가가 행사가 이하로 하락하기 시작하면서 기울기의 절대값이 음(−)의 방향으로 커지게 됨이 확인된다. 도식적으로도 앞서 추정하였던 바와 같이 콜옵션의 델타는 양의 값을, 풋옵션의 델타는 음의 값을 가짐이 확인된다.

그림 XIII-2 콜옵션 payoff 및 델타

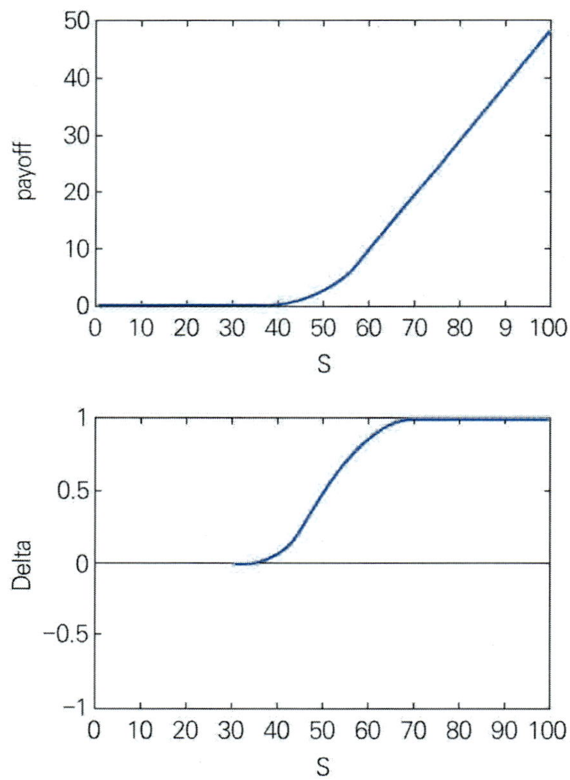

그림 XIII-3 풋옵션 payoff 및 델타

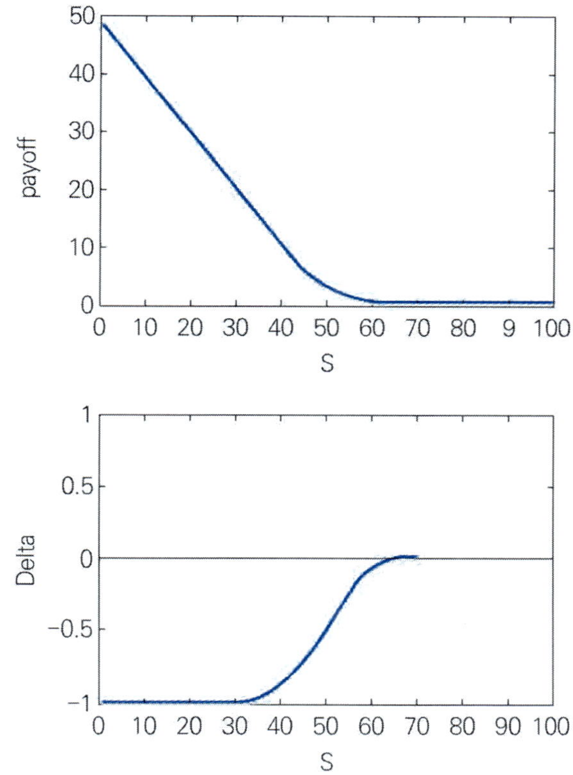

지금 살펴본 델타를 포함하여 Greek는 시간흐름에 따른 포트폴리오 민감도이며 이는 테일러 확장(Taylor expansion)의 구성요소로서 바라볼 수 있다. 함수 $f(S,t)$에 대해 (2차)테일러 확장을 수행하면 다음과 같다.

$$\Delta f = f_t \Delta t + f_S \Delta S + \frac{1}{2} f_{tt} (\Delta t)^2 + \frac{1}{2} f_{SS} (\Delta S)^2 + f_{tS} \Delta t \Delta S + ...$$

따라서 파생증권인 $C(S,t)$에 대해서 동일 방식으로 테일러 확장을 수행하면 다음과 같다.

$$\Delta C = C_t \Delta_t + C_S \Delta S + \frac{1}{2} C_{tt} (\Delta t)^2 + \frac{1}{2} C_{SS} (\Delta S)^2 + C_{ts} \Delta t \Delta S + \ldots$$

이제 이 콜옵션 1단위와 α개의 기초자산으로 헤지포트폴리오(pf)를 구축함을 가정해보자.

$$pf = C + \alpha S$$

이 헤지포트폴리오의 변화는 다음과 같다.

$$\begin{aligned} \Delta pf &= \Delta C + \alpha \Delta S \\ &= \underbrace{C_t \Delta t}_{①} + \underbrace{(C_S + \alpha) \Delta S}_{②} + \underbrace{\frac{1}{2} C_{tt} (\Delta t)^2 + \frac{1}{2} C_{SS} (\Delta S)^2 + C_{ts} \Delta t \Delta S + ..}_{③} \end{aligned}$$

포트폴리오의 변동 위험을 제거하기 위해서는 ①의 시간 항목은 제거가 불가능하며, ③은 매우 작은 값을 갖는다. 따라서 포트폴리오 변동을 결정짓는 ②항, 즉 ΔS의 계수가 0이 되도록 하여야 하며 이 때의 헤지비율 α는 $-\Delta_C$가 됨을 알 수 있다.

$$C_S + \alpha = 0 \;\; ➡ \;\; \alpha = -C_S = -\Delta_C$$

그렇기 때문에 노출된 파생상품의 변동 위험을 제거하기 위해 기초자산에 역포지션을 취하는 행위를 '델타헤지(delta hedge)'라 부르는 이유가 된다. 다음 예시를 통해 델타헤지를 구축하고 손익을 산출해보자. [표 XIII－1]에 지수 콜옵션의 데이터를 제시하였다. 이 콜옵션의 행사가격은 102.5이며 잔존일 τ는 365일(연단위)을 1년으로 하여 전환하여 사용한다. 참고로 해당 예시 자료는 과거 KOSPI200 지수옵션의 실제 데이터임을 밝힌다.

첫 번째 단계로 내재변동성(implied volatility)을 계산한다. 이는 델타를 계산하기 위한 기본 변동성으로 활용하기 위함이다. 내재변동성의 계산은 블랙－숄즈 옵션가격공식을 통한 이론가격과 시장가격을 일치시키는 변동성을 역추정한다. 예를 들어 1일차의 경우 블랙－숄즈 공식을 위한 기본 자료는 $S = 102.83$, $K = 102.5$, $\tau = 0.0822$, $r = 0.0443$으로 시장가격 3.95를 도출하는 변동성으로 0.3062가 추정된다.[1]

1 trial & error 또는 엑셀의 해찾기 기능, Matlab의 'blsimpv' fcn 등을 이용할 수 있다.

표 XIII-1 지수 콜옵션 예시 데이타

일시		(일수)	τ	r	S	$C(t)$
1.	05-10	30	0.0822	4.43	102.83	3.95
2.	05-11	29	0.0795	4.41	105.04	4.90
3.	05-12	28	0.0767	4.39	103.59	4.15
4.	05-13	27	0.0740	4.39	98.01	1.77
5.	05-16	24	0.0658	4.40	94.53	0.96
6.	05-17	23	0.0630	4.41	94.95	1.20
7.	05-18	22	0.0603	4.43	100.97	2.78
8.	05-19	21	0.0575	4.43	98.59	1.67
9.	05-20	20	0.0548	4.39	101.28	2.61
10.	05-23	17	0.0466	4.37	103.95	3.45
11.	05-24	16	0.0438	4.31	100.68	1.50
12.	05-26	14	0.0384	4.28	103.75	2.91
13.	05-27	13	0.0356	4.23	105.66	3.85
14.	05-30	10	0.0274	4.24	103.52	2.39
15.	05-31	9	0.0247	4.28	105.39	3.70
16.	06-01	8	0.0219	4.27	104.26	2.93
17.	06-02	7	0.0192	4.18	99.81	1.08
18.	06-03	6	0.0164	4.19	100.74	1.16

$$d_1 = \frac{\ln(\frac{S_t}{K}) + (r + \frac{1}{2}\sigma^2)\tau}{\sigma\sqrt{\tau}} = \frac{\ln(\frac{102.83}{102.50}) + (0.0433 + \frac{1}{2}0.3062^2)0.0822}{0.3062\sqrt{0.0822}} = 0.122,$$

$$N(d_1) = N(0.122) = 0.549$$

$$d_2 = d_1 - \sigma\sqrt{\tau} = 0.122 - 0.3062\sqrt{0.0822} = 0.034, \quad N(d_2) = N(0.034) = 0.514$$

$$C(S(t),t) = S_t N(d_1) - Ke^{-r\tau}N(d_2)$$

$$= 102.83 \cdot 0.549 - 102.5 \cdot e^{-0.0433 \cdot 0.0822} \cdot 0.514 = 3.95$$

즉, 내재변동성 0.3062는 시장의 형성가격 3.95를 일치시켜준다. [그림 XⅢ−4]에 추정된 내재변동성과 기초자산, 즉 지수의 궤적을 나타내었다. 특징적으로 현실에서 지수

그림 XIII-4 내재변동성 및 기초자산(지수)

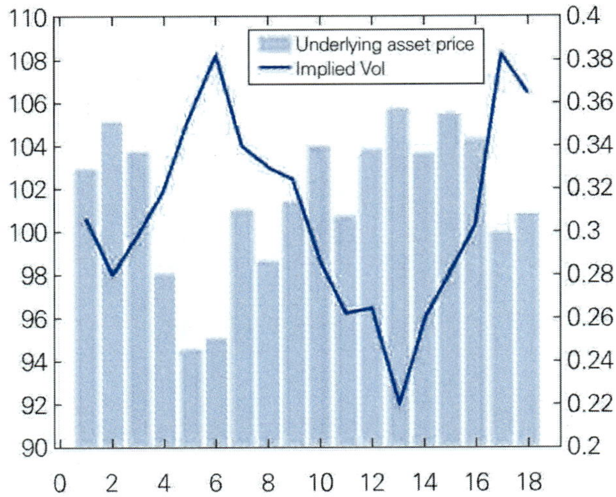

가 하락할 경우 내재변동성은 증가하는 서로 역의 상관성이 나타나고 있음을 알 수 있다.

두 번째, 추정된 내재변동성 하에 옵션의 델타를 계산한다. 1일차의 델타는 $N(d_1)$이므로 0.549이며, 헤지비율은 -0.549가 된다.

세 번째, 1일차에서 시간 경과 후 헤지포트폴리오의 변화는 보유한 1단위 옵션의 가치변화와 이를 헤지하기 위해 α단위의 기초자산에 대한 반대포지션의 총합 $(\Delta pf = \Delta C + \alpha \Delta S)$으로 도출된다.

$$\begin{aligned}\Delta pf &= \Delta C + \alpha \Delta S \\ &= [4.90 - 3.95] + [-0.549 \times (105.04 - 102.83)] \\ &= 0.95 - 1.2123 \\ &= -0.2623\end{aligned}$$

이 헤지포트폴리오의 변동은 만일 옵션가격의 변동에 대응하여 변화하는 델타를 순간단위로 헤지를 해나갔다면 콜옵션의 가치변화를 기초자산의 반대포지션 변화로 상쇄하여 0의 가치변화가 가능했음을 뜻한다. 따라서 이러한 헤지포트폴리오의 가치변화는 순간 헤지가 가능하지 않음으로 인해 유발된 헤지오차(error)가 된다.

지금까지의 3단계를 일별로 반복작업하여 오차들을 누적해 나간 최종 오차합은 2.4547이 된다. 이를 [그림 XIII-5]에 표기하였다. 즉, (---) 라인은 옵션가치의 변화(ΔC)이며 이의 헤지를 수행한 실선(—)은 델타헤지 부분($\alpha \Delta S$)의 가치변화 궤적이다. 단, 옵션과 반대포지션에 놓여야 하나 ΔC와 얼마나 유사하게 추적하는지를 명시하기 위해 동일방향으로 도식하였다. 이를 살펴보면 ΔC와 $\alpha \Delta S$이 근사하게 중첩되어 궤적이 나타남을 알 수 있다. 다만 순간헤지가 아니므로 완전중첩되지 못하여 긴 점선(− −)으로 표시된 헤지오차(Δpf)가 Y축의 0이 아닌 주변에서 나타나고 있음을 알 수 있다. 마지막으로 매기 헤지오차를 누적해 나간 누적헤지오차의 궤적은 굵은 실선(—)으로 나타내었다.

지금까지 살펴본 Greek 델타의 주요 속성을 정리하면 다음과 같다.

그림 XIII-5 델타헤지

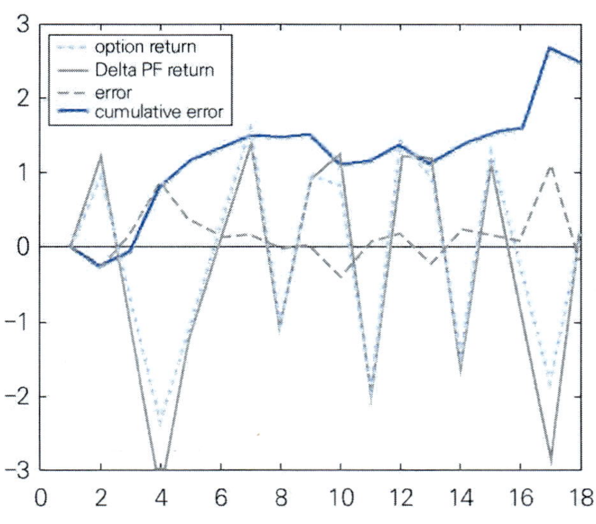

첫째, 콜옵션의 델타는 0에서 +1까지, 풋옵션의 델타는 0에서 −1까지의 값을 갖는다.

둘째, 델타는 가산적(additive)으로 복수개의 옵션 포지션의 총 델타는 모든 옵션의 델타를 합한 것과 같다.

그림 XIII-6 옵션별 델타

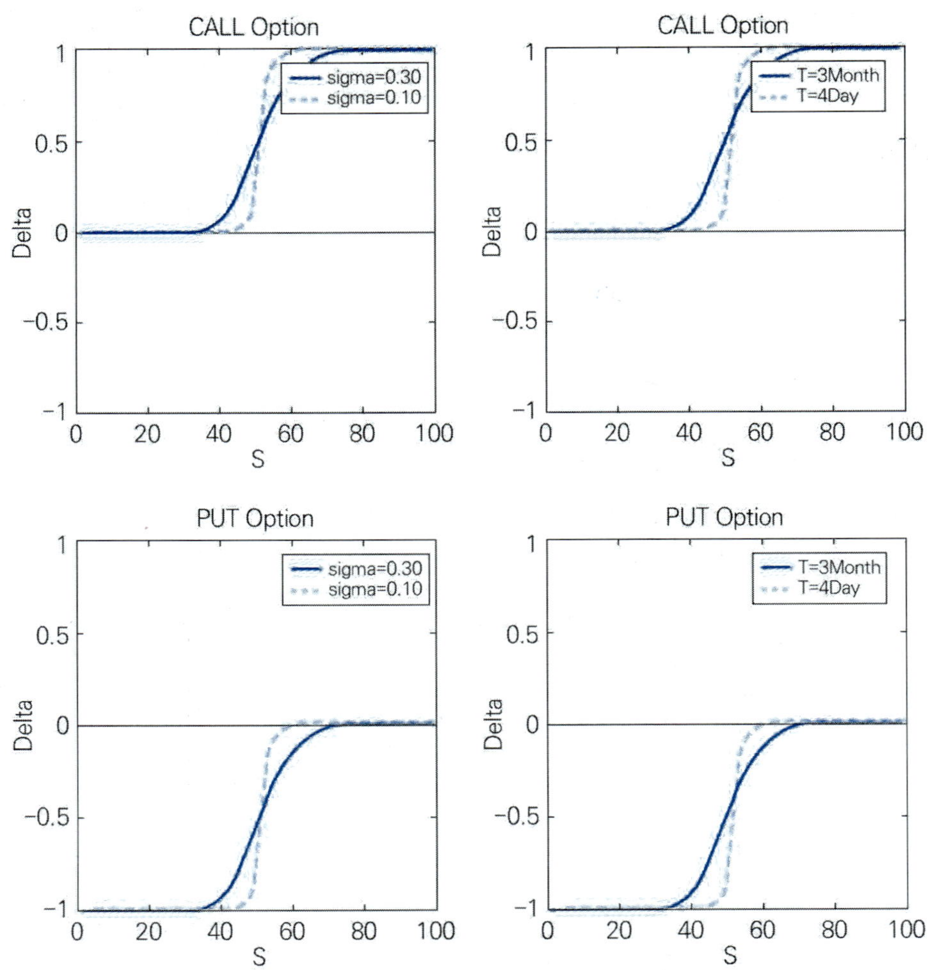

셋째, 델타헤징은 델타를 0으로 만듦으로서 파생상품 포지션의 가격변동 위험을 회피하고자 하는 전략이다. 단, 파생상품의 가치변화에 대응하여 지속적으로 헤지포트폴리오 구축도 재조정되어야만 최종적인 헤지누적오차를 최소화할 수 있다.

넷째, 델타는 $N(d_1)$이므로 이에 포함된 변동성과 잔존 시간에 영향받는다. [그림 XIII－6]의 좌측의 상단 및 하단은 변동성이 낮아질수록, 우측의 상단 및 하단은 잔존일수가 짧아질수록 델타가 극단(0 또는 +1 또는 −1)에 더 가까워지며 계단함수(step function)에 가까워진다.

2. 감마(Gamma)

감마는 기초자산의 단위 변화에 대한 델타의 변화를 측정한다. 따라서 감마는 델타(Δ)를 기초자산(S)로 미분하여 유도할 수 있다.

$$\frac{\partial C}{\partial S} = \Delta C = N(d_1)$$

$$\Gamma_C = \frac{\partial^2 C}{\partial S^2} = \frac{\partial \Delta C}{\partial S} = \frac{\partial}{\partial S} N(d_1) = n(d_1)\frac{\partial d_1}{\partial S} = \frac{1}{S\sigma\sqrt{\tau}} \frac{\cdot\ 1}{\sqrt{2\pi}} e^{-\frac{d_1^2}{2}} = \frac{1}{\sigma S\sqrt{2\pi\tau}} \cdot\ e^{-\frac{d_1^2}{2}}$$

$$\text{이때, } d_1 = \frac{\ln(\frac{S}{K}) + (r + \frac{1}{2}\sigma^2)\tau}{\sigma\sqrt{\tau}}$$

$$\frac{\partial d_1}{\partial S} = \frac{1}{S\sigma\sqrt{\tau}},\ n(d_1) = \frac{1}{\sqrt{2\pi}} e^{-\frac{d_1^2}{2}}$$

$$\Gamma_P = \frac{\partial^2 P}{\partial S^2} = \frac{\partial \Delta P}{\partial S} = \frac{\partial}{\partial S}[N(d_1) - 1] = n(-d_1)\frac{\partial d_1}{\partial S} = n(d_1)\frac{1}{S\sigma\sqrt{\tau}}$$

$$= \frac{1}{\sigma S\sqrt{2\pi\tau}} \cdot\ e^{-\frac{d_1^2}{2}}$$

감마는 결국 옵션가격과 주식가격간의 비선형 관계, 즉 곡률(curvature)의 측도가 된다. 감마의 주요 속성을 정리하면 다음과 같다.

그림 XIII-7 Delta와 Gamma

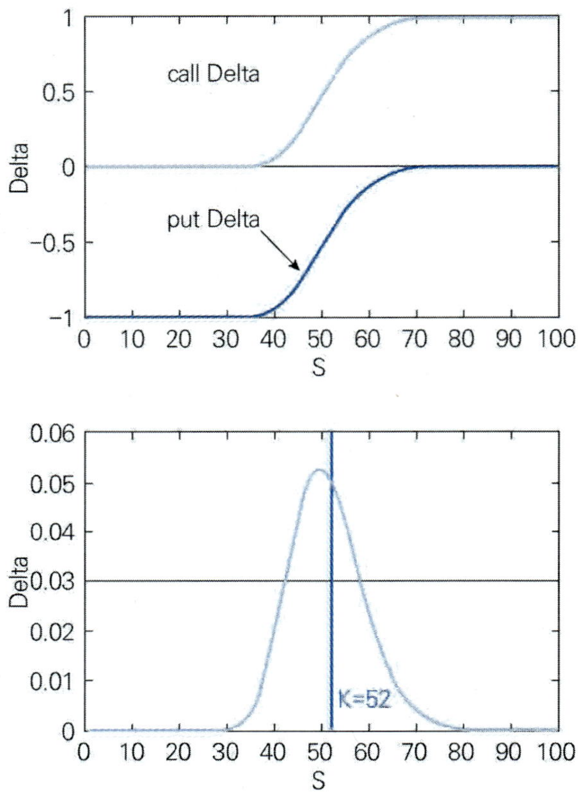

첫째, 감마는 [그림 XIII-7]에서도 확인되듯이 ATM에서 가장 높은 값을 갖는다. 즉, OTM이나 ITM 에서는 기초자산의 변화에 따른 델타의 변동이 거의 없음을 의미한다.

둘째, 감마는 모두 양(+)의 값을 갖는다. 매도 포지션에서는 음(−)의 감마를 보인다. 양(+)의 감마는 움직임 대비 수익이 가속화됨을 의미하며, 반대로 음(−)의 감마는 손실이 가속화되고 매우 위험할 수 있음을 의미한다.

감마의 경우도 헤지에 활용될 수 있는데, 델타−감마(Delta−Gamma) 헤지가 그것이다. 즉, 앞서 델타헤지의 경우는 사실 누적헤지오차가 쌓여가면서 노출된 파생상품

그림 XIII-8 델타헤지 VS. 델타-감마헤지

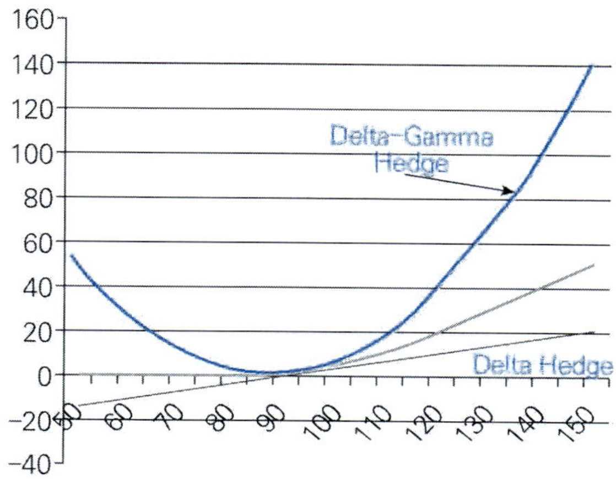

포지션을 완전히 헤지하지 못하고 있었다. 이러한 헤지오차를 최소화하기 위해서는 더 높은 빈도로 헤지를 수행하거나 헤지갯수를 늘리는 식의 대응을 알 수 있다. [그림 XIII-8]의 델타헤지는 1차 근사(first-order approximation)기초자산이 크게 변동하지 않은 경우에 있어서는 콜옵션 가치변동을 그런대로 추적할 수 있다. 다만 델타헤지의 문제는 기초자산의 가격이 크게 변동할 경우는 추적오차가 크게 발생한다는 점이다. 그러므로 델타-감마헤지는 감마를 반영한 2차 근사(second-order approximation)까지 헤지포지션 구축에 활용하는 전략이다. 이 경우 델타헤지에 비해 기초자산의 변동에 대비한 추적이 조금 더 근접하는 전략이 된다.

구체적인 델타-감마헤지의 구축방안에 대해 살펴보자. 델타헤지가 보유하고 있는 파생증권($C(S,t)$) 헤지를 위해 주식(S) 포지션을 이용했다면, 델타-감마헤지는 주식(S)과 또 다른 파생증권 포지션($D(S,t)$)을 이용하는 방식이다. 따라서 2개의 파생증권 C와 D가 고려의 대상이 되며, 각각의 테일러 확장은 다음과 같다.

$$\Delta C = C_t \Delta_t + C_S \Delta S + \frac{1}{2} C_{tt} (\Delta t)^2 + \frac{1}{2} C_{SS} (\Delta S)^2 + C_{ts} \Delta t \Delta S + \ldots$$

$$\Delta D = D_t \Delta_t + D_S \Delta S + \frac{1}{2} D_{tt} (\Delta t)^2 + \frac{1}{2} D_{SS} (\Delta S)^2 + D_{ts} \Delta t \Delta S + \dots$$

이제 보유 파생증권 포지션 C에 α단위만큼의 주식과 β단위의 파생증권 D의 포지션으로 헤지포트폴리오 pf를 구축하면 다음과 같다.

$$pf = C + \alpha S + \beta D$$

이 헤지포트폴리오의 변화는 다음과 같다.

$$\begin{aligned} \Delta pf &= \Delta C + \alpha \Delta S + \beta \Delta D \\ &= (C_t + \beta D_t)\Delta t + \underline{(C_S + \alpha + \beta D_S)}\Delta S + \frac{1}{2}(C_{tt} + \beta D_{tt})(\Delta t)^2 \\ &\quad + \frac{1}{2}\underline{(C_{SS} + \beta D_{SS})}(\Delta S)^2 + (C_{tS} + \beta D_{ts})\Delta t \Delta S + \dots \end{aligned}$$

포트폴리오의 변동 위험을 제거하기 위해 ΔS 및 $(\Delta S)^2$의 계수가 0이 되도록 설정하고, 이로부터 헤지비율 α와 β를 도출할 수 있다. 각각의 헤지비율은 파생증권 C와 D의 델타(C_S, D_S) 그리고 감마(C_{SS}, D_{SS})로부터 추출된다.

$$C_S + \alpha + \beta D_S = 0,\ C_{SS} + \beta D_{SS} = 0$$

$$\Rightarrow \alpha = \frac{C_{SS}}{D_{SS}} D_S - C_S,\ \beta = -\frac{C_{SS}}{D_{SS}}$$

다음의 예시 데이터를 이용하여 델타－감마헤지를 구축하고 손익을 산출해보자. 기본 데이터는 앞서 델타헤지의 데이터를 준용하며 행사가격 105의 파생증권(D)이 추가되어 구성된다.

표 XIII-2 지수 콜옵션 예시 데이터

일시		(일수)	τ	r	S	$C(t)$ $K=102.5$	$D(t)$ $K=105$
1.	05-10	30	0.0822	4.43	102.83	3.95	2.73
2.	05-11	29	0.0795	4.41	105.04	4.90	3.45

3.	05-12	28	0.0767	4.39	103.59	4.15	2.95
4.	05-13	27	0.0740	4.39	98.01	1.77	1.15
5.	05-16	24	0.0658	4.40	94.53	0.96	0.59
6.	05-17	23	0.0630	4.41	94.95	1.20	0.73
7.	05-18	22	0.0603	4.43	100.97	2.78	1.82
8.	05-19	21	0.0575	4.43	98.59	1.67	1.01
9.	05-20	20	0.0548	4.39	101.28	2.61	1.65
10.	05-23	17	0.0466	4.37	103.95	3.45	2.16
11.	05-24	16	0.0438	4.31	100.68	1.50	0.79
12.	05-26	14	0.0384	4.28	103.75	2.91	1.66
13.	05-27	13	0.0356	4.23	105.66	3.85	2.27
14.	05-30	10	0.0274	4.24	103.52	2.39	1.27
15.	05-31	9	0.0247	4.28	105.39	3.70	2.13
16.	06-01	8	0.0219	4.27	104.26	2.93	1.56
17.	06-02	7	0.0192	4.18	99.81	1.08	0.48
18.	06-03	6	0.0164	4.19	100.74	1.16	0.47

그림 XIII-9 옵션 C와 D의 내재변동성 추이

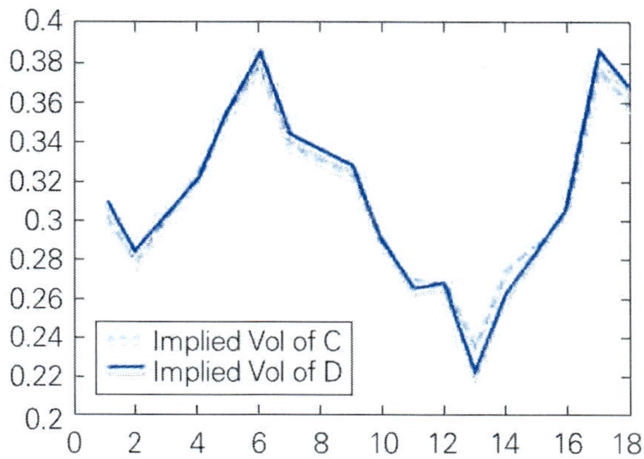

첫 번째 단계는 델타헤지와 같이 내재변동성을 계산한다. 이는 델타와 감마를 계산하기 위한 기본 변동성이 된다. 옵션 C의 1일차 델타의 경우 $S=102.83$, $K=102.5$, $\tau=0.0822$, $r=0.0443$으로 시장가격 3.95를 도출하는 변동성으로 0.3062가 추정되며, 옵션 D의 1일차 델타는 $S=102.83$, $K=105$, $\tau=0.0822$, $r=0.0443$으로 시장가격 2.73를 도출하는 변동성으로 0.2996이 추정된다. 이렇게 각 일차에 대한 옵션 C와 D의 내재변동성을 계산한다. 산출된 옵션 C와 옵션 D의 내재변동성 궤적을 살펴보면 [그림 XIII-9]와 같다.

두 번째, 추정된 내재변동성 하에 옵션 C와 D의 델타 및 감마를 계산한다. 예를 들어 각 옵션의 1일차의 델타와 감마를 산출하면 다음과 같다.

$$\frac{\partial C}{\partial S}=\Delta C=N(d_1^C)=N(0.122)=0.5486$$

$$\text{이때, } d_1^C=\frac{\ln(\frac{S}{K})+(r+\frac{1}{2}\sigma^2)\tau}{\sigma\sqrt{\tau}}=\frac{\ln(\frac{102.83}{102.50})+(0.0433+\frac{1}{2}0.3062^2)0.0822}{0.3062\sqrt{0.0822}}=0.122$$

$$\frac{\partial D}{\partial S}=\Delta D=N(d_1^D)=N(-0.159)=0.4373$$

그림 XIII-10 옵션 C와 D의 델타 및 감마 궤적

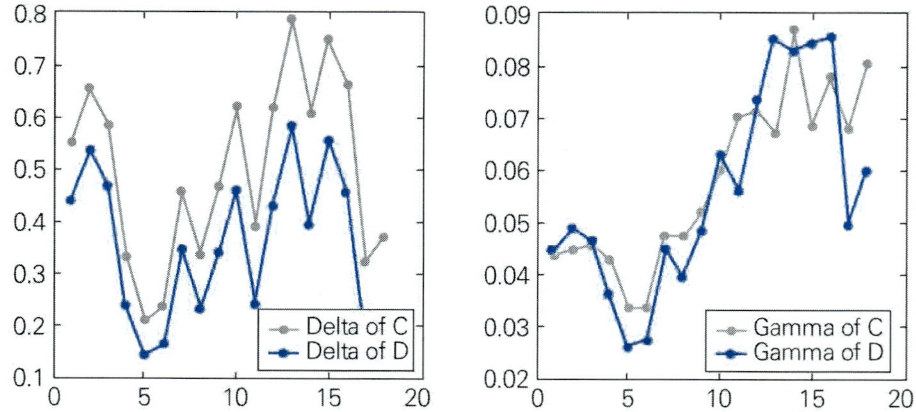

이때, $d_1^D = \dfrac{\ln(\frac{S}{K}) + (r + \frac{1}{2}\sigma^2)\tau}{\sigma\sqrt{\tau}} = \dfrac{\ln(\frac{102.83}{105}) + (0.0433 + \frac{1}{2}0.2996^2)0.0822}{0.2996\sqrt{0.0822}} = -0.159$

$$\Gamma_C = \frac{1}{\sigma S\sqrt{2\pi\tau}} \cdot e^{-\frac{d_1^{C\,2}}{2}} = \frac{1}{0.3062 \cdot 102.83 \cdot \sqrt{2\pi 0.0822}} e^{-\frac{0.122^2}{2}} = 0.0439$$

$$\Gamma_D = \frac{1}{\sigma S\sqrt{2\pi\tau}} \cdot e^{-\frac{d_1^{D^2}}{2}} = \frac{1}{0.2996 \cdot 102.83 \cdot \sqrt{2\pi 0.0822}} e^{-\frac{(-0.159)^2}{2}} = 0.0446$$

이렇게 각 일차에 산출한 옵션별 델타와 감마의 궤적은 다음과 같다.

이 산출된 델타와 감마를 이용하여 옵션 C와 D 각각의 헤지비율 α와 β를 계산한다. 첫 번째 헤지비율을 계산하면 다음과 같다.

$$\alpha = \frac{C_{SS}}{D_{SS}} D_S - C_S = \frac{\Gamma_C}{\Gamma_D} \Delta D - \Delta C = \frac{0.0439}{0.0446} \cdot 0.437 - 0.5486 = -0.1186$$

$$\beta = -\frac{C_{SS}}{D_{SS}} - \frac{0.0439}{0.0446} = -0.9843$$

그림 XIII-11 헤지비율 α와 β의 비교

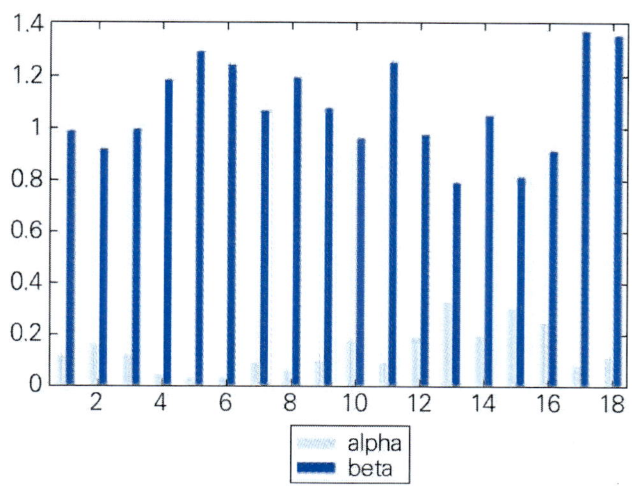

이 절차를 반복하여 구한 α와 β의 추이를 [그림 XIII-11]에 도식하였다. 단, 실제로는 두 헤지비율 모두 음의 값들이지만 두 헤지비율 간 이해와 비교를 용이하게 하기 위해 양(+)의 값으로 전환하여 도식하였다. 두 헤지비율을 비교하면 주식에의 헤지비율(α)보다 또 다른 파생상품에의 헤지비율(β)이 상대적으로 크게 할당되어 있음을 알 수 있다. 이는 헤지에 애초 보유한 파생상품 C의 델타와 감마 궤적이 거의 유사한 또 다른 파생상품 D를 헤지에 더욱 활용함을 의미한다.

세 번째, 1일차에서 시간 경과 후 헤지포트폴리오의 변화는 보유한 1단위 옵션의 가치변화와 이를 헤지하기 위한 α단위의 기초자산에 대한 포지션, 그리고 β단위 또 다른 옵션의 포지션의 총합($\Delta pf = \Delta C + \alpha \Delta S + \beta \Delta D$)으로 도출된다.

$$\begin{aligned}\Delta pf &= \Delta C + \alpha \Delta S + \beta \Delta D \\ &= [4.90 - 3.95] + [-0.1186 \times (105.04 - 102.83)] + [-0.9843 \times (3.45 - 2.73)] \\ &= 0.95 - 0.71 - 0.26 \\ &= -0.02\end{aligned}$$

그림 XIII-12 델타-감마헤지

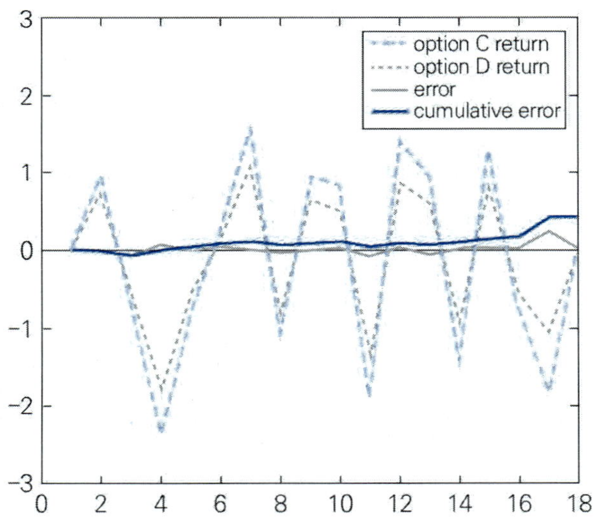

첫 번째 델타-감마헤지의 결과로 발생한 첫 번째 헤지오차는 -0.02로 앞선 델타헤지의 첫 번째 헤지오차 0.2623에 비해 매우 낮은 값임을 알 수 있다. 계속해서 이 오차를 누적해나간 최종 누적오차에서도 델타헤지의 2.4547에 비해 델타-감마헤지는 0.4186으로 매우 효율적인 헤지가 수행되었음을 알 수 있다. [그림 XIII-12]에 이러한 전반적인 델타-감마헤지의 변화과정을 도식하였다. 역시 옵션 D의 궤적은 C의 궤적과 반대방향에 놓여야 하나 그 유사도를 비교하기 위해 동일방향으로 도식하였다. 이 경우 헤지오차가 거의 0에 근접하여 움직이고 있어 델타-감마헤지가 델타헤지 대비 우월한 성과를 제시함을 알 수 있다.

지금까지 살펴본 Greek 감마의 주요 속성을 정리하면 다음과 같다.

첫째, 감마는 ATM에서 가장 큰 값을 갖는다. 반면 OTM 또는 ITM으로 갈수록 0으로 감소하는데, 이는 옵션 델타가 기초 주식 가격의 작은 변화로 인해 변경될 가능성이 적다는 것을 의미한다.

둘째, 기본적으로 감마는 옵션의 볼록성(convexity)을 측정한다. 기초 자산의 움직임이 작은 경우, 델타 헤지로도 커버가 가능하다. 그러나 기초자산의 움직임이 클 경우 옵션의 매수 포지션은 항상 양방향으로 가능한 헤지 수준을 넘어선다. 특히 주가가 급락하는 상황 도래시 헤지오차가 급증하는 문제가 발생한다. 이는 옵션 payoff의 볼록성 속성으로 인해 볼록 곡선의 1차 도함수, 즉 델타만으로는 항상 곡선 아래에 놓여 payoff의 근접한 추적이 불가능하기 때문이다. 따라서 헤지에 2차 도함수인 감마까지 활용할 경우 헤지효율성의 확대는 자명하다. 단, 델타헤지 및 델타-감마헤지 모두 변동성이 고정이라는 가정 하에 헤지를 수행하므로 변동성이 급변할 경우 헤지 오차가 확대되는 경향이 나타난다.

3. 세타(Theta)

옵션은 만기일에는 시장가격과 행사가격의 차이가 오롯이 옵션프리미엄이 된다. 반면 만기일 전에는 해당 가치 외에 부가적인 가치가 프리미엄에 내장된다. 특히 만기가 많이 남아있는 경우 옵션의 행사에 유리한 방향으로 기초자산가격이 이동할 더 많은 가능성에 대한 가치가 부가되는 식이다. 이러한 가능성은 만기로 다가감에 따라 가치의 하락에 노출되며 바로 Greek 세타가 이러한 만기로 향해감에 따른 옵션의 시간가치 하락의 비율을 측정하게 된다. 당연하게 매수 포지션의 경우 이 가능성이 감소하므로 음(−)의 세타값을, 반대 포지션의 매도 포지션은 양(+)의 세타값을 가지게 된다. 우선 현재 시간(t)이 증가하고 있음은 잔존만기(τ)의 감소를 뜻하므로 정확히 역관계이고 ($\tau = T - t$) 만기 T는 고정상수이므로 다음이 성립한다. 따라서 τ로 블랙−숄즈 옵션가격식을 미분하면 다음과 같다.

$$\frac{\partial C}{\partial t} = -\frac{\partial C}{\partial \tau} = -\frac{\partial [SN(d_1) - Ke^{-r\tau}N(d_2)]}{\partial \tau}$$

> 이때, $d_1 = \dfrac{\ln(\frac{S}{K}) + (r + \frac{1}{2}\sigma^2)\tau}{\sigma\sqrt{\tau}}$, $d_2 = \dfrac{\ln(\frac{S_t}{K}) + (r - \frac{1}{2}\sigma^2)\tau}{\sigma\sqrt{\tau}} = d_1 - \sigma\sqrt{\tau}$
>
> $n(d_1) = \dfrac{1}{\sqrt{2\pi}} e^{-\frac{d_1^2}{2}}$

$$= -Sn(d_1)\frac{\partial d_1}{\partial \tau} + Ke^{-r\tau}\left[-rN(d_2) + n(d_2)\frac{\partial d_2}{\partial \tau}\right]$$

> $$\frac{\partial d_2}{\partial \tau} = \frac{\partial d_1}{\partial \tau} - \frac{1}{2}\frac{\sigma}{\sqrt{\tau}}$$

$$= -Sn(d_1)\frac{\partial d_1}{\partial \tau} + Ke^{-r\tau}\left[-rN(d_2) + n(d_2)\left(\frac{\partial d_1}{\partial \tau} - \frac{1}{2}\frac{\sigma}{\sqrt{\tau}}\right)\right]$$

$$= \left[-Sn(d_1) + Ke^{-r\tau}n(d_2)\right]\frac{\partial d_1}{\partial \tau} + Ke^{-r\tau}\left[-rN(d_2) - \frac{1}{2}\frac{\sigma}{\sqrt{\tau}}n(d_2)\right]$$

> i) $d_2 = d_1 - \sigma\sqrt{\tau}$ ➡ $d_2 - d_1 = -\sigma\sqrt{\tau}$ 하에서,
>
> $d_2^2 - d_1^2 = (d_2 - d_1)(d_2 + d_1) = -\sigma\sqrt{\tau}(d_1 - \sigma\sqrt{\tau} + d_1) = -\sigma\sqrt{\tau}(2d_1 - \sigma\sqrt{\tau})$
>
> $$= -\sigma\sqrt{\tau}\left(2 \cdot \frac{\ln(\frac{S}{K}) + (r + \frac{1}{2}\sigma^2)\tau}{\sigma\sqrt{\tau}} - \sigma\sqrt{\tau}\right) = -2\left(\ln(\frac{S}{K}) + r\tau\right)$$

ii) $n(d)=\frac{1}{\sqrt{2\pi}}e^{-\frac{d^2}{2}}$ 하에서,

$$\ln\left(\frac{n(d_1)}{n(d_2)}\right)=\ln(n(d_1))-\ln(n(d_2))=\ln\left(\frac{1}{\sqrt{2\pi}}e^{-\frac{d_1^2}{2}}\right)-\ln\left(\frac{1}{\sqrt{2\pi}}e^{-\frac{d_2^2}{2}}\right)$$

$$=\ln\left(\frac{1}{\sqrt{2\pi}}\right)+\ln(e^{-\frac{d_1^2}{2}})-\ln\left(\frac{1}{\sqrt{2\pi}}\right)-\ln(e^{-\frac{d_2^2}{2}})=\ln(e^{-\frac{d_1^2}{2}})-\ln(e^{-\frac{d_2^2}{2}})$$

$$=\frac{d_2^2}{2}-\frac{d_1^2}{2}=\frac{1}{2}(d_2^2-d_1^2)$$

iii) i 과 ii를 결합하면,

$$\ln\left(\frac{n(d_1)}{n(d_2)}\right)=\frac{1}{2}\left[-2\left(\ln(\frac{S}{K})+r\tau\right)\right]=-\left[\ln(\frac{S}{K})+r\tau\right]$$

양변에 e를 취하면,

$$\frac{n(d_1)}{n(d_2)}=\frac{Ke^{-r\tau}}{S} \Rightarrow Sn(d_1)=Ke^{-r\tau}n(d_2)$$

$$=Ke^{-r\tau}\left[-rN(d_2)-\frac{1}{2}\frac{\sigma}{\sqrt{\tau}}n(d_2)\right]$$

$$=-rKe^{-r\tau}N(d_2)-Ke^{-r\tau}n(d_2)\frac{\sigma}{2\sqrt{\tau}}$$

$$=-\underline{rKe^{-r\tau}N(d_2)}-\underline{\frac{\sigma S}{2\sqrt{\tau}}n(d_1)}$$

풋옵션에 대해서도 동일한 방식을 거치면 세타를 산출할 수 있다.

$$\frac{\partial P}{\partial t}=rKe^{-r\tau}N(-d_2)-\frac{\sigma S}{2\sqrt{\tau}}n(d_1)$$

콜옵션 세타의 최종식의 구성을 살펴보면 두 항이 모두 음수가 되어 콜옵션의 세타는 모두 0 이하의 값을 가지며, 이는 콜옵션의 만기로 갈수록 가치는 하락하는 방향으로 가속됨을 의미한다. 반면 풋옵션의 경우는 반드시 그러하지 않을 수 있다. 이는 이미 앞장에서 살펴본 바 있는 풋옵션의 경우 충분히 주가가 하락한 상태에서는 주가가 오히려 상향 확률이 더 높을 수 있어 세타가 반드시 음을 갖는 것이 아니며 양의 값을 가지는 경우도 발생할 수 있다. 앞서 옵션 기본정보 하에서 기초자산 가격변화에 따른 콜옵션 및 풋옵션의 세타 궤적을 [그림 XIII－13]에 표기하였다.

그림 XIII-13 옵션 Theta의 기초자산가격 대응 궤적

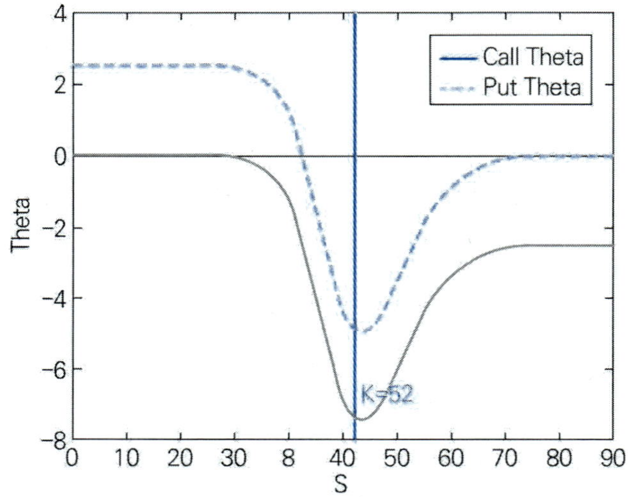

4. 델타 중립 스트래들(Delta-Neutral Straddle)

앞 장에서 콜옵션뿐만 아니라 모든 파생상품은 Fundamental PDE를 만족해야 함을 학습하였다. 또한 모든 파생상품이 동일한 Fundamental PDE를 따름에도 다른 가치를 산출하는 결정적 차이는 각자의 payoff 차이에서 발생함을 학습하였다. 따라서 여기서 C은 반드시 콜옵션만을 의미하는 것이 아닌 통상의 파생상품을 의미하는 것으로 확장할 수 있다.

$$\frac{\left(\frac{1}{2}C_{SS}\sigma^2 S(t)^2 + C_S rS(t) + C_t\right)}{C(t)} = r$$

그런데 이 PDE를 다시 살펴보면 이번 장에서 학습한 델타(Δ), 세타(θ), 감마(Γ)

가 연관되어 있음을 알 수 있다.

$$C_S = \Delta,\ C_{SS} = \Gamma,\ C_t = \theta$$

따라서 Fundamental PDE를 Greek로 대체하고 표기의 간략화를 위해 시간 t를 생략하여 정리하면 다음과 같다.

$$\left(\frac{1}{2}\sigma^2 S^2\right)\Gamma + (rS)\Delta + \theta = rC$$

이때 델타 중립(Delta−neutral) 포트폴리오를 구성할 경우 Δ항을 소거할 수 있으므로 상기 PDE는 다음과 같이 축약된다. 단, 콜옵션 C만이 아닌 일반적인 파생상품 Π를 대상으로 표기하자.

$$\left(\frac{1}{2}\sigma^2 S^2\right)\Gamma + \theta = r\Pi$$

결국 Greek Γ와 θ간 trade−off 관계가 형성된다. 즉, θ가 매우 큰 양의 값일 경우, Γ는 큰 음의 값으로 나타나게 된다. 역의 방향도 그러하다. 따라서 옵션 시장은 Γ에 투자할 것인지, 아니면 θ에 투자할 것인지의 투자전략이 시장에서 격돌하는 것으로 볼 수 있다.

이러한 델타 중립 포트폴리오 구축과 관련하여 앞서 파생상품의 위험사례에서 살펴본 닉 라슨의 델타 중립 스트래들 매도를 계산해보자. 스트래들은 앞서 옵션전략에서 학습한 바와 같이 동일 만기와 행사가격을 갖는 콜옵션과 풋옵션을 매수 또는 매도하는 전략이다. 즉 스트래들 매도의 손익은 다음과 같다.

$$\Pi = -C - P$$

따라서 이 포트폴리오의 가치변화는 다음과 같다.

$$\begin{aligned} d\Pi &= -dC - dP \\ &= -\left[\frac{\partial C}{\partial t}dt + \frac{\partial C}{\partial S}dS + \frac{1}{2}\frac{\partial^2 C}{\partial S^2}(dS)^2\right] - \left[\frac{\partial P}{\partial t}dt + \frac{\partial P}{\partial S}dS + \frac{1}{2}\frac{\partial^2 P}{\partial S^2}(dS)^2\right] \end{aligned}$$

$$= \left[-\frac{\partial C}{\partial t}-\frac{\partial P}{\partial t}\right]dt+\left[-\frac{\partial C}{\partial S}-\frac{\partial P}{\partial S}\right]dS+\frac{1}{2}\left[-\frac{\partial^2 C}{\partial S^2}-\frac{\partial^2 P}{\partial S^2}\right](dS)^2$$

$$= \theta_{\Pi}dt+\Delta_{\Pi}dS+\frac{1}{2}\Gamma_{\Pi}(dS)^2$$

이러한 스트래들 매도가 기초자산의 변동(dS)에 상관되지 않도록 델타중립을 구축함의 의미는 dS 계수가 0이 됨을 의미한다. 따라서 다음을 풀어낸다.

$$\Delta_{\Pi} = -\frac{\partial C}{\partial S}-\frac{\partial P}{\partial S}$$

이때, $C = SN(d_1)-Ke^{-r\tau}N(d_2)$ ➡ $\frac{\partial C}{\partial S}=\Delta_C = N(d_1)$

$P = Ke^{-r\tau}N(-d_2)-SN(-d_1)$ ➡ $\frac{\partial P}{\partial S}=\Delta_P = N(d_1)-1$

$$= -[N(d_1)]-[N(d_1)-1]$$

$$= -N(d_1)-N(d_1)+1 = -2N(d_1)+1 = 0$$

➡ $N(d_1) = 0.5$ ➡ $d_1 = 0$

따라서 다음의 d_1이 0일 경우 델타 중립 스트래들 매도가 구축된다.

$$d_1 = \frac{\ln(\frac{S}{K})+(r+\frac{1}{2}\sigma^2)\tau}{\sigma\sqrt{\tau}} = 0$$

$$\Rightarrow K = S \cdot e^{(r+\frac{\sigma^2}{2})\tau}$$

앞선 옵션 예제의 데이터를 적용할 경우 K는 다음이 계산된다.

$$K = 50e^{\left(0.05+\frac{0.3^2}{2}\right)0.25} = 52.2017$$

이는 현재 기초자산 가격 50보다 약간 높은 52.2017로 스트래들 매도를 구성할 경우 델타 중립적인 포트폴리오를 구성할 수 있음을 뜻한다. 현실적으로는 52.2017에 가장 근접한 행사가격을 선택하게 된다. 이러한 관계를 도식적으로 살펴보자.

[그림 XIII－14]의 콜옵션의 매도(실선)와 풋옵션의 매도(점선)를 결합하여 나타나는 스트래들 매도의 payoff는 앞서 산출한 델타중립 행사가격(52.2017)을 중심으로 형성

그림 XIII-14 델타중립 스트래들 매도

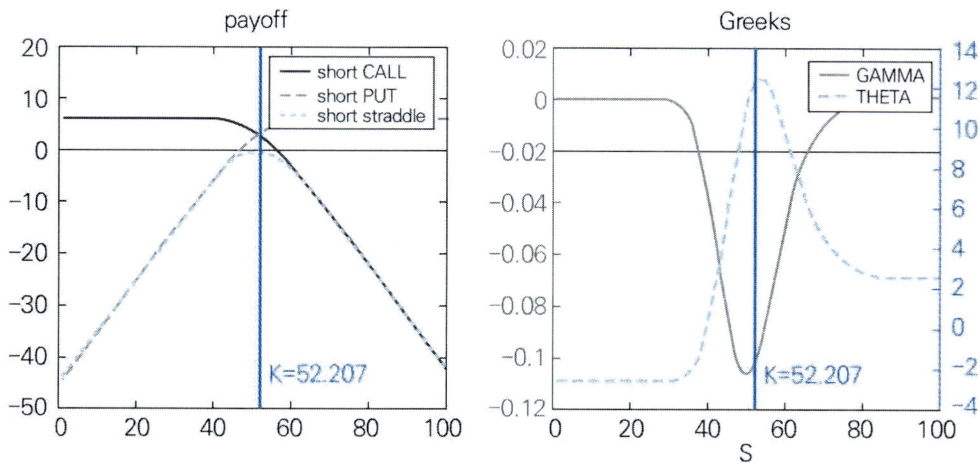

그림 XIII-15 델타중립 스트래들

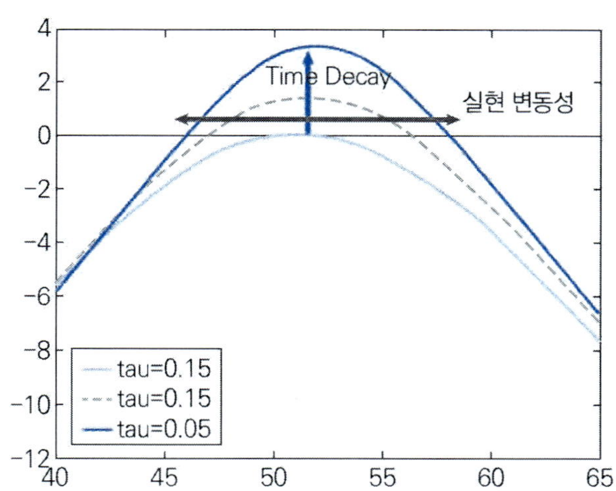

된다. 또한 스트래들 매도의 Greek를 계산해보면, 감마의 경우 매수일 때 양의 값을 가지므로 스트래들의 구성상 콜옵션과 풋옵션 모두 매도하므로 음(−)의 감마를 보이게 된다. 이와 반대로 매도 포지션은 양(+)의 세타값을 가짐이 확인된다. 이는 앞서 살펴본 감마와 세타 간 trade−off 관계와 정확히 일치함을 알 수 있다.

또한 다른 의미로 감마를 매도(short)하고, 세타를 매수(long)한 개념이 된다. 즉 해당 투자전략은 기초자산의 가격이 변동하지 않을 것이라는 기대 하에 변동성을 매각한 전략이며, 시간이 만기로 점차 소진되어 감에 따라 증가하는 옵션가치 소멸을 매도자가 추구하는 세타(theta)의 투자 전략이 된다. 다만 문제는 변동성을 매도한 전략이므로 변동성이 높아지는 반대 상황 도래시 급격하게 증대하는 손실구간 대비 시간 소멸로 인한 가치증대 구간이 상대적으로 너무 좁게 설정된다는 점이다. 결국 투자자는 시간소멸 가치와 변동성 확대 가능성 간에 베팅을 하는 의사결정의 결과를 손익으로 받게 된다.

5. 베가(Vega)

베가는 내재 변동성(implied volatility)의 변화와 관련된 옵션 가격의 변화를 의미한다. 옵션 가격이 상승하면 내재 변동성이 증가하며, 반대로 옵션 가격이 하락하면 내재 변동성이 감소하여 결국 동일 방향으로 움직이므로 베가는 항상 양(+)의 값을 갖는다. 구체적인 베가의 도출과정은 다음과 같다.

$$\nu = \frac{\partial C}{\partial \sigma} = \frac{\partial [SN(d_1) - Ke^{-r\tau}N(d_2)]}{\partial \sigma}$$

$$= SN'(d_1)\frac{\partial d_1}{\partial \sigma} - Ke^{-r\tau}N'(d_2)\frac{\partial d_2}{\partial \sigma}$$

이때, $d_2 = d_1 - \sigma\sqrt{\tau}$ 이므로

$$\frac{\partial d_2}{\partial \sigma} = \frac{\partial d_1}{\partial \sigma} - \sqrt{\tau}$$

$$= Sn(d_1)\frac{\partial d_1}{\partial \sigma} - Ke^{-r\tau}n(d_2)\left\{\frac{\partial d_1}{\partial \sigma} - \sqrt{\tau}\right\}$$

$$= \left[Sn(d_1) - Ke^{-r\tau}n(d_2)\right]\frac{\partial d_1}{\partial \sigma} + \sqrt{\tau}Ke^{-r\tau}n(d_2)$$

이때, $Sn(d_1) = Ke^{-r\tau}n(d_2)$이므로

$$= \sqrt{\tau}Sn(d_1)$$

풋옵션의 베가는 풋-콜 패리티 적용시 동일한 식이 산출되므로 베가의 경우 콜옵션과 풋옵션이 동일하다.

베가에 대해 고려해야 할 사항은 감마와의 연계성이다. 현물, 선도 또는 선물 포지션은 선형의 payoff를 갖기 때문에 2차 미분은 고려의 대상이 되지 않는다. 반면 옵션은 비선형 pyaoff를 가지므로 선형 근사(변화율을 추정하는 데 사용되는 탄젠트)인 델타만으로는 비선형의 고차(higher-order)를 헤지하기 어렵기 때문에 감마 활용시 헤지가 더욱 유효할 수 있음을 앞서 학습하였다.

베가 역시 옵션 투자에 있어 회피하고 싶은 변동성의 헤지 요구에서 발생하였다. 변동성이 직접적으로 관찰되지 않으며 변동성 변화 역시 비선형이라는 점이다. 따라서 감마와 베가는 해당 파생상품의 비선형 변화를 헤지하기 위한 공통점을 가지며 헤지 방법 역시 델타-감마헤지의 경우와 유사하게 근접한 옵션을 추가함으로서 구성이 가능

그림 XIII-16 베가 vs. 감마

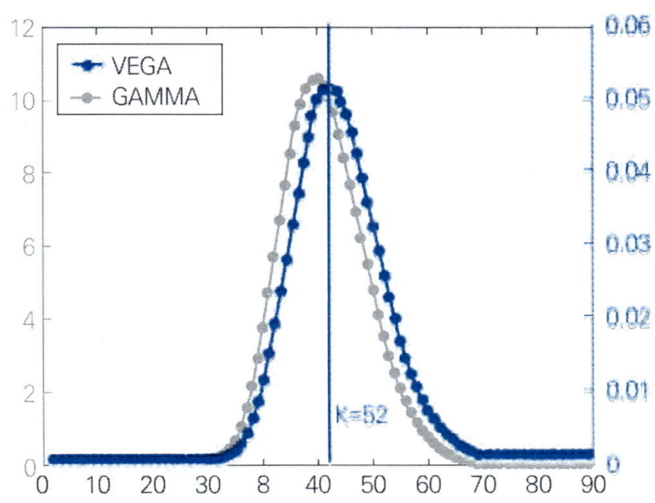

하다는 점이다.

이는 주가의 2차변화인 감마가 과거의 데이터가 가지는(backward looking) 실현 변동성(realized volatility)과 관련된다면, 베가는 미래의 옵션이 보일(forward looking) 내재 변동성(implied volatility)과 관련된다는 근접성을 갖기 때문이다. 당연하게도 현 시점의 실현 변동성 충격은 내재 변동성에도 영향을 미친다.

6. 로(Rho)

로는 이자율 변동에 대한 옵션의 민감도를 측정한다. 대부분의 경우 이자율은 기초자산의 가격이나 변동성보다 옵션 가격에 미치는 영향이 훨씬 적다. 상대적으로 금리의 변동은 급변하기 않으며 더 장기의 시간이 소요되는 경향이 있다. 따라서 로는 다른 Greek 대비 중요 빈도로 다루어지지는 않는다. 직관적으로 블랙-숄즈 옵션 공식 상 콜옵션에 있어 이자율의 상승은 내주어야 하는 행사가격을 낮추어 주므로 가치가 상승하는 양(+)의 관계를 갖는다. 반대로 풋옵션의 경우 이자율의 상승은 가치를 낮추므로 음(-)의 관계를 갖는다.

$$\rho_C = \frac{\partial C}{\partial r} = \frac{\partial[SN(d_1) - Ke^{-r\tau}N(d_2)]}{\partial r}$$

$y = e^{f(x)}$일 때, $y' = e^{f(x)} \cdot f'(x)$

$$= SN'(d_1)\frac{\partial d_1}{\partial r} - Ke^{-r\tau}\left[N'(d_2)\frac{\partial d_2}{\partial r} - \tau N(d_2)\right]$$

$d_2 = d_1 - \sigma\sqrt{\tau}$이므로

$$\frac{\partial d_2}{\partial r} = \frac{\partial d_1}{\partial r}$$

$$= Sn(d_1)\frac{\partial d_1}{\partial r} - Ke^{-r\tau}\left[n(d_2)\frac{\partial d_1}{\partial r} - \tau N(d_2)\right]$$

$$= \left[Sn(d_1) - Ke^{-r\tau}n(d_2)\right]\frac{\partial d_1}{\partial r} + K\tau e^{-r\tau}N(d_2)$$

그림 XIII-17 로(Rho)의 궤적

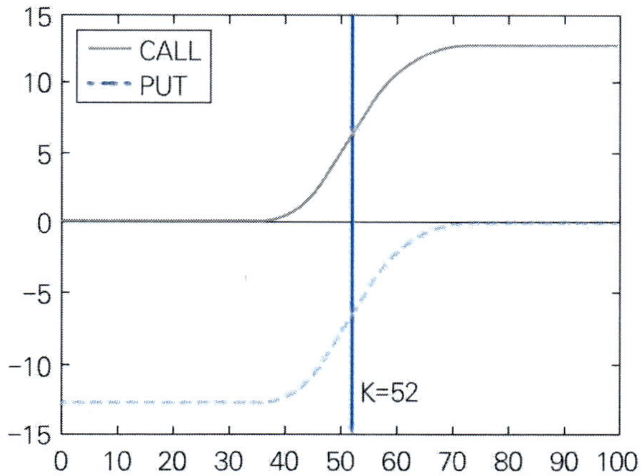

이때, $Sn(d_1) = Ke^{-r\tau}n(d_2)$이므로

$$= K\tau e^{-r\tau}N(d_2)$$

풋옵션의 로는 풋-콜 패리티에 근거하여 다음과 같다.

$$\rho_P = \frac{\partial P}{\partial r} = -K\tau e^{-r\tau}N(-d_2)$$

다만 로의 속성을 추가로 이해할 필요가 있는데 이는 이자율 변화가 기초자산의 가격에까지 영향을 주는 경우가 발생하기 때문이다. 예를 들어 통화 옵션의 경우 이자율은 환율의 주요 동인이며 채권형 옵션도 이자율은 수익률과 밀접한 관련이 있다. 일부 주식(금융기관주) 옵션 또한 금리 변동에 민감하게 반응할 수 있다. 따라서 금리 변동은 기초자산 가격 이동을 통해 직접적 그리고 간접적인 두 채널을 통해 옵션 가격에 영향을 미칠 수 있다. 다만 Rho는 이자율이 직접적으로 옵션가치에 미치는 효과만을 측정할 뿐 기초자산까지의 간접 효과는 측정하지 않는다. 앞서 언급한 이자율과 밀접한 관계를 가지는 채권이나 통화와 같은 기초 자산들의 경우 간접 효과가 직접 효과보다 훨

표 XIII-3 옵션 Greek

		콜옵션	풋옵션
델타	Δ	$N(d_1)$	$N(d_1)-1$
감마	Γ	$\frac{1}{\sigma S\sqrt{2\pi\tau}} \cdot e^{-\frac{d_1^2}{2}}$	
세타	Θ	$-rKe^{-r\tau}N(d_2)-\frac{\sigma S}{2\sqrt{\tau}}n(d_1)$	$rKe^{-r\tau}N(-d_2)-\frac{\sigma S}{2\sqrt{\tau}}n(d_1)$
베가	ν	$\sqrt{\tau}Sn(d_1)$	
로	ρ	$K\tau e^{-r\tau}N(d_2)$	$-K\tau e^{-r\tau}N(-d_2)$

씬 더 큰 경우 로(ρ)는 제약적인 해석만을 부여하는 것이 적합할 것이다.

지금까지 살펴본 Greek산출식을 [표 XIII −3]에 총정리하였다.

XIV. 이색옵션(Exotic Options)

지금까지 학습한 콜옵션과 풋옵션은 가장 기본적인 형태의 옵션으로 통상 바닐라 옵션(vanilla option) 또는 plain vanilla option으로 불린다. 이는 특정한 요건이나 다른 옵션과 구분되는 속성이 부여되지 않은 상태의 기본 옵션임을 의미한다. 반면 이색옵션은 기존 바닐라 옵션과는 다른 범주로 지불 구조, 만기일 및 행사 가격 등 다양한 요소의 변형을 가함으로서 구성된다. 이러한 이색옵션들은 투자자에게 다양한 투자 대안을 제공하며 더 확장된 투자 유니버스를 구성할 수 있도록 해준다. 이색옵션으로 분류하기 위한 주요 속성은 다음과 같다.

첫째, 이색옵션은 바닐라 옵션과는 다른 payoff 구조를 갖는다. 바닐라 옵션의 payoff는 단순히 옵션 매수자와 매도자가 얻는 순이익 내지 순손실을 의미하지만 이색옵션의 경우 만기시의 보상은 기초 지수가 만기시 보유한 가치뿐만 아니라 계약기간 동안 복수의 회차에 대응된 가치도 payoff에 영향을 미친다.

둘째, 이색옵션은 특정 고객 또는 특정 시장을 위해 개발된 비표준화 자산을 기초자산으로 설정할 수 있다. 따라서 투자자의 포트폴리오 구성 니즈에 따라 이색옵션을 추가함으로써 포트폴리오를 확장시킬 수 있다.

셋째, payoff 구조에 단일 자산이 아닌 복수의 자산을 기초자산으로 설정할 수 있다.

넷째, 주로 장내시장이 아닌 장외시장, 일명 OTC(over-the-counter market) 시장에서 거래된다.

물론 이러한 별도의 속성이 존재하지만 유럽형 바닐라 옵션과 미국형 바닐라 옵션의 하이브리드 형태를 띠는 것으로 볼 수 있다. 크게 배리어 옵션(barrier option), 바이너리 옵션(binary option), 아시안 옵션(Asian option), 컴파운드 옵션(Compound option) 등이 대표적인 이색옵션으로 간주된다.

1. 경로 종속형 옵션(Path–dependent Option)

경로 종속형 옵션은 옵션 만기 동안 어떤 한 시점의 기초자산 가격에만 의존하지 않고 옵션 만기 전체(whole period)의 가치변동을 다양한 방식으로 이용한다. 유형으로는 약한(weekly) 경로 종속 옵션과 강력한(strongly) 경로 종속 옵션의 두 그룹으로 나눌 수 있다. 약한 경로 의존 옵션은 미리 결정된 가격 수준에 도달하는지 여부에 따라 payoff가 결정된다. 바로 살펴볼 배리어 옵션은 옵션을 활성화하거나 종료할 수 있는 미리 결정된 배리어가 설정되어 있는 약한 경로 종속 옵션에 해당한다. 강력한 경로 의존 옵션은 옵션의 수명 동안 자산 가격 경로의 전체 또는 일부에 의존하는 보수로 구성된다. 대표적으로 아시안 옵션이 전체 기간 동안 기초 자산 가격의 평균을 취하는 강력한 경로 의존 옵션에 해당한다.

1) 배리어 옵션(Barrier Option)

배리어 옵션은 CBOE(Chicago Board of Option Exchange)가 설립 전인 1967년 이후 미국 시장에서 산발적으로 거래되어 왔으며 사실상 가장 오래된 이색옵션으로 알려져 있다. 특히 배리어 옵션은 위험 관리자에게 더 저렴하게 익스포저를 헤지할 수 있는 수단으로 활용되고 있다. 배리어 옵션은 전통적인 바닐라 옵션과 매우 유사하나 기초 자산이나 상품이 미리 결정된 가격(predefined barrier)에 도달할 때 발동(trigger)된다는 특징이 있다. 따라서 배리어 옵션은 극히 경로의존적(path–dependent) 옵션이 된다. 가장 많이 사용되는 통상의 배리어 옵션은 크게 배리어에 도달하는 방향과 도달 후 어떤 행위가 발생하는지에 따라 크게 up–and–in(UI), up–and–out(UO), down–and–in (DI) 및 down–and–out(DO)의 4가지 유형으로 분류된다. 각 유형의 세부 내용을 살펴보면 다음과 같다. 수식적 표현을 위해 만기동안 나타날 수 있는 최대 현물가치를 M_S, 최소 현물가치를 m_S라 하자.

첫째, UI 콜옵션은 기본 현물 가격 S가 옵션 만기 동안 미리 결정된 배리어 $B(>M_S)$에 도달하면 바닐라 콜옵션이 된다.

$$UI_C = \begin{cases} 0 & M_S \le B \\ [S_T - K]^+ & M_S > B \end{cases}, \quad UI_P = \begin{cases} 0 & M_S < B \\ [K - S_T]^+ & M_S \ge B \end{cases}$$

둘째, UO 콜옵션은 UI 조건과 반대로 기초자산가격이 배리어($M_S < B$)에 도달하면($M_S \ge B$) 옵션의 가치를 상실하고, 미치지 못하는 한 바닐라 옵션이 된다.

$$UO_C = \begin{cases} [S_T - K)^+ & M_S < B \\ 0 & M_S \ge B \end{cases}, \quad UO_P = \begin{cases} [K - S_T]^+ & M_S < B \\ 0 & M_S \ge B \end{cases}$$

셋째, DI 및 DO 콜옵션의 경우 배리어는 기초자산 가격이 떨어지면(down)의 개념에서 출발하므로 배리어가 현 기초자산 가격 이하($m_s > B$)로 설정된다. DI 콜옵션은 거래 기간 동안 배리어 H에 도달하는 경우($m_S < B$)에 한해 일반 바닐라 콜옵션이 되며, 그렇지 못할 경우 무가치하게 종료된다.

$$DI_C = \begin{cases} 0 & m_S > B \\ [S_T - K]^+ & m_S \le B \end{cases}, \quad DI_P = \begin{cases} 0 & m_S > B \\ [K - S_T]^+ & m_S \le B \end{cases}$$

반면 DO 옵션은 현물가격 대비 더 낮게 설정된 배리어에 도달하지 않으면 통상의 바닐라 옵션과 동일하다. 그러나 DI 옵션과 마찬가지로 하락의 조건부이므로 배리어는 낮게 $m_S > B$ 설정되며 $m_S \le B$로 가격이 배리어에 도달하는 순간 무가치하게 종료된다.

$$DO_C = \begin{cases} [S_T - K)^+ & m_S > B \\ & m_S \le B \end{cases}, \quad DO_P = \begin{cases} [K - S_T]^+ & m_S > B \\ 0 & m_S \le B \end{cases}$$

이러한 속성들을 정리해보면 Knock-Out 조항이 부가된 경우 기초자산 가격이 배리어에 도달하지 않은 한 이 옵션은 표준 옵션처럼 작동한다. 반면 기초자산 가격이 장벽에 도달하면 옵션은 즉시 종료되어 버린다. 따라서 Knock-out 발동의 경우 일반 옵션의 만기도래와 동일해지므로 '조기만기'(early expiration)로도 불린다. Knock-In 조항은 완전히 반대로 기초자산 가격이 배리어에 도달하면 통상의 바닐라 옵션이 되나 그러지 못할 경우 무가치하게 종료된다. 따라서 이러한 위험으로 인해 배리어 옵션은 기존 옵션에 비해 더 낮은 프리미엄을 갖는다.

이러한 배리어 옵션은 바닐라 옵션과 일정한 관계를 갖는다. 이를 확인하기 위해

DO 옵션과 DI 옵션으로 구성된 포트폴리오를 가정하자. 이때, 옵션만기동안 기초자산 가격이 배리어에 도달하지 않을 경우, DO 옵션은 일반적인 바닐라 옵션의 역할을 수행한다. 반대로 배리어에 도달한 경우 DO 옵션은 무가치하게 종료된다. 동시에 이번에는 DI 옵션이 일반적인 바닐라 옵션의 역할을 수행한다. 이러한 관계와 동일하게 구성하면 다음의 일련의 관계가 존재함을 알 수 있다.

그림 XIV-1 UI (Up-and-In) Call

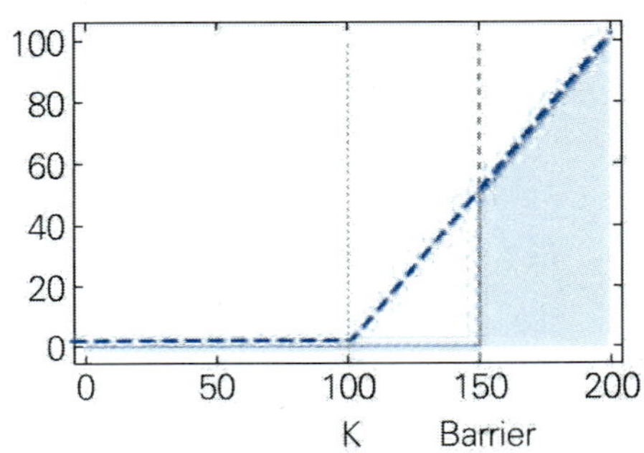

그림 XIV-2 UO (Up-and-Out) Call

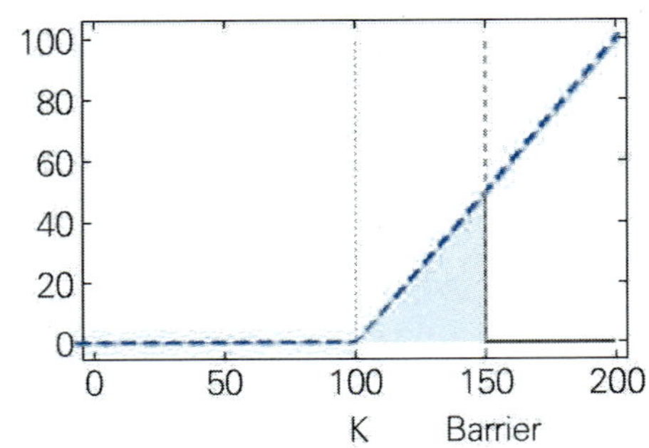

그림 XIV-3 DI (Down-and-In) Call

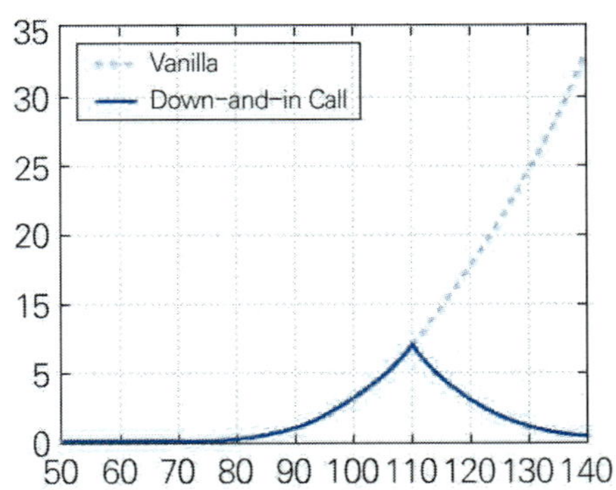

그림 XIV-4 DO (Down-and-Out) Call

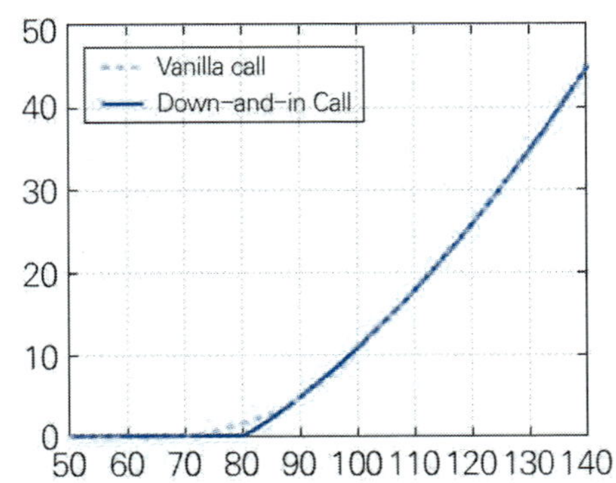

그림 XIV-5 UO 배리어 옵션의 잔존만기별 궤적

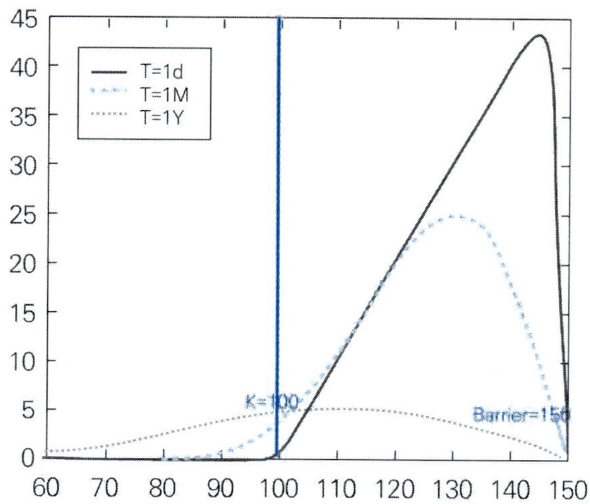

바닐라 콜옵션	= DI 콜옵션 + DO 콜옵션
	= UI 콜옵션 + UO 콜옵션
바닐라 풋옵션	= DI 풋옵션 + DO 풋옵션
	= UI 풋옵션 + UO 풋옵션

이에 더해 옵션만기가 소진해갈수록 배리어를 도달할 가능성 및 확률이 점차 낮아지므로 옵션가치도 높아진다. 따라서 옵션만기가 줄어들수록 배리어 직전에 payoff의 경사가 매우 급격해진다. [그림 XIV－5]에 Up－and－Out형 배리어 옵션의 궤적을 잔존만기에 따라 예시적으로 도식하였다.

2) 룩백옵션(Look-Back Option)

룩백옵션은 특정 기간(lookback period) 동안 기초 자산 가격의 극한가치(Max 또는 Min) 가치에 의존하는 경로 종속 옵션으로 정의할 수 있다. 룩백옵션은 크게 고정형 행사가(fixed strike)와 변동형 행사가(floating strike)를 갖는 유형으로 분류할 수 있다. 고정형 행사가는 용어 그대로 행사가격이 K로 고정된 형태로 옵션기간 동안 실현된 최대가치 M^T, 최소가치 m^T에 따라 결정된다. 변동형 행사가격의 경우는 만기시점의 최종적인 기초자산가격 S^T가 행사가격이 된다. 이를 정리하면 다음과 같다.

고정형	룩백 콜옵션	$\max(M^T-K,\ 0)$
	룩백 풋옵션	$\max(K-m^T,\ 0)$
변동형	룩백 콜옵션	$\max(S_T-m^T)$
	룩백 풋옵션	$\max(M^T-S_T)$

그림 XIV-6 변동형 룩백 콜옵션

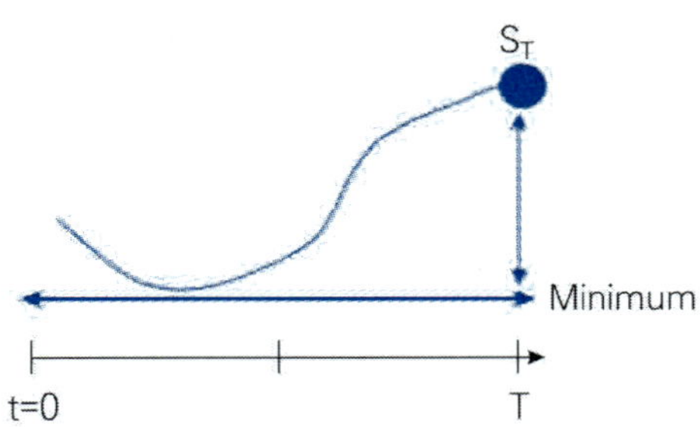

그림 XIV-7 변동형 룩백 풋옵션

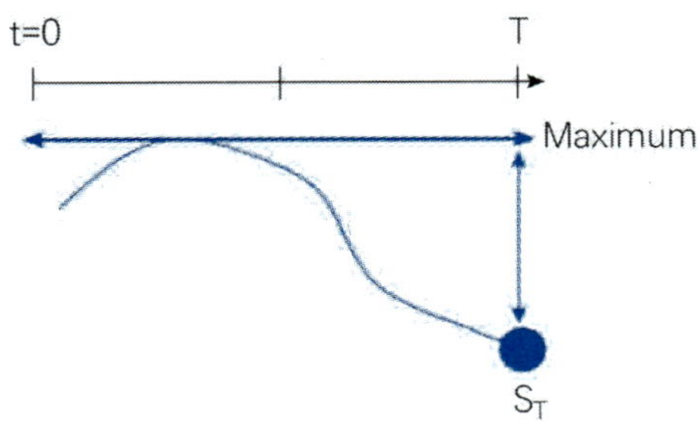

따라서 룩백옵션이 가지는 주요 장점은 옵션 거래자가 변동형 행사가격 룩백 옵션을 통해 옵션 기간 동안 달성한 최저 또는 최고 가격으로 기초자산을 매수 또는 매도할 수 있으므로 단순히 옵션 만기시점의 가치뿐만이 아닌 옵션의 수명 동안 기초자산의 가격 변동에 기인한 투자성과 가능성을 제공한다. 즉, 룩백 콜옵션은 기초자산 가격이 최소 설정치 이상으로 유지될 경우 기대되는 주식시장의 상승세(bullish trend)로부터 이점을 얻을 수 있다. 이와 반대로 룩백 풋옵션은 최대치 이후 시장의 하락세(bearish trend)가 기대될 경우를 이용한다. 그러므로 투자자에게 옵션 행사의 최적 시점을 보장하는 효과를 가지므로 행사의 불확실성을 감소시켜 준다는 장점이 존재한다. 그러나 그만큼 높은 프리미엄을 요구하며 상대적으로 투기성이 더 높다.

이러한 룩백옵션의 가격결정은 기본적으로 가능한 자산가격의 경로를 시뮬레이션

그림 XIV-8 시뮬레이션 가격 경로

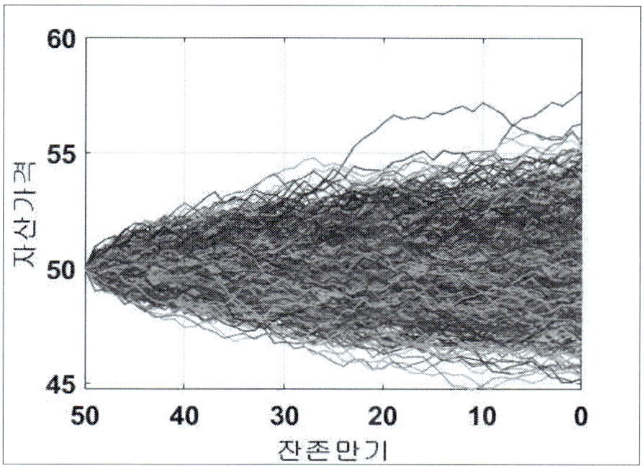

하여 각 횟수별 룩백옵션의 payoff를 산출하고, 이 과정을 반복하여 평균한 값을 사용하게 된다. 예를 들어 최초 자산가격 50에서 가격수익률 μ와 수익률 변동성 σ 하에 가능한 1,000개의 경로가 [그림 XIV−8]에 나타나있다. 이러한 각 경로가 하나의 룩백옵션 가치평가를 위한 모의 주가 경로가 된다.

시뮬레이션이 아닌 룩백옵션을 위한 분석해는 고정형 행사가격의 경우 Conze & Viswanathan(1991)[1]에 의해 제시되었으며, 변동형 행사가격의 경우 Goldman, Sosin & Satto(1979)[2]에 의해 제시되었다.

본 서에서는 예시적으로 Conze & Viswanathan(1991)의 산출식 유도를 증명하지는 않겠으나 최종해를 참고로 제시한다.

$$C = S_0 N(d'') - e^{-rT} m_T^0 N(d'' - \sigma\sqrt{T})$$
$$+ e^{-rT}\frac{\sigma^2}{2r} S_0 \left[\left(\frac{S_0}{m} \right)^{-\frac{2r}{\sigma^2}} N\!\left(-d'' + \frac{2r}{\sigma}\sqrt{T} \right) - e^{rT} N(-d'') \right]$$

1 Antoine Conze, & Viswanathan. (1991). "Path Dependent Options: The Case of Lookback Options", The Journal of Finance, 46(5), 1893-1907. doi:10.2307/2328577.

2 Goldman, M., Sosin, H., & Gatto, M. (1979). Path Dependent Options:" Buy at the Low, Sell at the High". Journal of Finance, 34(5), 1111-1127.

$$P = -S_0 N(-d') + e^{-rT} M_{T_0}^0 N(-d' + \sigma\sqrt{T})$$

$$+ e^{-rT}\frac{\sigma^2}{2r} S_0 \left[-\left(\frac{S_0}{M}\right)^{-\frac{2r}{\sigma^2}} N\left(d' - \frac{2r}{\sigma}\sqrt{T}\right) + e^{rT} N(d') \right]$$

이때, m: 옵션기간 내 최소값, M: 옵션기간 내 최대값

$$d = \left(\ln\frac{S_0}{K} + rT + \frac{1}{2}\sigma^2 T\right) / \sigma\sqrt{T}$$

$$d' = \left(\ln\frac{S_0}{M} + rT + \frac{1}{2}\sigma^2 T\right) / \sigma\sqrt{T}$$

$$d'' = \left(\ln\frac{S_0}{m} + rT + \frac{1}{2}\sigma^2 T\right) / \sigma\sqrt{T}$$

3) 아시안 옵션(Asian Option)

아시안 옵션은 만기일의 가치에 의해서만 payoff가 결정되는 유럽형 옵션에서의 만기 전 가격 조작 문제를 회피하기 위해 1970년대 아시아 시장에 처음 도입되었다. 아시안 옵션은 payoff가 기본 자산의 평균 가치에 의해 결정되는 특징이 있다. 크게 두 가지 유형으로 분류되는데, 우선 옵션의 가치를 자산의 평균 가치와 고정 행사가의 차이를 평가하는 공식을 적용하여 결정하는 평균율 옵션(average rate option)을 들 수 있다. 다른 형태로는 평균 행사가 옵션(average strike option)이 존재한다. 두 유형 모두 적용하는 '가치의 평균화'로 인해 옵션가격 결정기준인 변동성의 영향을 낮추므로 통상 바닐라 옵션보다 가격이 저렴하다.

아시안 옵션의 주요 이점 중 하나는 시장 조작에 대한 옵션의 취약성을 감소시킨다는 점이다. 즉, 인위적 가치창출을 위한 시장 내 조작은 특히 특정 날짜의 값에 영향을 미칠 가능성이 훨씬 더 크다. 따라서 아시아 옵션을 사용하면 옵션기간 동안의 평균 가치를 사용하므로 만기시 자산 가격이 비정상적으로 움직일 가능성에 대해 보호 수단으로 작용한다. 또한 특정 상품에 대한 지속적인 요구 사항이 있는 투자자의 경우 이러한 헤지 옵션을 사용하면 시장 가격 변동에 대비할 수 있도록 해준다. 물론 이러한 장점 외에 단점도 존재한다. 아시아 옵션은 평균 사용으로 인한 평활 효과로 인해 거래자가 가격 변동성에 의해 생성될 수 있는 고점 순간을 활용할 기회를 놓치게 된다. 이는 이러한 옵션 사용으로 인한 잠재적 이익 감소로 이어질 수 있으며, 평균 가치 옵션 거

래를 선택할 때 이 요소를 고려해야 한다. 다만 옵션의 투자자들은 변동성이 그들의 주요 투자대상일 경우 평균가치 옵션은 오히려 투자대상으로 적합치 않을 수 있다. 따라서 아시아 옵션의 투자는 옵션 거래가 거래자의 투자 스타일과 전략의 목표 및 기준의 충족 여부가 선행적으로 검토될 필요가 있다. 도입 이후 시장조작의 문제 해소 외에도 다양한 이유로 사용이 높아지기 시작하였다. 예를 들어 정기적인 외화를 수급받는 기업의 경우 급변하는 환율의 노출을 줄이기 위한 목적으로 사용된다. 또한 투자자들이 연말 금리보다는 평균 금리를 통해 대차대조표의 노출을 조정하려는 목적으로도 사용된다. 또 다른 이점은 유럽형 옵션에 비해 변동성이 낮다는 점 또한 투자자의 입장에서 안정적인 상품으로 간주되고 있다.

다양한 연구에서 아시안 옵션의 분석해를 산출하고자 시도하였다. 예를 들어, Hull & White(1993)는 이항 트리를 이용하여 아시안 옵션을 평가하고자 시도하였으며, Curran(1992), Roger와 Shi(1992)는 옵션 가격의 하한 및 상한을 산출하였다. 분석해 도출의 전제인 평균의 밀도함수를 사전적으로 알 수 없기 때문에 도출이 어렵다. 따라서 사전에 밀도함수에 대한 가정이 필요하며, 산술 평균이 로그 정규 분포를 따른다는 가정 하에 Levy(1992),[3] Turnbull 및 Wakeman(1991)에 의해 도출되었다.

이와 달리 Boyle(1977)과 Hull and White(1987)는 Monte Carlo 시뮬레이션을 이용하여 아시안 옵션을 평가하였다. 즉, 아시안 옵션의 가치평가에서도 룩백옵션과 마찬가지로 몬테카를로 접근이 용이하게 사용될 수 있다. 즉, 가능한 자산가격의 경로를 시뮬레이션 하여 각 회차별 아시안 옵션의 payoff를 산출하고, 이 과정을 반복하여 평균한 값을 사용하게 된다. 평균의 방식도 차별적일 수 있다. 산술평균을 사용하는지, 또는 기하평균을 사용하는지, 연속시간 평균인지 이산시간 평균인지 등에 따라 달라진다.

아시안 평균율 옵션은 기초자산의 평균가치인 $\overline{S}$에 따라 다음의 payoff로 정의할 수 있다.

$$\text{아시안 (평균율) 콜옵션} = \max(\overline{S} - K,\ 0)$$
$$\text{아시안 (평균율) 풋옵션} = \max(K - \overline{S},\ 0)$$

3 Levy, E. (1992). Pricing European average rate currency options. Journal of International Money and Finance, 11(5), 474-491.

아시안 평균 행사가 옵션은 기초자산의 평균가치인 $\overline{S}$가 행사가로 적용되어 다음의 payoff로 정의할 수 있다.

$$\text{아시안 (평균 행사가) 콜옵션} = \max(S_T - \overline{S},\ 0)$$
$$\text{아시안 (평균 행사가) 풋옵션} = \max(\overline{S} - S_T,\ 0)$$

지금까지 살펴본 3개 경로의존형 옵션을 비교해보면 다음과 같다.

<table>
<tr><th>배리어 옵션</th><th>룩백 옵션</th><th>아시안 옵션</th></tr>
<tr><td>사전에 정한 배리어에 도달하는지 여부에 따라 옵션이 활성화/비활성화(0 또는 리베이트)되어 payoff 산출</td><td>특정시점 t가 아닌 옵션 만기 전체 기간 동안의 최적가치(콜옵션의 경우 최대값, 풋옵션의 경우 최소값)를 이용하여 payoff 산출</td><td>특정시점 t가 아닌 옵션 만기 전체에 걸친 평균치를 이용하여 payoff 산출</td></tr>
<tr><td>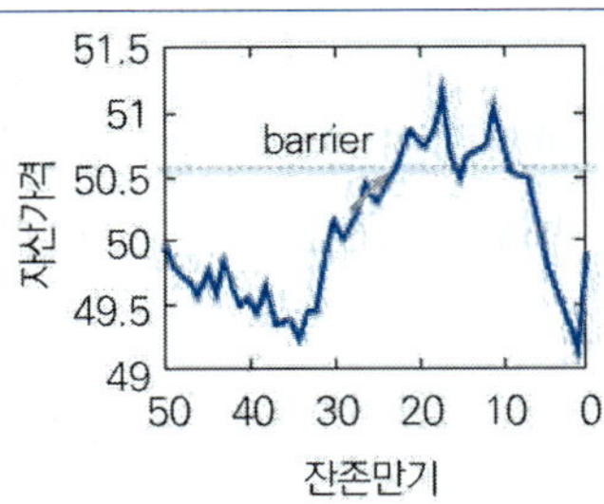
</td><td>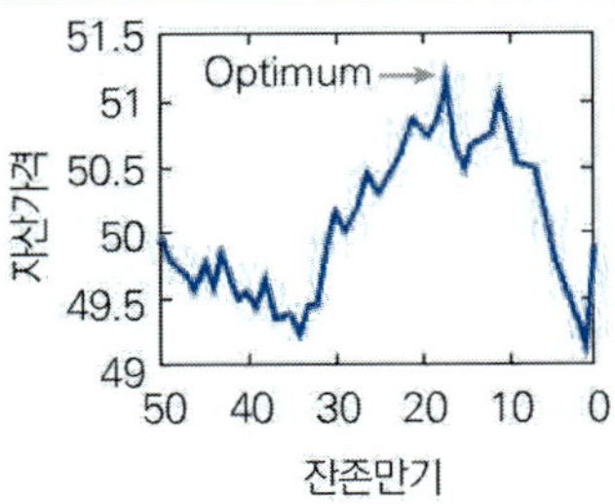
</td><td>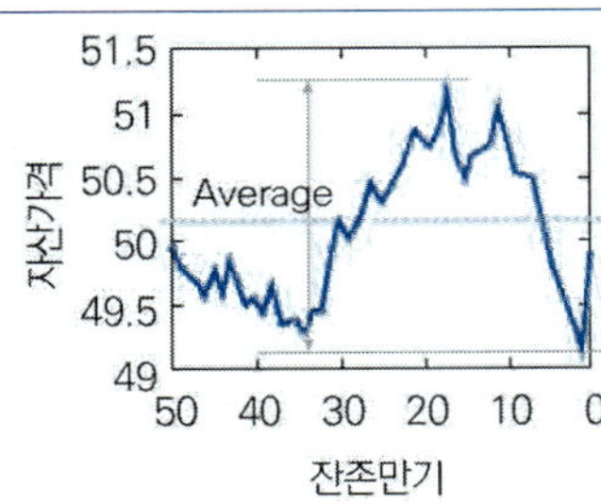
</td></tr>
</table>

2. 총수익 스왑(TRS)

총수익 스왑(TRS; total return swap)은 금융 자산에서 수익을 교환하는 두 당사자 간의 계약이다. 이 계약에서 한 쪽은 설정된 요율에 따라 수수료를 지불하고 다른 당사자는 기초자산의 총수익을 기반으로 발생한 관련 이익을 지불한다. 기초자산은 채권, 주식, 이자 또는 대출일 수 있다. 은행 및 기타 금융 기관은 TRS 계약을 사용하여 최소한의 현금 지출로 위험 노출을 관리 한다. 특히 최근 몇 년 동안 신용 부도 스왑(CDS; credit default swap) 조작 혐의로 규제 조사가 강화됨에 따라 총수익 스왑이 더욱 많이 활용되고 있다.

TRS 계약에서 총수익을 받는 당사자는 금융 자산을 실제로 소유하지 않고 발생하는 모든 수입을 얻는다. 즉, 계약 기간 동안 자산 가치의 가격 상승으로부터 혜택을 누릴 수 있다. 이에 대한 대가로 자산 소유자에게 TRS 기간 동안 기본 이자율(수수료)을 지불해야 한다. 반대로 자산 소유자는 자산과 관련된 위험을 총수익 수령자에게 전가시키게 된다. 예를 들어, 자산 가격이 TRS의 계약기간 동안 하락하면 수신자는 자산 소유자에게 자산가격 하락금액과 동일한 금액을 지불해야 한다.

구체적인 총수익 스왑거래의 구조를 살펴보자. TRS 계약은 지급인(payer)과 수취인(receiver)의 두 당사자로 구성된다. 지급인은 은행, 헤지펀드, 보험회사 또는 기타 현금이 풍부한 포트폴리오일 수 있다. 총수익 지급인은 TRS 수신자에게 기초자산에 대한 총수익(이자 지급과 자산의 시장 가치 상승)을 지급하면서 상대방으로부터 LIBOR 기반의 이자 수익(자산 가치의 감가상각 포함)을 지급받도록 상호 계약한다. 이때, 기초자산은 회사채, 주식, 은행 대출 또는 국채 등 다양하다.

TRS의 핵심은 자산을 실제로 보유하는 TRS 지급인은 자산의 모든 미래의 긍정적 수익을 TRS 수취인에게 지불하는데 동의함으로써 자산 가치 하락 가능성에 대한 보호를 구매한 셈이 된다.

TRS의 주요 참여자는 투자 은행, 뮤추얼 펀드, 상업 은행, 연기금, fund of fund, 사모 펀드, 보험 회사, NGO 및 정부와 같은 대규모 기관 투자자, 그리고 REIT 및 CDO와 같은 SPV도 시장에 참여한다. 애초 TRS 거래는 이미 대차대조표 한도를 초과한 은

그림 XIV-9 TRS 프로세스

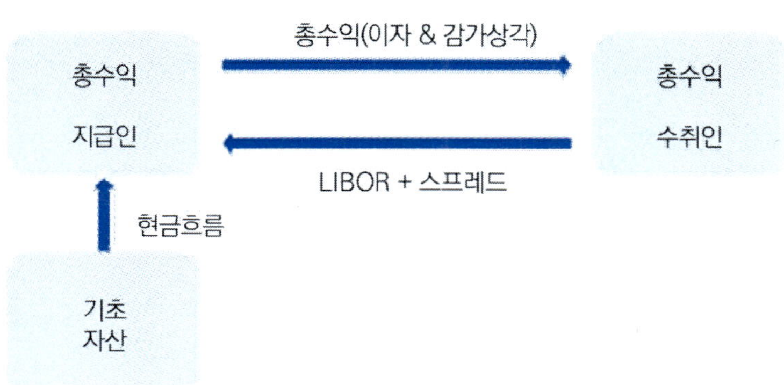

행이 대차대조표 여유가 있는 다른 은행과 상호 계약이 주였다. 이는 한도 초과 은행이 한도 초과 자산을 대차대조표에서 다른 은행에 옮긴 상태에서 해당 자산으로부터 추가 수입을 확보할 수 있으며, 반대 계약 은행은 자산을 임대하여 감가상각이나 가치 손실을 보전받는 구조였다. 이후 헤지펀드와 SPV(Special Purpose Vehicles)가 TRS의 주요 참여자가 되고 있다. 일반적으로 특정 자산에 대한 투자를 추구하는 헤지펀드는 해당 자산을 전액 지불하여 보유하기 보다는 대규모 기관투자자로부터 자산을 임대함으로써 투자를 활용하기 위해 TRS 지급인이 된다. 반면 그 상대인 기관투자자들은 자산 소유자로서 LIBOR 기반 지불 형태로 추가 수입을 창출하고 자본 손실에 대한 보증을 받는다.

TRS의 주요 이점 중 하나는 운영의 효율성이다. TRS 계약에서 총수익의 수취자는 소유권 이전 거래에 필요한 이자 징수, 정산, 지불 계산 및 보고서를 처리할 필요가 없다. 또한 자산 소유자로부터 자산 이전과 관련된 프로세스를 처리 필요가 없다. TRS 계약의 만기일과 지불일은 양 당사자가 합의하며 TRS 계약 만기일이 반드시 기초자산의 만기일과 일치할 필요도 없다. 또 다른 TRS 계약의 이점은 TRS 수취자가 레버리지 투자를 할 수 있으므로 투자 자본을 최대한 활용할 수 있다는 점이다. 앞서 설명한 바와 같이 자산 소유권이 이전되는 환매 계약과 달리 TRS 계약에는 소유권 이전이 없다. 이는 총수익 수취자가 자산을 구매하기 위해 상당한 자본을 배치할 필요가 없음을 의미한다. 그 대신 TRS 수취인은 기본 자산을 실제로 소유하지 않고도 자산보유시와 동일한 혜택을 받을 수 있으므로 헤지펀드 및 SPV에 가장 선호되는 자금 조달 형태가 된다.

이러한 이점의 이면에 존재하는 TRS 계약 관련 위험으로 우선 거래상대방 위험(counterparty risk)을 들 수 있다. 총수익 수취자는 총수익 지급인에게 정기적으로 수수료를 지불하기 때문에 자산 가치의 하락이 장기간 지속되고 총수익 수취자가 적절히 대응하지 못할 경우 채무 불이행의 위험에 놓이게 된다. 또한 TRS 계약의 양 당사자는 이자율 위험(interest rate risk)에 영향받는다. 총수익 수취인은 주로 LIBOR를 기반으로 하여 지급하기로 합의하기 때문에 계약기간 동안 LIBOR가 증가하면 지급인에 대한 수수료가 증가하고, LIBOR가 감소하면 수수료가 감소하는 등 TRS 계약 양 당사자들은 이자율 변동에 노출된다.

[궁금해요] 다이아몬드 펀드 사태

우리나라는 1990년대 파생상품의 활용이 본격화되기 시작하면서 국내 기관투자자들은 수익성 확보를 위해 해외진출을 모색하기 시작하였다. 이러한 추세에 발맞춰 SK증권, 한남투자신탁, LG금속 등 3개사가 역외펀드인 다이아몬드 펀드를 설립하고 3,440만 달러를 출자하였다. 이에 추가하여 JP Morgan으로부터 5,300만 달러를 TRS 방식을 통해 차입하여 이중 8,650만달러를 인도네시아 루피아화와 바트화 등 동남아시아 통화에 연계된 채권에 투자하였다 해당 통화들의 폭락으로 대규모 손실을 입은 사건이다.
여기서 주목할 부분은 JP Morgan과의 TRS 계약으로, JP morgan이 다이아몬드 펀드의 주식을 매입하나 TRS 계약으로 그 위험을 다이아몬드 펀드에 전가하는 방식이다. 즉 다이아몬드 펀드는 주식을 매각했으나 본질적으로 자금차입으로 볼 수 있으며, JP Morgan은 일정 원금을 보장받는 대출을 한 셈이 된다. 특히 JP Morgan은 당시 동남아시아 통화에 대한 높은 포지션을 다이아몬드 펀드를 통해 헤지를 한 것으로도 볼 수 있다. 이 TRS 구조를 보다 상세히 살펴보면 다음과 같다.

$$\text{만기상환금액} = 5{,}300\text{만 달러} \times (1 - 0.03 - \mathrm{A})$$

$$\text{이때, } A = \max\left\{0,\ \frac{Yen(M) - Yen(S)}{Yen(M)}\right\} + \min\left\{1,\ 5 \times \frac{Baht(S) - Baht(M)}{Baht(M)}\right\}$$

S: 계약시점, M : 만기시점

이 구조 하에 환율이 전혀 변동이 없을 경우 A는 0이 되어 실질차입금리는 −3%로 마이너스 금리가 되어 다이아몬드 펀드 입장에서 유리한 금리로 볼 수 있다. 그러나 엔화와 바트화가 변동할 경우 다른 상황이 전개된다. 우선 엔화가치가 하락할 경우(Yen(M) > Yen(S)) A값이 커져 다이아몬드 펀드에 유리한 상황이 된다. 엔화가치가 상승하더라도 A식의 앞부분은 0이 되어 큰 영향을 미치지 않는다. 반면 태국 바트화 가치가 하락할 경우(Baht(M) > Baht(S)) A의 뒷부분은 마이너스값이 되어 만기상환금액이 +로 전환되어 불리한 상황이 된다. 이와달리 바트화 가치가 상승하면 플러스로 전환되나 1로 상한이 정해진 셈이여서 큰 영향을 미치지는 않는다. 다이아몬드 펀드 입장에서 이러한 상황을 정리하면 다음과 같다.

	엔화 상승 Yen(M) 〈 Yen(S)	엔화 하락 Yen(M) 〈 Yen(S)
바트화 상승 Baht(M) 〈 Baht(S)	$A =$ 0 1 ➡ 마이너스금리로 유리	$A =$ + 1 ➡ 큰 마이너스 금리로 크게 유리
바트화 하락 Baht(M) 〉 Baht(S)	$A =$ 0 - ➡ 대출상환금리를 높여 불리	$A =$ + - ➡ 어느 정도 상쇄

따라서 다이아몬드 펀드가 가장 불리한 상황은 엔화는 상승하고, 바트화는 하락하는 상황이었

> 으며 이렇게 엔화와 바트화의 방향성이 엇갈리는 상황은 거의 기대되지 않았다. 이는 1984년부터 태국 바트화가 달러와 엔, 마르크 등 복수통화 바스켓 제도가 연동되어 있어 거의 동일한 방향성을 보일 것으로 기대되었기 때문이다. 문제는 1997년 외환위기가 발생하면서 일본 엔화는 약간의 절하만을 경험하였으나 바트화는 엄청난 절하를 겪으면서 대출금리가 급상승하는 상황이 발생하였다. 이에 더해 루피아 채권 발행기관의 부도로 엄청난 손실이 더해졌다.
> 정리하면 신주발행 형식을 통해 JP Morgan으로부터 자금을 차입하여 투자한 것으로 외견 보이나 TRS 계약을 맺은 관계로 모든 경제적 손익이 펀드에 귀속되며 JP Morgan은 만기에 수수료만을 지급받으나 경제상황 변동에 따른 위험을 펀드에 전가하는 결과가 발생하였다.

3. 차액결제거래(CFD)

1990년대 초 영국에서 처음 도입된 차액결제거래(CFD; Contract For Difference)는 기초자산의 성과를 상호 계약 하에 교환한다는 점에서 TRS와 극히 유사하다. 실제로 CFD와 TRS는 혼용되어 사용되기도 한다. 특히 기본자산을 소유하지 않고도 거래 포지션을 소유하는 장외파생상품이라는 점에서 유사성이 있다.

우선 CFD 계약을 매수(long)한 경우는 향후 주식가격이 상승할 것을 추정한다. 실제로 대상가격이 상승할 경우 구매가격(S)과 최종 가격(M)의 차익($M-S>0$)을 획득한다. 반대로 매도(short)한 경우는 주식가격의 하락을 예상한 경우로 실제로 대상가격이 하락할 경우 차익($S-M>0$)을 획득한다. 이러한 CFD 거래에서 투자자는 구매하려는 주식의 전체 가치를 예치할 필요없이 소액의 증거금만으로도 전체 포지션에 투자한 것과 같은 효과를 누릴 수 있다. 이는 현 시점에 자본여력이 충분하지 않는 투자에게 거래를 가능하게 해주는 이점을 가지며 매수와 매도 포지션을 적절히 활용하면 투자자에게 배당금과 같은 고정 수익의 창출도 가능하다. 이 점만으로는 선물거래와 매우 유사하나 만기가 없이 포지션 보유기간에서 자유롭다는 점에서 차이가 있다.

CFD 계약의 이점인 레버리지 효과를 다음의 예를 통해 살펴보자. 주식 A 100주를 주당 5,000원에 매수함을 가정해보자. 이때 전통적인 주식 매입방식으로는 500,000원의 지출이 필요하다. 이후 주당 5,300원으로 매도할 수 있다면 총 30,000원의 수익을 얻을 수 있으며 이는 6%의 수익률이 된다. 그러나 CFD 거래를 통해 10%의 마진, 즉 50,000원만으로도 해당 포지션을 보유할 수 있으며 여전히 동일상황으로 30,000원의 수익을

그림 XIV-10 CFD 프로세스

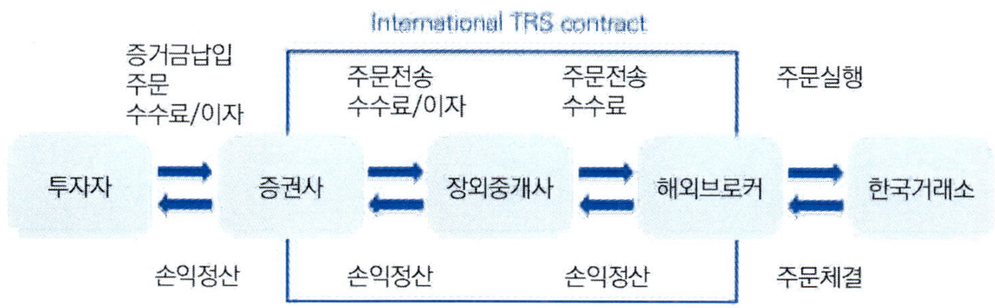

낼 경우 60%의 수익률을 올린 셈이 된다. 물론 가격이 하락할 경우 손실이 확대되는 위험에도 동 수준으로 노출된다는 점은 간과해서는 안된다. 또 다른 CFD 계약의 장점은 자산 클래스 간에 전환이 용이하다는 점이다. 앞서 살펴본 바와 같이 소액으로 포지션의 진입이 가능하므로 시장상황의 변경에 따라 그때마다 다른 주식으로의 빠른 전환이 가능하다.

CFD의 전체적인 진행 프로세스를 [그림 XIV－10]에 도식하였다. 이 계약 프로세스 상 CFD 매도자인 증권사들이 포지션을 해외 브로커와 TRS 계약을 매수하여 다시 투자자들에게 CFD 형태로 매도하는 구조라는 측면에서 CFD는 사실상 TRS가 내재된

표 XIV-1 **CFD와 전통상품과의 비교**

	주식	CFD	옵션	워런트
거래의 용이성	거래용이	주식과 동일	이해가 어려움	이해가 어려움
가격변화	실제 가격움직임	주식과 동일	다양한 요인에 영향받음	다양한 요인에 영향받음
마진만으로의 거래	×	○	×	○
매수/매도 가능여부	매도(공매)가 복잡하며 추가 수수료 요구	○	○	×
배당지급	○	○	○	○ (여부존재시)
만기	×	×	×	○

파생상품으로 간주할 수 있다.

CFD를 포함하여 전통적 거래, 옵션, 그리고 워런트를 종합비교해보면 [표 XIV−1]과 같다.

찾아보기

[공저자약력]

이 필 상
서울대학교 금속공학 학사
美 컬럼비아대학교 경영대학원 경영학 석사
美 컬럼비아대학교 경영대학원 경영학 박사
고려대학교 경영대학 교수
고려대 총장
제7대 유한재단 이사장
현) 서울대학교 경제학부 특임교수

안 동 현
고려대학교 경영학 학사
고려대학교 대학원 경영학 석사
美 뉴욕대학교 대학원 경영학 박사
고려대학교 경영대학 교수
자본시장연구원장
美 노스캐롤라이나 주립대학 종신부교수
현) 서울대학교 경제학부 교수

손 삼 호
부산대학교 경제학과 학사
서울대학교 경제학부 석사
서울대학교 경제학부 박사
경일대학교 금융증권학과 조교수
현) 순천향대학교 경제금융학과 부교수

최 영 민
한국외국어대학교 경영학 학사
고려대학교 대학원 경영학 석사
고려대학교 대학원 경영학 박사
LG투자증권, 삼성생명
현) 국민연금연구원 기금정책분석실 연구위원

파생상품의 이해 – 기본학습을 위한 길라잡이–

2022년 6월 30일 제 1 판 인쇄
2022년 7월 10일 제 1 판 발행

공저자 이필상 안동현 손삼호 최영민
발행인 임 권 규
발행처 **홍 문 사**

05855 서울시 송파구 송파대로 167 테라타워 B동 802호
등록 1993. 6. 24. 제1-1543호
TEL. 712-5311(代) FAX. 716-5311

값 29,000원

ISBN 978–89–7770–726–9 93320